『十三五』国家重点图书

北京鲁迅博物馆藏

中国近现代名人手札大系

⑥

北京鲁迅博物馆 编

高等教育出版社·北京

图书在版编目（CIP）数据

北京鲁迅博物馆藏中国近现代名人手札大系．6，许广平卷 / 北京鲁迅博物馆编．-- 北京：高等教育出版社，2018.10
ISBN 978-7-04-050744-7
Ⅰ．①北… Ⅱ．①北… Ⅲ．①名人—书信集—中国—近现代②许广平（1898-1968）—书信集 Ⅳ．① K820.5 ② K827=7
中国版本图书馆 CIP 数据核字 (2018) 第 237913 号

项目策划 钱小良 沈 刚 寿林芬
策划编辑 杨亚鸿
责任编辑 杨亚鸿
编 务 阮 芳 谢永兴 方其乐

装帧设计 沈 刚 范建中 卜昌芸
责任校对 王 雨
责任印制 邵雅琴 林道清

出版发行 高等教育出版社
社 址 北京市西城区德外大街4号
邮政编码 100120
印 刷 绍兴市越生彩印有限公司
开 本 889mm×1194mm 1/16
印 张 39.75
字 数 890千字
购书热线 010-58581118

咨询电话 400-810-0598
网 址 http://www.hep.edu.cn
http://www.hep.com.cn
网上订购 http://www.hepmall.com.cn
http://www.hepmall.cn
版 次 2018年10月第1版
印 次 2018年10月第1次印刷
定 价 456.00元

物料号 50744-00

《北京鲁迅博物馆藏中国近现代名人手札大系》编委会

主　编：黄乔生

副主编：刘思源

编　委：（按姓氏笔画排序）

刘思源　安来顺　苏雨恒　李金光　何　洪　钱小良　郭俊英　黄乔生　阎志坚

文献整理：（按姓氏笔画排序）

刘　然　刘　静　赵　烨　胡　鸣　秦　硕　夏晓静　常　楠

前言

《北京鲁迅博物馆藏中国近现代名人手札大系》（简称《大系》）已经出版鲁迅书信五卷，接下来推出的是馆藏许广平信札。

本来，许广平的一部分信件，是应该与鲁迅的一部分信件编在一起的，有来有往，形成所谓的《两地书》。但如读者所熟悉的，两地书之名已为鲁迅、许广平所用，于一九三三年由上海青光书局印行，当时的题名是《鲁迅与景宋的通信：两地书》，收鲁迅和许广平来往信札一三五封。除此之外，尚有二九封由于种种原因没有收录。而且，鲁迅和许广平在编辑时对原信做了增删和修改。《两地书》一九三八年首次收入《鲁迅全集》。二〇〇五年版《鲁迅全集》在收入《两地书》的同时，将鲁迅致许广平的原信全部收入书信卷。

按照《大系》收入书信原件的编辑体例，包括《两地书》原信在内的许广平原信手稿就都收录在这一卷中。读者可以将许广平的这些信与鲁迅的信对照阅读，也可以将两人这些原信同《两地书》对照阅读，明了从原信到正式出版物之间的变化。

许广平与鲁迅恋爱并走到一起，当初通信时并没有想到后来的结局，本无意给别人阅读，『情书』属于个人『隐私』，发表时加以修改也可以理解。现在我们看到的原信，未经删改，更为真实。从开始通信的矜持到幽默多趣，又到柔情蜜意，都有生动的记录。当初，鲁迅和许广平决定出版《两地书》这本所谓『情书』，颇引发舆论诟病，就连鲁迅的弟弟周作人也大为不满，讥讽这种行为是『丧失理性』。其实，读者从《两地书》中看不到多少风花雪月，倒有很多对学校、社会的议论。《两地书》对原信的改动多为字句的修饰、对所议论的人名的隐蔽等。当然，对一些词句也做了删改，如删除了许广平原信中叙述广州国民党敌视共产党、国民党内部左右两派的斗争及学生内部派系斗争的语词和段落。《两地书》第七十二通信中原有『因为中大停办改组后，树的派的大本营已被铲除，所以我校中把持学生会的这派分子，实在命在垂危，无多大力量』，在发表时删掉，是因为政治形势发生了变化，他们可能觉得当初的判断不准确，或者感到这样写有可能惹来麻烦。

鲁迅、许广平的『两地书』原信，是认识他们的经历及时代境况的第一手材料，读来亲切有实感。这些信件，字里行间透露出鲁迅的沉稳、明达，也分明地勾勒出许广平从一个善于思考、勇气可嘉的学生领袖到妻子、母亲和家庭妇女的线索。

许广平为鲁迅的事业做出了巨大的努力。她与鲁迅一起离开北京南下，鲁迅去了厦门，她到广州。她曾做过师范学校的教员。鲁迅到广州后，许广平担任鲁迅的助教，实际上是为鲁迅作翻译，照顾鲁迅的生活。到上海后，二人组建了家庭，她更是陷入家务劳作，偶尔为鲁迅抄抄稿子。她给鲁迅的八十七通信，较为完整地反映了一位新女性经历的转变过程。本来，许广平愿意出去工作，而且一度也托人找到了工作，但鲁迅并不愿意，他凭着自己的稿费，养活一家三口，并赡养母亲、资助亲属。

本卷的后半部分，收录许广平致鲁瑞信一五通，致朱安信七通（其中有多份关于北京旧居售卖藏书事的剪报）、致周作人信一通，内容有关北京亲属生活安排。因为鲁迅去世后，许广平带着儿子在上海生活，正值抗日战争艰难时期，无法如约照顾鲁迅的母亲和原配夫人，于是请求周作人就近照顾。这我们对了解鲁迅去世后的亲属们的家庭生活情况很有参考价值。中华人民共和国成立后，许广平到北京工作，发现鲁迅旧居藏书丢失，写信给曾在这里借住的绍兴亲戚阮绍先和阮文同询问、追讨。这些信件至少提供了这样的信息：现存的鲁迅的藏书并不完全。为使资料呈现完整面貌，本卷亦收录了鲁迅在北京的亲属及亲戚写给许广平的信件。

全书信札，仍出释文。至于附件，如为手写，也出释文；如系报纸等印刷品，则释文从略。因为手稿有些地方不够清晰，更因编者水平所限，断句和标点等可能有错讹之处，敬请读者批评指正。

黄乔生

二〇一七年七月二十六日

凡　例

（一）本书以人为目编排，各卷书信以作者生年为序编排。各家所收书信，以受信人收到的第一封信札时间为序排列。

（二）凡原编信札皆予保留，不为打散重编。原编作者仅一人的，则以原编冠首，其他散札随后。如钱玄同书信，即以魏建功原编《吴兴先师钱玄同先生手札》冠首，而钱玄同致鲁迅、周作人等的书信随后。原编信札作者不止一人的，则为单独立目，如《陶方之友朋来札》。

（三）所收书信皆标注尺寸，与书信相关的说明一并收录，并加释文。

（四）书信中日期所用夏历者，均换算注明公元，原夏历时间以（　）加注于后；其漏署日期者，能考证的均据考证补入，并以〔　〕号为记；日期误记经订正后，亦以〔　〕号为记。部分早期书信原件无标点，释文试为补加。

（五）所收书信尽量据手迹按原格式进行排校，凡无手迹而据抄件者，或在书信中确需注释者，则在有关书信中以编者注加括号的方式加注。

（六）所收书信的落款和日期格式择其主要格式予以统一。

（七）原件所用古体字，除必要保存者外，释文改为现行通用字。

（八）原件补遗及夹注式的字句，双行小字的悉按原排，行边夹注加括号。谦称小字及传统手札中的平阙格式悉按原排。

（九）原件中的笔误，以下列方式订正：误字（包括颠倒），用〔　〕号；漏字，用〔　〕号；衍字，用〖　〗号，均不变字体。

（十）原件中的图文及剪报在释文中以【　】加黑体字省略。

目　录

许广平致鲁迅（八十七通）

一、一九二五年三月十一日
（22cm × 14.8cm）
共四页

No.　　　　月　　日

魯迅先生：

現在執筆寫信給你的，是一個受了你快要兩年的教訓，是每星期翹盼着希有的，每星期三十多點鐘中一點鐘小說史聽講的，是當你授課時坐在頭一排的坐位，每每忘形地直率地憑其相同的剛決的言語，好發言的一個小學生。他有許多懷疑而憤懣不平的久蓄於中的話，這時許是按抑不住了吧，所以向先生陳訴：

有人以為學校場所，能夠隔離城市的塵囂，政潮的影響，會是效果佳些的，的確，這是否有一部分的理由呢？記得在中學時代，那時也未嘗不有發生教員反對校長的事情發生，然而無論反與正的二方面總是偏重在「人」的方面權衡輕重，從沒遇過在「利」的方面去較過，先生！這是受都市政潮的影響呢？還是年齡的繼續增長，戕害了他呢？先生！你看看吧！現在北京學界中發生了驅逐校長的事，同時反對的贊成的互

No.　　　　　　月　日

剥，就各标旗帜，校长以"留学""留堂"——毕业留本校任职——谋优良位置为饵饵，学生以权利得失为去取，今日收罗一个，明日收罗一个，……今日被罗一个，明日被罗一个……，至罗者蝇营狗苟，凡足以固位恋栈的无所不用其极，有洞皆钻，无门不入，被罗者也廉耻丧尽，人格破产，似此情形，出於清洁之教育界人物，有同猾仔行径，其尤可憾恨的，这种含多量细菌的空气，乃播於名为最高学谋学校教育之女校长女学生身上，做女校长的，如其确有教育发展的干材的伟大教育高见，及其早来从过成绩，何妨公开的布告，而乃昏暮乞怜，丑态百出，啧啧人耳，呜呼！中国教育之前途！但是女校长或者因环境种种关系，支配了她不能不如此，而何以校中学生对於该事乃日见软化，明明今日如此的出席，提出种种反对条件，转眼就掉过头来噤若寒蝉，或者明示其变态行动，呜呼！此中国女

No.　　　月　日

予教育之前途！或者此改潮影响教育之前途！！！情形是一天之的西化了！五四以後的青年是很可以悲观痛哭的了！至無可救药的赤火红之的氣燄之下，先生！你果致不出色，潔身遠引的時候，是可以「立地成佛」的了！然而先生！你正仰首吸那捲着一絲之醉人的黄葉喷出一缕之香霧迷漫时，先生！你也要憐惜，想及有在叢盆中展转待拔的底，也願意而且痛快地予以「楊枝玉液」时之浸入他心脾，使他坚確牢固他的思想底。先生，他自信他自己是一個刚牢的人，他也更相信先生比他更刚牢十二萬分的人，因為有這点之小同，他对於先生是盡量地质言的，是希望先生收錄他作個無时地界限的指南讀者的！先生！你可允許他。

苦悶之果是最難尝的，雖然食过苦果之後，直泉回甘，然而苦的成分太重了！也容易抹煞甘的部分，正飲过苦茶之後，细之的吮之嘴唇皮

No.　　　　　　月　　日

虽然有些见甘香，但总不能引起人好食苦茶——药——的兴味，除了病的压迫，人是绝对不肯要故去寻苦茶喝的！苦闷之不能免掉，或者如同疾病的不能免掉一般——除了毕生抱疾——但是疾病不是时时刻刻在身边的，而苦闷则总比爱人还来得亲切，总时刻地不招即来，挥之不去，先生！有甚么法子在苦药中加点糖分？有糖分是否即绝对不苦？先生！你能否不像章锡琛先生在妇女杂志中答话的那样模糊，而给我一个真切的明白的引导！

现在的青年的确一日日的堕入九层地狱了！或者我也是其中之一，虽然每星期中一小时的领教，可以快心壮气，但是危险得很呀！先生！你有否打算过"救人一命，胜造七级浮屠"呢？先生！你虽然很果决的平时是；但我现在希望你把果决的心意缓和一点，能够拯拔得一个灵魂就先拯拔一个！先生呀！他是如何的惶急待命之至！　敬候

撰安！

谨受教的一个小学生许广平。十一，三，十四年。

他虽则被人视为学生二字上应加一"女"字，但是他之不敢以小姐自居，也如先生之不以老爷少爷自命，因为他实在不配居小姐的身分地位，请先生不要怀疑，一笑。

释文

鲁迅先生：

现在执笔写信给你的：是一个受了你快要两年的教训，是每星期翘盼着希有的，每星期三十多点钟中一点钟小说史听讲的，是当你授课时，坐在头一排的坐［座］位，每每忘形地直率地凭其相同的刚决的言语，在听讲时好发言的一个小学生：他有许多怀疑而愤懑不平的久蓄于中的话：这时许是按抑不住吧！所以向先生陈诉：

有人以为学校场所；能愈隔离城市的尘纷、政潮的影响，愈是效果佳些，的确！这是否有一部分的理由呢？记得在中学时代，那时也未常［尝］不有攻击教员、反对校长的事情发生。然而无论反与正的二方面，总是偏重在『人』的方面权衡它，从没遇过在『利』的方面去取过，先生！这是受都市政潮的影响呢，还是年龄的继续增长戕害了他呢？先生！你请看看吧！现在北京学界中发生了驱逐校长的事，同时反对的，赞成的，立刻就各标旗帜，校长以『留学』『留堂』——毕业留本校任职——谋优良位置为饼饵，学生以权利得失为去取，今日收买一个，明日收买一个……今日被买一个，明日被买一个……在买者蝇营狗苟，凡足以固位恋栈的无所不用其极，有洞皆钻，无门不入。被买者也廉耻丧尽，人格破产。似此情形，出于清洁之教育界人物，有同猪仔行径。其尤可愤恨的，这种含多量细菌的空气，乃播于名为受高等教育之女校长女学生身上。做女校长的，如其确有谋该校教育发展的干材的伟大教育高见，及其年来经过成绩，何妨公开的布告，而乃『昏暮乞怜，丑态百出，啧啧在人耳口』。呜呼！中国教育之前途。但是女校长或者因环境种种关系，支配了她不能不如此！而何以校中学生，对于该事乃日见软化，明明今日好好的出席，提出种种反对条件，转眼就掉过头来噤若寒蝉，或者明示其变态行动。呜呼！此中国女子教育之前途！或者此政潮影响教育之前途!!!!情形是一天天的恶化了！五四以后的青年是很可以悲观痛哭的了！在无可救药的赤火红红的气焰之下，先生！你放下书包，洁身远引的时候，是可以『立地成佛』的了！然而！先生！你在仰首吸那卷着一丝丝醉人的黄叶，喷出一缕缕香雾迷漫时，先生！你也垂怜，注意，想及有在虿盆中展［辗］转待拔的么？也愿意而且痛快地予以『杨枝玉液』时时浸入他心脾，使他坚确牢固他的愚直么？先生！他自信他自己是一个刚率的人，他也更相信先生［是］比他更刚率十二万分的人，因为有这点点小同，他对于先生是尽量地质言的，是希望先生收录他作个无时、地界限的指南诱导的！先生！你可允许他？

苦闷之果是最难尝的，虽然食过苦果之后有一点回甘，然而苦的成分太重了！也容易抹煞甘的部分，在饮过苦茶之后，细细的吮吮嘴唇皮虽然有些儿甘香，但总不能引起人好食苦茶——药——的兴味。除了病的压迫，人是绝对不肯无故去寻苦茶喝的！苦闷之不能免掉，或者如同疾病的不能免掉一般——除了毕生抱疾——但是疾病不是时时刻刻在身边的，而苦闷则总比爱人还来得亲切，总时刻地不招即来，挥之不去。先生！有甚么法子在苦药中加点糖分？有糖分是否即绝对不苦？先生！你能否不像章锡琛先生在『妇志』中答话的那样模糊，而给我一个真切的明白的引导？

现在的青年的确一日日的堕入九层地狱了！或者我也是其中之一，虽然每星期中一小时的领教，可以快心壮气，但是危险得很呀！先生！你有否打算过『救人一命，胜造七级浮屠』呢！先生！你虽然很果决的平时是；但我现在希望你把果决的心意缓和一点，能够拯拔得一个灵魂就先拯拔一个！先生呀！他是如何的『惶急待命之至』！敬候

撰安！

谨受教的一个小学生许广平

十一，三，十四年

他虽则被人视为学生二字上应加一『女』字，但是他之不敢以小姐自居，也如同先生之不以老爷少爷自命，因为他实在不佩［配］居小姐的身分地位，请先生不要怀疑。一笑。

二、一九二五年三月十五日
（22cm×14.8cm）
共六页

No.　　　　月　　日

鲁迅先生吾师左右：

十三早得到先生的一封信，我不解，何以同在京城内而邮政的交通要阻隔到前后三天之久？（十一—十三）我更不解，何以巧巧的也隔前后三天，（十三—十五）我才能拿起这管笔陈述我的所要说的话，而于我读来信三天中给我感应最深时，乃不能写得只字于片纸中。

当我打开信封，抽出那红线的白纸，打开笺面第一行那三个字中，看见贱名之下紧贴一个"兄"字，的确！先生吾师，原谅我太愚小了！我值得而且敢配当"兄"吗？不！不！……绝无此勇气而且更无此斗胆当吾师先生的"兄"的，先生之意何居？弟子真的不得而知也。不曰"同学"不曰"弟"而曰"兄"，游戏欤？抑游戏欤？此鲁迅先生之所以为"鲁迅先生"吾师也欤！？

我总不解，教育对于人是有多大效果？世界各地教育他的做就人才目标在那处？讲国家主义，社会主义，资本主义……的人们，受环境的瞩

No.　　　　　　月　　日

示生出甚麽甚麽化的教育，究竟教育是怎麽一回事？是否要許多適應環境——包括善惡，其實也許「此」與「彼」之微有不同，無所謂二方面——的人，不惜犧牲個性以遷就此環境，還是要設法保全各人的個性，這都是很值得注意而為今日教育者與被教育者所忽略，或者目前教育界現象不堪，正此點不無關係吧！

尤其痛心的，因為「人」的氣質不大容易改變，所以許多「銀樣鑞槍頭」的繡花枕，除了一日日做舞台的化裝預備，以博觀衆之一捧——也許博不到一捧——外，她們是幹嗎來的。考試的時候，總得不到多數的優先，因此學問不忠實了！希望功課上得少可以有點預備，希望題目出得容易可以事半功倍，尤其希望王先生那一方面得多少暗示，歸結一個題目，就是不願好看，又渴好看，為的是活動……唉！！她們在學校中，除了秘書二字外其餘是痛癢無關的，所以其出死力爭的，不是

No.

月　日

事之是非而乃事之利害，不是唯理乃唯情的，这也许是我遇见的她们，一部分的她们吧！不然！中国女子的教育我干脆请她们回闭门大吉，她们配谈什么问题？死捧着线装本受日俄王作镳锦只能够在那里面发明了多少新大陆？愈读愈能锦曲背老气横秋，甚么时事新闻报纸杂志，都是无聊的出产品，何尝觉得她是多少照出当时社会形状的一部分，先生请想她们一概现社会的况味是绝不染指的，她们不是打算做现社会的一员的然而除此种腐儒者之外，其间不无例外的，就是太过于欲做现社会的主角了！所以弄成怪状，屡见叠出，这叫人如何忍耐得见着，无怪先生要「当之匪去」了！也罢，干净，痛快，痛快！

许多烟卷，不过是麻醉药，这是一部昔间史上面的谚语，多么沉痛呀！人生，过活的路虽然不是接着自己的指南针行去，但是

No.　　　　月　　日

"那前面的聲音叫我走"他何常不鬪呢。除非"老翁"才不理那叫聲，那客人雖則"腳早經破了"，仍"息不下"，"不如是走好"的，他"不能喝無論誰的血"，至"許多傷"，"流了許多血"，他的心地里有苦？光明惘惘，沒"流血"，仍且前進，"闖入坑"，再爬爬的慢慢的起來，有多大關係呢。請先生不必怕上講台講話吧！

那「一個鄉下女人向牧師歷訴困苦的半生，請他救助」的故事，許是她或求於牧師救助的，為"困苦的半生"的物質上資助一維持生活一牧師沒法去附她，只得拿些上帝的旨意，使她"死後定幸福"一語，至人生的希望上滿足些，然而那鄉下女人如果向牧師歷訴的，是關於精神上的資助，我想：牧師對這種問法是素有研究的，因為他恰好是個精神學者，那麼鄉下女人必定問得其所，獲有完滿答覆，先生，我猜想的許是錯的麼？"賢哲之所謂將來，固然與死沒一樣沒根據把握，不容易解答，而且不必求解答"，但是，"客"說過一句話：

No.　　　　月　　日

「老大，你大约是久住在這里的，你可知道前面是甚么一個地方呢？」雖然「老翁」告訴他是「墳」，「女孩」告訴他是「那里有許多野百合，野薔薇」，二者似乎並不是一樣，在「客人」和到了去路有多大益處，或者「客人」到了那裏並不見到「僅墳」，而為「客人」眼睛中所呈現者，為另一個「好事」，而「客人」也不防而且也似乎值得一问。

除了「睡熟」以，醒時要免去若干「苦痛」，固然是「驕傲」，「與玩世不恭」的確！「我自小学至今，無一日不被人指斥為「驕傲」「不恭」，有時也覺悟到非「處世之道」（而且實自知沒得足以驕自的），不能同「流」合「汙」，這是吃眼前虧，但子路的為人，叫他去預備給人所肉糜則可，叫他去作「壕塹戰」是按捺不下的，沒得法子，還是「合出去，不大好」有什么法呢！先生！

承先生凱切的將「自己如何在世上混過去的方法」見示，雖則先生自己以為「近於游戲」，但游戲與非游戲，不都是人所給與的名詞么？

至此一方面看，觉得日上一個止路的當來了，人說多是前進的，未嘗试过，就如「客人」之「然而我不能！我只得走。我还是走好罢……」所以我或者遇着「穷途」的時候比较「歧途」似乎多一点，我也相信，遇着荆棘，正可以尝尝荆棘刺到我的足上是那種风味，刺到腿，身，手，面……是甚底味，各種花草樹木的鈎刺……是甚底味，对于我的触觉是否起同樣的反應？我嘗遍了後，然後慢慢一根根的從身上拔下那些刺來，或者也無須把那些刺拔下来，就成为我没天的装饰品；镜之：至「歧路」頭坐下以后，先生能先睡一覺！……遇見老实人……！不問路……！遇見老虎……！没有樹……」便是最高超最須要的辦法罢！先生不以孺子為不可教而教之！當書紳以記。

草草的寫出這些話，有些未加修飾，又是糊裏糊塗用鋼筆寫，校之先生清清楚楚用毛筆详细懇切的長篇训半等的迷津指引，我是多麽感謝！慚愧！

敬祝著安

小學生許廣平謹上

三月十五。

释文

鲁迅先生吾师左右：

十三早得到　先生的一封信，我不解，何以同在京城内而邮政的交通要阻隔到前后三天之久；我更不解，何以巧巧的也隔前后三天（十三——十五）我才能拿起这管笔陈述我的所要说的话，而于我读来信三天中给我感应最深时，乃不能写得只字于片纸中。

当我打开信封，抽出那红线的白纸，打开笺面第一行那三个字中，看见贱名之后紧贴一个『兄』字；的确！先生吾师，原谅我太愚小了！我值得而且敢配当『兄』吗？不！不！……绝无此勇气而且更无此斗胆当吾师先生的『兄』的；先生之意何居？弟子乌得而知也。不曰『同学』不曰『弟』而曰『兄』，游戏欤？非游戏欤？此　鲁迅先生之所以为『鲁迅先生』吾师也欤!?

我总不解，『教育』对于人是有多大效果？世界各地教育，他的做就人才目标在那［哪］里？讲国家主义、社会主义、资本主义……的人们，受环境的暗示生出甚么甚么化的教育。究竟教育是怎么一回事？是否要许多适应环境——包括善恶，其实也许『此』与『彼』之微有不同，无所谓二方面——的人，不惜贬损个性以迁就此环境，还是要设法保全每人的个性，这都是很值得注意而为今日教育者与被教育者所忽略，或者目前教育界现象不堪，在［与］此点不无关系吧！

尤其痛心的，因为『人的气质不大容易改变』；所以许多『银样腊［蜡］枪头』的『绣花枕』除了一日日做舞台的化装预备，以博观众之一捧——也许博不到一捧——外，她们是干吗来的？考试的时候，患得不到分数的优先，因此学问不忠实了！希望功课上多少可以省点预备，希望题目出得容易，可以事半功倍；尤其希望在先生那一方面得多少暗示，归结一个题目，就是文凭好看，文凭好看，为的是活动……唉！……她们在学校中，除了利害二字外其余是痛痒无关的，所以其出死力争的，不是事之『是非』而乃事之『利害』，不是唯理乃唯情的，这也许是我所遇见的『她们』；一部分的『她们』吧！不然！中国女子的教育，我干脆请它即日关门大吉。她们配谈什么问题？死捧着线装本竟日假［价］在作缮录员，能够在那里面发明了多少新大陆？愈读愈龙钟曲背老气横秋。甚么时事新闻，报纸杂志，都以为是无聊的出产品，何尝觉得它是多少照出当时社会形状的一部分。先生请想：她们一概现社会的况味是绝不染指的，她们不是打算做现社会的一员的，然而除此种腐儒者之外，其间不无例外的，就是太过于欲做现社会的主角了！所以奇形怪状，层见叠出，这叫人如何忍耐得见着，无怪先生要当『土匪』去了！也杀个干净，痛快痛快！

『许多烟卷，不过是麻醉药』，这是一部苦闷史上函的总语，多么沉痛呀！人生。《过客》的『客』虽则不是按着自己的指南针行去，但是：『那前面的声音叫我走』，他何常［尝］乱闯呢？除非『老翁』才不理那叫声，那客人虽则『脚早经破了』，仍『息不下』『还是走好』的，他『不愿意喝无论谁的血』，在『许多伤』『流了许多血』之后（他的心地是何等光明悱恻），『流血』仍且前进，『闯入深坑』，再急急的或缓缓的起来，有多大关系呢？请先生不必怕上讲台讲话吧！

那『一个乡下女人，向牧师沥诉困苦的半生，请他救助』的故事，许是她所求于牧师救助的，为『困苦的半生』的物质上资助——维持身体之活力——牧师没法应附［付］她，只得举出上帝的旨意，使她『死后定当赐福』一语，在人生的希望上满足些，然而那乡下女人如果向牧师沥诉的，是关于精神上的资助，我想：牧师对这种问法是素有深究的，因为他恰好是个精神学者，那么乡下女人必定问得其所，获有完满答复。先生，我猜想的许是错的么？贤哲之所谓『将来』，固然与牧师之『死后』一样没根据把握，不容易解答，而且不必求解答。但是：『客』说过一句话：『老丈，你大约是久住在这里的，你可知道前面是怎么一个所在么？』虽然『老翁』告诉他是『坟』，『女孩』告诉他是『那里有许多野百合、野蔷薇』，二者似乎并不是一样，在『客人』

知到〔道〕了未必有多大益处，或者『客人』到了那里并不见所谓『坟』『花』，而为『客人』眼睛中所呈现者，为另一个物事，而『客人』也不防〔妨〕而且也似乎值得一问。

除了『睡熟之后，醒时要免去若干苦痛』，固然是『骄傲』与『玩世不恭』。的确！我自小学至今，无一日不被人指斥为『骄傲』『不恭』，有时也觉悟到非『处世之道』（而且实自知没得足以自骄的），不能同流合污，总是吃眼前亏，但子路的为人，叫他去预备给人斫肉糜则可，叫他去作『壕堑战』是按捺不下的，没得法子，还是合〔豁〕出去，『不大好』有什么法呢！先生！

承先生凯〔剀〕切的将『自己如何在世上混过去的方法』见示。虽则先生自己以为『近于游戏』，但游戏与非游戏，不都是人所给与的名词么？在此一方面看，觉得是一个正路，何常〔尝〕不可？人总多是前进的，未尝试过，就如『客人』之『然而我不能！我只得走。我还是走好罢……』所以或者遇着『穷途』的时候比较『歧途』似乎多一点。我也相信，遇着荆棘，正可以尝尝荆棘刺到我的足上是那种风味，刺到腿，身，手，面……是甚么味，各种花草树木的钩刺……是甚么味，对于我的触觉是否起同样的反应？我尝遍之后，然后慢慢一根根的从身上拔下那些刺来，或者也无须把那些刺拔下来，就做我后天的装饰品。总之：在『歧路』头坐下以后，先生能先『睡一觉，……遇见老实人……不问路……遇见老虎……没有树……』俱是最高超、最须要的办法。何幸！先生不以『孺子为不可教而教之』！当『书绅』以记。

草草的写出这些话，质直未加修饰，又是糊里糊涂用钢笔写，较之先生清清楚楚用毛笔详细恳切的长番半训半导的迷津指引，我是多么感谢！惭愧！

敬祝著安

小学生许广平谨上　三月十五

三、一九二五年三月二十日
（23.5cm × 16.1cm）
共四页

No.

鲁迅先生吾师左右：

今日一开一接读先生十九来的那信，关于"兄"字的解释，敬闻命矣，"兄"字的意思，不过比直呼其名略胜一筹，与"较为生疏较需客气"者有别，二年受教，确不算生疏，师生之间更无须乎"客气"，而仍取其"略胜一筹"者，此先生之虚以待人欤，此社会之一种形式之所有存在价值欤？敬掐一笑。这种"兄"字的称法，若果别人给我的，或者真个"大惊"，惟其是"鲁迅先生"给我的，我实不觉得有甚么"可惊"，更不要什么力争，所以我说，"此鲁迅先生之所以为鲁迅先生吾师也欤"的很，姑无论前信那些话是废话与否，然而这回给我的复信于"闻……闻……"之外，又闻先生的"自己制定的，沿用下来的例子"，我是多么荣幸呀，而且称谓的"讚赏"我无论如何编造，总是主笔人"一种无限制权"，不必他人赞辞的，现在我再说别的吧。

如果现世界的教育，是"制造许多适应环境的机器的方法"，那么，在非"如桔槔如水之性"的状况之下的我，天生就一种倔强，落落难与人合的我，"将来"二字走到面前来，成"现在"时，那其间一我便是一个时代环境的落伍者，虽然"将来"是极无把握不可

No.

信任的，但是老是這樣「品性难移」，经驗先生告訴我們事实一定如此的，末了还是離不了「奮鬥」和「伐說」以至「無論对誰都開罪，自己也不毁滅」所以我絕不希冀「过去」，也不希望「将来」，对于現在這一個題目，自己的處方就是：有船坐船，有車坐車，有飛机也不妨坐飛机，如果走到湖濱，我也坐坐独輪車，在西湖我也坐坐皮艇和肩輿，如果什麼車轎……都沒在眼前，我也不妨騎起我的風火輪，在雲頭中騰駕起来，但我絕不在鄉村中希望坐電車，也更不顾在地球裏希望到火星上。簡單一句，我的處方就以現在治現在，以現在的我，治我的現在。一步一步的現在过去，也一步一步的換一個現在的我，但是這個「我」还是含有原来的「我」的成分，有似細胞在体中漸漸变換代谢一樣，這也许太不打算過於颓唐吧！然有青年人一般的普通病吧！其实我上面所説，对于「現在」這一個題目，仍脱不了「交白卷」的公例，這有什麼法子呢？随他去吧！

现在实講不到「黄金世界」時代，而孫文一死，教次在到下台，民国日報在即関门，一或者以為与時代無関，以後的把戲也许在先八门學生不瞭的呢，姑無

No.

「诤教徒」所教的对不对，但是这种对待「教徒」的办法，实在不高明，而大家深以为是「黄金世界」所应有的事，像这样黑色的染缸，如何能容得下去，令把点点滴滴的洁白乌黑的染来，我想待遇这个黑缸，索性拿个大砖头打破牠，或者拿铁钉钢片密封牠，但是相当的砖头和钢片铁钉之类，这时还未预备出来，可奈何？！

虽则先生处处给与青年一种前进，悲观中未尝无乐观之诱导，如「并未遇到全是荆棘，毫无可走的地方」，「然而人们也不必这样悲观……就是进步」，「也可以算是人生的一种慰安」……先生甚至对于青年昔日深恶极了！至先生何常不晓得「黑暗与虚无」乃是实有……「黑暗与虚无」所「实有」者乃是「黑暗与虚无」，非「非黑暗与虚无」，而先生仍必给与青年以一种「不悲观」不绝望，且先生自己也仍以悲观作「不悲观」，以无可为作「可为」，仍向往前的走去，这种精神，学生是应当效法的，自后当避免些「无须必践」的荆棘，养精蓄锐，以得及锋而试。

No.

我所看見的子路是勇而無謀，不能待三鼓而進的一方面，如果叫他生於歐洲，住在壕塹裏等待敵人，他必定不奈久候，挺身而出的，關公也是關公，孔明也是孔明，曹操也是曹操，三人個性不同，行徑各異，我表同情於子路之「率尔而对」，而不表贊同於避名求实的偽君子「方六七十……以待君子」之再來，雖則聖門中許之，但子路雖在聖門而仍不能改其素性，這是無可奈何的一件事，至於他「結纓而死」與「肉不正不食」一樣的「迂」得有趣，但這似乎是另一個問題，我們祇要曉得當然不會上當的。

在紙面上得先生的教訓，比讀書所得多了，可惜我自己太淺薄，我不出許多要說的話充分的吐露出來，貢獻於先生之前，求教，但是我相信如果有話要請益時，先生一定不客氣的，可是時時在先生最有用最經濟的時間中，夾入我一個小鬼在中搗亂，先生寫兩個「小」字那小鬼也不去嫉妒，也沒用，先生還是沒何的破費點光陰吧！小子慚愧例個。

魯迅先生的　學生許廣平上

三月二十日

释 文

鲁迅先生吾师左右：

今日——二十——接读先生十九来的那信，关于『兄』字的解释，敬闻　命矣。『「兄」字的意思，不过比直呼其名略胜一筹』，与『较为生疏，较需客气』者有别，二年受教，确不算『生疏』，师生之间，更无须乎『客气』，而仍取其『略胜一筹』者，此先生之虚以待人欤？此社会之一种形式之必有存在价值欤？敬博一笑。这种『兄』字的称法，若属别人给我的，或者真个『大惊』，惟其是『鲁迅先生』给我的，我实不觉得有甚么『可惊』，更不要什么『力争』，所以我说：『此「鲁迅先生」之所以为「鲁迅先生」吾师也欤』的话。姑无论前信那套话是废话与否，然而这回给我的复信于『闻……闻……』之外，又闻先生的『自己制定的，沿用下来的例子』，我是多么荣幸呀！而且称谓的『讲义』无论如何编法，总是主笔人一种『无限制权』，不必他人费辞的，现在我再说别的吧。

如果现世界的教育，『是制造许多适应环境的机器的方法』，那么，在非如『栝棬』如『水』之『性』的状况之下的我，天生就一种崛〔倔〕强，落落难与人合的我，『将来』二字走到面前变成『现在』时，那其间——我便是一个时代环境的落伍者。虽然『将来』是极无把握，不可信任的，但是老是这样『品性难移』，经验先生告诉我们，事实一定如此的，末了还是离不了『奋激』和『仇视』以至『无论对谁都开枪，自己也归于毁灭』。所以我绝不『怀念「过去」』，也不『希望「将来」』。对于现在这个题目，自己的处方就是：有船坐船，有车坐车，有飞机也不妨坐飞机，如果走到山东，我也坐坐独轮车，在西湖我也坐坐瓜皮艇和肩舆，如果什么车轿……都没在眼前，我也不妨骑起我的风火轮，在云头中腾驾起来，但我绝不在乡村中希望坐电车，也更不愿在地球里希望到火星上。简单一句，我的处方，就〔是〕以现在治现在；以现在的我，治我的现在。一步步的现在过去，也一步步的换一个现在的我，但是这个『我』还是含有原来的『我』的成分，有似细胞在体中渐渐变换代谢一样。这也许太不打算，过于颓废吧！染有青年人一般的普通病吧！其实我上面所说『对于「现在」这一个题目』仍脱不了『交白卷』的公例，这有什么法子呢？随它去吧！

现在实讲不到『黄金世界』时代，而孙文一死，教次立刻下台，《民国日报》立即关门——或者以为与孙死无关——以后的把戏也许五花八门层出不穷呢。姑无论『叛徒』所『叛』的对不对，但是这种对待『叛徒』的办法，实在不高明，而大家深以为是『黄金世界』所应有的事。像这样『黑色的染缸』，如何能容得下去，令它点点滴滴的泼出乌黑的漆来？我想待遇这个黑缸，索性拿个大砖头打破它，或者拿铁钉钢片密封它，但是相当的砖头和钢片铁钉之属，这时还未预备出来，可奈何!?

虽则先生处处给与青年一种前进，悲观中未曾无乐观之诱导，如『并未遇到全是荆棘毫无可走的地方』，『然而人们也不必这样悲观……就是进步』，『也可以算是人生的一种慰安』，『「黑暗与虚无」乃是实有』……先生真是对于青年苦口婆心极了！在先生何常［尝］不晓得『黑暗与虚无』所『实有』者，乃是『黑暗与虚无』。非『非「黑暗与虚无」』，而先生仍必给与青年以一种『不悲观』不绝望，且先生自己也仍以悲观作『不悲观』，以无可为作『可为』仍自往前的走去。这种精神，学生是应当效法的。自后当避免些『无须必践』的『荆棘』，养精蓄锐，以待及锋而试。

我所看见的子路是勇而无谋，不能待三鼓而进的一方面。如果叫他生于欧洲，住在『壕堑』里等待敌人，他必定不奈［耐］久候挺身而出的。关公止是关公，孔明止是孔明，曹操止是曹操，三人个性不同，行径亦异。我表同情于子路之『率尔而对』而不表赞同于避名求实的伪君子『方……如五六十……以待君子』之冉求。虽则圣门中许之，但子路虽在圣门而仍不能改其素性，这是无可奈何的一件事。至于他『结缨而死』自然与『肉［割］不正不食』一样的『迂』得有趣，但这似乎是另一个问题，我们只要晓得，当然不会上当的。

在纸面上得先生的教训比读书听书好得多了，可惜我自己太浅薄，找不出许多要说的话充分的吐露出来，贡献于先生之前求教。但是我相信如果有话要请益时，先生一定不客气的。可是时时在先生最有用最经济的时间中，夹入我一个小鬼在中捣乱，先生写两个『山』字那小鬼也不去，烧符也没用，先生还是没奈何的破费点光阴吧！小子惭愧则个。

鲁迅先生的学生许广平上　三月二十日

四、一九二五年三月二十六日
（23.5cm×16.1cm）
共四页

No.

魯迅師：

昨日——二十五——上午接到先生的一封信，下午帮哲教系游艺会一点忙，直至今日的现在还拿起笔来講述所想说的些话。

听说昨夕未演爱情与世仇之前先生至九点多就去了——想又是被人嗳的罢，——先去也好，其实演的实不高明，排演的人，常不一律出席，有的练習一二次有的或多些，但是批评的人——晨报所指的大可悲——对剧本简直没有事前的研究——陆路也未十分了解——同学也不见得有多大研究，对于剧情当时的風俗習尚，衣饰……一概门外漢，更加演员多是各班约请充数，共同练習的时间更多牵扯，所以失败之处，实是预料所及，简单一句，就是一群小孩子在空地要之玩意，骗两个钱——人不多，恐怕骗钱的目的有点靠不住——真是不怕当场出丑，好笑极了，可憐极了！

近来满肚子的不平——多半是因着校事。年假中，及以前，我以为对校长事主张去留的人，俱不免各有複雜的背景，所以菲是袖手作壁上观的態度，開学後，目

No.

见撕杨的和杨的本身的行径，实在不由得不叫人怒发冲冠，拖以后攻猴子。虽则我一方面不敢否认反杨的弹对学有色彩在内，但是我不好单独的进行我個人的驅羊運動」。因此除於前期婦女週刊上以「持平」名義投「北京女界一部分的问题」一文外，復於十五期現代評論有一個女讀者的一篇女師大的風潮，她也許是本校的一位牧羊者，但是她既承認是局外人，我就以子之矛攻子之盾的放肆的作駁她一番，用還信的名義——我向来投稿恒不喜重複用一名字，我自知文甚卑戍，裁奪之权，一任編輯者，我绝不以甚麼女士——等妄冀，主筆者垂青，所以我的稿子常々也白費心血，附之虛擲，但是總路不了我不好用重複名字的毛病——自己下筆以后也覺着該稿或不合於「壞」，暫且鼓勒之氣，不能自已，擬先呈先生批閱後以《猛進》成明日書札，因此急々附郵。覺胃稜略吐，稍為舒快。其實於實際何嘗增加一毫勝補，學生歷世不久，但南北人士，同学相遇，每不乏人，求其頭腦清醒者有幾？明白大勢者有幾？數人聚首，不是談衣飾，便談宴会，談出入劇場……，熱心做事的人，多半学力差，学粹功深的人，就形如槁木，心似死灰，踢也踢

No.

不动，每一问题发生，聚众讨论时，或托故远去，或看人多举手亦随而举手之赞
成反对，意见毫无，无论何事，功则揽诸身，过则诿诸人，群居终日，言不及义，心
死莫大之哀，今日青年，尚复何望!!! 暗沉沉天日无光，浩浩神州陆沉，同志
同志！天壤间何处学？学生肄业学校，时适光复，家中长兄因留学南京，王校
鼓吹种族思想最力之人，故对于光复民国时对于他的那辈，极注解大义，甚为
年幼未能尽了解国事，失良机，勉解识字大意，尚未十分了了时，即在家读阅
于最新思想之平民报一类常以民党人组织一中，当时民元复有一种妇女刊物，为
灌输女权，解放精神，并将诸东渡之言论，一俱至阅之书报，一妇女刊物，从
勉往购取，故每星期辄与小妹同走十余里至城外购归阅览，以不得为憾
粤地思想较先，故近时所倡之妇女解放，至民元之时，该处已畅发无余，因之个人亦
大受影响，加之先人性侠，侠客之事，故学生每不免粗犷，又好读飞檐走壁、朱家郭
解，助弱扶锄强，草上飞……之流，更幻想得作剑侠仙其人者，以杀尽天下不平
事，当洪宪复辟，以为时机不可失，正新命于国之时，乃容发思于女革命者莊

No.

君，率以不密為家人所阻，年幼礙難，直至如今裏頭過甚矣！且近來與校長、社會內幕稍有所知，覺同儕中實不易得與共事可暢論一切者，相處以機械，那不足謀，即不可謀，不能謀，茫茫大壤，荊棘滿途，孤孤一身，何時掃淨？吾師來函既云"可能的應該偏於破壞者"，目下也彷彿有人，先生吾師，這是真的嗎？我甚極欲"狂"矣！不知"它"——"準備破壞者"——如何結合法，是否即吾師所教的"做土匪去"呢？我不自量度，不揣力薄，不足與言大事，但願作個誓死不二的"馬前卒"，忠於一種我以為對的主義之下，不管這團體是直接間接成立與未成，總之建設與努力，學生是十分信仰於先生，尤其願得作一個"馬前卒"，以衝鋒陷陣，小嘍囉雖然沒大用，也不防令他搖幾下旗子，先生能鑒諒他麼？不勝急切之至！

承先生"不客氣"的一封封給我回信，于"小鬼"實在是好比"盂蘭節"食飽飯足，笑的眉開眼合，得未曾有了！謹謝"循循善誘"！

學生許廣平。

三月廿六晚。

释文

鲁迅师：

昨日——二十五——上午接到　先生的一封信，下午帮哲教系游艺会一点忙，直至今日的现在才拿起笔来谈述所想说的一些话。

听说昨夕未演《爱情与世仇》。之前先生在九点多就去了——想又是被人唆的罢？——先去也好，其实演的实不高明，排演的人，常不一律出席，有的练习一二次，有的或多些，但是批评的人——《晨报》所指的『大可悲』——对剧本简直没有事前的研究——临时也未十分了解——同学也不见得有多大研究，对于剧情，当时的风俗习尚，衣饰……一概门外汉，更加演员多是各班约请充数，共同练习的时间更多牵扯，所以失败之处，实是预料所及。简单一句，就是一群小孩子在空地耍玩意，骗两个钱——人不多，恐怕骗钱的目的有点靠不住——真是不怕当场出采［彩］，好笑极了，可怜极了！

近来满肚子的不平——多半是因着校事。年假中，及以前，我以为对校长事主张去留的人，俱不免各有复杂的背景，所以我是袖手作壁上观的态度。开学后，目见拥杨的和杨的本身的行径，实在不由得不叫人怒发冲冠，施以总攻击。虽则我一方面不敢否认反杨的绝对没有色彩在内，但是我不妨单独的进行我个人的驱羊运动。——因此除于前期《妇女周刊》上以持平名义投《北京女界一部分的问题》一文外，复于十五期《现代评论》有一个女读者的一篇《女师大的风潮》，她也许是本校的一位牧羊者，但是她既承认是『局外人』，我就『以子之矛攻子之盾』的放肆的斥驳她一番，用正言的名义——我向来投稿恒不喜重复用一名字。我自知文甚卑浅，裁夺之权，一任编辑者，我绝不以甚么女士等妄冀主笔者垂青，所以我的稿子常常也白费心血，附［付］之虚掷，但是总改不了我不好用重复名字的毛病——自己下笔以后也觉着该稿或不合于『壕堑战』，然勃勃之气，不能自已，拟先呈先生批阅，复以久稽恐成明日黄花，因此急急附［付］邮，觉骨梗［鲠］略吐，稍为舒快，其实于实际何尝有丝毫脾［裨］补？学生历世不久，但南北人士，同学相遇，亦不乏人，求其头脑清醒者有几？明白大势者有几？数人聚首，不是谈衣饰，便谈宴会，谈出入剧场。热心做事的人多半学力差，学粹功深的人，就形如槁木，心似死灰，踢也踢不动，每一问题发生，聚众讨论时，或托故远去，或看人多举手，亦从而举手之赞成反对，意见毫无也，或功则攘诸身，过则诿诸人，真是群居终日言不及义，心死莫大之哀。今日青年，尚复何望!!?暗沉沉天日无光，惨淡淡神州陆沉。同志同志！天壤何处寻？学生肄业小学，时适光复，家中长兄，因负笈南京，在校鼓吹种族思想最力之人，故对于光复民国时对幼小的我辈，恒演解大义，甚悔年幼未能尽力国事，失一良机，勉解识字，大意尚未十分了了时，即在家浸润于最新思想之《平民报》——革命后民党人组织——中。当民元时，复有一种妇女刊物，亦灌输女权，解放精神身体诸束缚之言论——俱在粤出版——妇女刊物须亲往购取，故每星期我辄与小妹同走十余里至城外购归阅览，以不得为憾。粤地思想较先，故近时所倡之妇女解放，在民元时该处已畅发无余，因之个人亦大受影响，加之先人性俱豪直，故学生亦不免粗犷，又好读飞檐走壁，朱家郭解，助弱锄强，草上霜……之流，更幻想得作剑仙其人者，以杀尽天下不平事。当洪宪复辟，以为时机不可失，正效命于国之时，乃窃发书于女革命者庄君，卒以不密为家人所阻，年幼磋砣［蹉跎］，直至如今衰颓过甚矣！且近来年较长，社会内幕较有所知，见同侪中实不易得与共事可畅论一切者，相接以虚伪，相处以机械，非不足谋，即不可谋，不能谋，茫茫天壤，荆棘满途，狐貉一丘，何时扫净？吾师来书既云『正在准备破坏者，目下也仿佛有人』，先生吾师，这是真的吗？我喜极欲狂矣！不知他——准备破坏者——如何结合法，是否即吾师所称的『做土匪去』呢？我不自量度，才浅力薄，不足与言大事，但愿作个誓死不二的『马前卒』，忠于一种我以为对的主义之下，不管这团体是直接间接，成立与未？总之建设与努力，学生是十分仰望于先生，尤其愿得作一个『马前卒』，以冲锋陷阵，小馊锣［喽啰］虽然没大用，也不防［妨］令他摇几下旗子。先生能鉴谅他么？不胜急切之至！

承先生『不客气』的一封封给我回信，于『小鬼』实在是好比处在盂兰节，食饱袋足，笑的皮开眼合，得未曾有了！谨谢『循循善诱』。

学生许广平　三月廿六晚

五、一九二五年四月六日
（23.5cm × 16.1cm）
共七页

No. 1

鲁迅师：

收到一日的信，直至今日——六日——才拿起笔来写字，写那久蓄于中所欲说的那些话。

日来学校演了一幕活剧，引火线就是教部来人，薛先生那种傻似的幼稚行径，末了他自己觉着情理上说不下去，於是又咬一口，想拿我个人和他一块玉石俱焚，好笑極了！这种卑下的心地，复杂的问题，我们简单的学生心理，如何解防避得过他们狐鼠成群，狠毒成性的恶辣手段。两方面的信，想先生必定已经见及，我们学生五人信中的话，的确一点也没有虚伪，不知对方又将如何设法对付，鲁迅师！现时已到短兵相接的时候了！老实人是一定吃亏的，临阵退缩，勇者不为，无益牺牲，知者不可。中庸之法，其道为何，先生无故被役于小子为题识，其将何以教之？

那回演戏的结果，听说该班每人只均分得廿余元，往日本旅行，固然一点也得不到多大补助，就是南方各处参观之用，也是不见得解决，闹了半天，几乎

No. 2

等於〇，那莫〻段得齿子．看客的胡鬧，幾乎是中國劇場裏一種積習．尤其女性是在表演，他們不是过高的藝術眼光來（？），就是一種普遍性的好奇心來，真〻是無所為而來瞧劇的，實在很少〻〻，惟其如此，所以「應該」用大批的蚊烟，將它們「薰出」，惟其如此，它們果真早〻的被人「薰出」那麼把戲演不成了！這就是目前社会相困的怪現狀，可嘆！

學校的事件愈來愈複雜起來了！北京大學的，恐怕就是女師大，在這種空氣裏頭，是要害成肺病的，看不过眼的人就出來反動，反動就當場吃虧，不反動！不反動就永遠沉墜下去，校事，國事……；都是如此，人生！人生是多麼可厭的一種如將死的人服了參湯，死不能活不可的半麻醉瘋狂狀態呀！「一個女讀者」的文章，先生們懷疑心是男人做的，這自然有一種見解在裏頭，其實現代評論執筆的人物他的背景是某某派，在前幾期中也有一篇關於風潮的帶色彩的論調，的確我也聽見人說其大那一派的人很替她出力，我想自然有一点蛛丝馬跡〻可尋，但是學校中一部分的人，確也有「一個女讀者」

No. 3

的那种不通之论，所以我的推想，错中也不全是无的放矢的。

民元的时候，复国的俊杰，改革的俊彦两派相反，只要那一派占优势，自然就成功起来，而当时改革的人，个个他们都有自好来，所以家为的一种，国与家，公与私，忘身的气概，身家且不要，遑说权利思想……（改革者多系为救国而非救己起）所以那时的人心容易号召，旗帜是极的鲜明，现在呢？文字不能作用，损人利己的事情一生，恶劣分子自然多起来了！目前中国人为家庭经济的压迫，不得不谋升官发财，而卖国贼以起，卖国贼是不忠于社会，不忠于国，而忠于家庭的，国与家二重压迫的矛盾状态，所以人们不是牺牲了国就是牺牲了家，然而国之关系，总没有家那么直接，所以国民性的堕落，是愈多而愈难处理，这种"化贝色"，如何能有存立的价值，亡国！就是最终的一步，虽然一般社会性的人们大倡最新的无国界，然而欧美先进之国，是否能照大同的眼光待遇这种劣货？这是亡国也不能解决的问题，奈何！？

先生信中说："在中国活动的有两种'土匪'……我现在无路走，"学生以为虽无"

No. 4

政客”不妨有“政见”，那些不纯粹不高尚不彻底的团体，我们绝不能有“政党”于他们。王先生不愿有政客杂在“两种主义者”，王学生也觉得于女性中所组织之什么党派，国民促进会、女权运动……等等的人才的行径实在不敢加入。以为她们的团体，不但是旧货和“两种主义者”一样的二五等于一十，也许更有不足之处的。就目下事情一点没有建设出来，对于该团体根本上，而结果多半归结做成（也许不可必免的[illegible]）“英雄与美人”的养成所——惭愧！说起来真是叫人齿冷。其差强人意的，只有一位秋瑾，什么广群英、沈佩贞、石淑卿、苏璞……哟！都是应当用烟薰出去的。眼看那些人做事是那样的，自然不能与之合作，自己单人只手，如何能够得出大气力来，所以终有望于我师了！土匪虽然是“发财主义”，但是能够大秤分金银，能够分的公平，也比较做官相的丘八强多了。因为土匪还算能贯彻他的目的的人，不是名不附实的丘八所能望尘可及的。丘八何尝不是“发财主义”，如果不想发财，就不能占有地盘发展欲望。如果改革者欲置身其中，相机行事的进行他一种主张，以冀估得势力，获一种武力作

No. 5

之理的设法的办法，我想，众寡不敌，你要收效，也许无异与虎谋皮，所以虽则有（前面）许崇智、许崇清（附述孙先生和将来）等四五个（"孙先生部下可靠的要人"）要员与王广安活动，但是我绝不希望在他们面前有多大的联系，我只很平常地每日自上午至下午三四时上课，下课赶回即跑到哈德门之东作"人之患"，直至晚九时返校，再至小饭所自习至午夜始睡。这种刻板的日常行动，我以为身心很觉舒适。这就是从以前的意见觉悟现时"只有自己可靠"，而我们作事的起点，也在乎每个"只有自己可靠"的人联合起来，成个无边的"联合战线"，先生果真自以为"无拳无勇"而不思"知其不可为而为"乎？孙中山虽则未必是一个如何神圣者，但他的确也系抱"无拳无勇"的干了几十年，成败得失，虽然另是一个问题。

"做点什么事的人"，自然是惟"要强"分子居多，但这种分子据容易血气过高，所谓有勇无礼，易招失败，正须镇静的人，用"仔细的观察"，处置调剂之，始免轻举妄动之弊，于"勇往直前"之所以助其成功的成分，减其失败的成分，那么第一种的"不行"，请先生不必过虑了！至于第二种"牺牲"，在这一面是牺牲，在那

No. 6

一面何尝不是"建设"，不过观察点不同罢了；固然，在"我"的方面，"做不愿使别人牺牲而自己牺牲"，一方面，或者正以为值得牺牲，而且"壕堑战"操胜了以后，或者事情的代价比牺牲的损害多些若干倍，那么何乐而不为，何惘而不为。"空论"发牢骚，固然无可少的，但是纸上谈兵，不免出来之见，况且现时的昏天暗地，你打开窗子说亮话，还是免不了牺牲，关住门来长吁短叹，也实在叫人气短。先生虽则苦于我有"发牢骚"的机会，使那不至闷死，然而如何的能把"牢骚"发泄得净尽，又恐怕自己无那么大的一口气能够照心愿的吐出来，粗人是干不了细活计的。所以前面有"马前卒"之请也。现在先生既不骑马而乘车，那么我就做那十二三岁的小孩子跟在车后推着去，尽我一点小气力吧；虽则断坏了的灯草般的手臂费不出多大气力，然而两三个子儿的代价——事情——先生当是不忍过拒的吧！

言语就是表示内心的一种符号，自己写和说出来的总带有他的个性，但是环境的熏染，耳目的接触，那么"说话的句子排列法"，自然"女士"与"男士"有多少

No. 7

不同，我愿意免掉"酒壶式"的说话，其余词句末节，似乎无多大关系，所可虑者，恐不免（昔日）"妇人之见"，识者所讥，是以致大眼光，开拓思想，深造学问的途径，还乞吾师千万"不屑教诲"，又"女士"的说话的句子排列法，就与男士不同，是因为她们好用唉，呀，哟，……的字眼，还是她们传染诗词的句法而无清白的主脑命意呢？说话的词句中，还请先生指示出来，以便改善。

读过前一期金心异先生写给刘復先生那篇作品，很痛快淋漓，读了叫人拍案叫绝，但是他前半篇教人"还其子"，而后半篇则教人"前辈（尤其是中国现在的前辈）应该多听些后辈之底教训才是"，我如果做着钱先生的公子（也许钱师是不同于闭执的，所以或不至于被"还"吧！）我真是害怕，同时我也替钱先生那十八九岁的师兄捏一把汗，好在未做钱先生又承认"多听些后辈之底教训"，究竟做"钱先生的子"好呢？还是做他的"后辈"好呢？先生亦有异同乎？《猛进》图书馆没有，本身也不晓得有这份报，不知是何处出版，敢请示知，其余各种书籍……可以缄借购买的，还乞先生随时通知！"看得中国的内情太清楚，所以不免有些失望之故……做事即失其勇"，话虽如此，还希望先生本"有不平而不悲观"的精神，领导着奔向大道上。

学生许广平

四月六日

释文

鲁迅师：

收到一日的信，直至今日——六日——才拿起笔来写字，写那久蓄于中所欲说的那些话。

日来学校演了一幕活剧，引火线就是教部来人，薛先生那种傻瓜的幼稚行径，末了他自觉着情理上说不下去，于是反咬一口，想拿几个人和他一块玉石俱焚，好笑极了！这种卑下的心地，复杂的问题，我们简单的学生心理，如何能防避得过他们狐鼠成群，狼毒成性的恶辣手段。两方面的信，想先生必定已经见及，我们学生五人信中的话，的确一点也没有虚伪，不知对方又将如何设法对付。鲁迅师：现时已到『短兵相接』的时候了！老实人是一定吃亏的。临阵退缩，勇者不为，无益牺牲，知［智］者不可，中庸之法，其道为何？先生世故较后生小子为熟识，其将何以教之？

那回演戏的结果，听说该班每人只均分得廿余元，往日本旅行，固然一点也得不到多大补助，就是南方各处参观之用，也是不见得解决，闹了半天，几乎等于〇，那真真没得法子。看客的胡闹，几乎是中国剧场里一种积习，尤其女性是在表演，他们不是过高的艺术眼光来（？），就是一种普通性的好奇心来，真真是无所为而来观剧的，实在狠少狠少。惟其如此，所以『应该用大批的蚊烟，将它们薰出』，惟其如此，它们果真早早的被人『薰出』，那么把戏演不成了！这就是目前社会相因的怪现状，可叹！

学校的事件愈来愈复杂起来了！步东大后尘的，恐怕就是女师大。在这种空气里头，是要染成肺病的，看不过眼的人就出来反动，反动就当场吃亏；不反动！不反动就永远沉坠下去，校事，国事……都是如此，人生！人生是多么可厌的一种如将死的人，服了参汤，死不能、活不可的半麻醉疯狂状态呀！『一个女读者』的文章，先生『总疑心是男人做的』，这自然有一种见解在里头。其实《现代评论》执笔的人物，他的背景是英美派，在前几期中也有一篇关于风潮的带色彩的论调，的确我也听见人说某大那一派的人很替她出力，我想自然有一点蛛丝马迹之可寻。但是学校中一部分的人，确也有『一个女读者』的那种不通之论，所以我的推想，错中也不全是无的放矢的。

民元的时候，顽固的尽管顽固，改革的尽管改革，两派相反，只要那［哪］一派占优势，自然就成功起来，而当时改革的人，个个似乎都有匈奴未灭何以家为的一种国尔［而］忘家，公尔［而］忘身的气慨［概］，身家且不要，遑说权利思想……所以那时的人心容易号召，旗帜比较的鲜明。现在呢？改革分子与顽固派打成一起，处处不离『作用』，损人利己的事情一生，恶劣分子自然多起来了！目前中国人为家庭经济的压迫，不得不谋升官发财，而卖国贼以起。卖国贼是不忠于社会，不忠于国，而忠于家庭的。国与家二重压迫的矛盾状态，所以人们不是牺牲了国，就是牺牲了家。然而国之关系，总没有家那么直接，所以国民性的堕落，是愈多而愈难处理。这种『货色』，如何能有存在的价值。亡国！就是最终的一步。虽然超社会性的人们大倡最新的无国界主义，然而欧美先进之国，是否能照大同的眼光待遇这种劣货？这是亡国也不能解决的问题，奈何!?

先生信中言：『在中国活动的有两种「主义者」……我现在无所属』，学生以为虽『无所属』，不妨有所建。那些不纯粹不高尚不彻底的团体，我们绝不能有所希望于他们。在先生不愿有所属于『两种主义者』，在学生也觉得于女性中所组织之什么参政、国民促进、女权运动……等等的人才的行径，实在不敢加入，以为她们的团体，不但是『旧货』和『两种「主义者」』一样的二五等于一十，也许，更有不足称的，就是事情一点没有建设出来，对于该团体根本上，而结果多半做成『英雄与美人』的养成所（也许不可必［避］免的吧！然而我真不解），惭愧！说起来真是叫人倒咽一口冷气。其差强人意的，只有一位秋瑾，什么唐群英、沈佩贞、石淑卿、万璞……哟！都是应当用蚊烟薰出去的。眼看那些人做事是那样的，自然不能与之合作，自己单人只手，如何能卖得出大气力来，所以终有望于我师了！土匪虽然是『发财主义』，但是能够『大秤分金银』，能够分的［得］公平，也比较做变相的丘八强多了！因为土匪还算能贯彻他的目的的人，不是名不附［副］实的丘八所能望尘可及的。丘八何尝不是『发财主义』，如果不想发财，就不能占有地盘发展欲望。如果改革者欲置身其中，相机行事的进行他一种主张，以冀占得势力，获一种武力作公理的后盾的办法。我想，众寡不敌，你要收效，也许无异与虎谋皮，所以虽则一向有许崇智、许崇清……等四五个哥儿在广东活动（孙死现在可变动了），但是我绝不希望在他们面前有多大的陈述意见和发生关系。我只很平常地每日自上午至下午三四时上课，下课赶即跑到哈德门之东作『人之患』，直至晚九时返校，再在小饭厅自习至午夜始睡。这种刻板的日常行动，我以为身心很觉舒适。这就是《语丝》所说的，应当觉悟现时『只有自己可靠』，而我们作事的起点，也在乎每个『只有自己可靠』的人联合起来，成一个无边的『联合战线』。先生果真自以为『无拳无勇』而不思『知其不可为而为』乎？孙中山虽则未必是一个如何神圣者，但他的确也纯粹『无拳无勇』的干了几十年，成败得失，虽然另是一个问题。

『做点什么事的人』，自然是『勇猛』分子居多，但这种分子总容易血气过高，所谓有勇无礼，易招失败。正惟领导的人，用『仔细』的观察，处置调剂之，始免轻举妄动之弊，于『勇往直前』正所以助其成功的成分，减其失败的成分，那么第一种的『不行』请先生不必过虑了！至于第二种『牺牲』，在这一面是牺牲，在那一面何常［尝］不是『建设』，不过观察点不同罢了！固然在『我』的方面『不愿使别人牺牲』，而在『彼』一方面，或者正以为值得牺牲。而且『壕堑战』采取了以后，或者事情的代价比牺牲的总量多出若干倍，那么何乐而不为，何惧而不为？『空论发牢骚』固然不可少的，但是纸上谈兵，不免书生之见。况且现时的昏天暗地，你打开窗子说亮话，还是免不了牺牲，关住门来长吁短叹，也实在叫人气短。先生虽则答应我有『发牢骚』的机会，使我不至闷死，然而如何的能把牢骚发泄得净尽，又恐怕自己无那么大的一口气，能够照心愿的吐出来。粗人是干不了细活计的，所以前函有『马前卒』之请也。现在先生既不马而车，那么我就做那十二三岁的小孩子跟在车后推着走，尽我一点小气力吧！虽则饿坏了的灯草般的手臂，卖不出多大气力，然而两三个子儿的代价——事情——先生是不忍过拒的吧！

言语就是表示内心的一种符号，自己写，和说出来的，总带有他的个性。但是环境的薰染，耳目所接触，那么『说话的句子排列法』，自然『女士』与『男士』有多少不同。我愿意免掉『酒壶式』的说话，其余词句末节，似乎无多大关系。所可虑者，恐不免昔日『妇人之见』，识者所讥，是以放大眼光，开拓思想，深造学问的途径，还乞吾师千万『不屑［吝］教诲』，又『「女士」的说话的句子的排列法，就与「男士」不同』，是因为她们好用唉、呀、哟……的字眼，还是她们能带诗词的句法而无清白的主脑命意在说话的词句中，还请先生指示出来，以便改善。

《语丝》前一期金心异先生写给刘复先生那篇作品很痛快淋漓，读了叫人拍案称绝，但是他前半篇教人『远其子』，而后半篇则教人『前辈（尤其是中国现在的前辈）应该多听些后辈底教训才是。』我如果做着钱先生的公子哥，（也许钱师兄不『闻诗闻礼』所以不至于被『远』吧！）我真是害怕，同时我也替钱先生那十八九岁的师兄捏一把汗。好在末后钱先生又承认『多听些后辈底教训』，究竟做钱先生的『子』好呢？还是做他的『后辈』好呢？先生亦有异闻乎？《猛进》图书馆没有，本身也不晓得有这份报，不知是何处出版，敢请示知。其余各种书籍之可以针治脾［痹］麻的，还乞先生随时通知！『看得中国的内情太清楚，所以不免有些失望之故……做事即失其勇。』话虽如此，还希望先生本『有不平而不悲观』的精神，领导着奔向大道上。

学生许广平　四月六日

六、一九二五年四月十日
（23.5cm×16.1cm）
共六页

No. 1

鲁迅師：

昨夕一九日一接到先生的一封信，前天更收到寄来的一束猛進共五份，打開紙卷一看，原來出版就是昨天，當時不覺失笑其何以如此陋寡聞一至於是，登即至號房處令訂一份，備閱及見師函，謂此后如不被禁止，我当寄上，備感師情摯之殷，然師殊太忙，何可以此鎖屑相勞，重抱不安，既已自訂，還乞吾師勿多費一番精神，此后先没来関照的實情与寄来異是例外的不同，望勿一概看待。

薛先生当日撕下一大束纸像，满捧至双手中，前有学生，后有教部人，他则介乎二者之间，人物俱至，我想教部人见他这种進退維谷的狼狈状，着實好看煞人，而学生充分的質问，他又苦於置答，退而不甘吃虧，今我至教務处質问悯嘆，經我蹂破的答覆，末后对付最终的毒计，就是以退为進，先發制人，所謂恶人先告状，意思是責備学生，引起一部分人的反感，当他辭職的信分送至各班，我们以为他一定至各先生面前另有表示，今乃专对学生辞職，居心何在？我以为薛先生之辞職是自知

No. 2

越俎办事，不免借故，因出此下策，不得不一走，不得不驾（？架）罪他人而走，风传风潮一发生，他的新夫人即劝他辞职，勿被人利用，而他终竟未辞，至三十一看，水穷山尽时，始出此上着，固然走得滑稽，但总教不走的算是痛快一点，如此则此次牺牲甚便宜也。粘付上他的信一阅，教务处骂他的信纸，确有点过火，但也是他的形迹可疑（贴五 而此五人的信也只可摊开适广不提，因为实部五人知了与常知者），招人骂的，固然骂的人欠些默，可是群众的事，一时未预先防备得到，搃不免闹出有失慎重的时候，祇怪我们当时没有眼光，不及防事未然，其实平心论之，骂他一句"滚蛋"，也不算希奇，横竖"堂堂国民之母之母"可以任意骂人"岂有此理"，上有好，下必甚，何必大惊小怪呢！先生，你说对吗？

现在我最愁不过的，就是风潮闹了数月，不死不活，人遇着你抛以女子作女校长为宜的题目，冬烘闭着眼问学生你们是大多数人反对吗？的人长教育，至此君手里能够得个好校长么？一蹩不振一蹩，对学生终无益而有害之，还是不决，则恶棍人的手段益完全，学生数化消极的为多，终至事情无形打消，不落得一场胡闹，何苦始此的，既有今日何必当初呢，无怪不是"苦闷，苦闷，苦闷，苦闷，苦闷，苦闷……"

No.3

攻打现时「病根的工作」，欲「改革最快的」，「使有效」而不很迂远的唯一捷径，自然还是吾师所说的「火与剑」。自从二次革命，孙中山逃亡于外时即已觉悟此层，所以极力设法组织党军，但是军人「中头脑较新的」自然要中山麾下，但是其中有多大建设？多少成绩？「团糟的五十步笑百步」！即有清醒者，投入黑域域的帐幕内，使本蹈浊浊昏无天日，找腊炬来寻光还来不及，何况还想他分光去照料他人！而且现时所最急切的问题待解决者，刻不容缓，如果分作若干时筹备，若干时进行，若干时收效，恐怕国魂於枯鱼之肆矣，此杞人之忧也。小鬼有虑於此，故急不择言，诚思得若干同志，暗中进行将退一击，对于将发牙於金佛郎，及违反民意的乱臣贼子，仗三寸剑，杀其人头，饮其盆血，然后仰天长啸，伏剑而殉，虽碎尸诸子，或且不足以尽之，然以此三数人之牺牲，足以寒贼胆，使有所畏而不敢妄为，然后迫得他不敢不稍从民意，此时再起而联络国中军民各界，晓以大义，振以利害，加以舆论鼓吹，缓急先后，戒敢於此，自然去牺牲的人，要有胆有识，但不必所学识优越者，盖此辈人不宜大材小用，如小

金佛郎问题由解决，律且一依武人马首是瞻，以决从众违而不择的民意，真是可忍孰不可忍

No. 4

鬼者，容願供犧牲——實則無所謂犧牲，反過來說也許是勝利——此等事則有急粗急，但現在這種麻木狀況之下，不可無此項舉動。五四一把火，可以令賣國賊銷聲匿跡數年，惜乎當時人多犧牲大，如其有勇士給他任何一個人送他一個炸彈，就算兩三個拼一個，也是極有意思的。在太平洋會議時學生商至天津女師肄業，曾建設青年行此種組織於十人團中，未見採擇，或者未能以身先之，致不見用歟？抑謀之不臧歟？

青年急待攻擊，較老年為甚——尤其女青年——因為他們是承前啟後的中間媒介者，國家的絕續，全在他們肩上，而他們的確能有幾分覺悟。不要多題起來吧，「實在氣殺人！」想鼓吹改革他們，「為國家為國家人材根本計，然而假使緩不濟急，皮之不存，毛將焉附。此每杞人之憂也。小鬼以為此種辦法可列於次要，或者與上述的双管齊下。現時不將起頭「試他一試」，見得到做得出，總速愈好，今其時矣。

「柴愚參魯」，早在教者目中，他曰：「盡各言爾志」，以下問者小鬼只得放肆率爾而對」。

No. 5

「讲风景」是骚人雅士的特长，「秋花明月」是儿女子的病态，「四海为家」何用多怀，今之怀者，其言毋执怀中……摆脱里，想是言至此意至彼，「满篇」都看字样（空腹命意自在心）的抒情文，的确是今日女文学家（？）的特征，一最显的例子，评梅的文诗，晶清的诗，冰心，庐隐，廷敦，俱带此种色彩，好在我还未有文学家的资格和梦想，对于这美文章一个字也写不出来，至于作「辩论之文」的特别，我真的不知不觉全行犯了！自己不提防，经吾师慧眼看破，心折惭愧，无可觉悟，但这种毛病之养成，其从头至尾，一一数去者，以为不独此不足以令人体无完肤，且自己总觉有遗憾，此盖受孟子与东坡的余毒，服久不觉时发其病，其实有可对「论敌」的要害，一一好作长文而不善于短文」等语，不得「要害」，或许是女性理智判断及论理学未十分训练完备，加以积重难反，遗传下来的此项劣根性过深之故，自没有设法改之，不善短文，或者除上述之病原外，也许是程度使之然，大概学作文时从达辞不达意，能达意矣，则未免冗赘，再进则简洁矣（实进则仍不免冗赘），此或与年龄学力有关，此后无思洗刷之，现时的女性所谓上流人物（？）换其

No. 6.

（之）

未长，目空一切，闻誉则喜，闻毁则护过，而且自私，拒谏，好高骛远，求名食实的恶根性一点也没改革清楚，所以不足与言其事。好在小鬼还够不上女性中上流人物，所以处处求人指摘瑕疵，然而质直之士，何可易遇，惟有求之自觉耳。然那镜无以鉴形，自知之外，当然应待多方教训，先生幸辱而时教之，幸甚！

这封信非骡非马不文不白的乱扯一通，该值一把火，但反过来说，现在且效新的一派文字，也作與的，我无乃画犬不成耳，请先生硃笔大加圈点吧！也许先生的硃笔老早掷到纸篓里去了！奈何!?

（鲁迅师所赐许成立之名）小鬼许广平。

四月十日晚。

释文

鲁迅师：

昨夕——九日——接到先生的一封信，前天更收到寄来的一束《猛进》共五份。打开纸卷一看，原来出版就是北大，当时不觉失笑其何以孤陋寡闻一至于是，登即至号房处令订一份备阅。及见师函，谓『此后如不被禁止，我当寄上』，备感师诱掖之殷。然师殊大忙，何可以此锁［琐］屑相劳，重抱不安。既已自订，还乞吾师勿多费一番精神，此属先后未关照的实情，与客气异，是例外的不同，望勿一概看待。

薛先生当日撕下一大束纸条，满捧在双手中，前有学生，后有教部人，他则介乎二者之间，人物俱在，我想教部人见他这种进退维谷的狼狈景状，着实好看煞人。而学生充分的质问，他又苦于置答，退而不甘吃亏，令我至教务处质问、恫吓，经我强硬的答复，末［没］法对付，最终的毒计，就是以退为进，先发制人，所谓恶人先告状，意思是责备学生，引起一部分人的反感。当他辞职的信分送至各班，我们以为他一定在各先生面前另有表示，今乃专对学生辞职，居心何在？我以为薛先生之辞职是自知越俎办事，不免清议，因出此下策，不得不一走，不得不（驾？）架［嫁］罪他人而走。风传风潮一发生，他的新夫人即劝他辞职，勿被人利用，而他终竟未辞，至三十六着，水穷山尽时，始出此上着，固然走得滑稽，但总较不走的算是痛快一点，如此则此次些少牺牲甚便宜也，兹付［附］上他的信一阅。贴在教务处骂他的条纸，确有点过火，所以五人的信也只可推开这层不提，因为实非五人参与而知者，但也是他的形迹可疑招人骂的。固然写的人欠幽默，可是群众的事，一时未预先防备得到，总不免闹出有失慎重的时候。只怪我们当时没有眼见，不及防事未然，其实平心论之，骂他一句『滚蛋』也不算希［稀］奇，横竖堂堂

『国民之母之母』可以任意骂人『岂有此理』，上有好，下必甚，何必大惊小怪呢！先生！你说对吗？

现在所最愁不过的，就是风潮闹了数月，不死不活，又遇着仍抱以女子作女校长为宜的头脑冬烘闭着眼问学生，你们是大多数人反对吗的人长教育，在此君手里能够得个好校长么？一蟹不如一蟹，则岂徒无益，而又害之，迁延不决，则恋栈人的手段益完全，学生软化消极的愈多，终至事情无形打消，只落得一场瞎闹，何苦如此的既有今日何必当初呢！无处不是苦闷，苦闷，苦闷，苦闷，苦闷……

攻打现时『病根的工作』，欲『改革最快的』，『使有效』而不『很迟』的唯一捷径，自然还是吾师所说的『火与剑』。自从二次革命，孙中山逃亡于外时即已觉悟此层，所以极力设法组织党军，但是军人中头脑较新的，自然在中山帜下，但是其中可有多大建设？多少成绩？一团糟的五十步笑百步！即有清醒者，一投入黑越越［魆魆］的帐幕内，便尔暗沉沉昏无天日，找腊［蜡］炬来寻光还来不及，何况还想他分光去照料他人！而且现时所最急切的问题待解决者正刻不容缓，如果必俟若干时筹备，若干时进行，若干时收效，恐索国魂于枯鱼之肆矣，此杞人之忧也。小鬼有虑于此，故急不择言，诚思得若干同志，暗中进行博浪一击，对于将签字于金佛郎（金佛郎问题曲解法律且一惟武人马首是瞻，以决从违而不采纳民意，是可忍孰不可忍？），及违反民意的乱臣贼子，仗三寸剑，杀万人头，饮千盏血，然后仰天长啸，伏剑而殉。虽碌碌诸子，或且不足污吾之剑，然以此三数人之牺牲，足以寒贼胆使有所畏而不敢妄为，然后迫得他不敢不稍从民意，此时再起而联络国中军民各界，昭以大义，振以利害，加以舆论鼓吹，缓急先后或取于此。自然去牺牲的人，要有胆有勇，但不必取学识优越者，盖此辈人不宜大材小用。如小鬼者，窃愿供牺牲——实则无所谓牺牲，反过来说，也许是胜利——此举虽则有点粗急，但现在这种麻木状况之下，不可无此项举动。五四一把火，可以令卖国贼销声匿迹数年，惜乎当时人多牺牲大。如其有勇士给他任何一个人，送他一个黑饼，就算两三个拼一个，也是怪有意思的。在太平洋会议时学生适在天津女师肄业，曾建议举行此种组织于十人团中，未见采择，或者未能以身先之，致不见用欤？抑谋之不臧欤？

青年急待攻击，较老年为甚——尤其女青年——因为他们是承前启后的中间媒介者。国家的绝续，全在他们肩上，而他们的确能有几分觉悟？不要多题［提］起来吧！实在气煞人！想『鼓吹改革』他们，一方固然为国家人材根本计，然而假使缓不济急，皮之不存，毛将焉附？此亦杞人之忧也。小鬼以为此种办法可列于次要，或者与上述的双管并下，现时不妨起头『试他一试』，见得到，做得出，愈速愈妙，今其时矣。

『柴愚参鲁』，早在教者目中，必曰：『盍各言尔志』。以下问者，小鬼只得放肆『率尔而对』。

『讲风景』是骚人雅士的特长，『秋花明月』是儿女子的病态。四海为家，何用多怀，今之怀者，甚么母亲怀中……摇篮里，想是言在此意在彼，满篇『好看字样』的『抒情文』（主脑命意何在？），的确是今日女文学家（？）的特征——最显的例子，评梅的文诗，晶清的诗，冰心、庐隐、廷玫，俱带此种色彩。好在我还未有文学家的资格和梦象［想］，对于这类文章一个字也哼不出来。至于作『辩论之文』的『特别』，我真的不知不觉全行犯了！自己不提防，经吾师慧眼觑破，心折惭愧，万分觉悟。但这种毛病之养成，其『从头至尾，一一驳去』者，以为不如此，不足以令人体无完肤，且自己总觉有遗憾，此盖受孟子与东坡的余毒，服久不觉时发其病，其『罕有正对「论敌」的要害……好作长文而不善于短文』等语，不得『要害』或许是女性理智判断及论理学未十分训练完备，加以积重难反［返］遗传下来的此项劣根性过深之故，自后当设法改之。『不善短文』或者除上述之病源外，也许是程度使之如此，大概学作文时总患辞不达意，能达意矣，则失之冗赘，再进则简练矣（未进则仍不免冗赘）。此或与年龄学力有关，此后亦思洗刷之。现时的女性所谓上流人物（？）挟其末长（？），目空一切，闻誉则喜，闻责则掩过，而且自私、嫉妒，好高骛远、求名舍实的恶根性一点也没改革清楚，所以不足与言共事。好在小鬼还够不上女性中上流人物，所以处处求人指摘瑕玼，然而质直之士，何可易遇，惟有求之自觉耳。然非镜无以鉴形，自知之外，当然正待多方教训，先生辱而时教之，幸甚！

这封信非驴非马不文不白的乱扯一通，该值一把火，但反过来说，现在最新的一派文字，也作兴的，我无乃画犬不成耳。请先生硃笔大加圈点吧！——也许先生的硃笔老早掷到纸篓里去了！奈何!?

（鲁迅师所赐许成立之名）小鬼许广平　四月十日晚

七、一九二五年四月十六日
（23.5cm×16.1cm）
共三页

No.

鲁迅师：

"秘密窝"居然探险过了！归来的印象，觉得在熄灭了的红血的灯光而点坠在那间全部的一面满镶玻璃的室中时：偶然出神地听听雨声的滴答；看看月光的幽微；在枣树发叶结果的时候，领略他风动叶声的沙沙，和打下来熟枣的勃勃，再四时不绝的"个多个多"！"戈戈戈"的鸡声，晨夕之间，或者负手在这小天地中徘徊俯仰，这其中定有一番趣味，是味为何：一一在丝丝的浓烟卷中曲折的侵入无穷的空际，升腾，分散，是消灭？！还是存在？！（小鬼向来不善推想和描写，却想唐突！）

京副前些天有王铸君的一篇"鲁迅先生"！和现代评论前几期的那篇"鲁迅先生"！我觉得读了之后还合口味，我极喜欢听那，"人体生理"的那类在教室所讲的话，虽则听了之后未必能够有多少领略体会或者也许不免于误解但总觉得其味无穷，有引人入胜之妙，但这类话是不可多得多遇的，而且也常常忽略过去极容易的，惟其如此，所以愈觉得"弥高弥坚"，而不可及。但是这类文字用于"宣传"上，普通民众，就须容易经过错过，找不出头绪来，然而也不要紧，到那时自然能够有善读谓私他，总比较长好，

No.

学者非患不知，患不能法，这许是天赋才情吧！

前信所述的方法，无非以为"我不入地狱，谁当入地狱"二语，甚有见地，撼腾而起的心情，早已蕴来於中，自然未学过舞剑打拳，不假侬武之士，可是一弹之指的类似的办法，未尝不可试验。自来女性大病就是默守着保守，痛痒无关，食现成饭，压迫来了就给他一个忍受，哭泣，寻死，或者不觉得其为压迫，而且以为当然的听天由命的无抵抗主义者，是多么消极的颓丧的劣种呀！如其有人出来奋斗，成功，大家一块来享受；失败，你单独去肩荷，国事，校事，总不外遇到这类人心理学者承认女子是永远立在水平线的墨痕上，穷凶极恶的事情虽则少发生，然而伟大的成绩也绝不多见，这许是"中庸"的遗训流传下来的吧！这种"女人国"中自然不容许小鬼的性急，结果也祇得苦闷……………………"韧"固然是好的，但是胶皮糖遇到头发，那可怎么办？

现时的"太太"类的确有设一个配得上来这里办的——小姐类，同此不另——老爷类的王九龄下台了，但不知法学博士能打破这种成见否，总之现时风潮闹了数月，

No.

呈文递了无数，部里也来查过两次，经过三个总长，而事情一点没给人一个下落，对于"若大旱之望云霓"的换人，不知何年何日始有好消息，薛已经厚着面皮回校任事了，用白纸一张，至公布处贴出来，大意说薛辞经再三挽留，薛以校务为重，已允任事，但借全当日会议是否仍认他为教务长，而（理、物、文……）四年级毕业生即表示留意，其余的人因少数便不能通过对薛有所表示，这是内部的"麻木""装死"的模样，而新任的总长，听说和研究系大有渊源（一杨是研究系捧出来的）——他在法长任内维究对高审打官司，那么在教长上的设施，实在在他对我校未有表示以前，不能不令人忧怀着，我们先生虽则"太炎"在他脑中或者成见较轻，然而此外呢？这种种内外的黑幕，总想给他发泄发泄于文字里，但是各方的牵掣，投稿的困难，由得人叫苦连天，瞒地咽气，"由他去罢"，"欲罢不能"！不罢不可！总得个干脆！

既在语丝、京副等外忽略了《猛进》的每期目录，又在门房外不留神看看贴的要报条子，事小，足见粗疏糊涂，此虽既往，但今已知有此报，如何再行叙述，当日仍命门房打来了！

既承锦注，便以奉闻！

小鬼许广平

四月十六晚

释文

鲁迅师：

『秘密窝』居然探险(?)过了！归来的印象，觉得在熄灭了的红血的灯光，而默坐在那间全部的一面满镶玻璃的室中时；偶然出神地听听雨声的滴答；看看月光的幽寂；在枣树发叶结果的时候，领略它风动叶声的沙沙，和打下来熟枣的勃勃；再四时不绝的『个多个多』！『戈戈—戈—戈戈』的鸡声，晨夕之间，或者负手在这小天地中徘徊俯仰，这其中定有一番趣味，是味为何？——在丝丝的浓烟卷中曲折的传入无穷的空际，升腾，分散，是消灭!?是存在!?(小鬼向来不善推想和描写，幸恕唐突！)

『京副』前些天有王铸君的一篇《鲁迅先生……》和《现代评论》前几期的那篇《鲁迅先生……》，我觉得读了之后还合口味。我总喜欢听那『人体生理』的那类在教室所讲的话，虽则听了之后未必能够有多少领略体会，或者也许不免于『误解』，但总觉得其味无穷，有引人入胜之妙。但这类话是不可多得多遇的，而且也常常忽略过去极容易的。惟其如此，所以愈觉得『弥高弥坚』，而不可及。但是这类文字用于『宣传』上，普通民众，就顶容易轻轻错过，找不出头绪来，然而也不要紧，到那时自然能够有善法调和它，总比冗长好。学者非患不知，患不能法，这许是天赋才情吧！

前信所述的方法，无非以为『我不入地狱，谁当入地狱』二语，甚有见地，攘臂而起的心情，早已蕴束于中，自然未学过『舞剑、打拳』，不佩［配］做武(?)士，可是一弹之掷的类似的办法，未尝不可试验。自来女性大病就是默守着保守，痛痒无关，食现成饭，压迫来了，就给它一个忍受、哭泣，寻死，或者不觉得其为压迫，而且以为当然的，听天由命的无抵抗主义者，是多么消极的颓丧的劣种呀！如其有人出来奋斗，成功，大家一块来享受；失败，你单独去肩荷；国事、校事，总不少遇到这类人，心理学者承认女子是永远立在水平线的墨痕上，穷凶极恶的事情虽则少发生，然而伟大的成绩也绝不多见，这许是『娴淑』的遗训流传下来的吧！这种『女人国』中自然不容许小鬼的性急，终于也只得苦闷…………『韧』固然是好的，但是胶皮糖遇到头发，那可怎么办？

现时的『太太类』的确敢说没一个配得上来这里办的——小姐类同此不另——老爷类的王九龄下台了！但不知法学博士能打破这种成见否。总之现时风潮闹了数月，呈文递了无数，部里也来查过两次，经过三个总长而事情一点没给人一个下落，对于『若大旱之望云霓』的换人，不知何年何日始有归宿，薛已经厚着面皮回校任事了！用白纸一张，在公布处贴出来，大意说薛辞，经再三挽留，薛以校务为重，已允任事，自治会当即会议是否仍认他为教务长，而四年级（理、物、文……）毕业在即，表示留意，其余的人因少数便不能通过对薛有所表示。这是内部的麻木，『装死』的复活，而新任的总长，听说和研究系大有渊源——杨是得研究系捧出来的——他在法长任内能究对高辈打官司，那么在教长上的设施，实在在他对我校未有表示以前，不能不令人先怀着几分失望。虽则『太太类』在他脑中或者成见较轻，然而此外呢!?这种种内外的黑幕，总想给它发泄发泄于文字里，但是各方的牵掣，和投稿的困难，迫得人叫苦连天，暗地咽气，『由他去罢』，『欲罢不能』！不罢不可！总没得个干脆！

既在《语丝》『京副』等处忽略了《猛进》的每期目录，又在门房处不留神看看贴的卖报条子，事小足见粗疏胡涂。此虽既往，但今已知有此报，如何再行放过，当日已仍命门房订来了！既承锦注，便以奉闻。

小鬼许广平　四月十六晚

八、一九二五年四月二十日
（23.5cm×16.1cm）
共三页

No.

鲁迅师：

前几天寄去那封信，料想收到了吧？

《□□周刊》是否即日来所打算组织的那种材料，我希望快点编定出版，早些到星期五，以便先睹为快。

今日讲堂的举动太不合于Gentleman的态度了！然而大众的动机的发端与"逃学"和"难为先生"不同，是凭着小学生的天真，野蛮和出轨是有一点，回想起来，大家总不免好笑，觉得除了鲁迅先生外别的先生，我们是绝对不干的。

近来忽然出了一个想"自立一派，横扫千人"的琴心女士，在学校中的人固然疑惑，即外面的人来打听这个葫芦的也很多，现在居然打破了！原来她是S妹的形体，欧阳兰的鬼魂，哈哈！屡次替欧辩护，原来是一鼻孔出气，无怪其然了！日来攻击欧的如雪片之纷，甚快人意，我老早想加入战团，又觉不值得费气力，日前小鹿（晶清）居然诈出S妹的真话来了！她居然承认出来，而且写了一封信，细述真情，当时晶清将她信公开了！看完之后随手撕破掷入纸篓，后来

No.

我想她「琴心」「雪纹」「欧阳兰」一起这个名有最大目的是想用琴心的名字将近日文坛新发表的许多文艺作品，下一个严格的批评，使一班自命不凡的先生们（为将来可以编些什么来，现在可知不然了）们的艺术家不至于太过目中无人了」。原来如此，无怪她「一向认良君如此的」不共戴天，而她之所以对玉君捧场，许是替自己说话吧！原先我就希奇我校那来一个这样的无耻怪物琴心，而现在既经识破，也不足为奇了。附原人亲笔函一阅，便知端的。我本打算将她这封信公开到京副上也怪她的无奈收信人不表同意只得作罢，而琴心这种居心是不可不鸣鼓而攻之的。将撕了的信重复合起来给人看，自然有点非道学家的态度，可是我至我绝不希望做什么道学家，而且她的行迳，代她守秘密的行迳，似乎比发表给人知道为更不安。所以我只可冒死的作名教罪人，偷自宣布人家秘密——这其实也是经人之破例了。请先生阅之一笑，而知文坛上有这种新奇法术，多添自己一个可用一名。

今日京报上登有民国公报招致编辑的广告，彷佛知到这份报也是民国日报一流，但不知确否。她的乡邦报字旨是偏重那派的政见，报馆报名地点，

No.

来那裏。一切章程如何。先生見過得外面事情比小鬼多许多的，能够示知一二，以定去取否。小鬼程度識見甚浅，自然不配想当编辑，尤其对新闻学未有研究，其所以願意投入的，自然以為比較「人之患」可以多得点进步，对于学識上较有帮助，先生以為何如。

小鬼许廣平

四月廿晚

释文

鲁迅师：

前几天寄去那封信，料想收到了吧？

□□周刊，是否即日来所打算组织的那种材料，我希望快点缩短光阴，早些到星期五，以便先睹为快。

今日讲堂的举动，太不合于Gentleman的态度了！然而大众的动机的确与『逃学』和『难为先生』不同，凭着小学生的天真，野蛮和出轨是有一点。回想起来，大家总不免好笑，觉得除了鲁迅先生以外，别的先生，我们是绝对不干的。

近来忽然出了一个想『目空一切，横扫千人』的琴心女士。在学校中的人，固然疑惑，即外面的人来打听这闷葫芦的也很多。现在居然打破了！原来她是S妹的形体，欧阳兰的鬼魂。哈哈！屡次替欧辩护，原来是一鼻孔出气，无怪其然了！日来攻击欧的如雪片之飞，甚快人意。我老早想加入战团，又觉不值得卖气力。日前小鹿（晶清）居然诈出S妹的真话来了！她居然承认出来，而且写了一封信，细述真情。当时晶清将她信公开了！看完之后，随手撕破掷入纸篓。后来我想她——琴心＝雪纹＝欧阳兰——起这个名有最大目的是『想用「琴心」的名字将近日文坛新发表的许多文艺作品，下一个严格的批评，使一班自命不凡的蛇似的艺术家不至于太过目中无人了』。原来如此，无怪她(?)向培良君如此的不共戴天。(先生以为将来可以闹出点什么来，现在可知不然了。)而她(?)之所以对玉君捧场，许是替自己说话吧！原先我就希[稀]奇我校那[哪]来一个这样的无耻怪物『琴心』，然而现在既经识破，也不足为奇了。附原人亲笔函一阅，便知端的。我本打算将她这封信公开到『京副』上，也怪好玩的，无奈收信人不表同意，只得作罢。然而『琴心』这种居心，是不可不鸣鼓而攻之的。将撕了的信重复合起来给人看，自然有点非道学家的态度，可是好在我绝不希望做什么道学家，而且她的行径，代她守秘密的行径，似乎比发表给人知道为更不妥，所以我只可冒死的作名教罪人，偷自宣布人家秘密——这其实收信人已破例了。请先生阅之一笑，亦知文坛上有这种新奇法术，多添自己一个口，另用一人名。

今日《京报》上登有《民国公报》招考编辑的广告，仿佛知到[道]这份报亦是《民国日报》一流，但不知确否。它的办报宗旨是偏重那[哪]派的政见，报馆报名地点在那[哪]里？一切章程如何？先生是认得外面事情比小鬼多许多的，能够示知一二，以定去取否？小鬼程度识见甚浅，自然不配想当编辑，尤其对新闻学未有研究，其所以愿意投入的，自然以为比较『人之患』可以多得点进步，对于学识上较有帮助。先生以为何如？

小鬼许广平　四月廿晚

九、一九二五年四月二十五日
（23.5cm×16.2cm）
共六页

No. 1

魯迅師：

先後的收到信和莽原，使我在寂寞的空氣裏，不知不覺地發生微笑。此外有猛進、孤軍、語絲、現代評論等週刊，接連地源源而來，居然，關心大局的人多起來了！小鬼每週中得看這些師資，多麽痛快呀！

這種小週刊，總多半是第一版的首刊出週刊的名字，同版的末尾刊出目錄——本期——這不知是否有特別意味？比較別的方法優？莽原二字不占篇幅，較猛進的封面似覺改良了一步，此外小鬼小小的意見，以為如果將目錄放至刊名一起，則成為

（一）莽原　本期目錄

（二）莽原　本期目錄

這樣一塊方的□，放至第一版的第一格前頭，就省得讀至第三格忽然有一段目錄出來分散讀者對於該處作品的注意力，否則把這一塊方的□設至第一版第二格的中央，似覺特別而引人興趣，再不然，週刊仍舊——如第一期位置——而目錄則請牠去坐（第八版）之三、四格。

這是我的心理作用，想着這樣，但說不出正當理由來，請參考可也。

No. 2

莽原的性質仍是不滿現代，但範圍較廣，雖然偏重攻擊者為要。所以形式甚似語絲，其委曲婉轉，弦外之音的態度，也較其他周刊為特別，這是先生的特色，無可諱言的。當莽原的各篇接觸到我眼中，我覺着冥中是先生的作品，此外像棉袍裡的世界也有不少先生的作風在內，但不能決定，餘如柳集的作者想是女的那位，也有幾分相肖於先生，走向十字街頭也是一樣，但不知作者是否當真別有其人，而全期則先生只有二篇作品？

在棉袍裡的世界一文中，他揪了朋友來同指審判，除了他"思想、友誼"……甚至於"想把我當做個機器來供給他們使用"，我當時十分愉快，要是我是否也是多方面"掠奪"者之一？唉，雖則我不敢當是朋友，而學生掠奪先生，那還了得，明目張膽的"掠奪"先生，那還了……得!!! 學生對於掠奪先生，此人人心之所以不甘也，有志之士盍興乎來防衛之?!

第二期也許學學做文章，但是仍本一個人斟不了細巧計的面目，恐怕還是做出來不中用，那時，只請破除情面，往紙簍一擲，然而能否做出還是一個問題。

No. 3

"報應"來，似有甚于做"那人的文章的題目"的，先生，你瞧"第八期的猛進"，不是有人說先生"要該割去舌頭"嗎？——雖然是笑話——果真如此，唉，我們閻王十殿中有一殿是鉤舌筋的罪，像就是生前說謊，這是假話的處罰，而把國民底醜德都暴露出來，既承認是醜德，則其非假也可知，而仍有割舌之罪，此人間地獄吗，此人間有甚於地獄吗！其實果要走起罪來，第一怪這手不應執筆寫出那些牛鬼蛇神的記形，第二怪眼不應見那些——第三怪腦筋不應印象那些——最要的還是怪人世間不應有那些——於舌頭乎何有！？

考試尚未屆期呢！本可抗不交卷，但是考師既然提前，那麼現在的答案完了，到暑假时就可要求免試——如果不及格，自然甘心補考——答曰：

那"秘密窩"的屋頂大體是平平的，暗黑色的，這是和保存國粹一樣，增有舊式的建築法在畫學美的研究，天——屋頂——是青色的，地是紅色的，如此總是適合，否則天地混亂，呈不安的現象，在"秘密窩"中，也可以說是神秘的昔阿的象徵，崇南易然有門口，因為隔了一個過道的房子，所以表現暗的

No. 4

色彩，左右也不十分光亮，惟有前面——北——一大片玻璃，这似什么呢？光的部分就似喇叭口，其余那上下左右和后面就是喇叭管，后面——南——有点光线，喇叭的小口——发音机处——那面横断之处有光线从前后沟通之，这是什么解释呢？我摆起八卦阵，董沐斋戒的占算一下吧：卦曰：世运凌夷，君子道消，逢凶化吉，发言有声。解曰：喇叭之管，声带之门，国势剥尊，时无以言，夫人不言，言必有中，这是南无阿弥陀佛救苦救难观世音菩萨亲降灵签，适合于这寓的佳兆呢？还是这寓的风水好，发出这个还要响的声带的呢？那不在本卦之内，就此结束。

此外小鬼也有一点"敢问"：本学期——但是继续后的考试，虽然优待秋大节，学生也对先生优而且想复更兼政呢，罪过罪过！其实不过聊博一笑耳！问曰：我们教室天花板的中央，有点什么？如果要电灯，就连点子也不给，如果候星期一临时预备交卷，然后交卷，那就更该然罚(？)了，其实这题目甚平常而且熟习，不如撰做那么生硬，该可不费力吧！敢请明教可也！

No. 5

午门之游，归来总夹杂得胜的微笑，在洋车中直至学校，以至良久良久，更回思及至下楼和内操场时的泼皮，真是得意极了！人们总是求自我的满足的，何尝计及被困者的窘状，其实被困者那天心理倒能包涵旁人够了！命大家起立，以占是否多数，再下楼摩延，以尽量到底试验，然而终竟被煽动了！在最新的分数计算，全对就满分，一半对一半错就扣消了一分也没有，如果全失败了（给被煽动了），自不待言，却是等于〇。"六十分"了，太宽了吧！那天何尝被逼"而"失败"，其实"摇身一变"的法术恐未凑上乘，否则要成"女先生"，就不妨带队"，其实我的话是否有此理，男先生带队有甚危害，或者要成"女……"就不妨冲锋突围而出，可是终于被逼"，还是界限分得太清的原故吧！？是世俗积习之不易打倒吧？！

日昨廿八篇文发生，晶清即要欧阳兰重诘问，其后又要求晶清以友谊仍代他保留名誉，勿作破其为三位一体的一方暗施狡狯，硬谓实有骗心其人，以他的人格，此时何能与我一人冒认骗心，观今日骗心之文，即可窥见，

No. 6.

他知道晶清因薔薇社關係——婦女週刊是歐陽包辦得來的，他是婦週的太上老君——不敢公然揭出他的底細——晶清人甚圓到，絕不幹這種老實得罪人事，這也是實情——所以胆敢以琴心名字仍出來辯護，像這樣的人，最好將文壇上的主筆，取消他的著書權，前些天我也攻擊歐一篇文章，題目是『打破一個悶葫蘆』，署款是『蝸蝶』，作於『熱鍋上』，該文草率，且未將本意全行洩盡，想是落選，也大佳事。

現社會實在黑暗，女子出來做事實是處々遇到困難，我又是胆小，為避免麻煩，所以我々自己先託人打聽，不料知識界的報界也是鬼蜮——牠未寫明報名地点，即是可疑处——也是如此，這真是叫『獨進』的人处々感着多少阻碍和怯懦，『誰叫你生着是女人呢？』這句話，我着實沒法解答於老爺太太之前！

小鬼許廣平

四月廿五晚。

释文

鲁迅师：

先后的收到信和《莽原》，使我在寂寞的空气里，不知不觉地发生微笑。此外有《猛进》《孤军》《语丝》《现代评论》等周刊，接连地源源而来。居然，关心大局的人多起来了！小鬼每周中得看这些师资，多么快活呀！

这种小周刊总多半是第一版的首刊出周刊的名字，同版的末尾刊出目录——本期——这不知是否有特别意味比较别的方法佳？『莽原』二字不占篇幅，较《猛进》的封面似觉改良了一步。此外小鬼小小的意见，以为如果将目录放在刊名一起，则成为：

这样一块方的□，放在第一版的第一格前头，就省得读至第三格忽然有一段目录出来分散读者对于该处作品的注意力，否则把这一块方的□设在第一版第二格的中央，似觉特别而引人兴趣。再不然，周刊名仍旧——如第一期位置——而目录则请它去坐（第八版）『交椅』。这是我的心理作用，想着这样，但说不出正当理由来，请参考可也。

《莽原》的性质仍是不满现代，但是范围较《猛进》《孤军》偏重政治者为宽，所以形式甚似《语丝》，其委曲婉转，弦外之音的态度，也较其他周刊为特别。这是先生的特色，无可讳言的。当《莽原》的各篇接触在我眼中，我即觉着『冥昭』是先生的作品，此外《绵［棉］袍里的世界》，也有不少先生的作风在内，但不敢决定。余如《槟榔集》的作者想即姓向的那位，亦有几分相肖于先生。《走向十字街头》，也是一样，但不知作者是否即荆有麟，而全期则先生只有二篇作品？

在《棉袍里的世界》文中，他揪了朋友来开始审判，取了他『思想』『友谊』……甚至于『想把我当做一件机器来供你们使用』。我当时十分惭愧，反省，我是否亦是『多方面掠夺』者之一？唉！虽则我不敢当是朋友，然而学生『掠夺』先生，那还了得！明目张胆的『掠夺』先生，那还了……得!!!学生而『掠夺』先生，此人心之所以不古也。有志之士，盍起而防御之?!

第二期也许学学做文章，但是仍本粗人干不了细活计的面目，恐怕还是做出来不中用，那时，只请破除情面，往纸篓一捏，然而能否做出还是一个问题。

『报应』之来，似有甚于做『别人的文章的题目』的。先生，你瞧第八期的《猛进》，不是有人说先生『真该割去舌头』吗？——虽然是反话——果真如此，唉！我闻阎王十殿中有一殿是钩舌筋的，罪条就是生前说诳，这是假话的处罚，而『把国民底丑德都暴露出来』，既承认是『丑德』，则其非假也可知，而仍有『割舌』之罪，此人间地狱哟！此人间有甚于地狱哟！其实果真定起罪来，第一怪这手不应执笔写出那些牛鬼蛇神的现形，第二怪眼不应见那些……第三怪脑筋不应印象那些……最要的还是怪人世间不应有那些……于舌头乎何有!?

考试尚未届期呢！本可抗不交卷，但是考师既然提前，那么现在的答案完了，到暑假时就可要求免试——如果不及格，自然甘心补考——答曰：

那『秘密窝』的屋顶大体是平平的，暗黑色的，这是和保存国粹一样，带有旧式的建筑法。在画学中美的研究，天——屋顶——是浅色的，地是深色的，如此才是适合，否则天地混乱，呈不安的现象。在『秘密窝』中，也可以说呈神秘的苦闷的象征，靠南虽然有门口，因为隔了一个过道的房子，所以表现暗的色彩，左右也不十分光亮，惟有前面——北——一大片玻璃，这似什么呢？光的一部分就似喇叭口，其余那上下左右和后面，就是喇叭管，后面——南——有点光线，喇叭的小口——发音机处——那面横断之亦有光线，从前后沟通之，这是什么解释呢？我摆起八卦阵，熏沐斋戒的占算一下吧！卦曰：世运凌夷，君子道消，逢凶化吉，发言有瘳。解曰：喇叭之管，声带之门，因势利导，时然后言，夫人不言，言必有中。这是南无阿弥陀佛救苦救难观世音菩萨亲降灵签，适合于这『窝』的佳兆呢，还是这『窝』的风水好，发出这个应运灵馨的《莽原》呢？那不在本答案之内，就此结束。

此外小鬼也有一点『敢问』求答的——但是绝非报复的考试，虽然『复仇，春秋大义』，学生岂敢对先生仇，而且想复，更兼考呢，罪过罪过，其实不过聊博一笑耳——问曰：我们教室天花板的中央有点什么？如果答电灯，就连六分也不给，如果俟星期一临时预备夹带然后交卷，那就更该处罚（？）了！其实这题目甚平常而且熟习，不如探险那么生硬，该可不费力吧！敢请明教可也！

午门之游，归来总夹杂得胜的微笑，在洋车中直至学校，以至良久良久，更回思及在下楼和内操场时的泼皮，真是得意极了！人们总是求自我的满足的，何尝计及被困者的窘状，其实被困者那天心理测验也尽施行够了！命大家起立，以占是否多数，再下楼迟延，以察是否诚意，然而终竟被『煽动』了！在最新的分数计算，全对就满分，一半对一半错就抵消了一分也没有，如果全失败了（终被煽动了），自不待言是等于〇。『六十分』？太宽了吧！那天何尝『被逼』而『失败』，其实『摇身一变』的法术还未凑上乘，否则变成女先生，就不妨『带队』——其实我的话是岂有此理，男先生『带队』有甚么出奇——或者变成女……就不妨冲锋突围而出，可是终于『被逼』，这是界限分得太清的原故吧？！是世俗积习之不易打除吧？！

日昨甘人一篇文发生，晶清即受欧阳严重诘问，其后又要求晶清以友谊仍代他保留名誉，勿斥破其为三位一体，一方暗施狡侩［狯］，硬谓实有琴心其人。以他的人格，此时何难另找一人冒认琴心。观今日琴心之文，即可窥见，他知道晶清因蔷薇社关系——《妇女周刊》是欧包办得来的，他是《妇周》的太上老君——不敢公然揭出他的底细——晶清人甚圆到，绝不干这种老实得罪人事，这也是实情——所以胆敢以『琴心』名字，仍出来辩护。像这样的人，最好请文坛上的主笔，取消他的发言权。前些天我也攻击欧一篇文章，题目是『打破一个闷葫芦』，署款是『蚂蚁作于热锅上』。该文草率且未将本意全行泄尽，想是落选，也大佳事。

现社会实在黑暗，女子出来做事实是处处遇到困难。我不是胆小，为避免麻烦，所以我多是先托人打听，不料知识界的报界也是鬼蜮——它未写明报名地点，即是可疑处——也是如此，这真是叫猛进的人处处感着多少阻碍和怯懦，『谁叫你生着是女人呢？』，这句话我着实没法解答于老爷、太太之前。

小鬼许广平　四月廿五晚

一〇、一九二五年四月三十日
（23.5cm × 16.2cm，22.2cm × 16.2cm）
共四页

No.

鲁迅师：

因为忙中未及在题目下写上一个"捏造"的名字，就引出三个"并且"，而且末个"并且"中更添上"不准"；真算得"师严然后道尊"那句话了。

在以前晨副讨论爱情定则时，我用了"非心"的名，而记者编易作"维心"，坚要我就知得编辑先生们的"细心"，非同小可，现在先生又因这点点忘记写名而 [illegible] 是之"细心"了，可知编辑先生是不易做的。此外用过"归真"，"寒潭"，"君平"……等名字，一度用过，还多着[便]呢。这也许是鉴于出名的人们的心理状态之可笑，而使我不免稀相过上的迂腐吧，本星期二来希祖先生讲文学史，说到人们用假名是不负责任的推诿的表示，这也有一部分精义，敢作敢当也是不可不有的精神，那么发表出来的就写"许广平"三字吧！然而不知何故，这三字引不出自我的快感（也许给人看惯了，觉得讨厌 [illegible]），我的确有好"捏造"许多名字的嗜好，这回呢！用西谷皮（姓加"西"字及植物的甚不多，每人都有一名字的叶音）"一三字则一个好有滑稽的兴趣，用"小鬼"二字呢，也甚新颖，这现时的我都喜欢她，鱼与熊掌（或者胡时睁眼睛任择一个名字可），自己实难于取舍，人云周氏之弟是喜从文语的，那么，我还是请先生随便写上一个可

No.

也。要知到"油滑"的用处甚大，尤其在"鎖細"之时，先生似乎不要限制他。

前一段的確無意思，現在正式的要求"將這一段刪去"，其餘的呢！如果另外有好的稿子，千萬就將"挫作打住"，因為会得讀者少看若干名作，總算心上覺得遺憾的一樁事。

現在"確乎力爭"的時期到了！我為"兄長"行年耳順，這"的確老大了吧"，無論用如何奇怪的"邏輯"，並且"玩半脫把戲的其其大家"，还要令我"還童"以前，那時人怎忍心？竟把偷閒学少年，而加以"少爺"於老人身上呢，要知到，叫老人造"小姐"，自然免不了辱没清白，但是尊之為"少爺"，也覺不得是榮幸的，現時所急需的，就是注重在一撇一捺上打地基，如其舍去了空間呢！自然地基在拋棄之列，那時人們都覺有地基的龌龊範圍的厭了！那应就大家一同毀滅這地基自然更好，現在呢！這地基犹且算是的橋梁舟車之类的过渡品吧！至於紅鞋綠襪，滿臉油粉氣的時裝"少爺"，我还是希望"避之則吉"。先生何苦強人所難，硬派他做個老萊子七十戲彩呢！

No.

"不听讲演"，"上午"，就是我们班中的特别本领，请问别的高徒有我们这
般斗胆么，"听从人家"——"师大校长"——上先生的课，君子的"耗子见了猫似的"，
人们遇着夏日似的，而我们的是有似烘而不必有威可畏，我们由衷捧出手盘
的火，和冬天的日相遇，我们感着儿童的天真，现在要"抄袭"起来了，我们
是在"母亲的摇篮里"，有什么可怕的呢？来吧！"记大过"快来吧！这是母亲
给与孩子的葡萄干呢，多多益善呀！

欧阳兰把妇女周刊的权利放弃了！他写信给晶清交代清楚了，——但在
晶清口里，说是黄绍谷辈逼他交出的——欧洲之游，想与诗哲往意大利
同时没先辉映的不可免的事实吧！

同时有一个变故在妇周才上，就是日前晶清得自滇来电报，说她的
"女校速回"，她家中只有十三龄的弟弟，和再醮来的一个继母，她是一定要回去
料理生和死的，多么不幸呀！在这时期遇着这桩变故，我们都希望而且劝
她速去速回，但"未来"之事，不可预知，因此妇周本身恐怕不免多少要受困难，

No.

晶清呢，则自己不能有等身（长不满三尺人）的著作，除了几句新诗，学理之文，和写情的小说作似乎很非佳过，好在她交游广，四处贡献材料，所以归週之后，能支持这学期次王呢，她去了！恐怕"阴阳性"的作品要占据归週了！——除淑微一人——这是吾女界的一件可感慨的，——其实也无须感慨，

中铨先生近来来信稀疏，要换方法，就是登广告，明明说淑微不是女士，而他偏偏要认做，人家怀疑未必有其人，或有其人而非其名，因作（？）者，而他即认为故人的铁证，愈走愈纷歧，这是有趣的，极无聊的笑话，我也建议请淑微及记者们不防一见，令他死心，但是又恐他指鹿为马，因此无甚兴气，况且晶清实在遭意外，并无精神涉及此种"闲情"逸致的笔墨官司了。"由他去吧！"

继绂先生当校长，我们可以专攻女红了！！！（何谓小细菌之多也）自从描龙绣凤，又是一番美育，德育，但不知道无论作成甚么，无论如何，女人长校的观念的成见，是应当飨以毛瑟的，可恶之极！"何物老妪，生此……"

试验的题目出错了！如果出的是"问东边架上一盒一盒的是什么？"也许交白卷，幸而考期已过，不防不打自招的直白供出来，假如是老妻，我没刘伯温烧饼歌的聪明，祇有认为是出错题，可给他○分么？

小鬼许广平

四月三十晚

释文

鲁迅师：

因为忙中未及在题目下写上一个『捏造』的名字，就引出三个『并且』，而且末个『并且』中更添上『不准』，真算得『师严然后道尊』那句话了。

在以前『晨副』讨论《爱情定则》时，我用了『非心』的名，而记者偏易作『维心』登出，我就知得编辑先生们的『细心』，非同小可，现在先生又因这点点忘记写名而如是之『细心』了，可知编辑先生是不易做的。此外用过『归真』『寒潭』『君平』等名字，一度用过，便多弃置。这也许是鉴于出名的人们的心理状态之可笑，而使我不免矫枉过正的迂腐吧！本星期二朱希祖先生讲文学史，说到人们用假名是不负责任的推诿的表示，这也有一部分精义，敢作敢当，也是不可不有的精神，那么发表出来的就写『许广平』三字吧！然而不知何故，这三字引不出自我的快感。我的确有好『捏造』许多名儿的嗜好（也许以后要改良这恶习）。这回呢！用『西瓜皮』——姓和名字的叫音（同学互相起的，差不多每人都有一个）——三字则颇有滑稽的兴趣，用『小鬼』二字呢，也甚新颖，这现时的我都喜欢它，鱼与熊掌自己实难于取舍。人云周氏兄弟是专说反语的，那么，我还是『请先生随便写上一个可也』。（或者闭上眼睛任检一个名亦可也。）要知到［道］『油滑』的用处甚大，尤其在『钻网』之时，先生似乎不要限制他。

前一段的确无意思，现在正式的要求『将这一段删去』，其余的呢！如果另外有好的稿子，千万就将拙作『打住』，因为令得读者少看若干名作，总算良心上觉得遗憾的一桩事。

现在确乎『力争』的时期到了！无论用如何奇怪的逻辑』，『并且』玩羊脑把戏的某某大家，还未令我『还童』以前，则时人怎识余心乐？竟谓偷闲学少年！而加以『少爷』二字于老人身上呢，要知到［道］，叫老人造『小姐』，自然免不了辱没清白，但是尊之为『少爷』，也觉不得是荣幸的。现时所急需的，就是注重在一撇一捺上打地基，如其舍去了空间呢！自然地基在抛弃之列，那时人们都觉有地基的龌龊范围的可厌了！那么就大家一同毁灭这地基自然更好。现在呢！这地基姑且算是桥梁舟车之类的过渡品吧！至于红鞋绿袜，满脸油粉气的时装『少爷』，我还是希望『避之则吉』。先生何苦强人所难，硬派他做个老莱子七十戏彩呢！

『不听讲而逼上午门』，是我们班中的特别本领，请问别的高徒有我们这般斗胆么，听说人家——师大北大——上先生的课，君君子子的，耗子见了猫似的，人们遇着夏日似的，而我们的是有仪可像而不必有威可畏。我们只捧出赤盘的火，和冬天的日相遇，我们感着儿童的天真，现在要『抄袭』起来了！我们是在『母亲的摇蓝[篮]里』，有什么可怕的呢？来吧！『记大过』快来吧！这是母亲给与孩子的葡萄干呢！多多益善呀！

欧阳兰把《妇女周刊》的权利放弃了！他写信给晶清交代清楚了，——但在晶清口里，说是黄绍谷辈迫他交出的——欧洲之游，想与『诗哲』往意大利同是后先辉映的不可免的事实吧！

同时有一小变故在『妇周』身上，就是日前晶清得自滇来电报，说她的『父逝速回』。她家中只有十三龄的弱弟和再醮来的一个继母，她是一定要回去料理生和死的，多么不幸呀！在这时期，遇着这桩变故，我们都希望而且劝她速去速回，但『来日之事，不可预知』，因此『妇周』本身恐怕不免多少受点困难。晶清虽则自己不能有等身的著作（长不满三尺），除了几句新诗。学理之文，和写情的小说体似乎俱非性近，好在她交游广，四处贡献材料，所以『妇周』居然支持这些期。现在呢！她去了！恐怕『纯阳性的作品』要占据『妇周』了！——除波微一人——这是北京女界的一件可感慨的，——其实也无须感慨。

宇铨先生近来来信稀疏，变换方法，就是登广告，明明波微不是崔女士，而他偏偏要认故，人家怀疑未必有其人，或有其人而非真名，因作（？）号，而他即认为故人的铁证，愈走愈纷歧，这是有趣的、极无聊的笑话，我也建议请波微及记者们不防[妨]一见令他死心。但是又恐他指鹿为马，因此无兹勇气。现在晶清突遭意外，并无精神涉及此种『闲情逸致』的笔墨官司了，也许『由他去吧』！

缝纫先生当校长，我们可以专攻女红了!!!!（何缩小细菌之多也！）自后描龙绣凤，又是一番美育、德育，但不知这梦作成否，然无论如何，女人长校的观念的成见，是应当飨以毛瑟的，可恶之极！『何物老妪，生此……』

试验的题目出错了！如果出的是『问东边架上一盒盒的是什么？』也许交白卷，幸而考期已过，不防[妨]『不打自招』的直白供出来，假如是答案。我没刘伯温卜烧饼的聪明，只有认为是书籍。这可给他〇分么？

小鬼许广平　四月三十晚

一一、一九二五年五月九日
（23.5cm×16.1cm）
共三页

No.

鲁迅師：

收到五三、五八的信和第三期莽原，現在總算作覆，然而這幾日中已發生了多少大大小小的事，在寂悶的空氣裏添一點火花的聲响。

在乾柴之下拋一根洋火，自然免不了燃燒，五七那天，章宅的事情，和我校的可算是遥遥相对，同在這種「整頓學風」主义之下，生命的犧牲，学業的拋棄，誠然是無可再小的小事，這算什么呢？這纔是高压的时代必有的結果。

教育当局也太可笑了！種々新奇的命令，激出章宅的一打，死的死了，被捕的捕去了，失踪的失踪了！怕事的赶快躲起来了，迎合意旨以压迫学生为能的鼓舞起来了。今日（五九）学校牌示開除六人，我自然是早在意中的，当五七那天，在礼堂鬧事，楊氏呼喚警察的時候，我心中想，如果真的捕了去，是为大眾請命而被罪，而個人始終未有為利誘威压，我總覺得我的血性还能保持剛来的態度，這是我有面目見師長親友，而師長親友所當為我慶賀的，這種一紙空文的牌示，一校的学籍開

No.

除是益发令我住一層的鋖惰到深黑的紅爐火酱里，打破的運動，益发令我鼓舞與起，幾千幾萬無量數的麻纏都变成了毒蛇來侵犯僵缚我，我到了呼！我是多麼荣幸，在自身得着這種机会可以试，拿利刄，或者仍了小孩般衣入虎穴——來相較量，虽则或者不免于牺牲，然而也不算没趣。現在教育部重要人员及我本校都接連闹了火，也许波陶汹湧也许消防隊的力量大能够扑灭這種火情，但是把戲總是有的，無論成与败。

三期的莽原，排心跳出来了！在当時因為這字合起来成一个排字，分开去成是排之心，人皆有之的一句成语，也似乎有点意思，可是现在時代不同了，在心字排行的文学家獲犧之下，我佩不上避学，而且也着实害怕冒充或時髦的嫌疑，前次既然信任先生随便写下一個，当然是默認的，以後呢，也许又是要更，像這種無志情形，易于動摇的態度，真可笑吧！莽原虽则由的子元满勃々的生氣，但仍然不十分激烈，深透——尤其

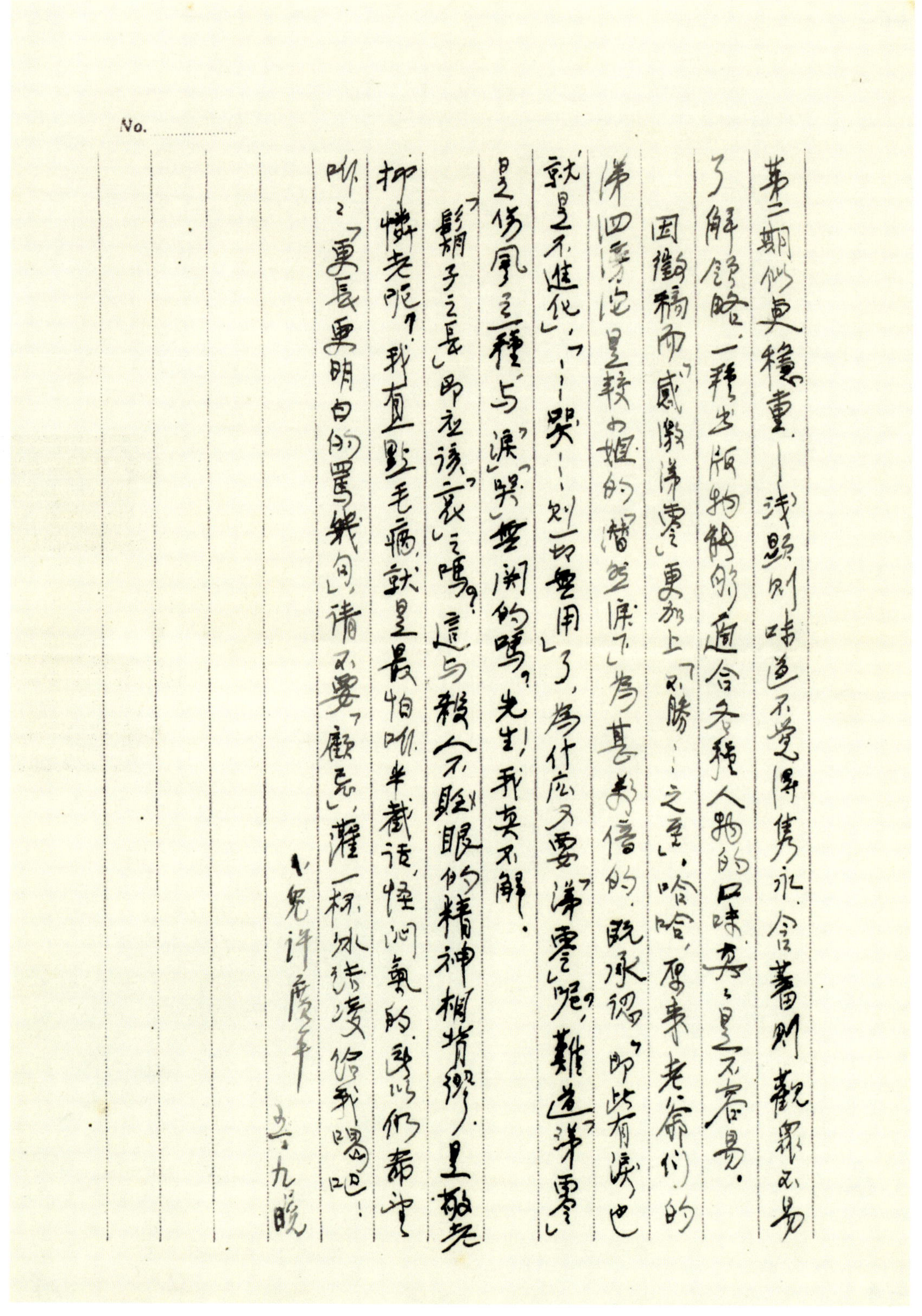

No. ……

第二期似更稳重，——浅显则味道不觉得隽永，含蓄则观众不易了解领略，一种出版物能适合各种人的口味，真是不容易。因为稿少而感叹「涕零」，更加上「不胜……之至」，哈哈，原来老爷们的「涕四滂沱」是较小姐的「潸然泪下」为甚可信的。既承认，即此有泪也就是「不进化」，「……哭……」则「一切无用」了，为什么又要「涕零」呢，难道「涕零」是伤风之一种，与「泪」「哭」无关的吗？先生，我真不解。「影子之长」即应该「哀」之吗？这与杀人不眨眼的精神相背缪，是敬老抑怜老呢？我有一点毛病，就是最怕听半截话，怪闷气的，所以你都要听听「更长更明白的骂我几句」，请不要「顾忌」，灌一杯冰淇凌给我喝吧！

小鬼许广平

五，九晚

释文

鲁迅师：

收到五三、五八的信和第三期《莽原》，现在才作复。然而这几日中已发生了多少大大小小的事，在寂闷的空气里，添一点火花的声响。

在干柴之下抛一根洋火，自然免不了燃烧。五七那天，章宅的事情，和我校的可算是遥遥相对。同在这种『整顿学风』主义之下，生命的牺牲，学业的抛弃，诚然是无可再小的小事。这算什么呢？这总是高压的时代必有的结果。

教育当局也太可笑了！种种新奇的部令，激出章宅的一打。死的死了！被捕的捕去了！失踪的失踪了！怕事的赶快躲起来了！迎合意旨以压迫学生为然的鼓舞起来了！今日——五九——学校牌示开除六人，我自然是早在意中的。当五七那天，在礼堂闹事，杨氏呼唤警察的时候，我心中想，如果真的捕了去，是为大众请命而被罪，而个人始终未有为利淫威屈。我总觉得我的血性还能保持刚生下来的态度，这是我有面目见师长亲友，而师长亲友所当为我庆贺的。这种一纸空文的牌示，一校的学籍开除，是益发令我深一层的领悟到漆黑的缸遍处皆是，打破的运动，益发令我鼓舞兴起，几千几万无量数的麻绳都变成了毒蛇来侵犯缠缚。我来到了呀！我是多么荣幸，在自身得着这种机会，可以试试拿利刃——或者似『小孩脱衣入虎穴』——

来相较量。虽则或者不免于牺牲，然而也不算没趣。现在教育部重要人员处和本校都接连开了火，也许波淘［涛］汹涌，也许消防队的力量大，能够扑灭这种灾情，但是把戏总是有的，无论成与败。

三期的《莽原》，『非心』跳出来了！在当时因为这字合起来成一『悲』字，分开去成『是非之心，人皆有之』的一句成语，也似乎有点意思，可是现在时代不同了！在『心』字排行的文学家旗帜之下，我佩［配］不上滥竽，而且也着实害怕冒充或时髦的嫌疑。前次既然信任先生『随便写下一个』，当然是默认的，以后呢！也许又是变更。像这种意志薄弱，易于动摇的态度，真可笑吧！

《莽原》虽则内的分子充满勃勃的生气，但仍然不十分激烈深透——尤其第二期似更稳重——浅显则味道不觉得隽永，含蓄则观众不易了解领略。一种出版物能够适合各种人物的口味，真真是不容易。

因征稿而『感激涕零』更加上『不胜……之至』，哈哈，原来老爷们的涕泗滂沱是较小姐的『潸然泪下』为甚万倍的。既承认『即此有泪，也就是不进化』，『……哭……则一切无用』了，为什么又要『涕零』呢？难道『涕零』是伤风之一种，与『泪』『哭』无关的吗？先生！我真不解。

『胡子之长』即应该『哀』之吗？这与杀人不眨眼的精神相背谬。是敬老抑怜老呢？我有一点毛病，就是最怕听半截话，怪闷气的，所以仍希望听听『更长更明白的骂几句』，请不要『顾忌』，灌一杯冰结凌给我喝吧！

小鬼许广平　五，九，晚

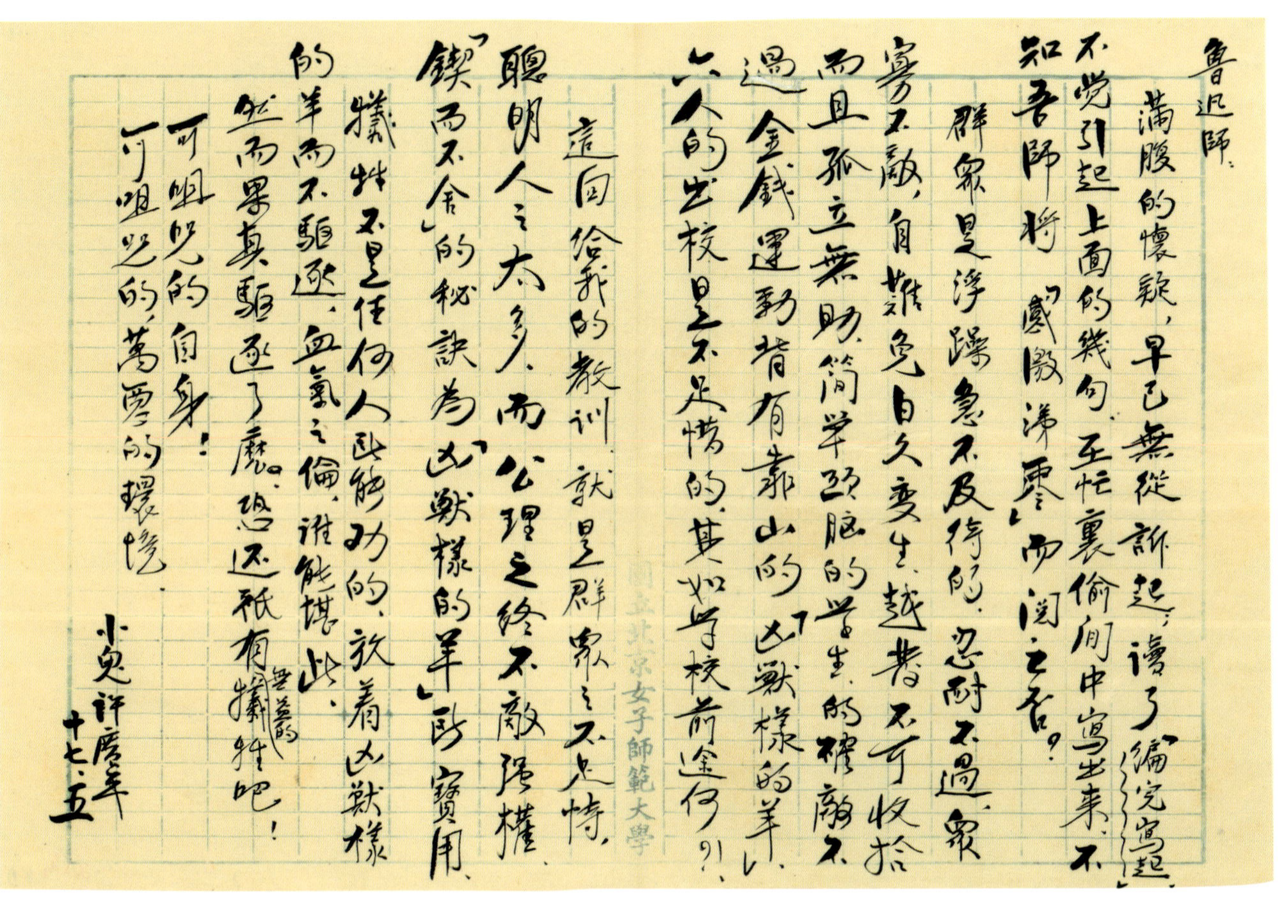

魯迅師：

滿腹的懷疑，早已無從訴起，讀了《編完寫起》，不覺引起上面的幾句。在忙裏偷閒中寫出來，不知吾師將"感激涕零"而閱之否？

群眾是浮躁急不及待的，忍耐不過，眾寡不敵，自難免日久變生，越發不可收拾。而且孤立無助，簡單頭腦的學生，的確敵不過金錢運動背有靠山的"兇獸樣的羊"，六人的出校是不足惜的，其如學校前途何！

這回給我的教訓，就是群眾之不足恃，聰明人之太多，而公理之終不敵強權，"鍥而不舍"的秘訣為"兇獸樣的羊"所寶用。

犧牲不是任何人所能勸的，披着兇獸樣的羊而不驅逐，血氣之倫，誰能堪此。然而果真驅逐了麼，恐還祇有無益的犧牲吧！

可憐見兒的自身！

可咀咒的，萬惡的環境。

小鬼許廣平

十七，五

一二、一九二五年五月十七日
（26.5cm × 38.4cm）
共一页

释文

鲁迅师：

满腹的怀疑，早已无从诉起；读了《编完写起》，不觉引起上面的几句，在忙里偷闲中写出来，不知吾师将『感激涕零』而阅之否？

群众是浮躁急不及待的。忍耐不过，众寡不敌，自难免日久变生，越发不可收拾，而且孤立无助、简单头脑的学生，的确敌不过金钱运动背有靠山的『凶兽样的羊』。六人的出校是不足惜的，其如学校前途何？！

这回给我的教训，就是群众之不足恃，聪明人之太多，而公理之终不敌强权，『锲而不舍』的秘诀为『凶兽样的羊』所宝用。牺牲不是任何人所能劝的，放着凶兽样的羊而不驱逐，血气之伦，谁能堪此。

然而果真驱逐了么？恐还只有无益的牺牲吧！

可咀［诅］咒的自身！

可咀［诅］咒的，万恶的环境！

小鬼许广平　十七，五

一三、一九二五年五月二十七日
（23.5cm×16.1cm）
共四页

No. 1.

鲁迅师：

五月十九的信早已读完，因为见面时已经知到收得，所以一直搁置到如今，才又整理起这枝笔说几句话。

今日——廿七——见报上发表的宣言，说出来说话的人已有了，而且七个之多，在力竭声嘶时，可以算是添了军火，加增气力，但是战线愈加扩充了——晨报是这样观察的——来日方长，战恐热心的师长，又多一件麻烦，思之一喜一惧。

今日第七时上形文学，在沈先生——尹默——的点名册内发见我已经被墨删——名字上涂墨——当时同学多抱不平，但不少快党的小姐见之似乎十分恰意。三年的同学感情，是可以一笔钩销的，猪肚面反过来，何堪题起！？有位周、王二人往质问薛、汪者，以奉校长办公室交来条子。办公室久已封锁，此纸何来，不问而知是偏安的谕旨。从太平湖饭店以宴之的居之杨氏，总不甘心几个学生安居校中，必定两败俱伤而后快，此种根毒自私的心肠，历古以来不易

No. 2.

尋第二人，而所消息名冊之名字，恐怕日來因此或有一種波動也。總之周圍空氣已覺楊氏之不足惜，但她偏厚臉不去，多延制女師大的死命，而且堅旨屬出一假手於薛吳……學生欲根本一概推翻，又因多方牽掣，恐怕必分你同時吳沆更至金佛郎八校基金上大揭其私，聞他要李思浩每月歡間津貼與查某一致行動，破壞領款，將來因此恐該款落於人開之某大帥手，則楊黨之內其足憤乎！

讀吾師"世界豈真不過如此而已麼"，我還要反抗，試他一試。"的幾句，使血性易起伏的青年如小鬼者，頓時至冰冷的煤炉上加起煤炭，紅紅地至燃燒，然而這句話是為對小鬼而說的麼？恐怕自身也有同樣的設想吧！但別方面則總接觸些什麼，"恐怕我自己看不見了"，"壽終正寢"……的怵念走到盡頭的話，小鬼實至不高興聽這类話，據小鬼的經驗說起來，當我廿歲的哥哥死去的時候，我凡在街中見了同等年齡的人們，我就咀咒他為什麼不死去，偏偏死了我的哥哥，及至將六十歲的慈父見背的時候，我在街上更加添了鬍子白鬚的人們

No. 3.

只靠在街头乞食活着，而我的阿父偏偏死去，又给增一部分的咀咒。此外，凡有死的与我有关的，同时我就咀咒所有与我无关的活着的人。我因他们的死去深感出死了的寂寞，一切的一切，依附之无何有之乡。虽则在初归时还一时的血气和一個同学呕气，很傻的吞了些藤黄，终於成笑话的被救。入女师大的第一年，我也曾因得猩红热而九死回生，但这两次自身的教训和死的空虚，驱策我一部分的哲学，就是无论老幼，几时都可以遇着可死的机会，但是要子未来侍到之時，不管之廿二十一，我还是把我自身，当作一件废物，可以利用時儘着利用牠一下子，这何父看见看不见，正寝非正寝呢。尤其计友之则皆本之法，我以为医学士的判断：1.戒多饮酒，2.请少吸烟。

有個人（同学），特地找我，劝我加入而多人团体中的也有北京青年刊物的裏頭，他们的主义大概和我的犧牲相同，都是不满於现中国的一切的，但是我素性不敢盲從，不知之深而随便加入是很危险的，而且对他们不知是否有一種党的範围，而我则極怕党的束缚，基督的一部分是好的，社会主义的一部分是好

No. 4.

的'什麼什麼的一部分是好的，我不妨採取他，但不能因為遵守甲就捨棄乙'，這是合作主義而非入黨主義，這種態度，我以為有斟酌餘地，所以北京青年的團体，我不敢立刻決定加入與否了。然而找我的人，是特别看得上我的，我又何必猴子坐轎般不中抬舉，因此我想起那裏也許有先生認得的人吧，内容如何，其詳可得聞歟？盼切！！！

我希望莽原多出点慷慨激昂，閱之令人浮一大白的文字，此外，如第一期的「其味無窮」也極不錯，近來似乎有點穿棉鞋，戴帽子眼鏡了（其實至今不過[illegible]），這許是我希望之切，不覺責備之殷吧！可是我也沒有交出什麼痛哭流涕的文字，一听見開革，我还没滴一点眼淚，何來痛哭流涕的心腸呢！——雖則本期想湊篇稿子，省得我的大師忙到連飯也沒工夫食，但是自私的心總脱不掉的，同時因為他項事故，終於擱起筆來了，你說該打不該打？

大師入闈，把戲快開幕了！黑暗之加深，就在目前，雖則無須過於慷慨激昂，可是我有鬍子就要豎起來，要是頭髮也当冲冠，但到豎和冲的結果，還是無補實際，所以也不過如此，此老大帝國之終於不可救藥也。

小鬼許廣平。　五月廿七晚

释文

鲁迅师：

五月十九的信早已读完，因为见面时已经知到［道］收得，所以一直搁置到如今，才又整理起这枝笔说几句话。

今日——廿七——见报上发表的宣言，『站出来说话的人』已有了，而且七个之多。在力竭声嘶时，可以算是添了军火，加增气力。但是战线愈加扩充了——《晨报》是这样观察的——来日方长，诚恐热心的师长，又多一件麻烦，思之一喜一惧。

今日第七时上形义学，在沈先生——兼士——的点名册内发见我已经被墨刑——名字上涂墨——当时同学多抱不平，但不少杨党的小姐见之似乎十分恰［惬］意。三年的同学感情，是可以一笔钩［勾］销的，猪肚面反过来，何堪题［提］起?!有值周生二人往质问薛，渠答以奉校长办公室交来条子。办公室久已封锁，此纸何来？不问而知是偏安的谕旨，从太平湖颁下。以婆婆自居之杨氏，总不甘心几个学生安居校中，必定两败俱伤而后快。此种很［狠］毒自私的心，恐历古以来，不易寻第二人。而取消点名册之名字，恐怕日来因此或有一种波动也。总之周围空气已觉杨氏之不足取，但她偏厚脸不去，一方遥制女师大的死命，而且圣旨层出，一假手于薛吴……学生欲根本一概推翻，又因多方牵掣，恐治丝愈纷，同时吴沅更在金佛郎八校基金上大捣其乱，闻他受李思浩每月二百顾问津贴，与查某一致行动，破坏领款，将来因此恐该款落于入关之某大帅手，则杨党之肉，其足食乎！

读吾师『世界岂真不过如此而已么？我还要反抗，试他一试』的几句，使血性易起伏的青年如小鬼者，顿时在冰冷的煤炉上加起煤炭，红红地在燃烧。然而这句话是为对小鬼而说的么？恐怕自身也当同样的设想吧！但别方面则总接触些什么，恐怕『我自己看不见了』『寿终正寝』……的怀念走到尽头的话，小鬼实在不高兴听这类话。据小鬼的经验说起来，当我卅岁的哥哥死去的时候，凡在街中见了同等年龄的人们，我就咀［诅］咒他，为什么不死去，偏偏死了我的哥哥。及至将六十岁的慈父见背的时候，我在街上更加添了胡子白须的人们只管在街头乞食活着，而我的阿父偏偏死去，又加增一部分的咀［诅］咒。此外，凡有死的与我有关的，同时我就咀［诅］咒所有与我无关的活着的人。我因他们的死去，深感出死了的寂寞，一切的一切，俱附［付］之无何有之乡。虽则在初师时凭一时的血气和一个同学呕［怄］气，很傻的吞了些藤黄，终于成笑话的被救。入女师大的第一年，我也曾因得猩红热而九死回生。但这两次自身的教训，和死的空虚，驱策我一部分的哲学，就是无论老幼，几时都可以遇着可死的机会，但是票子未来传到之时，不管三七二十一，我还是把我自身，当作一件废物，可以利用时尽管利用它一下子，这何必计及看见看不见、正寝非正寝呢？如其计及之，则治本之法，我以为医学士的判断：1. 戒多饮酒，2. 请少吸烟。

有一个人（旧同学），特地找我，劝我加入百多人团体中的出有《北京青年》刊物的里头。他们的主义大概和我的牺牲相同，都是不满于现中国的一切的。但是我素性不敢孟浪，不知之深而随便加入是很危险的，而且他们不知是否有一种党的范围，而我则极怕党的束缚。基督的一部分是好的，社会主义的一部分是好的，什么什么的一部分是好的。我不防［妨］都采取它，但不能因为遵守甲就舍弃乙，这是合作主义而非入党主义，这种态度我以为有斟酌余地。所以《北京青年》的团体，我不敢立刻决定加入与否了。然而找我的人是特别看得上我的，我又何必猴子坐轿般不中抬举，因此我想起那里也许有先生认得的人吧！内容如何，其详可得闻欤？盼切!!!

我希望《莽原》多出点慷慨激昂、阅之令人浮一大白的文字，此外如第一期的『其味无穷』也极不错。近来似乎有点穿棉鞋，戴厚眼镜了（其实至多不过温文尔雅）！这许是我希望之切，不觉责备之殷吧！可是我也没有交出什么痛哭流涕的文字，——听见开革，我还没滴一点眼泪，何来痛哭流涕的心肠呢——虽则本期想凑篇稿子，省得我的大师忙到连饭也没工夫食。但是自私的心总脱不掉的，同时因为他项事故，终于搁起笔来了！你说该打不该打？

大帅入关，把戏快开幕了！黑暗之加添就在目前。虽则无须过于慷慨激昂，可是我有胡子，就要竖起来，要是剪发，也当冲冠。但到竖和冲的实现，还是无补实际，『群众也不过如此』，此老大帝国之终不可救药也。

小鬼许广平　五月廿七晚

一四、一九二五年六月一日
（23.5cm×16.1cm）
共二页

魯迅師：

捧着"昔"的信，尚未拆口，就感着不快，敝人居然檢查郵件了！以前也有這種痕跡，但此次同時收兩封信（兩封是別的），兩封的背面下方都有拆過再粘合失了原状的痕跡，這也可算是"碰壁"，當然與之理論，但是何益？我想託人轉交或是此辦法罷，然而回想，我何必避他，索性在信中罵一個痛快，給他看看也好，可是我的先生何辜，遭此干係，從前是有誅九族，罪妻孥的，現在也要恢復，責及其師嗎？可惡之極！

昨日《星期》看了西瀅的"閒話"，造了一篇"六個學生該死"，本想痛快的罵了申說該死的各方，但寫了那些就寫不下去，頹喪喪的倒下牀上了！今早打算（將之）還掃週評梅既的之債，但不見來，先生閱之，如伏園老子不害怕，而稿子可以对付，可否仍送京副，但此文多半意思前人已說得甚多，此文不過爾爾。

我早知世界不過如此，所以無处不着問，而把自身看作廢物，其欲利用之者，猶之屍体之供醫士解剖，不無小補也，光明在那裏，老實說我活那廣大就患

No.

No.

色盲，毫未有先觉，一日未走尽头，姑且一日做和尚一日撞钟，所以从前有见般些说，预算即希望，但是不可见之魔鬼，我只不理他，活着，就不"我心"，只糟活着那人何等不"我心"的范围是个人，死了，就安心，也只是为死人的本体打算，自然是如此说法，即如"闹潮"，为我本体想，自然要寻可以做人之患舒服，不及抗此反抗无危险，但是我一想到我之外的人，我就绝不敢如此这般，所以那佛菩萨"不我心"人投苦海而思渡之，先儒警惕日月逝，岁不与，不安心于死而急起直追，前进，同时是未能免俗，小鬼也是俗鬼，旧观念还未打破，偶然思潮与先生会，偶而转过来就变挂，奢为利用，何尝不是消磨生命之术，或者比较"纵酒"稍胜一筹吧！——可是小鬼也常常"纵酒"——自然先生的见解比我高，所以多不同，但是不合于欢迎"酒王"吧！闭了眼睛，什么也看不见了，慢慢好的把戏幕垂下来了！要捣乱，还是设法多休些时，幕子下明晃晃的刚刀，用以杀敌是好的，用以……，似乎……小鬼不敢闹了！

小鬼许广平
六月一十七

释文

鲁迅师：

捧着卅一日的信，尚未拆口，就感着不快，敌人居然检查邮件了！以前也有这种痕迹，但兹次同时收两封信（一封是别人的），两封的背面下方都有拆过再粘合失了原状的痕迹，这也可算是『碰壁』，当然与之理论，但是何益！？我想托人转交或免此弊罢！然而回想，我何必避他，索性在信中骂一个痛快，给他看看也好。可是我的先生何辜，遭此干系。从前是有诛九族罪妻奴［孥］的，现在也要恢复，责及其师吗？可恶之极！

昨日（星期）看了西滢的《闲话》，造了一篇『六个学生该死』，本想痛快的层层申说该死的各方，但写了那些就写不下去，头涔涔的倒下床上了！今早打算以之还『妇周』评梅所约之债，但不见来，先生阅之，如伏园老子不害怕，而稿子可以对付，可否仍送『京副』。但此文多半意思，前人已说得甚多，此文不过尔尔。

我早知世界不过如此，所以无处不苦闷，而把自身看作废物，其欲利用之者，犹之尸体之足供医士解剖，不无小补也。『光明』在那［哪］里？老实说，我活那么大就患色盲，毫末有光觉。一日未走尽头，姑且一日做和尚一日撞钟，所以从前有见船坐船之说。预算即希望，俱是不可见之魔鬼，我且不理它。『活着，就不放心』，是替活着那人个体不放心的，范围是个人。『死了，就安心』，也是为死人的本体打算，自然是如此说法。即如『闹潮』，为我本体想自然受卖可以比在外做人之患舒服，不反抗比反抗无危险，但是我一想到我之外的人，我就绝不敢如此这般。所以我佛慈悲，『不放心』人投苦海而思渡之，先儒警惕日月逝岁不与，不『安心』于『死』而急起直追前进，同是未能免俗。小鬼也是俗鬼，旧观念还未打破，偶然思潮与先生合，偶尔转过来就变挂［卦］，废物利用，何尝不是『消磨生命』之术，或者比较『纵酒』稍胜一筹吧！——可是小鬼也常常纵酒——自然先生的见解比我高，所以多『不同』，但是不必过于欢迎『阎王』吧！闭了眼睛什么好的把戏也看不见了！幔幕垂下来了！要『捣乱』，还是设法多住些时。褥子下明晃晃的刚［钢］刀，用以杀敌是妙的，用以……似乎……小鬼不乐闻了！

小鬼许广平　六月一号

一五、一九二五年六月五日
（23.5cm×16.2cm）
共三页

No.

鲁迅師：

這時小鬼又来搗乱了，也不管您有没有閒工夫看這搗乱的信，但是我還照舊的寫下去：

上海風潮起後，聯的以"股"的波動傳到北京来了；萬人空巷的監視之下，排着隊游行，高喊着不易索解的無濟於事的口號，自從兩点多鐘由第三院出發，直至六點多鐘到了天安门纔算一小結束，這会要開國民大会，席地而坐以休憩的"牠們"，忽的被指揮的揮起来，意思是這個危急存亡不顧性命的時候，還不振作起精神来一致对外嗎？：对的，骨碌的個個筆直的立正起来！哈哈！起来看要把戲呢！說是甚麼北大，師大的人爭做主席，爭做總指揮，台下兩派吶喊起来助威勢，且叫打着，眼看舞台上開幕肉搏了！我們氣憤的高聲喝住，這不是爭作主席的時候，這是什麼情形，還競爭各自雄長，然而寡不敵衆的只費喉氣的只費氣力，這種情形，記得前些时天安门開什麼大会，也是如此，這真算"古已有之"

No.

不图更见于今日。那班衹得履行过学校中'国要之(不)不能牺牲私见'，做了指挥，主席——向那里施展你首领的风头于仰人鼻息之国体下！

可可稍快心意的，就是走至某一大街时，迎头看见杨婆子笑迷迷的瞅着我们大队时，我登已无名火起转口高喊打倒杨荫榆，打倒杨荫榆，驱逐杨荫榆，同侪闻声響应，直喊至杨车离开了我们，这时则似乎因公济私，公私混淆，而当时迎头一击的痛快，比较过午门的高兴快活，可算是过之无不及，先生您看这匹害群之马，简直不要头至不可收拾了呀！

这可怎么办？

既封了信，再有话说，最好（不）是另外写一封，多多益善，免致小鬼疑神疑鬼，移祸至东吴，其实东吴确有可疑之处——但前信第一张上确加了一点佃注。经这次的研究获得破案，也省掉听半截话一样的别闷，也好。

劝喝酒的人是时时刻刻都有的，下酒物无随处皆是的，祇求至我，外缘可以置之不闻不问吗？

（校长）小问题还未解决，大问题——上海事件——又起来了，平时最顾忌的提前放假，现在自动的罢课起来了；跟着每日有讲演，募捐，宣传……的工作，但是暑假期到了，恐怕男女的在校的办事人，设法把学生之自相率离去，那时电灯不明，自来水不流……饭团又可以往外买，其余怎办呢？这是一件（国校）公私相连的问题，政治又呈不安之象，现时校死牺牲不暇，这个教育的部分小问题，谁有闲情逸致打扫这不香气的「毛厕」呢？无怪我们在「毛厕」坑的人，永陷不拔了！

黑幕中人陆续星散，确是「冷一冷」「冷一冷」……的秘诀，校长去了！教务总务辞职了，自以为解决种种重要问题的，评议，教务联席会议，不能振作旗鼓了，最末一着就是把学生之个个散去，使学生不能在校存在，像这种大有人在的极端破坏主义者，前途何堪！？罢课了！每星期的「上普问象征」的机会也随之而停顿了，此后几时再有解决风潮，专心听讲的机会呢？

小鬼许广平
六月五夕。

呈文已有副稿，原纸今即奉上。

伏园先生大费气力于「副刊」，此时此境，此君究算难得，是知有其师必有其弟！

释文

鲁迅师：

这时小鬼又来捣乱了！也不管您有没有闲工夫看这捣乱的信，但是我还照旧的写下去：

上海风潮起后，瞬的『以脱』的波动传到北京来了；万人空巷的监视之下，排着队游行，高喊着不易索解的无济于事的口号，自从两点多钟在第三院出发，直至六点多钟到了天安门才算一小结束。这会要开国民大会，席地而坐以休憩的『它们』，忽的被指挥的挥起来，意思是这个危急存亡，不顾性命的时候，还不振作起精神来，一致对外吗!?对的，骨碌的个个笔直的立正起来！哈哈！起来看耍把戏呢！说是甚么北大、师大的人争做主席，争做总指挥，台下两派呐喊起来助威势，且叫打者，眼看舞台上开幕肉搏了！我们气愤的高声喝住，这不是争作［做］主席的时候，这是什么情形，还竞争各自雄长！然而众寡不敌，闹的只管闹，气的只管气。这种情形，记得前些时天安门开什么大会，也是如此，这真算『古已有之』不图更见于今日。那我只得废然而返学校中。国要亡，还不能牺牲私见，做了指挥、主席……向那里施展你首领的风头于仰人气息之亡国帜下！

所可稍快心意的，就是走至某一大街时，迎头看见杨婆子笑迷迷［眯眯］的瞅着我们大队时，我登即无名火起转口高喊『打倒杨荫榆，打倒杨荫榆，驱逐杨荫榆』，同济闻声响应，直喊至杨车离开了我们。这虽则似乎因公济私，公私混淆，而当时迎头一击的痛快，比游过『午门』的高兴、快活，可算是过之无不及。先生！您看这匹害群之马，简直不羁至不可收拾了呀！这可怎么办？

既封了信，再有话说，最好还是另外多写一封；『多多益善』，免致小鬼疑神疑鬼，移祸至东吴——其实东吴确有可疑之处——但前信『第一张上』确『加了一点细注』。经这次考究获得破案，省掉听半截话一样的『别〔憋〕闷』，也好。

『劝喝』酒的人是时时刻刻都有的，下酒物亦随处皆是的；只求在我，外缘可以置之不闻不问吗？

小问题（校长）还未解决，大问题——上海事件——又起来！平时最顾忌的提前放假，现在自动的罢课起来了！虽则每日有讲演、募捐、宣传……的工作，但是暑假期到了！恐怕男女的在校的办事人，设法拆学生之台，相率离去，那时电灯不开，自来水不流……饭自己可以往外买，其余怎办呢？这是一件公私（国、校）相连的问题，政治又呈不安之象。现时『救死惟恐不暇』，这个教育的部分小问题，谁有闲情逸致打扫这不香气的『毛厕』呢？无怪我们在『毛厕』坑的人，永陷不拔了！

黑幕中人陆续星散，确是『冷一冷』『冷一冷』……的秘诀，校长去了！教务、总务辞职了！自以为解决种种重要问题的评议、教务联席会议，不能振作旗鼓了！最末一着就是拆学生之台，个个散去，使学生不能在校存在，像这种大有人在的极端破坏主义者，前途何堪！？

罢课了！每星期的上『苦闷的象征』的机会也随之而停顿了！此后几时再有解决风潮，安心听讲的机会呢？

小鬼许广平　六月五夕

呈文已有副稿，原纸今即奉上。

伏园老大卖气力于『京副』，此时此境，此君究算难得，是知有其师必有其弟。

一六、一九二五年六月十二日
（27.5cm×18.5cm）
共一页

鲁迅师：

六月六日發去一封信，内附四面交的一篇文稿，不知是否今有洪乔？念念！学校的一波未平，上海的一波又起；小鬼心長力弱，深感应付無方，日来逢人發皮氣，——並非酒疯——長此以往，將成狂人矣！幸喜素好詼谐，於滑稽中減去許多苦闷，這許是苦茶中的糖罷，但是真的"苦之量如故"。

今夕"微醉"之後，草草握筆，做了一篇短文，即景命题，名曰"酒瘾"。好久被上海事件闹的"此调不彈久矣"！故甚觉生涩，希以"编辑"而兼"先生"的尊位，斧削甄别，如其得逃出"白光"而躋入第十七次的及第，則請賜列第■期莽原的红榜上坐一把末後交椅，不勝榮幸感激涕零之至！

敬領
罵好！！！！

小鬼许广平
六月十二日

释文

鲁迅师：

六月六日发去一封信，内附回面交的一篇文稿；不知是否今有洪乔？念念！学校的一波未平，上海的一波又起；小鬼心长力弱，深感应附〔付〕无方，日来逢人发皮〔脾〕气，——并非酒疯——长此以往，将成狂人矣！幸喜素好诙谐，于滑稽中减去许多苦闷，这许是苦茶中的糖罢，但是，真的『苦之量如故』。

今夕『微醉』（？）之后，草草握笔，做了一篇短文，即景命题，名曰『酒瘾』。好久被上海事件闹的『此调不弹久矣』！故甚觉生涩，希望以『编辑』而兼『先生』的尊位，斧削，甄别，如其得逃出『《白光》』而钻入第十七次的及第，则请　赐列第■期《莽原》的红榜上坐一把末后交椅，『不胜荣幸感激涕零之至』！

敬领

骂好！！！！

小鬼许广平　六月十二夕

一七、一九二五年六月十七日
（23.5cm × 16.2cm）
共五页

No. 1.

鲁迅先生，吾师左右：

接到六月十三的信又好些天了，有时的确"并不做什么事"，但总没机会拿起笔来写字，这不知何故。人为什么会"无聊"呢？原因是不肯到外面走走，散步又是呢？"休息"的实现而不受阻，最好还是到西山去，避一避尘嚣，要是在"秘密窝"中想"什么也不做，什么也不看"，总怕敲门之人响，逃躲也脱不掉罢！能够"闭空""休息"，也须有这个地位和机会，像我，现在和六人同进退，不至八大爷到来，不得越雷池一步，"行不得也哥哥"，真是苦极，就我自己想，如果长此以往，接触的实在有令人发狂的必要，为自己打算，自是暂行离开此地些时好，但是不能够，可见有可以离开的地位和机会的，还是及早放之好。

设法消灭自己的办法，无论如何我以为与废物利用之意相反，此刻不容这种过激思想存在了，但自己究是神经质，禁不起许多刺激而不生反应，於是，第一步无论对谁也闹检，第二步谁也不能容纳兄谈，自己也不怀少自

No. 2.

沈，會狂瘋無第二法，這是神經支配肉身，感情勝過理智，沒奈何的一件事，自然我不以為這是「幸福」，但也不覺得可怕，所希望的，假使有那一天，那麼，希望在我旁邊的人，痛快的給我一個鐵丸，或者一針麻藥，比較送到什麼瘋院中麻木的活下去得多了。但是這不過說得好听一点，故作驚人之論！其實小鬼還是食飽睡足的一個凡人，玩的玩，笑的笑，与常人何異呢。有的人志大言誇，往往流於虛偽，結果一点也不符事實，言行是不合的，小鬼就是這樣的一個人吾　師說过，不能要我們小学生的「話」騙倒，這回也有一点相信謊語了，可見要高人一等的不容易，還得仔細的「明察秋毫」才行。

在现政府之下而不壓抑民氣，我總有点怀疑不是暗中向外人抵首認过，就是另外等机会先揚後抑，使得文章整齊一点，總之，上海的事，大約有擴大而無縮小的希望，遠东的歐戰，恐怕這次是發軔，否則自认倒霉，死了人還得賠款道歉，這真是崇奉外代"遺臭千年"生不如死了。蘇俄最新的政府，從我承認後而還死不肯交涉，是知「意外飛來的公理」也是做夢也

No. 3.

不容易盼到的，洋鬼子虽然也有自私不对的觉悟，但是不是掌权的人，就

之中国今是一品大百姓，话是好听的，恐怕于事无补吧！　先生总不肯叫

做生小子失望灰心，所以发出来的议论，总设法找一点有办法有希望的话，

可是事实究竟是不如此之简单容易，自然有些人听了安慰话不致灰心，但

有些人便以为安慰话即是可靠的不足据的依附稳妥的满足，而竟放下

来，也未始不是常遇见的事，还请多师注意一下子罢。

说起做"浆糊"，我也回忆起可笑了，那时在天津，收集些现成的雪

花膏瓶子，做些许多的"浆糊"，广传的托着盘子向各处卖，不用本钱

买瓶子，这可以不吃亏了吧！结果还是赔钱不讨好，因为做的成绩实不如

市上卖的好，人也不肯来热心买，又想法令子石膏模铸空心的臘囡囡，洋

狗，狮子……小品玩艺，希图替换市上化学的日本式的轻薄皮的玩具，然而

总是敌不过，终于同样的失败。不要日本货是好的，可是阳奉阴违的

私事还仅还就买洋货的实在不少，近来不是日本花纹的各色布又便宜

No. 4.

又時興嗎？小姐們一個個一套一套的買了進來，在上海事件發生以前，已經買在那裏，而況在近日不過是買的買，穿的穿，穿起來在街頭高喊不買英日貨物，低頭看，豈不著慌？——於此有亦聲明的小鬼現用的信紙也是日貨，但在去年友人送來的，勉強可以說是例外吧！！——

「自」開了許多犧牲，而又為一些人取得自利的機會，這是小鬼所常憤慨的，即如我校風潮，寒假時的那不敢說辦事的人沒色彩，所以我不敢做，不過袖手旁觀，現在也不敢說她們沒色彩，但是對方也太不像樣了，忍無可忍，先做第一步攻擊，再設法第二步建設的防備，這是我個人的自私見解但是攻擊已成停處之勢，建設不敢言矣，所以我的目標是不滿於楊但也許第三者因我們的行為而收漁人之利，不勞而獲，那麼我的行動也甚似被人「利用」，這是世界的黑暗，傻子的結果，可是事情還是不要「有家不平，反抗，改良的意思」，免得自己吃苦，而且公舉你出來做事時，個個都說做後盾，個個都在你面前塞火藥，等你滿足了，火線點起了！他們就遠遠的

No. 5.

赶快跳跑，结果仿不是做一个炸弹壳，立于粉碎。

之剧有他的不得已苦衷，也实在可惜。听说凯明先生还有一篇攻扬的未露布，自然其他的也不少，特么兵马攻，不问可知，但也不必因此无聊。其实这是人情之常（即面子），何必多责呢！由他去罢，吾师以为费兄纯粹的利用对口口有点不满意（不知是否误猜），但是几次的接着红色的头衔的传封时的後悔，利害面的碰壁，是不是为对於义愤之利用呢？横竖是一个利用，且请息怒吧！一笑，再添一大句可也。

不到欧洲去的人，大约是第第二个泰戈尔来，成了诗哲再去。其实文坛甚多，如扫园之叹，尽有伸展余地，何必向外发展呢？这是必然的趋势。

长虹君的精神与爱的女神，草草看了一遍，篇首的精神的宣言，其前半多可观，以后即逐渐了。其余的诗，我不懂得好处在那里，别人也是这样。这大约是青年人的思想，不能一口气的细细嚥下去，致使发销不畅呢？还是她们工夫还浅的深奥不为群众所领会呢？还是此君宜於作文不宜於作旧诗呢？那我可不晓得了。

小鬼许广平　六月十七下午六时

释文

鲁迅先生，吾师左右：

接到六月十三的信又好些天了。有时的确『并不做什么事』，但总没机会拿起笔来写字，这不知何故。人为什么会『无聊』呢？原因是不肯到外面走走散步不是呢？『休息』的实现而不至受阻，最好还是到西山去，避一避尘嚣。要是在『秘密窝』中想『什么也不做，什么也不看』，恐怕『敲门』声一响，逃躲也脱不掉罢！能够『闲空』『休息』，也须有这个地位和机会，像我，现在和六人同进退，不至八大爷到来，不得越雷池一步，『行不得也哥哥』，真是苦极。就我自己想，如果长此以往，接触的实在有令人发狂的必要，为自己打算，自是暂行离开此地些时好，但是不能够，可见有可以离开的地位和机会的，还是及早玩玩好。

设法消灭自己的办法，无论如何我以为与废物利用之意相反，此刻不容这种过激思想存在了，但自己究是神经质，禁不起许多刺激而不生反应。于是，第一步无论对谁也开枪，第二步谁也不能容纳见谅，自己如不怀沙自沉，舍狂疯无第二法，这是神经支配肉身，感情胜过理智，没奈何的一件事。自然我不以为这是『幸福』，但也不觉得可怕，所希望的，假使有那一天，那么，希望在我旁边的人，痛快的给我一个黑铁丸，或者一针圣药，比较送到什么医院中麻木的活下去强得多。但是这不过说得好听一点，故作惊人之论！其实小鬼还是食饱睡足的一个凡人，玩的玩，笑的笑，与常人何异呢？有的人志大言夸，往往流于虚伪，结果一点也不符事实，言行是不合一的，小鬼就是这样的一个人。吾　师说过，不能受我们小学生的话骗倒，这回也有一点相信谎语了，可见要高人一等的不受愚，还得仔细的『明察秋毫』才行。

在现政府之下而不压抑民气，我总有点怀疑不是暗中向外人低首认过，就是另外等机会先扬后抑，使得文章警策一点。总之，上海的事，大约有扩大而无缩小的希望。远东的欧战，恐怕这次是发轫，否则自认吃亏，死了人还得赔款道歉，这真是蒙羞万代，遗臭千年，生不如死了。苏俄最新的政府，经我承认后而迁延不肯交涉，是知『意外飞来的「公理」』是做梦也不容易盼到的。洋鬼子虽然也有自知不对的觉悟，但是不是掌权的人，犹之中国今日之一品大百姓，话是好听的，恐怕于事无补吧！先生总不肯叫后生小子失望灰心，所以发出来的谈吐，总设法找一点有办法有希望的话，可是事实究是不如此之简单容易，自然有些人听了安慰话不敢放心，但有些人便以为安慰话即是可靠的不足惧的依附稳妥的满足，而宽放下来，也未始不是常遇见的事，还请吾　师注意一下子罢。

题［提］起做『万年糊』，我也回忆起可笑了。那时在天津，收集些现成的雪花膏瓶子，做出许多多的『万年糊』，廉价的托着盘子向各处卖，不用本钱买瓶子，该可以不吃亏了吧！结果还是赔钱不讨好，因为做的成绩究不如市上卖的好，人也不肯来热心买，又想法拿石膏模铸空心的腊［蜡］囡囡、洋狗、狮子……小品玩艺，希图替换市上化学的日本式的轻薄皮的玩具，然而总是敌不过，终于同样的失败。不卖日本货是好的，可是阳奉阴违的和事过境迁就买洋货的实在不少，近来不是日本花纹的各色布又便宜又时兴吗？小姐们一个个一套一套的买进来，在上海事件发生以前，已经罪在不赦，而况在近日还是买的买，穿的穿，穿起来在街头高喊不买英日货物，低头一看，岂不羞死？——于此有应声明的，小鬼现用的信纸也是日货，但在去年友人送来的，勉强可以说是例外吧？！——

『白用了许多牺牲，而反为巧人取得自利的机会』，这是小鬼所常惧虑的。即如我校风潮，寒假时的确不敢说办事的人没色彩，所以我不敢做，不过袖手旁观，现在也不敢说她们没色彩，但是对方也太不像样了！忍无可忍，先做第一步攻击，再设法第二步建设的防备。这是我个人的自我见解，但是攻击已成俘虏之势，建设不敢言矣。所以我的目标是不满于杨，但也许第三者因我们的行为而收渔人之利，不劳而获，那么，我的行动，也甚似被人『利用』。这是世界的黑暗，傻子的结果。可见事情还是不要『有点不平，反抗，改良的意思』，免得自己吃苦。而且公举你出来做事时，个个都说做后盾，个个都在你面前塞火药，等你灌足了，火线点起了！他们就远远的赶快跳［逃］跑，结果你不果［过］做一个炸弹壳，五花粉碎。

『京副』有它的不得已苦衷，也实在可惜。听说凯明先生还有一篇攻杨的未露布，自然其他的也不少，蛛丝马迹，不问可知，但也不必因此『无聊』，其实这是人情（即面子）之常，何必多责呢！由它去罢！吾师以为『发见纯粹的利用』对□□有点不满意（不知是否误猜），但是几次的接着红色的头衔的信封时的后悔，和当面的『碰壁』是不是为激于义愤之利用呢？横竖是一个利用，且请息怒吧！一笑，再浮一大白可也。

不到欧洲去的人，大约是等第二个泰戈儿来，成了诗哲再去。其实文坛甚多，如『妇周』之类，尽有伸展余地，何必向外发展呢？这是必然的趋势。

长虹君的《精神与爱的女神》，草草看了一遍，篇首的《精神的宣言》，其前半多可观，以后即逊色了。其余的诗，我不懂得好处在那［哪］里，别人也是这样。这大约是青年人的粗心，不能一口口的细细咽下去，致发销不畅呢？还是好似《工人绥惠略夫》的深奥，不为群众所领会呢？还是此君宜于行文不宜于作古诗呢？那我可不晓得。

小鬼许广平　六月十七下午六时

鲁迅师：

以前给我的信中有上面的一大段，我总觉得「独食难肥」（二句是粤语），还想分甘同味，以公同好，现在沪案事起，并有百折不挠的精神，所以我以为上面的一段话有公开之必要，因之抄录奉呈，以光莽原篇幅，至于标题，仍本着 师原文第下，署名一节，自不待言是有宗主权矣，然而发表权仍属于作者，小鬼不敢僭为，故仍乞斟酌也。（据小鬼愚见，还希批准为幸！）

今早礼堂开大会——包括音乐系在内——当以利便沪案进行，通过恳请各先生来校指导，一同合作，并以校事负责无人，兼请先生负责维持，当由文书股起草，函至各先生处，约于星期一上午到校开大会，但不悉能否如愿也。

杨婆子至新平路十一号大租其办事处，积极准备招生，学生方面往各先生处接洽，结果由在京四位主任亲到教部催促早日处理解决校事，一方另呈文至执政处，请其早日送人至教部负责，然后解决校事，在京四人，居然能做到这一点，真不容易，至于到校维持一节，碍于婆子手段，恐不易肯办，出来说话做事的，都往往吃力不讨好，也惹一身骚，好比七个先生的事，就是前车，以后的人，自然不愿意轻举妄动，结果还是大家不管的女师大。

然而主任的先生说，非不肯管，实有愿管而负责之人在，其余的自然没法了。这也是不管的一个原因，而且要管的人，自来趾高气扬了，原因是狼狈为奸，互相利用的，已得上司的成功，听说有人亲口言，我能上台，你就能回校，而我之能上台者，以天津为背也，猢狲十数，羸弱书生何足畏哉，况此外还有袁世凯从中作祟，此事一实现，小学生无噍类矣，世界真是应该把「真理」二字的铅字消毁，免得骗了小孩子上当，目前满布了武装到校，文理二科解散，再开除教职及国三学生共十八人——一说十二——之说，又云某某定端节前一日到部，又云者即拒之以孔方兄，但不成问题，无论如何，最小的限度交换条件，学生亦与婆子一共同牺牲（可惜亦不足道，除非有益于校耳），为彼方最低要求，亦可免破坏教育之坚决，但有益于校，死且不悔，亦人又以为惜悔也。

小鬼许广平

六月十九晚

一八、一九二五年六月十九日

（27.6cm × 37.6cm）

共一页

如何在世上混過去的方法

一、走「人生」的長途，最易遇到的有兩大難關。其一是「歧路」，倘若墨翟先生，相傳是慟哭而返的。但我不哭也不返，先在歧路頭坐下，歇一會，或者睡一覺，于是選一條似乎可走的路再走，倘遇見老實人，也許奪他食物來充飢，但是不問路，因為我知道他並不知道的。如果遇見老虎，我就爬上樹去，等牠餓得走去了再下來，倘牠竟不走，我就自己餓死在樹上，而且先用帶子縛住，連死屍也決不給牠吃。但倘若沒有樹呢，那麼，沒有法子，只好請牠吃了，但也不妨也咬牠一口。其二便是「窮途」了，聽說阮籍先生也大哭而回，我卻也像歧路上的辦法一樣，還是跨進去，在刺叢裏姑且走走，但我也並未遇到全是荊棘毫無可走的地方過，不知道是否世上本無所謂窮途，還是我幸而沒有遇着。

二、對于社會的戰鬭，我是並不挺身而出的，我不勸別人犧牲什麼之類者就為此。歐戰的時候，最重「壕塹戰」，戰士伏在壕中，有時吸烟，也唱歌，打紙牌，喝酒，也在壕內開美術展覽會，但有時忽向敵人開他幾鎗。中國多暗箭，挺身而出的勇士容易喪命，這種戰法是必要的罷。但恐怕也有時會逼到非短兵相接不可的，這時候，沒有法子，就短兵相接。

總結起來，我自己對於苦悶的辦法，是專與苦痛搗亂，將無賴手段當作勝利，硬唱凱歌，算是樂趣，這或者就是糖罷。但臨末也還是歸結到「沒有法子」，這真是沒有法子！

附许广平抄一九二五年三月十一日鲁迅信“如何在世上混过去的方法”
（27.6cm × 37.6cm）
共一页

释 文

鲁迅师：

以前给我的信中有上面的一大段，我总觉得『独食难肥，还想分甘同味』（二句是粤谚），以公同好，现在沪案事起，应有百折不挠的精神，所以我以为上面的一段话有公开之必要，因之抄录奉呈，以光《莽原》篇幅。至于标题，仍本吾　师原文录下，署名一节，自不待言是有宗主权矣，然而发表权仍属于作者，小鬼不敢僭为，故仍乞　斟酌也。（据小鬼愚见，还希批准为幸！）

今早礼堂开大会——包括音操在内——当以利便沪案进行，通过恳请各先生来校指导，一同合作，并以校事负责无人，兼请先生负责维持，当由文书股起草，函至各先生处，约于星期一上午到校开大会，但不悉能否如愿也。

杨婆子在新平路十一号大租其办事处，积极准备招生。学生方面往各先生处接洽，结果由在京四位主任亲到教部催促早日处理解决校事，一方另呈文至执政处，请其早日选人至教部负责，然后解决校事。在京四人，居然能做到这一点，真不容易。至于到校维持一节，碍于婆子手段，恐不易肯办，出来说话做事的，都往往吃力不讨好，也惹一身脏，好比七个先生的事，就是前车，以后的人，自然不愿意轻举妄动。结果，还是大家不管的女师大。

然而主任的先生说，非不肯管，实有愿管而负责之人在，其余的自然没法了。这也是不管的一个原因，而且要管的人，日来趾高气扬了。原因是狼狈为奸，互相利用的巴结上司的成功。听说有人亲口言：我能上台，你就能返校，而我之能上台者，以天津为背也，犹［貌］貅十万，孱弱书生何足畏哉，况此外还有袁世凯从中作祟。此事一实现，小学生无噍类矣。世界真是应该把『真理』二字的铅字消毁，免得骗了小孩子上当。目前满布了武装到校，文理二预科解散，再开除教预及国三学生共十八人——一说十二——之说，又云某某定端节前一日到部，反之者即拒之以孔方兄自不成问题。无论如何，最小的限度，交换条件，学生六与婆子一，共同牺牲，为彼方最低要求，亦可见破坏教育之坚决，但有益于校（可惜六人走了，未必有益于校耳），死且不悔，六人不以为惜悔也。

小鬼许广平　六月十九晚

附许广平抄一九二五年三月十一日鲁迅信『如何在世上混过去的方法』释文

如何在世上混过去的方法

一、走『人生』的长涂［途］，最易遇到的有两大难关。其一是『歧路』，倘若墨翟先生，相传是恸哭而返的。但我不哭也不返，先在歧路头坐下，歇一会，或者睡一觉，于是选一条似乎可走的路再走，倘遇见老实人，也许夺他食物充饥，但是不问路，因为我知道他并不知道的。如果遇见老虎，我就爬上树去，等它饿得走去了再下来，倘它竟不走，我就自己饿死在树上，而且先用带子缚住，连死尸也决不给它吃。但倘若没有树呢？那么，没有法子，只好请它吃了，但也不妨也咬它一口。其二便是『穷途』了，听说阮籍先生也大哭而回，我却也像歧路上的办法一样，还是跨进去，在刺丛里姑且走走，但我也并未遇到全是荆棘毫无可走的地方过，不知道是否世上本无所谓穷途，还是我幸而没有遇着。

二、对于社会的战斗，我是并不挺身而出的，我不劝别人牺牲什么之类者就为此。欧战的时候，最重『壕堑战』，战士伏在壕中，有时吸烟，也唱歌，打纸牌，喝酒，也在壕内开美术展览会，但有时忽向敌人开他几枪。中国多暗箭，挺身而出的勇士容易丧命，这种战法是必要的罢。但恐怕也有时会迫到非短兵相接不可的，这时候，没有法子，就短兵相接。

总结起来，我自己对于苦闷的办法，是专与苦痛捣乱，将无赖手段当作胜利，硬唱凯歌，算是乐趣，这或者就是糖罢。但临末也还是归结到『没有法子』，这真是没有法子！

一九、一九二五年六月三十日
（23.5cm×16.1cm）
共三页

鲁迅师：

接连得到两封东西，一封是"训词"，一封大概是回信罢，现在我也回覆几句，免得奇美。

老爷们想"自傲"酒量，岂知临阵败北，何必再"逞能"呢！？这点酒量都失败，还说"喝酒我是不怕的"，羞不羞？我以为今后当摒诸酒门之外，因为无论如何辩护，那天总不能不说七八分的酒醉，其"不屈不挠"精神的表现，无非预留地步，免得又丢小鬼前作第三！！次之失败乎，哈哈，其谁欺，欺天乎。

那天出秘密窟后，俞小姐及其二妹至白塔寺门口雇车到公园去了，我和其余的两位都到寺内逛去，而且买些咸脆蚕豆，一边走一边食，出了寺门，她们俩也到公园去找俞小姐，我独自雇车至南城後孙公园访人去了，大家都没有窜，从从容容的出来，更扯不上"逃"字去，这种瞎判决的判官（非我）那将预备上诉大理院了，俗语说得好，知己知彼，百战百胜，那天如果有人偷去半杯烧酒，诚恐玉山之颓可立见也，如更要早早告退，以便酬其高卧，诚恐

No.

嘔吐狼籍，不堪聞矣。——也許已經了罷，——這種知己知彼，
的錦囊妙計，非勇者不能决然毅然行之，膽小如芝麻之乎孔，多見其不
識時務也，鄙人之夢，這自「二時以後，……六杯，……五碗，……四遍」。「我雖然並
未目覩」，却「敢决其必無」。此項撒謊专家，而想為「新世師表」，我知到文廟
的一席地，將來必被人攆出來，即使有人叩頭求乞，恐不能回至尊之意也。
戒之慎之。

太師母而有「勢力」，且有人「居然一受欺侮」者，好在我已經拜過老人家，
以後吾無憂矣，聯合戰線，同隸太師母旗幟下，怕不怕？

「……者」，是什麼也，知之為知之，不知為不知，是知也。

屢次題起酒醉，「殆道歉」也，想當然也。「真的醉只有一回半」，以前我曾聽說
过，喝燒酒未喝过兩杯，那天兩種酒之量，一加一又五分之一，是過量了，除了
先前的一，雖未過量也算，八九不離十了，雖提出第一二之大理由，但是醉字决
不能絕对否認。這次算一回呢，算半回呢，姑且作懸案，俟有工夫時再復試罷。

No.

但是，要是我做主考，宁可免试，因为实在不愿意对人「言不顾行，行」「逢彼」「一之为甚，其可再乎？」

时遭害无穷，还是牺牲点好。

现在我还是之前「迅欤」，那天确又在误灌醉了一位教育部的大老爷，那一直

当迅欤下去，希望「激出」一篇「宣布小姐们胆怯之罪状」的宣言，好使先比美于

那篇辩回骚之降之大文，给小鬼呼呼几下，摇头摆脑几下，岂不妙哉！

言归正传，杨婆子以前去电报至六人家属，不曾骗，致函保证人也无

效，第二次（六月十号）还发戏电报至学生家属，须从团中特来、特

附上一览，可见她的野心还未死也，暑假遥遥，必有戏做，我现时算是

拭目以待，至于她前后二次的电报和致保证人的信，我打算存起来，预备

最后校决，这回的剧本演得真好，文武行出齐，明的，暗的，高的，低

的，好的，坏的，办法都有，闹到未闭，还未见，妙极有趣极。

小鬼许广平　六月卅日

释文

鲁迅师：

接连得到两封东西，一封是『训词』，一封大概是回话罢。现在我也回复几句，免得专美。

老爷们想『自夸』酒量，岂知临阵败北，何北〔必〕再『逞能』呢！？这点酒量都失败，还说『喝酒我是不怕的』，羞不羞？我以为今后当摒诸酒门之外。因为无论如何辩护，那天总不能不说七八分的酒醉，其『不屈之精神』的表现，无非预留地步，免得又在小鬼前作第三……次之失败耳，哈哈。其谁欺，欺天乎？

那天出秘密窟后，余小姐及其二妹在白塔寺门口雇车到公园去了，我和其余的两位都到寺内逛去，而且买些咸脆崩豆一边走一边食，出了寺门，她们俩也到公园去找余小姐，我独自雇车至南城后孙公园访人去了。大家都没有窠〔课〕，从从容容的出来，更扯不上『逃』字去。这种瞎判决的判官，我将预备上诉大理院了。俗语说得好，『知己知彼，百战百胜』，那天如非有人（非我）偷去半杯烧酒，诚恐玉山之颓，可立见也。如更非早早告退，以便酣然高卧，诚恐呕吐狼籍，不堪闻矣——也许已经了罢——这种知己知彼的锦囊妙计，非勇者不能决然毅然行之，胆小如芝麻云乎哉，多见其不识时务也。邯郸之梦：这日『二时以后，……六杯，……五碗，……四趟』。『我虽然并未目睹』，却『敢决其必无』。此项撒谎专家，而想为『万世师表』，我知到〔道〕文庙的一席地，将来必被人撵出来，即使有人叩头求乞，恐不能回至尊之意也，戒之慎之。

太师母而有『势力』，且有人居然受『欺侮』者，好在我已经拜噶〔谒〕过老人家，以后吾无忧矣。联合战线，同隶太师母旗帜下，怕不怕？

『……者』『是什么』也。知之为知之，不知为不知，是知也。

屡次题〔提〕起酒醉，非『道歉』也，想当然也。『真的醉只有一回半』，以前我曾听说过。喝烧酒未喝过两杯，那天两种酒之量，一加一又二分之一，是逾量了。除了先前的一，虽未逾量，也算八九不离十了。虽提出第一二之大理由，但是『醉』字决不能绝对否认。这次算一回呢，算半回呢，姑且作悬案，俟有工夫时复试罢。但是，要是我做主考，宁可免试，因为实在不愿意对人言不顾行。（『一之为甚，其可再乎？』）『遑能』一时，遗害无穷，还是牺牲点好。

现在我还是『道歉』，那天确不应该灌醉了一位教育部的大老爷。我一直道歉下去，希望『激』出一篇『传布小姐们胆怯之罪状』的『宣言』，好后先比美于那篇骈四骊六之洋洋大文，给小鬼咿呀几下，摇头摆脑几下，岂不妙哉。

言归正传，杨婆子以前去电报至六人家属不灵验，致函保证人也无效。第二次（六月十号）还发电报至学生家属，顷从粤中转来，特附上一览，可见她的野心还未死也。暑假遥遥，必有戏做，我现时算是拭目以待。至于她前后二次的电报和致保证人的信，我打算存起来，预备最后交涉。这回的剧本演得真好，文武行出齐，明的，暗的，高的，低的，好的，坏的办法都有，闻所未闻，见所未见。妙极，有趣极。

小鬼许广平　六月卅日

二〇、一九二五年七月十三日（27.6cm×18.8cm）

共一页

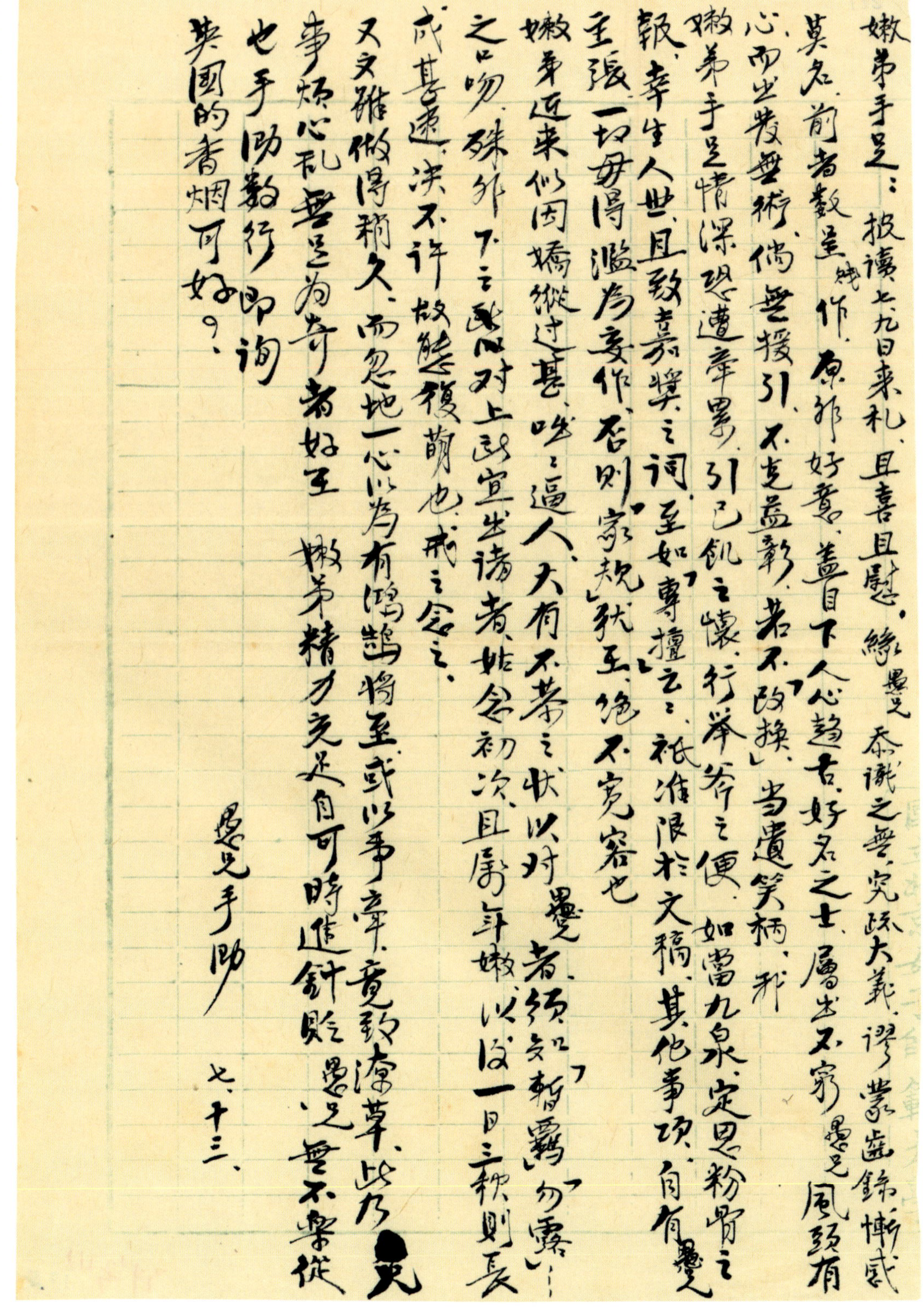

嫩弟手足：拔读七九日来札，且喜且慰。缘愚兄忝识之无，究疏大义，谬蒙齿録，惭感莫名。前者数呈拙作，原非好意，盖目下人心趋古，好名之士，层出不穷，愚兄风头有心，而出发无术，倘无援引，不足益彰，若不改换，当遗笑柄，邪嫩弟手足情深，恐遭牵累，引己饥之怀，行举斧之便，如当九泉，定思粉骨之报，幸生人世，且致嘉奖之词，至如「专擅」云云，只准限于文稿，其他事项，自有愚兄主张，一切毋得滥为妄作，否则「家规」伺候，绝不宽容也。

嫩弟近来似因娇纵过甚，咄咄逼人，大有不恭之状，以对愚兄者，须知「暂羁」「勿露」……之口吻，殊非下之对上所宜出诸者，姑念初次，且属年嫩，以后一日三秋，则长成甚速，决不许故态复萌也，戒之慎之。

又文虽做得稍久，而忽地一心以为有鸿鹄将至，或以事牵，竟致潦草，此乃事烦心乱，无足为奇者，好在嫩弟精力充足，自可时进针贬，愚兄无不乐从也。手此，敬行，即询

英国的香烟可好？

愚兄手肃　七、十三。

羅素的話

景宋

讀羅素 Bertrand Russel「近著中國之問題」The Problem of China 的人們，大概還記得他是十分的贊美中國以反映英國的一種加倍寫法罷。不管他說話的動機，姑且看他在那本書上說的抽出幾句抄下來給留心於瀘案的交涉的人們注意：——

1.「一八九四年——一八九五年之中日戰爭，……中國人易於擊敗，又易於大敗，自此日以至於今除私人如拳匪外，不敢以兵力反抗外國。」（見歐戰前之日本与中國）

2.「雖中國歷史上屢有戰爭，而人民天然之眼光，則甚和平，……是以不若西洋國家有進步之觀念，而養成動作活潑之習慣，……今日中國守舊之文人所言者，仍不脫古聖賢之語氣，假如有人告以如此則無甚進步，彼必答曰：予等已臻完美之地位，何故再求進步？」

3.「中國人大抵不善於戰爭，何則，以出師之原因往往為彼所不直，故不屑戰爭也。」

4.「中國人之寬容，恐非未至中國之歐人所及料。」（以上見中西文化之異同）

5.「初至之歐人，遇見中國之災害，若乞丐貧苦，疾病，以及政治之紊亂與腐敗等，尤為顯然，至奮發有為之歐人，初皆以為是等災害，不可不設法排除之。第中國人即為上述可免災害之犧牲者，對於歐人之熱心鼓吹，仍漠然無所動於其中，靜候災害之自形消滅，而遊歷稍久之歐人，乃為之大惑，初則懷中國人之麻木不仁，繼則……起以下之疑問，兢兢然防備將來之不幸為得計，可真謂之智乎？以將來或有之患難為憂，而失現在各種之愉樂，可得謂之深慮乎？雖建設大廈，而結果仍無暇棲寓，吾人當如是以度一生乎？」

6.「中國人……對個人或國家之事，不主張無理之要求，……雖自認兵力較西洋衰弱，但不以精巧殺人之技藝，為個人或國家最重要之利器，……此

附许广平撰《罗素的话》一文

（27.6cm × 36.4cm）

共二页

種意見，皆以中國人文化價值之標準觀之，非不合於論理。但西洋人則不能承認此意見，……模範之西洋人，欲時時為改變環境之主動力，而模範之中國人欲享受自然美之人，此即為中國與操英語國家大不同之原因。」

7.「中國自非無奢望之人，但有之而不及吾人之多，彼之奢望，與吾人不同，而不更善安樂與權力二者，彼寧取安樂而舍權。」

8.「中國人之愛互相讓步，與尊重輿論，使予不能忘衝突之趨於極端，而最終用殘忍之手段者甚鮮。」（以上見「中國人之性質」）

9.「中國苟不自強，則日本之傾覆，或在遠東得無上之優勢，皆足為中國之大害。二者恐必有一於此，且世界列強最終之利益，幾皆與中國之幸福，中國文化最良發達之方法，不能並容。是以中國人須以自己之能力，而圖自救，斷不能倚賴任何外國之慈善，以為得計。」（見「中國之前途」）

羅素的話，我們不能承認他是「金科玉律」的不能移易，但上面所舉的，也確有他真的見地。他是英國人，他看透我們的弱點，那也可以說凡世界的人，也多能看透我們的弱點，所以上海和各地近來發生的交涉，絕非「偶發事項」。我們還想做一個頂天立地的人嗎？還有些兒未涼的血嗎？則誓雪「不敢以兵力反抗外國」之恥，起來作「正義人道」國權之戰爭，直至四萬萬人全沒有些兒氣息然後止。我們為什麼要「故步自封」，在刀鋒下偷活而仍然望「和平」，不希望有戰爭呢？這種「寬容」的態度，是否可以對付狼子野心猛獸噬人的強悍的帝國主義者？任禍害之來，而「漠然無動於中」，仍不失現在各種之「愉樂」的委靡不振，麻木不仁的（未來的中國人的態度）亡國奴呀！你們雖則「寧取安樂而舍權力」，而西洋人則不能承認此意見，現時就是他們起來取而代之的時候了！你們則想「互相讓步」，無如人家得步進尺，絲毫不放鬆，於此外交危急的時期中，以宗教文化的侵入，而希圖拜金主義的成功，表面以友善為名的某國，新來的公使態度已有幾分表出了，其餘的國度，能不替自己「最終之利益」打算麼？所以這回的對待外交，一味設法「以自己之能力，而圖自救」，是超渡「奴隸」而入「人」的境域的不二法門。

释文

嫩弟手足：披读七、九日来札，且喜且慰。缘愚兄忝识之无，究疏大义，谬蒙齿录，惭感莫名。前者数呈贱作，原非好意，盖目下人心趋古，好名之士，层出不穷。愚兄风头有心，而出发无术；倘无援引，不克益彰；若不『改换』，当遗笑柄。我嫩弟手足情深恐遭牵累，引己饥之怀，行举斧之便。如当九泉，定思粉骨之报；幸生人世，且致嘉奖之词。至如『专擅』云云，只准限于文稿。其他事项，自有愚兄主张，一切毋得滥为妄作，否则『家规』犹在，绝不宽容也。

嫩弟近来似因娇纵过甚，咄咄逼人，大有不恭之状以对愚兄者，须知『暂羁』『勿露』……之口吻，殊非下至对上所宜出诸者。姑念初次，且属年嫩，以后一日三秋则长成甚速，决不许故态复萌也。戒之念之。

又文虽做得稍久，而忽地一心以为有鸿鹄将至，或以事牵，竟致潦草，此乃兄事烦心乱无足为奇者。好在嫩弟精力充足自可时进针贬[砭]，愚兄无不乐从也。手泐数行，即询

英国的香烟可好？

愚兄手泐　七，十三

附许广平撰《罗素的话》一文释文

罗素的话　　景宋

读罗素 Bertrand Russel 近著《中国之问题》，The Problem of China 的人们，大概还记得他是十分的赞美中国以反映英国的一种加倍写法罢。不管他说话的动机，姑且看他在那本书上说的抽出几句抄下来，给留心于沪案的交涉的人们注意：——

1.「一八九四年——一八九五年之中日战争，……中国人易于击败，又易于大败，自此日以至于今，除私人如拳匪外，不敢以兵力反抗外国。」（见《欧战前之日本与中国》）

2.「虽中国历史上，屡有战争，而人民天然之眼光，则甚和平，……是以不若西洋国家有进步之观念，而养成动作活泼之习惯。……今日中国守旧之文人所言者，仍不脱古圣贤之语气。假如有人告以如此，则无甚进步，彼必答曰：「予等已臻完美之地位，何故再求进步？」」

3.「中国人大抵不善于战争，何则，以出师之原因，往往为彼所不直［值］，故不屑战争也。」

4.「中国人之宽容，恐非未至中国之欧人所及料。」（以上见《中西文化之异同》）

5.「初至之欧人，迭见中国之灾害：若乞丐、贫苦、疾病，以及政治之紊乱与腐败等，尤为显然。至奋发有为之欧人，初皆以为是等灾害，不可不设法排除之。第中国人即为上述可免灾害之牺牲者，对于欧人之热心鼓吹，仍漠然无所动于其中，静俟灾害之自形［行］消灭。而游历稍久之欧人，乃为之大惑；初则愤中国人之麻木不仁，继则……起以下之疑问：兢兢然防备将来之不幸为得计，可真谓之智乎？以将来或有之患难为忧，而失现在各种之愉乐，可得谓之深虑乎？虽建设大厦，而结果仍无暇栖寓，吾人当如是以度一生乎？」

6.「中国人……对个人或国家之事，不主张无理之要求；……虽自认兵力，较西洋衰弱，但不以精巧杀人之技艺，为个人或国家最重要之利器。……此种意见，苟以中国人文化价值之标准观之，非不合于论理。但西洋人则不能承认此意见，……模范之西洋人，欲时时为改变环境之主动力；而模范之中国人，欲享受自然美之人，此即为中国与操英语国家大不同之原因。」

7.「中国自非无奢望之人，但有之而不及吾人之多。彼之奢望，与吾人不同而不更善。安乐与权力二者，彼宁取安乐而舍权力。」

8.「中国人之爱「互相让步」，与尊重舆论，使予不能忘。冲突之趋于极端而最终用残忍之手段者甚鲜。」（以上见《中国人之性质》）

9.「中国苟不自强，则日本之倾崩，或在远东得无上之优势，皆足为中国之大害，二者恐必有一于此。且世界列强最终之利益，几皆与中国之幸福，中国文化最良发达之方法，不能并容。是以中国人须以自己之能力，而图自救，断不能倚赖任何外国之慈善，以为得计。」（见《中国之前途》）

罗素的话我们不能承认他是『金科玉律』的不能移易，但上面所举的，也确有他真的见地。他是英国人，他看透我们的弱点，我也可以说凡世界的人，也多能看透我们的弱点，所以上海和各地近来发生的交涉，绝非『偶发事项』。我们还想做一个顶天立地的人吗？还有些儿未凉的血吗？则誓雪『不敢以兵力反抗外国』之耻，起来作正义、人道、国权之战争，直至四万万人全没有一些儿气息然后止。我们为什么要『故步自封』，在刀缝下偷活而仍然望『和平』，不希望有战争呢？这种『宽容』的态度，是否可以对付狼子野心、猛兽噬人的强悍的帝国主义者？任祸害之来而『漠然无所动于中』，仍不失『现在各种之愉乐』的委［萎］靡不振、麻木不仁的未来的亡国奴的中国人的态度呀！你们虽则『宁取安乐而舍权力』，而『西洋人则不能承认此意见』，现时就是他们起来『取而代之』的时候了！你虽则想『互相让步』，无如人家得步进尺，绝不放松，于此外交危急的时期中，以宗教、文化的侵入，而希图拜金主义的成功；表面以友善为名的某国，新来的公使态度已有几分灰色了！其余的国度，能不替自己『最终之利益』打算么？所以这回的对待外交，一味设法『以自己之能力，而图自救』，是超渡［度］『奴隶』而入『人』的境域的不二法门。

二一、一九二五年七月十五日
（22cm×14.8cm）
共三页

嫩棣棣：

你的信太令我发笑了，今天是星期三——七，十五——而你的信封上就大书特书的「七，一五」。小孩子是盼日子短的，好快地过完节，又过年，这一天的差误想是扯错了月份牌罢，好在是写信给愚兄，若是和外国交涉，那可得小心些：这是为的应该警告的。（还有，名驹马大街王宝宝，而写作宝外，尤其该打）

其次「京报的话」，太叫我「莫明其抄」了。虽则小小的方块，可是包含「书报」，「声明」，「招生」，「介绍」，「招租」，「古巴华侨界之大风潮」。背面有「证券市价」，「证券市况」，「昨日公债市价涨落之经过」，「上海纱价高涨不已」，「沪提运栈货会成立」，「华侨商会联合会成立」，「青岛最近之煤油业」，「工大京外宣传之近况」……真可算包罗万象，五光十色。惭愧，愚兄没有站立街头看路过的男男女女而用冷静的眼光抉择出来的本领，那么，「京报的话」，已变成了「废话」也就是知

一张红行纸粘好又劃開，使左右都有红行纸，是何道理呢？

No.　　　月　　日

嫩棣之惡作劇，未免淘氣之甚矣。姑看作正經，大約注重在"刀作讓"之偉績（但是廣告欄的勢力識何有者？好像迷了陣，該打！）以混作象徵人物，手如此也真可謂小題大作，這種古已有之的隱文，皆是的司空見慣的寫實派，實在遍地皆是。嫩棣入世較淺，故驚訝失錯耳。

茲還有告一可笑者，此乃今日之發見，地点為"婦週"，"婦週"之"狙識"（嫩棣的）早已可笑，不过不為已甚，姑置之耳。本期之可笑者在題目之盜取，則有"補白"，名字之影射，則吾前於第一期用之"君平"，今則改平為"萍"矣，以前我用"寒潭"，其後在別處（但有我投稿默堂話中之字，擬作投稿別名者，稿未投而同樣之名用出來了）即發見與此相同之名字，我姑以為人同此名，不必深究，乃驟然出一"諸公"，毋乃太令人齒冷——但也許我（他）盜取人的名字於不知不覺中，這是我以後不將用相同之名於二次以上的弊處。近來又鑑於一日三易其名者，及一人化出男女——許多之名者，於是而把我死釘在一处了，記（真了。

No.　　　　月　　日

得我在第一期用寒潭之名时，次期有法大晶清同郎替她捉刀来信并请她们用寒潭名发表，这是晶清因以寒潭自居以告人呢？还是人家以寒潭为晶清呢。但是我的皮气，一次投稿，好用一个名字的缘故，所以确向晶清说过，那么后日的第二个寒潭，当不是我了，一名之小，混淆如此，不知是那样疑呢。这是许多有可以令人疑的原因呢。我冷眼看看，总觉得可以一笑，置之，所以绝没有发表到外面。嫩棣棣听一下，也可以发笑吧！这回的妇周也有可笑的标名，与标题了，不能自己创作，总是偷偷摸摸到底做不出伟大事业算不得好汉。

记得我在家读书时，先生用“扑作教刑”的时候，我的一个哥哥就和先生相对的围住些桌子乱转，先生要伸长手将鞭打下来时他就蹲下，总打不着打，如果“嫩棣”犯上作乱的用起“教鞭”，愚兄只得师古了。

此告不怕！

愚兄叻　七月十五。

我上次的“模范文”值得几多分。请即通知！（六十分以下要[illegible]的）

释文

嫩棣棣：

你的信太令我发笑了，今天是星期三——七·十五——而你的信封上就大书特书的『七，一六』。小孩子是盼日子短的，好快快地过完节，又过年，这一天的差误，想是扯错了月份牌罢，好在是寄信给愚兄，若是和外国交涉，那可得小心些，这是为兄的应该警告的。（还有，石驸马大街在宣内，而写作『宣外』，尤其该打。）

其次『京报的话』，太叫我『莫明[名]其抄[妙]』了。虽则小小的方块，可是包含『书报』『声明』『招生』『介绍』『招租』『古巴华侨界之大风潮』。背面有『证券市价』『证券市况』『昨日公债市价涨落之经过』『上海纱价高涨不已』『沪提运栈货会成立』『华侨商会联合会成立』『青岛最近之煤油业』『工大京外宣传之近讯』……真可算包罗万象，五光十色了。惭愧，愚兄没有站立街头看路过的男男女女而用冷静的眼光抉择出来的本领。那么，『京报的话』，岂非成了『废话』也哉。是知　嫩棣之恶作剧，未免淘气之甚矣。姑看作『正经』，大约注重在刁作谦之伟绩，以渠作象征人物乎。（但是广告栏的剪裁何为者？故设迷人阵乎，该打！）如此也真可谓小题大作。这种『古已有之』的随处皆是的司空见惯的写实派，实在遍地皆是。嫩棣入世较浅，故惊讶失错[措]耳。

兹愚兄另告一可笑者，此乃今日之发见。地点为『妇周』。『妇周』之组织，早已可笑，不过不为已甚，姑置之耳。本期之可笑者在题目之盗取（嫩棣的），则有『补白』，名字之影射，则吾前于第一期用之『君平』，今则改『平』为『萍』矣。以前我用『寒潭』，其后在别处即发见与此相同之名字，我姑以为人同此名，不必深究。但有我将尹默选词中之字，拟作投稿别名者，稿未投而同样之名用出来了，真乃离奇辈出，诸公毋乃太令人齿冷。——但也许我盗取他人的名字于不知不觉中，这是我以前不好用相同之名于二次以上的弊处。近来又鉴于一日三易其名者，及一人化出男女……许多之名者，于是而把我死钉在一处了。记得我在第一期用『寒潭』之名时，次期有法大晶清同乡替她捉刀，来信并请她仍用『寒潭』名发表，这是晶清以『寒潭』自居以告人呢？还是人家以『寒潭』为晶清呢？但是我的皮［脾］气，一次投稿，好用一个名字的经过，的确向晶清说过，那么，日后的第二个『寒潭』，必不是我了。一名之小，混淆如此，不知是我好疑呢，还是许多有可以令人疑的原因呢？我冷眼看看，总觉得可以一笑置之，所以绝没有发表到外面。嫩棣棣听一下，也可以发笑吧！这回的『妇周』也有可笑的标名与标题了，不能自己创作，总是偷偷摸摸，到底做不出伟大事业，算不得好汉。

记得我在家读书时，先生用『扑作教刑』的时候，我的一个哥哥就和先生相对的围住书桌子乱转，先生要伸长手将鞭打下来时，他就蹲下，终于挨不着打。如果　嫩棣『犯上作乱』的用起『教鞭』，愚兄只得『师古』了。

此告不怕！

愚兄沥　七月十五

一张红行纸粘好又割开，使左右都有红行纸，是何道理呢？

我上次的『模范文』值得几多分？请即通知！（六十分以下要璧谢的）

二一、一九二五年七月十七日
（23.5cm × 16.2cm）
共四页

No.

嫩棣棣：

经中央观象台审定确切的日曆——七月十六——寄来的一封滑稽文收到了。該文有人名，時候，地址……按規矩，應當撕成十一幕劇本，而又合於章回小說或講義的体裁。茲為明晰起見，擇要糾正如下：——

「勃谿」當然是有对象的，愚兄既有這麼高的程度，不知嫩弟是自居於「婦」，还是「姑」呢？縱然嫩弟甘居「婦姑」之列，然而，我倆不是兄弟嗎？由兄弟而轉為「婦姑」，恐怕没有這種回造化天功的本領罷，那麼，「勃谿」二字，是法律事实，俱不成立的，請你打消這種迷夢才好，不然，豈不是要干涉這種變形菌的人妖的。那時為兄的雖有手足之義，而愛莫能助了，奈何!?

「嫩弟弟之特徵」：

A. 想做名流，或（初到女校做講師）測驗心理時，頭髮就故意長得蓬鬆長乱些。

B. 有紅色紙（冬秋春）襪子穿于足上。

C. 吉做洋貨的消耗品，如洋点心，洋烟，洋书……（未完）

No.

或有礴袍洋服多件在箱子裏，但于端節……則绝不敢穿。

D、議至小兒前失敗，失败則傷祠奪理以蓋篘，"嚷""哭"其小者，而"窮凶

極惡"則司空見慣之事。

E、好食橄辣椒，点心，糖，烟，酒——種處不及格——……！

F、一声々叫"娘，娘"，枕有童心。

G、外兒要而内仁慈的一個"怒目金剛"，"慈悲大士"。

"論七、二六之不誤"，和"石駙馬大街確在宣外"，都是犯了上文D.的毛病，所

為强祠奪理，不值一笑。

"京报的話"，我本曉得"其妙在此"，但是這種故意搗亂，不可不受。

所以我也仍旧照抄，使"嫩弟々也消耗些時间来讀一讀"，那麽，"我的大仇"

也算报了。但是兄弟鬩于牆，外禦其侮"，所以我希望和嫩弟々同仇敵

慨，何如？

鄭介石关于我是反对的，我反对他讀死书的無用，对于他個人的用功，可表

No.

示敬意的，因為敬意是私自的小問題，而指示求學做人的方法，他給我的完全不是我要的，沒得法子，所以向他開槍，他自己也明知我是敵人，記得有一天講中國文法，他寫出「不好犯上而好作亂者未之有也」一句叫我解釋文法，我起先拒以不懂解，未後我就大發議論的從「上」之有可以給人「不滿」處申說，一直把文句倒來倒去解起來，鄭先生只得停止我的解卷，說是叫我分釋文法，不是叫我講解，這時候我詞已達意了，方纔住口。所以如果「嫩弟弟」要有什麼方法，無論明的暗的，凡發布出來總是自有章程，不想設法抵擋，就至暗殺來至，先守秘密，還是不怕的，有本事的來吧！

「模範文」是指七十三的信，不是說那篇「羅素的話」，九十分給那封信，雖則少了10分，還可以由我自由添上，至於批判羅素身上，莫是胡說八道。

從執筆寫「罷了」起……至第三頁，下午七點二十五分八秒半止，這個標題的時候是不對的，難道至七點二十五分八秒半的半秒間能寫這麼長的一封信嗎？

No.

真是撒謊不要本錢，好笑！

傅銅和程振基（一旧日女高之某得主任，又兼了一时期的總務）回來，日來有楊聘程做教務長消息，且昨聞接有人代傅程來向張年江疏通校事，當由張提出四条：1.楊立免職，2.六人事交新校長处理，3.新校長須由学生選擇，4.楊去留不得以六人為要挾，另外有同学新見程，作為私人談話，程表示楊是去的，但事实上是要六人陪去始完楊的面子，當將学生方面表示楊去即無問題云，又聞程做教務，進一步傅做校長，此或他們日來頗費氣力的原因，另消息則説兩星期內士釘一定对女師大有辦法云，傅程对章似甚有聯絡，実现这種情形，或非不可能之事，該二人自非理想人物，但較之楊沈及湖南派似要略勝一籌。目下似王傾穿消息中，詳情容續報。

沄沁王她的本期莽原上声明那篇文是「她」，将那性别起來糟糕透了！

小鬼許廣平

七月十七

释文

嫩棣棣：

经中央观象台审定确切的日历——七月十六——寄来的一封滑稽文收到了。该文有人名、时候、地址……按规矩，应当排成十一幕剧本，而不合于章回小说或讲义的体裁。兹为明真象［相］起见，择要纠正如下：——

『勃谿』当然是有对象的，愚兄既有这么高的程度，不知　嫩弟是自居于『妇』，还是『姑』呢？纵然　嫩弟甘居『妇姑』之列，然而，我俩不是兄弟吗？由兄弟而转为『妇姑』，恐怕没有这种回造化天功的本领罢，那么，『勃谿』二字，是法律事实，俱不成立的，请你打消这种迷梦才好，不然，警厅是要干涉这种变形菌的人妖的。那时为兄的虽有手足之义，而爱莫能助了，奈何!?

『嫩弟弟之特征』：

A. 想做名流，或测验心理时（初到女校做讲师），头发就故意长得蓬松长乱些。

B.（冬秋春）有红色绒袜子穿于足上。

C. 专做洋货的消耗品，如洋点心、洋烟、洋书……（未完）

或有蟒袍洋服多件在箱子里，但于端节……则绝不敢穿。

D. 总在小鬼前失败，失败则强词夺理以盖羞，『嚷，哭』其小者，而『穷凶极恶』则司空见惯之事。

E. 好食辣椒、点心、糖、烟、酒——程度不及格——……

F. 一声声叫娘，娘，犹有童心。

G. 外凶恶而内仁厚的一个怒目金刚，慈悲大士。

『论七·一六之不误』，和『石驸马大街确在宣外』，都是犯了上文D. 的毛病，同为强词夺理，不值一笑。

『京报的话』，我本晓得『其妙在此』，但是这种故意捣乱，不可不分受。所以我也仍旧照抄，使　嫩弟弟也消耗些时间来读一读，那么，我的『大仇』也算报了。但是『兄弟阋于墙，外御其侮』，所以我希望和　嫩弟弟同仇敌忾，何如？

郑介石夫子我是反对的。我反对他读死书的无用，对于他个人的用功，可表示敬意的。因为敬意是私自的小问题，而指示求学做人的方法，他给我的完全不是我要的，没得法子，所以向他开枪，他自己也明知我是敌人。记得有一天讲中国文法，他写出『不好犯上而好作乱者未之有也』一句叫我解释文法。我起先拒以不懂解，末后我就大发议论的从上之有可以给人不满处申说，一直把文句倒来倒去解起来，郑先生只得停止我的解答，说是叫我分释文法，不是叫我讲解。这时候我词已达意了，方才住口。所以如果　嫩弟弟要有什么方法，无论明的暗的，凡发布出来愚兄自有章程，不愁没法抵挡。现在时机未至，先守秘密，还是不怕的，有本事的来吧！

『模范文』是指七·十三的信，不是说那篇『罗素的话』。九十分给那封信，虽则少了10分，还可以由我自由添上。至于扯到罗素身上，真是胡说八道。

从执笔写『愚兄』起……至第三页下午七点二十五分八秒半止，这个标题的时候是不对的。难道在七点二十五分八秒半的半秒间能写这么长的一封信吗？真真是撒谎不要本钱，好笑！

傅铜和程振基——旧日女高之英语主任，又兼了一时期的总务——回京，日来有杨聘程做教务长消息，日昨间接有人代傅程来向张平江疏通校事。当由张提出四条：1. 杨立免职。2. 六人事交新校长处办。3. 新校长须由学生选择。4. 杨去留不得以六人为要挟。另外有同学亲见程。作为私人谈话，程表示杨是去的，但事实上是要六人陪去始可完杨的面子。当将学生方面表示杨去即无问题云。又闻程做教务，进一步傅做校长，此或他们日来愿卖气力的的原因。另消息则说两星期内，士钉一定对女师大有办法云。傅程对章派甚有联络，实现这种情形，或非不可能之事。该二人自非理想人物，但较之杨沈，及湖南缝纫婆或差胜一筹。目下仍在侦察消息中，详情容续报。

沄沁在她的本期《莽原》上那篇文声明我是『她』，将我姓别起来，糟糕透了！

小鬼许广平　七月十七

二三、一九二六年九月六日
（20.7cm×13.4cm）
共七页

1

（每起头的○只是某一个时间内写的，○起以下分段落）

○

My Dear Teacher：

昨日（卅一）从你住的孟渊旅馆出来，叔叔的四妹领我到永安公司，买到小手巾六条，纸一元，算起来不到二毛一条，晚上又游四川路广东街，买到雨伞一把，也不过几毛钱，去了书贾同另一妹妹家，都过客气，留饭点心或饭点心，食了饭才推却他，这回亲戚对我，较我理想的似稍佳，先生！这是何故呢？！

今日（九月一）午后往先施等，买置皮鞋一双，只三元，又买信纸六大本，一元（与此纸同，但大些），另外又买些应用小物，不敢多买，因为我看见那天食炒卧仁豆饭送酒，没有买药，我不在如此看，我心难过，不愿多买。

○今晚（一号）七时半落广大船，有往旅馆取行李之二位弟弟送行，又有大安旅馆之茶房帮同挑夫到住处取行李落船，现在是已在船中安置好了。一房二人，另一人行李先到，占了上格床，我算下格，现在只我一人在房（那人未来），我想有机会想说什么，就写什么，管他多少，待到岸时就投到邮筒，临行之预约时间，我或者不能守住要反抗的。

船票25元连挑行李及赏钱，约花卅余元也

（许字）

2

外係不还多多，又大安旅馆自滬立招呼定僕，這樣使貴大约較瞻望的公道可靠每足叫人放心的。

船中甚舊，竟只是我一人在一房内，也自由，也寂寞，船未開，门窗不敢打開，闷热極了！好在睡後適(?)也能睡去，臭虫各处都有，但是我這一樣睡，今晚独自落船的苦，我想起你昨晚了！本来昨晚你落船没有，出走後的情形不知道，晚间妹們又领我上街玩，但總是蓄了一件事压上心头，十分不自在，我因想，一年的日子不知怎麼樣？

○　二日早八時十分船始開，天刚亮就有人来搜行李，先打開隨身用的木箱後帆布箱，我特意慢慢地，他不耐烦了，问我作什麼的，我说学生，做教员，他走了，船開後又来查，這回是查私贩铜元，連床铺都搜过，黑漆的15手，满掌印至枕席上。

同房的姓吳，又係基督徒，有一個她的女友，住房艙的，来我們房食飯，二人儘是談討厭的牧師爺，牧師奶，氣量如狹，我這回車和船都頂着"華蓋"走了！

午飯後她們要玩牌，約我，賭則不算錢，總是費時無意思的事，我急躺下看书，不久睡着，大約十一点

3

晚

多睡至下午四点，饭至六时开，虽是广东味，不十分好，也还食得几碗饭，也不晕船，随着看情书一束。桃色的衣裳那篇，我觉得即使世间做得到也是人为，非天性，多含勉强，这许是我主观的裁判吧；

○ 睡起看水色已变作了碧碧的绿色，泛出雪白的浪波好看极了，因为在多年困困的沙漠生活中的我见着，然而也更可亲。船面搭满人，铺盖，水桶，货物，房的窗口也总坐着成排的人，高高的坐在箱上，遮盖着房内漆黑，而我又在下层床，日里又要听基督要谕，My Dear Teacher！你的船中生活是怎么样？

○ 三日早七时多起床，十时多早饭，十一时左右，在我房门口的堆满行李的船面上，是工友们开会，许多人聚在一起，有一个学生样的做主席，大家谈说北伐的必要……随便发挥，也有布告各地情形的，我也把北京的黑暗略略说了。会开了有二时之久，大家精神始终贯注，互相勉励，而适重于鼓励工人，因为这会是为工人开的，我站在旁边参加，感觉出一种欢欣，算是我途中

4

第一次的奇遇，這現象，在北方夢想不到的吧！下午一時多散会，预约每天要開会一次，尤其在上海工廠中招募來的工友注意向他們灌输國民革命的工作，其中有一孫傳芳手下軍官，当場演說北方軍閥的黑幕，并將自己当軍官以表示不收官費財，既至看北方軍人實在無可希望了，毅然脫出投入廣东國民革命，意欲从這里得到打破北方黑暗，這是大家欢迎的。My dear teacher 你看這種情形是多么朝气呀！

从十時多等至午飯，一時飲咖啡牛奶一杯麵包二塊，待下午四时多晚餐，晚九時再食一碗鸡粥，较大丰食物亦很好。船甚穩，似坐長江船一樣，不知往厦门的是否也如此？

（三）今日看蘭生弟的日记，我甚可憐蘭生，但是絕不至如似情书一束的主人翁之被情吧！一笑。

○ 四日被同房的先起來驚醒，已经八点多了，同房的那人有一个女友一个男友（？）不絕的來，一方面唱聖詩，一方面又打撲克，虽然不賭錢，也是無聊。我以为真的基督徒不应当此，他们问我也玩，我推說不会，看书也没地方，也看不下去，免强以

5

看了《骆驼》，除第一二篇没看，又看《炭画》，是文言，我想起林琴南来了，格格不入，看不下去。继看焦菊隐的《夜哭》，滥透了，还不如塞入纸篓，字句既欠修词，文理命意俱要不得，这样作品，北新也替他出版，唉！因回想《骆驼》真不愧是文艺作品，陶晶孙的《盲肠炎》，人家说写性，但是手腕较清高，一来高多了。再看《沉钟》第二期后至九三期，便了的。

下午四时船经厦门去，我注意看看，不过茫茫的水天一色，厦门在那里？！真迷人眼!!!……信也实在难写，这样说也不方便，那样说也不妥当，我佩服胡民蘭生，他有勇气直说。

听说过厦门，我就便打听从厦门至广州的船，据客栈人说：有从厦至港，由港再搭火车（没有船）至粤，但坐火车中途要自己走一站，不方便，而且如果由广州至港，更须照相找铺保，准一星期回，否则向铺家人，此路路行不得也哥哥！有从厦至汕头者，我想这条路较好，由汕至广州，不是敌地，稽查……省了许多麻烦。这是船中所闻，先写寄，免忘记，藉供异日参考。

现时写字时是四号晚的九时，快要食稀粥了。

6

男女的两個基督徒走了，清静些，天氣較前两天热了，也不願睡，就想起上面的话寫起来。

◎ My dear teacher：現時是五日半夜二時廿分了，我不曉得你在做什末，我是剛飲过珈琲牛奶和食完麵包做半点心。今日工人仍在開会，時间早了，是十時多，剛擺开早飯，那工人来请我做主席，说是有两主席，我是一个，叫我赴会。我一想，做這種烏合之眾的主席，偷到了，一不合式，就引糾纷，不是好事，当场推却了。我說，正要食飯，飯食过了再赴会。主席未做过，不敢当。飯食完了，只得到会，有人叫我演說，我說等一等，有话再說。一会，主席宣布喉不大好，說话不便，要我去继續，我没法，站上台說："我從来不会做主席，不敢当，但是不得不簡单說幾句，於是把國家主义的人攻擊一通，最要緊的是把北京的晨报和現代评論研究系之流罵一下。"下台就退席回到房內。听人說，開会時共有國民党員百来人，但是彼此爭执，開会手續不合法，一部分人退席了，一个臨時党員会立刻分裂，這现象我以来纔知。回心一想，我幸而出風頭的心不有，

7

推却了做主席，否则难免被人利用或含恨。一个党内容如此複雜，处处叫人要小心，多么不自由呢，幸而這兩次会我发言都是不误也，否则危險呀！听说明天上午可以到廣州了，那么，船内的会不致再开，我或者可以不入漩渦内，但是，到廣州呢？！

现時船早过了汕头，晚飯左右可經香港北名大剗的地方，到這裏要等带船的人来领船駛入廣州，如此種人一時等不到则船要停好多个鐘頭等候人来，再能开駛，行六小時之久始得到终点地，無論如何，六日必能到廣州了。

○my dear teacher：今早六點，現時是快到八點了。昨晚十時船停香北，名大剗地方，候带船人来，因此处再前進伏礁甚多，必须有熟水道之人带行纔可，這带船的人有時来快有時来遲，来遲则到廣州傍晚，還须坐小船，路上不平靜，如此更要多候一天，但是，幸而今早起来，听说带船人已来了，等候潮長，即開船了，如能準時，则午刻可到珠江了。

○my dear teacher：（三时）現在船快到了，以後再談吧。your H.M.
六日下午三时

释文

○ My Dear Teacher：

昨日（卅一）从你住的孟渊旅馆出来，叔叔的四妹领我到永安公司，买到小汗巾六条，只一元，算起来不到二毛一条，晚上又游四川路，广东街，买到雨伞一把，也不过几毛钱，去了崇智同另一姊姊家，都还客气，留食点心或饭，点心食了，饭推却他，这回亲戚对我，较我理想的似稍佳，先生！这原故为何？！

今日（九月一）午后往先施等，买黑皮鞋一双，只三元。又买信纸六大本，一元（与此纸同，但大多）。另外又买些应用小物，不敢多买，因为我看见那天食炒虾仁旦［蛋］饭送酒，没有买菜，我不在如此省，我心难过，不愿多买。

○ 今晚（一号）七时半落广大船，有往旅馆取行李之二位弟弟送行，又有大安旅馆之茶房带同挑夫到住处取行李落船，现在是已在船中安置好了。一房二人，另一人行李先到，占了上格床，我算下格，现在只我一人在房（那人未来）。我想，有机会，想说什么，就写什么，管它多少，待到岸时就投到邮筒。临行之预约时间，我或者不能守住，要反抗的。

船票25元连挑行李及赏钱（许宅），约花卅余元，此外余下还多多，又大安旅馆自沪直招呼至广，该栈使费大约较瞎碰的公道可靠，亦足叫人放心的。

船中热甚，竟夕是我一人在一房内，也自由，也寂寞，船未开，门窗不敢打开，闷热极了！好在虽然醒醒也能睡去，臭虫各处都有，但是我还一样睡。今晚独自落船的苦，我想起你昨晚了！本来昨晚你落船没有，出走后的情形不知道。晚间妹妹们又领我上街玩，但总是蓦然一件事压上心头，十分不自在，我因想，一年的日子，不知怎么样？

○ 二日早八时十分船始开，天刚亮就有人来搜行李，先打开随身用的木箱，后帆布箱，我特意慢慢地，他不耐烦了，问我，作［做］什么的，我说学生，做教员，他走了，船开后又来查，这回是查私贩铜元，连床铺都搜过，黑漆的污手，满掌印在枕席上。

同房的姓梁，又系基督徒，有一个她的女友，住房舱的，来我们房食饭，二人总是谈讨厌的牧师爷，牧师奶，气量小狭。我这回车和船都顶着『华盖』走了！

午饭后她们要玩牌，约我，虽则不算钱，总是费时无意思的事，我急躺下看书，不久睡着，大约十一点多睡至下午四点，晚饭在六时开，菜是广东味，不十分好，也还食得几碗饭，也不晕船，睡着看《情书一束》《桃色的衣裳》那篇，我觉得即便世间做得到，也是人为，非天性，多含勉强，这许是我主观的裁判吧。

○　睡起看水色已变绿了，浅浅的绿色，泛出雪白的浪波好看极了，因为在多年囚困的沙漠生活中的我见着。然而，也更可气，舱面挤满人，铺盖、水桶、货物，房的窗口也总坐着成排的人，高高的坐在箱上，遮盖着房内漆黑，而我又在下层床，日里又要听基督圣谕，**My Dear Teacher!** 你的船中生活是怎么样？

○　三日早七时多起床，十时多早饭，十一时左右，在我房门口的堆满行李的舱面上，是工友们开会。许多人聚在一起，有一个学生样的做主席，大家演说北伐的必要……随便发挥，也有布告各地情形的，我也把北京的黑暗略略说了。会开了有二时之久，大家精神始终贯注，互相勉励，而趋重于鼓励工人，因为这会是为工人开的，我站在旁边参加，感觉出一种欢欣，算是我途中第一次的喜遇，这现象，在北方梦想不到吧！下午一时多散会，预约每天还开会一次，尤其在上海工厂中招募来的工友，注意向他们灌输国民革命的工作，其中有一孙传芳手下军官，当场演说北方军阀的黑幕，并称自己当军官以来不求升官发财，现在看北方军人实在无可希望了，毅然脱出投入广东国民革命，意欲从这里得到打破北方黑暗，这是大家欢迎的。**My dear teacher**，你看这种情形是多么朝气呀！

从十时多算是午饭，一时饮咖啡牛奶一杯面包二块，待下午四时多晚餐，晚九时再食一碗鸡粥，较火车食物方便些。船甚稳，似坐长江船一样，不知往厦门的是否也如此？

今(三)日看《兰生弟的日记》我甚可怜兰生，但是绝不至如似《情书一束》的主人翁之被怜吧?!一笑。

○　四日被同房的先起来惊醒，已经八点多了。同房的那人有一个女友一个男友(？)不绝的来，一方面唱圣诗，一方面又打扑克，虽然不算钱，也是无聊。我以为真的基督徒不应习此，她们问我也玩，我推说不会，看书，也没地方，也看不下去，免［勉］强看了《骆驼》，除第一二篇没看，又看《炭画》，是文言，我想起林琴南来了，格格不入，看不下去。继看焦菊隐的《夜哭》，遭［糟］透了，还不如塞入纸篓，字句既欠修词，文理命意俱恶劣，这样作品，北新也替他出版。唉！因回想《骆驼》，真不愧是文艺作品，陶晶孙的《盲肠炎》，人家能写性，但是手腕较《情书一束》高多了。再看《沉钟》第二期《语丝》九三期，俱可以。

下午四时船经厦门云，我注意看看，不过茫茫的水天一色，厦门在那［哪］里?!室迩人遐!!!……信也实在难写，这样说也不方便，那样说也不妥当。我佩服兰生，他有勇气直说。

听说过厦门，我就便打听从厦门至广州的船。据客栈人说：有从厦至港，由港再搭火车（没有船）至粤，但坐火车中途要自己走一站，不方便，而且如果由广州至港，更须照相找铺保，准一星期回，否则向铺索人，此路『行不得也哥哥』。有从厦至汕头者，我想这条路较好，由汕至广州，不是敌地，检查……省许多麻烦。这是船中所闻，先写寄，免忘记，藉供异日参考。

现时写字时是四号晚的九时，快要食鸡粥了。男女的两个基督徒走了，清静些，天气较前两天热了，也不愿睡，就想起上面的话写起来。

○ My dear teacher：现时是五日午后二时廿分了，我不晓得你在做什末［么］，我是刚饮过珈琲［咖啡］牛奶和食完面包做午点心。今日工人仍然开会，时间早了，是十时多，刚摆开早饭，那工人来请我做主席，说是有两主席，我是一个，叫我赴会。我一想，做这种乌合之众的主席，派别多，一不合式，就引纠纷，不是好事，当场推却了。我说，正要食饭，饭食过了再赴会，主席未做过，不敢当。饭食完了，只得到会，有人叫我演说，我说等一等，有话再说。一会，主席宣布喉不大好，说话不便，要我去继续，我没法，站上台，说：『我从来不会做主席，不敢当，但是不得不简单说几句』，于是把国家主义的人攻击一通，最要几句是把北京的《晨报》和《现代评论》研究系之流骂一下，下台就退席，回到房内。听人说，开会时共有国民党员百来人，但是彼此争执开会手续不合法，一部分人退席了，一个临时党员会立刻分裂。这现象我后来才知，回心一想，我幸而出风头的心不有，推却了做主席，否则难免被人利用或含恨。一个党，内容如此复杂，处处叫人要小心，多么不自由呢，幸而这两次会我发言都是不埃［挨］边，否则危险呀！听说明天上午可以到广州了，那么，船内的会不致再开，我或者可以不入漩涡内，但是，到广州呢?!

现时船早过了汕头，晚饭左右可经香港北名『大划』的地方，到这里，要等带船的人来领船驶入广州，如此种人一时等不到，则船要停好多个钟头专候人来，再能开驶行六小时之久始得到终点地，无论如何，六日必能到广州了。

○ My dear teacher：今早六号，现时是快到八点了。昨晚十时船停香北，名『大划』地方，候带船人来，因此处再前进伏礁甚多，必须有熟水道之人带行才可，这带船的人有时来快有时来迟，来迟则到广州傍晚，还须坐小船。路上不平静，如此更要多候一天，但是，幸而今早起来，听说带船人已来了，专候潮长［涨］，即开船了。如能准时，则午刻可到珠江了。

○ My dear teacher：现在（三时）船快到了，以后再谈吧。

Your H. M.　六日下午三时

（每起头的『○』是某一个时间内写的，○起以示段落。）

二四、一九二六年九月八日
（26.7cm×15.3cm）
共三页

啟事用牋

第　頁

先生：

六号那寄了一封信，那是在車上陸續寫出到粵後叫客棧人寄的，收到了没有？？

火船名廣大，算是大船，但食住俱不算佳，船於五号晚十時到香港北名大鏟地者，船停直至次早九时再動身駛入经虎门黄埔，下午二時停於距城甚遠之車歪砲台外，又候至六時受海関外人等當（意）搗乱，久延始來查閱檢疫，然後教人换小艇泊岸，將泊岸了，該處漩渦浪紋，船夫一時疏失，更兼船中人多貨（三千餘 百餘件）、

中華民國　年　月　日

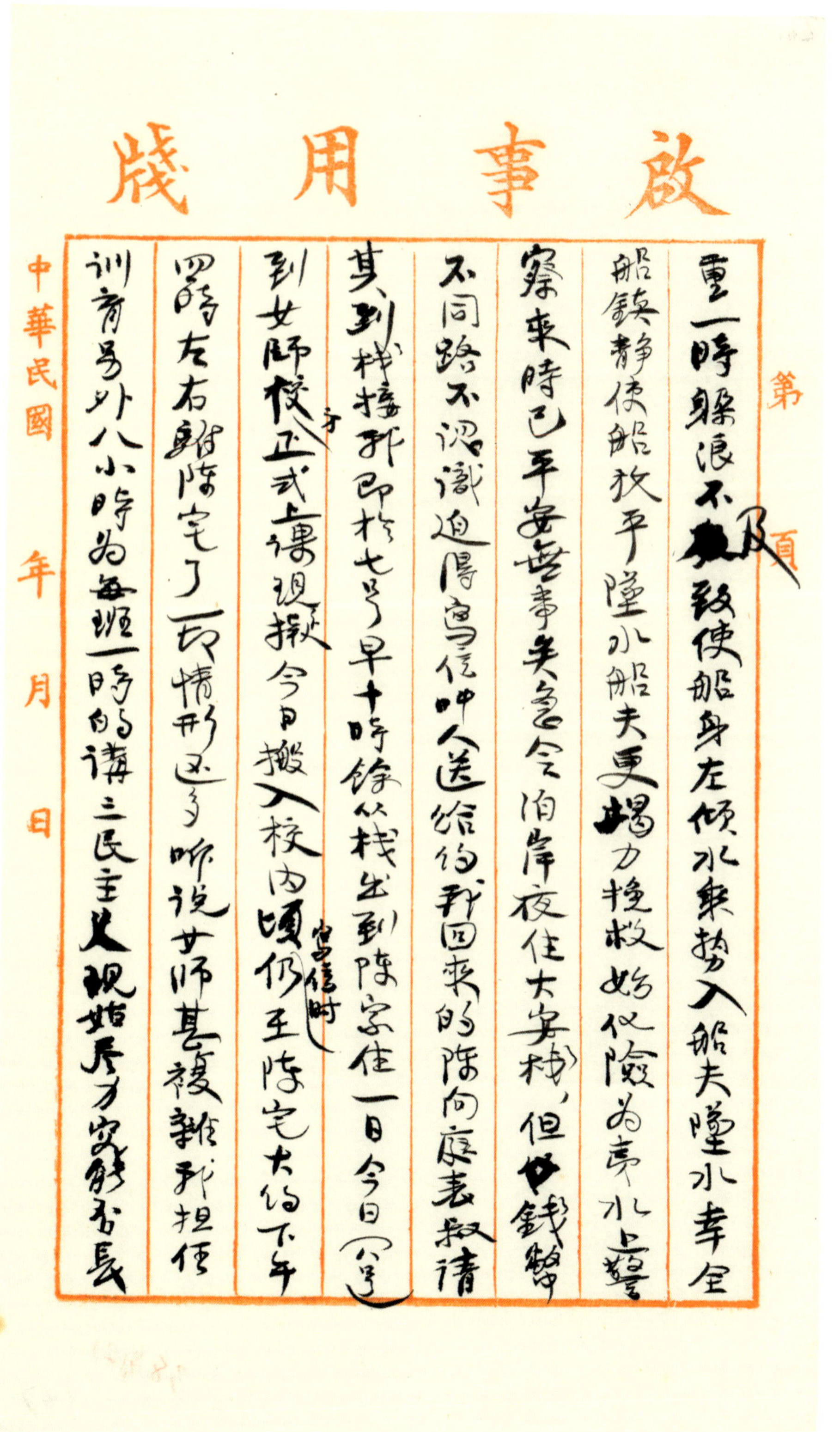

重，一時躲浪不及，致使船身左傾，水乘勢入，船夫墜水，幸全船鎮靜，使船救平，墜水船夫更竭力搶救，始化險為夷，水上警察來時，已平安無事矣。急令泊岸，夜住大安棧，但因錢幣不同，路不認識，迫得寫信叫人送給伯，我回來的隊向鹿表叔請其到棧接我，即於七號早十時餘從棧出，到陳宅住一日，今日（八號）到女師校方正式上課，現擬今日（寫信時）搬入校內，暫仍在陳宅，大約下午四時左右離陳宅了。一切情形述了。聽說女師甚複雜，我担任訓育另外八小時，為每班一時的講三民主義，現始盡力實行，為校長

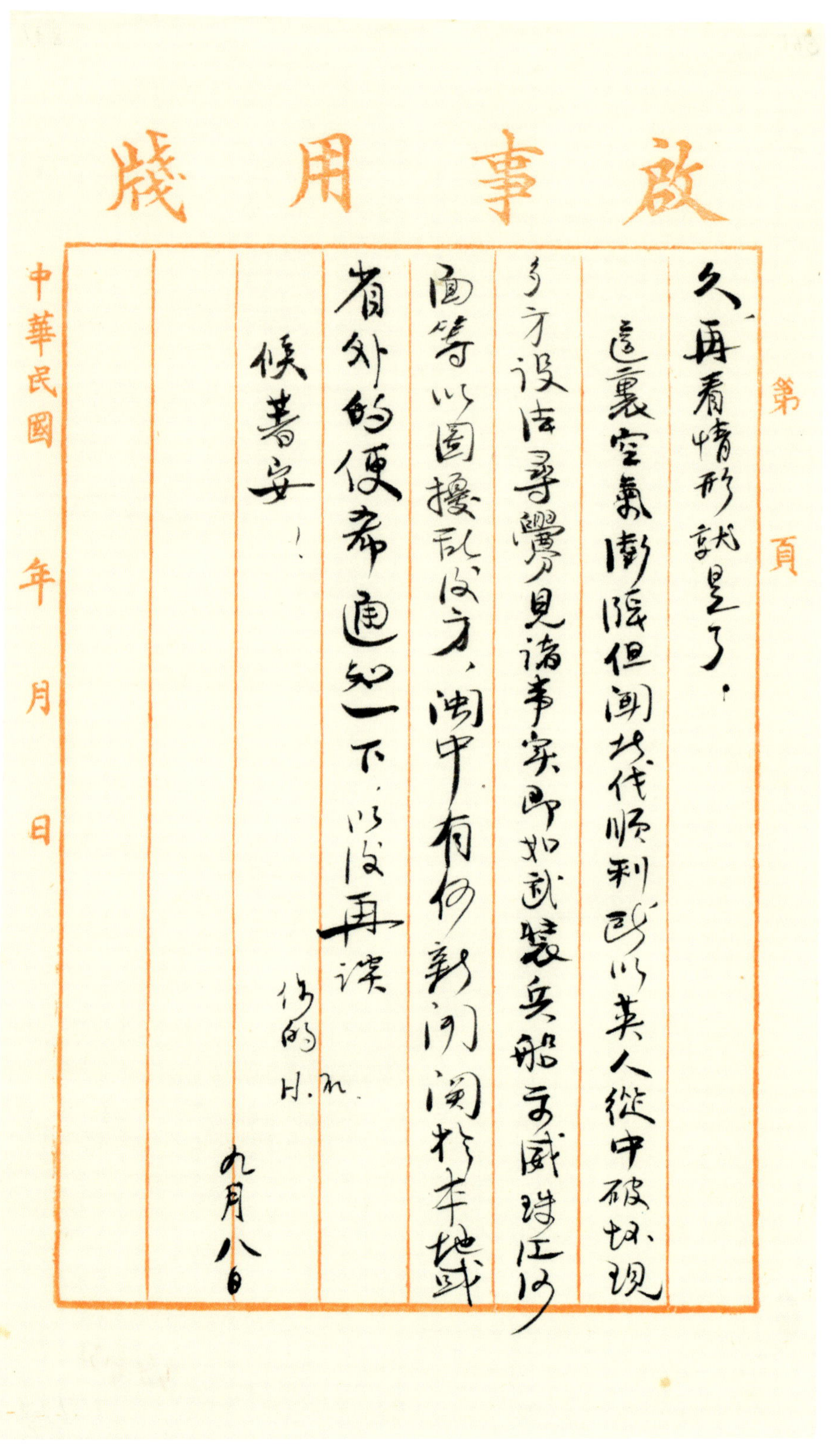

啟事用牋

第　頁

久，再看情形就是了。

這裏空氣衝張，但聞於代順利，以英人從中破壞，現多方設法尋釁，見諸事實，即如武裝兵船示威，珠江以內等以圖擾亂治方，聞中有何新聞，關於本地或省外的，便希通知一下，以後再談

候

書安！

你的 H.M.

九月八日

中華民國　年　月　日

释文

先生：

六号我寄了一封信。那是在车上陆续写出，到粤后叫客栈人寄的。收到了没有？

火船名广大，算是大船，但食住俱不算佳，船于五号晚十时到香港北名大铲地者，船停直至次早九时再动身驶入，经虎门黄埔，下午二时停于距城甚远之车歪炮台外，又候至六时，受海关外人专意捣乱，久延始来查关检疫，然后放人换小艇泊岸，将泊岸了，该处漩涡浪纹，船夫一时疏失，更兼船中人多（三十余）货重（百余件），一时躲浪不及，致使船身左倾，水乘势入，船夫坠水。幸全船镇静，使船放平，坠水船夫更竭力挽救，始化险为夷。水上警察来时已平安无事矣，急令泊岸。夜住大安栈，但钱币不同，路不认识，迫得写信叫人送给约我回来的陈向庭表叔，请其到栈接我，即于七号早十时馀从栈出到陈家住一日，今日（八号）到女师校方正式上课。现拟今日搬入校内，顷写信时仍在陈宅，大约下午四时左右离陈宅了。一切情形还多，听说女师甚复杂。我担任训育，另外八小时为每班一时的讲三民主义。现姑尽力，究能否长久，再看情形就是了。

这里空气澎涨［膨胀］，但闻北伐顺利，所以英人从中破坏，现多方设法寻衅，见诸事实即如武装兵船示威珠江、沙面等，以图扰乱后方。闽中有何新闻？关于本地或省外的，便希通知一下，以后再谈。

候著安！

你的 H. M. 九月八日

二五、一九二六年九月十二日
（26.7cm×20.3cm）
共一页

迅师：

七、九两日发了两封信，你都收到了没有？那信是写一路上情形的。

五日你寄的信，十日晚收到了。信未至我到校后，并非一到校也就收到。

八日搬入学校，在下午四时左右，我的妹妹嫂嫂已在校等我相见好些时候了。行李到校有陈李两表亲亲送来，他俩走后，我同妹嫂回高第街老家，入门，房屋颓坏，人物全非，瞻望故园，不胜凄痛，晚间蚊虫肆噬，竟夕不成眠。次早母氏纪念日，祀祭后十一时钟返校。卧室在旧校（即写信来地址，现在为小学教室及职员、师生住宿处，另从后门通小街开新校为办公处，教课办事在此）楼上，旧为缝纫室，隔为三，前后有窗光线足，但先已为他人住，中间室狭而暗，周围不通窗，四面隔壁，即我朝夕住处也。

仆人招呼尚好，物价食品其实并不算太贵，不过较北京略昂，然能可以即算值得。

本校八号正式上课，校长特许休息几日，所以明天（十三星一）再起首教课及办公。以前几天，有时在校预备教课或休息，有时也出去探亲戚，但是总是人带领。

这个学校的学生是右倾，而且盲动，好起风潮，我教八班，每班每周一小时三民主义，然而恐怕她们了解我就容易反对，现时在小心中。

我一路上不觉受苦，回来倒精神也佳，学校内旧的熟人不少，但是我还是常常喜欢在房内看书。

你的较详细的信是否在途中还是尚未写发，我希望早点收到。

明天有二小时教课，总要预备，下次再细谈吧。

your H.M.

九月十二晚六时卅五分

附许广平抄录的《H.M.的职务》
（27cm×20.4cm）
共一页

H. M 的職務

第三節 训育处权责

（甲）训育主任权责

(1) 执行校务会议及总务教务训育各委员会之议决之关于训育者

(2) 宣传党义

(3) 考查学生個性

(4) 指導学生行为

(5) 考查学生操行成績（与教務主任·協同办理）

(6) 处理学生懲奨事宜

(7) 维持学生秩序调解学生纠纷

(8) 率领学生参加社会上各種正当之運動

(9) 審查学生集会结社及一切課外作業之规程，

(10) 管理寄宿学生之起居飲食

(11) 考核寄宿学生自修之勤惰

(12) 審查寄宿学生費用之出納

(13) 联络学生家庭

(14) 调查学生家庭状况

(15) 辦理学生参观及旅行事宜（協同教務總務主任辦理）

(16) 填写训育日记

(17) 其他训育应办事宜，

第四節 会食堂規則

(2) 会食堂坐位皆由训育处编定每桌学生七人．

教課	月	火	水	木	金	土
三民主义（師範八班，每班[illegible]）	第1時	6時	4時	5時		5、6、7時
	6時					

释文

迅师：

七、九两日发了两封信，你都收到了没有？那信是写一路上情形的。

五日你寄的信，十日晚收到了。信来在我到校后，并非一到校也就收到。

八日搬入学校，在下午四时左右，我的妹妹嫂嫂已在校等我相见好些时候了。行李到校有陈李两表亲亲送来，他俩走后，我同妹嫂回高第街老家，入门，房屋颠坏，人物全非，瞻望故园，不胜凄痛。晚间蚊虫肆噬，竟夕不成眠。次早母氏纪念日，祀祭后十钟馀返校。卧室在旧校（即写信来之住址，现专为小学教室及师范师生住宿处，另从后门通小街辟新校，为办公处，教课办事在此）楼上，旧为缝纫室，隔为三，前后有窗，光线足，但先已为他人住，中间室狭而暗，周围不通窗，四面『碰壁』，即我朝夕之住处也。

仆人招呼尚好，物价食品其实亦不算太贵，不过或较北方略昂，然能可口即算值得。

本校八号正式上课，校长特许休息几日，所以明天（十三，星一）再起首教课及办公。以前几天，有时在校预备教课或休息，有时也出去探亲戚，但是总是人带领。

这个学校的学生是右倾，而且盲动，好起风潮，我教八班，每班每周一小时三民主义，然而恐怕她们了解我就容易反对，现时在小心中。

我一路上不觉受苦，回来到［倒］精神也佳，学校内旧的熟人不少，但是我还是常常喜欢在房内看书。

你的较详细的信是否在途中，还是尚未写发？我希望早点收到。

明天有二小时教课，急要预备，下次再细谈吧。

Your H. M.　九月十二晚六时卅五分

附许广平抄录的《H.M. 的职务》释文

H. M. 的职务

第五节　训育处权责

（甲）训育主任权责

（1）执行校务会议及总务教务训育与各委员会会议议决之关于训育者

（2）宣传党义

（3）考查学生个性

（4）指导学生行为

（5）考查学生操行成绩（与教务主任协同办理）

（6）处理学生惩奖事宜

（7）维持学生秩序调解学生纠纷

（8）率领学生参加社会上各种正当之运动

（9）审查学生集会结社及一切课外作业之规程

（10）管理寄宿学生之起居饮食
（11）考核寄宿学生自修之勤惰
（21［12］）审查寄宿学生费用之出纳
（13）联络学生家庭
（14）调查学生家庭状况
（15）办理学生参观及旅行事宜（协同教务总务主任办理）
（16）填写训育日记
（17）其他训育应办事宜

第四节　会食堂规则

（2）会食堂坐［座］位皆由训育处编定，每桌学生七人。

教课　师范八班，每一年分二班。三民主义八时

月　火　水　木　金　土

第1时　6时　4时　5时　　5／

6时　　　　　　6 时

7／

二六、一九二六年九月十七日
（20.7cm×13.3cm）
共一页

迅師：

七、九、十二去了三信，祇接到（四日）來的一封，你那裏的消息一概不知道，惟有夢想臆測，究竟近狀如何？是否途中感冒現在休養了？望勿秘不見告。

我不喜歡出街，因為到處不勝今昔之感，也因回來遲了，更不好意思偷懶，日常自早八時至晚五時纔從辦公室退至寢室，繼續是沐浴和預備教課，……時間總覺短促，各方還未順熟，終日傻你們的一個。這校有三數學生是鄒魯西山會議派，大多數是盲從，外似右實則被利用於人。今日十六晚是星四，此信寄到或不是在郵差休息時，你可以早些看見了。你預備教課忙嗎？餘後陳。

祝你在新境度中秋，鑒賞他們的快樂。

你的H. M.
九月十七

释 文

迅师：

七、九、十二去了三信，只接到（五日）来的一封，你那里的消息一概不知道，惟有梦想臆测，究竟近状如何？是否途中感冒现在休养？望勿秘不见告。

我不喜欢出街，因为到处不胜今昔之感，也因回来迟了，更不好意思偷懒，日常自早八时至晚五时才从办公室退至寝室，继续是沐浴和预备教课……时间总觉短促，各方还未顺熟，终日傻瓜似的一个。

这校有三数学生是邹鲁西山会议派，大多数是盲从，外似右实则被利用于人。今日十六晚是星四，此信寄到或不是在邮差休息时，你可以早些看见了。你预备教课忙吗？馀后陈。

祝你在新境度中秋鉴赏他们的快乐

你的 **H. M.** 九月十七

二七、一九二六年九月十八日
（20.6cm×13.4cm）
共一页

飓风拔木，可否向林先生要求斋住？

My dear teacher：

你依足了一来復给我一信，我正望眼欲穿的时候得到你这些安慰——虽则是明信片。

然而我实不解，我七、九、十二、十七共去四函，连此为五，如皆不到，我想，是否理由如下：

第一信是到广州之次早，以大安栈茶房发出，是否他作洪乔，但可惜！该信记述路自沪至粤情形甚详。

第二信，同时寄出者四处，除你外尚有上海之叔，天津之嫂，东省之谢，岂学校女仆（服侍我的）作弊？

兹于收到之明片更作覆函，由我自己投邮，看结果如何。

5日来信10晚到，13明片18到，前后需六天，如我寄之信不失，则你12，14，18，22，24应陆续接得我信，假使非茶房女仆之误，实请你向贵校门房一询，凡有书周树人，豫才，鲁迅而下款为广州或粤之景宋许……缄者，即为我寄之信，下笔时固意捣乱，不知反致遗失，可叹！

我校从十三日起我即授课办公，教课似乎还过得去（察情形），至于训育，真是难堪，包括学监舍监，从八时至下午五时在办事处或查堂，回来食晚饭后又要查学生自习及注意起居饮食……总之无一时是我自己的时间，更有课外会议，各种……等事业及自己预备教材……弄得精疲力竭，应接不暇，明日是星期，下午一时还要开训育会议，回想做学生真快活也。

现人已睡久，钟停了不知何时，急忙写此，恕其不详，但期作梦视快乐，不敢劝戒酒，但祈自爱节饮。

你的害马 九月十八晚

释 文

My dear teacher：

你依足了一来复给我一信，我在望眼欲穿的时候得到你这些安慰——虽则是明信片。然而我实不解，我七、九、十二、十七共去四函连此为五，如皆不到，我想，是否理由如下：

第一信，是到广州之次早，叫大安栈茶房发出，是否他作洪乔，但可惜！该信记沿路自沪至粤情形甚详。

第二信，同时寄出者四处，除你外尚有上海之叔、天津之嫂、东省之谢，岂学校女仆（服侍我的）作弊？

兹于收到之明片更作复函，由我自己投邮，看结果如何。

5 日来信 10 晚到，13 明片 18 到，前后需六天。如我寄之信不失，则汝 12、14、18、22、24，应陆续接得我信，假使非茶房女仆之误，实请你向贵校门房一询。凡有书『周树人』『豫才』『鲁迅』而下款为广州或粤之『景』『宋』『许』……缄者，即为我寄之信。下笔时固［故］意捣乱，不知反致遗失，可叹！

我校从十三日起我即授课办公，教课似乎还过得去。（察情形）至于训育，真是难堪，包括学监舍监，从八时至下午五时在办事处或查堂，回来食晚饭后又要查学生自习及注意起居饮食……总之无一时是我自己的时间。更有课外会议、各种领导事业及自己预备教材……弄得精疲力竭，应接不暇。明日是星期，下午一时还要开训育会议，回想做学生真快活也。

现人已睡久，钟停了不知何时，急忙写此，恕其不详，但朝夕作梦。

祝快乐。不敢劝戒酒，但祈自爱节饮。

你的害马　九月十八晚

飓风拔木，可否向林先生要求乔迁？

二八、一九二六年九月二十三日
（26.7cm×20.3cm）
共二页

My dear teacher：

廿二日得到你十四的和十二的放在一個信封内的信，知到好多要说的话，雖则似乎十分幽默，但是我領解了多少，是和這方面同此感慨系之！我以為：一兩天的路程，通信郵期当然也差不多，甚至較多，需加倍，不過三四天了不得了，而乃五六七八天，唉！這叫人從何説起？况又有時且又過之呢。

我正式做工和上课已经有一個星期另四天了，感觉的结果是忙，忙……早上八点起，就到辦事處，有要辦的事就辦，要自己授课就去上课，其餘要查堂，（查学生勤惰）五時回来食晚飯，天氣还熱，必需天天洗身，到七時学生自習，又要查了，職務是兼学监舍监之類，但是又有教務舍務處，又注重学生風紀，宣傳黨義，但是训育与教務，總務全轄於校長之下，而知此做作者惟廣東如此，而廣東亦暑假後始有此編制，在教育界上，可以說無經驗初畢業之我当此地位，又無他处可参考借鑑（别校尚未成立训育处）盲人瞎馬，害学加了一目矣。更兼学生為三數右派（西山會議）左右，外有全省学生联合会（廣东学生界亦為右派，望你出人意表罷?）為之援，更外則宗派右派為之助，势力浩漫，甚难图也，我之職務是要圖，图即反抗群众，早晚犯众怒而遭攻击，現時她们尚未窺破我底细，我又图于沈默，渐以图之如何潛移默化，有回天之力，囧政府与学校之福，否则自然是我三十六着走為上着，但多半是要被排斥，因我未回来時，学生联合会已傳上省立第一、第二中学為未代校長，積極辦学無状之條文，俾得澄澂大加改校，甚至教育廳開除学生，继之廣大（中山大学）法科又对陈啟修為主任，而与第一、二中同一條案，女师在他们預算列入第三位对待起風潮的，所以学生時時蠢蠢欲動，多方探聽我色彩，女子本無高見，加以外誘更兼頑強，個個如楊蔭榆之遺風，亦大可嘆也。好在祇要我自己努力，得到信仰，或不至失敗，即失敗亦不愁没地方去，現時廣东女子地位与男子等，新近何香凝為公益廳長，与实業、教育……等廳平等，因此我们即使離開学校，尚有别机關可去，不似外地一受攻擊，即難于立足之困人也。

My dear teacher! 你為什么希望你合同的年限早滿呢？你是感觉着語言不習慣，又不懂话，起居飲食不便麼？如果的確对身子不好，甚至有防健康，則不如失约今日又收到九月份新女性一册，不及。
（廿三）

辞去的好。然而！你不是要"去作工"吗？你这样的不安，那么可以安心作工！你有更好的方法解决没有？或者要我帮忙的地方，无不妨通知，从长讨论。

听说齐寿山先生想买十三元一套的文字学，究竟是什么名字，出版处可知到？我有薪水领，可以替他寄去，你记得书名，务希告我一声。

中秋的那天，你可玩了没有？要食什么果味没有。难得旅行到福建，住一天，最好勿白辜负一天，还是玩玩食食好，学校厨子不好，不是过了钟可到鼓浪屿吗？那边一定有食处，也有去处，谢君哥哥就住（鼓浪屿洋墓口一号大宫前一B10號红楼）他名叫谢德南，他们待人都好，今日还接到他弟弟一常君夫一来信，托我介绍　先生与谢先生见，并求　先生位置，谢君信是因我曾问过他履历回覆的，他不知到你处情形，连许先生也难荐，其余更无论了，他哥哥是出身教育做过视学及师长的顾问，县知事等，人尚开通。父早死，母寡弟幼，以一人养母教弟，甚有能力，现时家居，有些伏枥，虽非理想人物，但普通应酬，多一照应，无要不可，先生以为何如？请自斟酌。

我于中秋的那天上午随校长往中央党部开追悼朱执信六周年纪念会，到的人很多，又听见齐先生的弟弟树德先生讲演，他衣里穿洋服，大有北方淳厚貌，后又到烈士坟瞻仰，回来学校已经下午一时了，算是过了上半天的节，是日，不断忆起去年今日，我远远提着四个月饼跑来喝酒，此情此景，如在目前，有什么法子呢！而且训育方面逼住要中秋第二天开会，交出计画书，我于中秋前一晚赶做一晚，中秋又继续，勉强抄誊出来，能否适用还不能说。中秋下午，我实在撑不住了，跑回家内一次，嫂嫂侄侄，冷清清又想起未出广东前家庭的样子，心又难过，又不忍走开，拿出钱来买菜大家食，晚饭后出街走一圈子，回来买些灯笼给小孩们，又买些水菓大家食，约莫十时睡了，月是什么样，没有细看。

你寄来有住的房子的明片，十八日收到回覆，想已收阅了。

你祝到处小心，不多吸烟，喝酒，……这是我第二，作者兄的放心了。

邮政代办所离学校有多远？天天走不累的么吗？

女师大事我收到两份学生宣言，教部话助学生之先生有固自己饭碗，作人，祖正二先生且被林素园亲口当面诬为赤化，他们遭殃了，唉！（幸而当面要求他取消诬词，经严拒）

你宣传的话，其详可得闻欤？北伐想是顺利，此间清一色的报纸，不知究竟。福建大约较得真相。

今日又得到商务工会监视我，正在做俯时候，此间又楼面是乡，最较之闹，是此较差强人意处。

写时候不早，眼睛困极，下次再谈吧！　　祝你快乐！　　你的H.M.　九月廿三晚

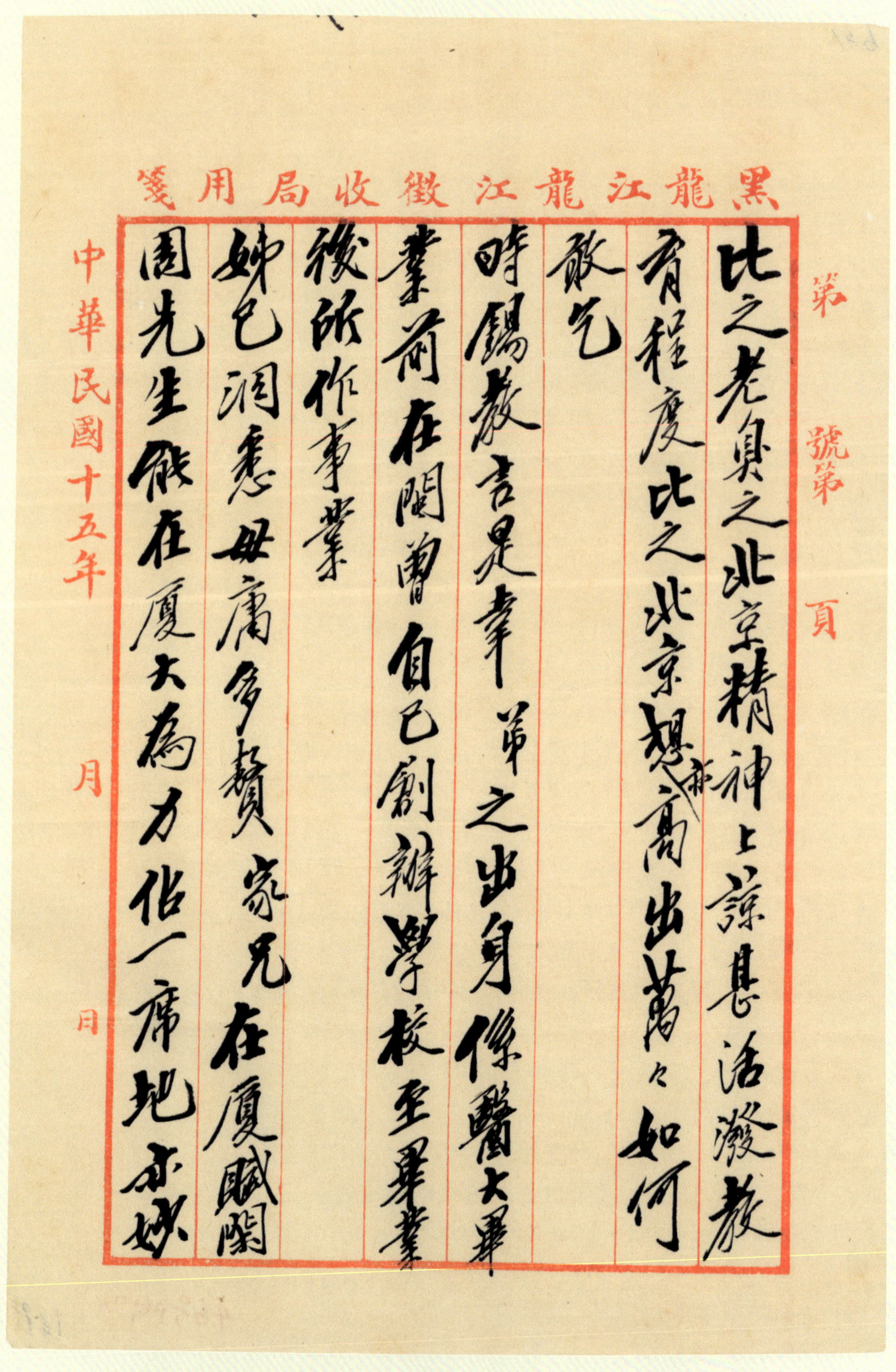
黑龍江徵收局用箋　第　號第　頁

比之老負之北京精神上諒甚活潑敎
育程度比之北京想亦高出萬々如何
敢乞
時錫敎言是幸　弟之出身係醫大畢
業前在閩曾自己創辦學校至畢業
後所作事業
姊已洞悉毋庸多贅　家兄在廈賦閑
園先生既在廈大為力佔一席地求姊

中華民國十五年　月　日

附　一九二六年九月十二日常瑞麟、谢毅为其家兄请求荐职事致许广平信（后半）
（28cm×18.3cm）
共二页

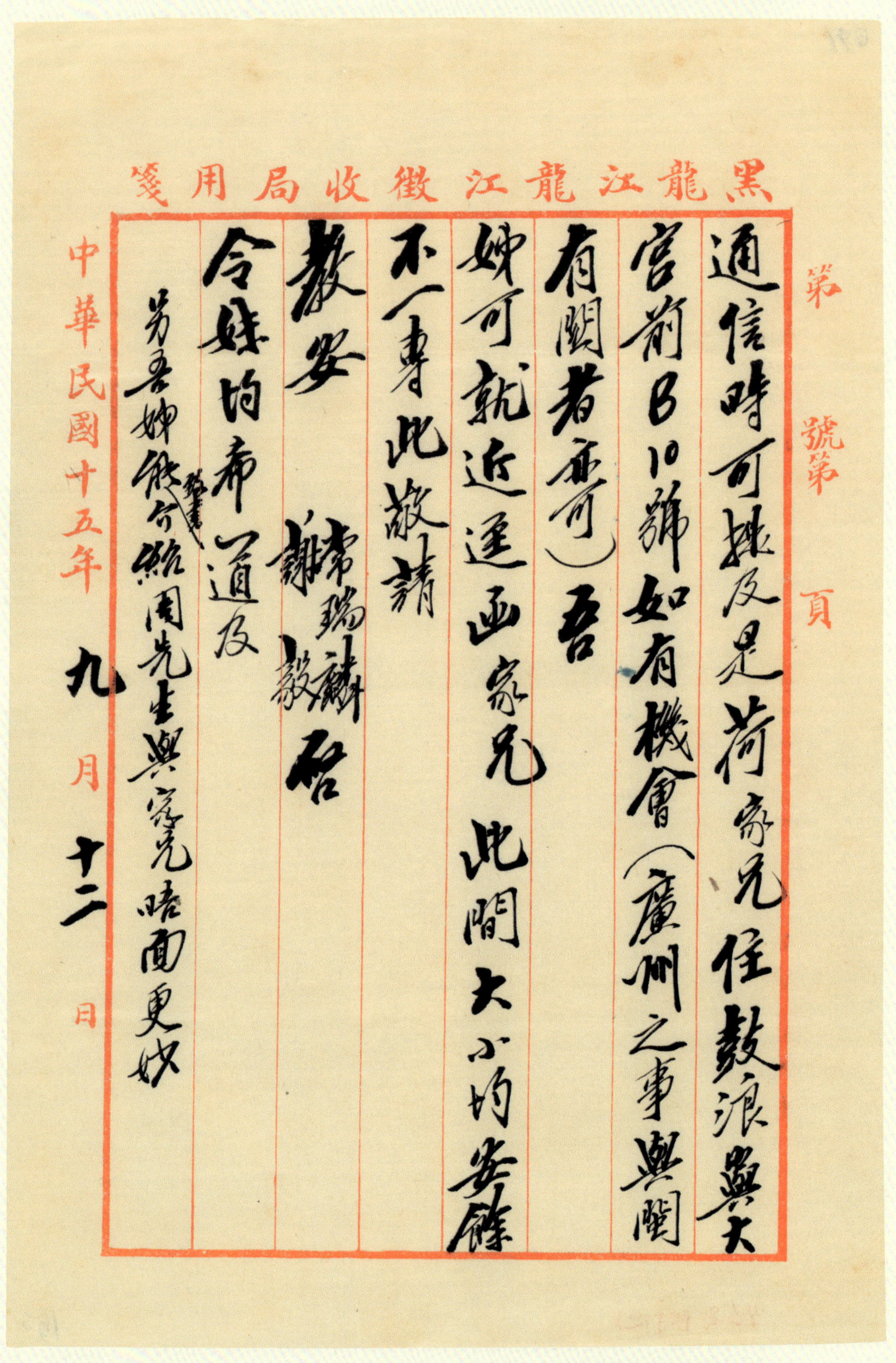
黑龍江龍江徵收局用箋

第　號第　頁

通信時可提及是荷　家兄住數浪與大
官前B10號如有機會（廣州之事與閩
有關者亦可）吾
姊可就近逕函家兄　此間大小均安勿
不一專此敬請
教安　　謝常瑞麟敬啟
令妹均希道及
另吾姊能介紹周先生與家兄晤面更妙

中華民國十五年九月十二日

释文

My dear teacher：

廿二日得到你十四的和十二的放在一个信封内的信，知到［道］好多要说的话，虽则似乎十分幽默，但是我领解了多少，是和这方面同此『感慨系之』！我以为：一两天的路程，通信邮期当然也差不多，甚至较多，需加倍，不过三四天了不得了，而乃五六七八天。唉！这叫人从何说起？况又有时且又过之呢。

我正式做工和上课已经有一个星期另［零］四天了，感觉的结果是忙，忙……早上八点起，就到办事处，有要办的事就办，要自己授课就去上课，其余要查堂（查学生勤惰），五时回来食晚饭。天气还热，必需天天洗身，到七时学生自习，又要查了，职务是兼学监舍监之类，但是又有教务、舍务处，又注重学生风纪，宣传党义，但是训育与教务、总务全隶于校长之下，而如此做作者，惟广东如此，而广东亦暑假后始有此编制。在教育界上，所以既无经验初毕业之我当此地位，又无他处可参考借鉴（别校尚未成立训育处），盲人瞎马，『害』字加了一目矣。更兼学生为三数右派（西山邹鲁）左右，外有全省学生联合会（广东学生界而为右倾，岂非『出人意表之外』？）为之援，更外则京沪右派为之助，势力滋蔓，甚难图也。我之职务是要图，图即反抗群众，早晚犯众怒而遭攻击，现时她们幸未窥破我底细，我又固示沉默，渐以图之，如能潜移默化，有回天之力，固政府与学校之福，否则自然是我三十六着走为上着。但多半是要被排斥，因我未回来时，学生联合会已借口省立第一、第二中学为赤化校长，种种办学无状之条文，洋洋洒洒，大加攻校。甚至教育厅开除学生，继之广大（中山大学）法科反对陈启修为主任，亦与第一、二中同一线索，女师在他们预算列入第三位对待起风潮的，所以学生时时蠢蠢欲动，多方探听我色彩。女子本无高见，加以外诱，更兼顽强，个个如杨荫榆之遗风，亦大可叹也。好在只要我自己努力，得到信仰，或不至失败，即失败亦不愁没地方去，现时广东女子地位与男子等，新近何香凝为公益厅长，与实业、教育……等厅平等，因此我们即便离开学校，尚有别机关可去，不似外地，一方攻击，即难求立足之困人也。

My dear teacher! 你为什么希望『合同的年限早满』呢？你是感觉着诸多不习惯，又不懂话，起居饮食不便么？如果的确对身子不好，甚至有防［妨］健康，则不如失约，辞去的好。然而！你不是要『去作工』吗？你这样的不安，那［怎］么可以安心作工！你有更好的方法解决没有？或者要我帮助的地方亦不妨通知，从长讨论。

听说齐寿山先生想买十五元一套的《文字学》，究竟是什么名字，出版处可知到［道］？我有薪水领，可以替他寄去，你记得书名，务希告我一声。

中秋的那天，你可玩了没有？要食了什么异味没有？难得旅行到福建，住一天，最好勿白辜负一天，还是玩玩食食好。学校厨子不好，不是五分钟可到鼓浪屿吗？那边一定有食处，也有去处。谢君哥哥就住（鼓浪屿洋墓口——即大宫前——B10号红楼）。他名叫谢德南，他们待人都好，今日还接到他弟弟——常君夫——来信，托我介绍　先生与谢先生见，并求　先生位置。谢君信是因我曾问过他履历回复的，他不知到［道］你处情形连许先生也难荐，其余更无论了。他哥哥是出身教育，做过视学及〇〇师师长的顾问、县知事等，人尚开通。父早死，母寡弟幼，以一人养母教弟，甚有魄力，现时家居，有似伏枥，虽非理想人物，但普通应酬，多一照应亦无不可，先生以为何如？请自斟酌。

我在中秋的那天上午随校长往中央党部开追悼朱执信六周年纪念会。到的人很多，又听见齐先生内弟于树德先生讲演。他皮黑穿洋服，大有北方惇厚貌，后又到烈士坟凭吊，回来学校已经下午一时了，算是过了上半天的节。是日，不断忆起去年今日，我远远提着四合［盒］月饼跑来喝酒。此情此景，如在目前，有什么法子呢！而且训育方面逼住要中秋第二天开会，交出计画书。我在中秋前一晚赶做一晚，中秋又继续，勉强抄袭出来，能否适用还不能说。中秋下午，我实在按不住了，跑回家内一次，嫂嫂侄侄，冷清清又想起未出广东前家庭的样子，心又难过，又不忍走开，拿出钱来买菜大家食。晚饭后出街走一圈子，回来买些灯笼给小孩们，又买些水果大家食，约莫十时睡了。月是什么样？没有细看。

你寄来有住的房子的明片，十八日收到即复，想已收阅了。

你知到［道］处处小心，不多吸烟，喝酒……这是乖弟弟，作老兄的放心了。

邮政代办所离学校有多远？天天走不累的荒［慌］吗？

女师大事我收到两次学生宣言，教部诬助学生之先生为图自己饭碗，作人、祖正二先生且被林素园亲口当面诬为赤化，他们遭殃了，唉！（幸而当面要求他取消话语，［已］经答应）

伏园宣传的话，其详可得闻欤？北伐想是顺利，此间清一色的报纸，不知究竟，福建大约较得真相。

今日下课到商务，工会监视它，正在它减价时候。此间又禁《醒狮》《晨报》之流，是比较差强人意处。

现时候不早，眼睛困极，下次再谈吧！

祝你快乐！

你的 H. M.　九月廿三晚

今日（廿三）又收到九月份《新女性》一册，又及。

附一九二六年九月十二日常瑞麟、谢毅为其家兄请求荐职事致许广平信（后半）释文

比之老臭之北京精神上谅甚活泼，教育程度比之北京想亦高出万万，如何敢乞

时锡［赐］教言是幸。弟之出身系医大，毕业前在闽曾自己创办学校，至毕业后所作事业

姊已洞悉，毋庸多赘。家兄在厦赋闲，周先生能在厦大为力占一席地亦妙，通信时可提及是荷。家兄住鼓浪屿大宫前B10号，如

有机会（广州之事与闽有关者亦可），吾

姊可就近径函家兄。此间大小均安，余不一。专此敬请

教安。

常瑞麟 谢毅 启

九月十二日

令妹均希道及。

另吾姊能致书介绍周先生与家兄晤面更妙。

二九、一九二六年九月二十八日
（26.6cm×20.3cm）
共二页

My dear teacher：

廿三晚写好的信，廿四早发出了，当日下午收到《总汇》和《十二个》，包裹甚好，书一点没有损坏，但是两本书要寄费10分，岂非太不经济？

我一天的时间，能够给我自己支配的，算是晚上九时以后，我做自己私事——如写信，预备教材，——全得力在此时，其余的时间，也许有闲，但不一定。因此我写信时刻忙极了，好多应当记下来的都忘了，致使我的"嫩弟弟"挂心，唉！该打！忘记什么呢？就是我先和你诉苦，说我住的是"碰壁"的房，可是现在已经改革了，我于到校的第二个星期六——忘记日子了，因我没有简单的写日记，记下来（也许是十八号）——在住室的东面楼上，有附小的一位先生辞职，她的房间，校长就叫我先搬去，我赶紧实行，就于到校第二个星期六搬过来，此处为一楼，方形，间成田字，住四位先生图为：

北 閑 龍姓 谢姓 西 東 許 徐姓 過道 南 走廊 红色出入之门， 已楼之楼上 不绘出

放大我住室：

箱 床 木椅 书架 椅 书架 门 椅 书桌 （南） 全房窗，玻璃，三格：

该三人为小学教员，脑子甚狭窄，我第一晚搬来，她们就三人成众，旁敲侧击的说我作了她们房间，又说高一级也是好的，重阳快去登高呀，意思是说师范较小学高一级。我听了气愤不过，但因不是做学生，总得将就，忍下去了。次早见面，我还陪笑脸招呼，这真是做先生的苦处，现在她们有点客气了，但是我除陪笑招呼之外，给她们一个冷傍，可是她们太热闹了，总是高朋满坐，否则三人成众，大嘈大嚷，全没一点"师表"气象，而且更难堪的，她们有两位先生自己带老妈娘姨来招呼，日间做事，晚间就在她们房内搭床，连饭菜也是老妈自己在她们房内用煤油炉煮食，一小房就是一家庭，可想其污浊局促了。所以，我房门口的过道就成了老妈的殖民地，在那里摆桌子食饭，梳洗，桌下锅盆……堆积甚多，也够看的，不过在我这方面，少交涉，关起门来，就是我的世界，一大块向南的都是窗，有生空气，不会病了。

这个学堂有点似厦大，从前是师范，小学合在一块，现在师范分到新校去，该处未建筑好，现正筹捐，所以师范教员学生仍住小学一即旧校——今年暑假后，算是大加革新，分立教务、总务、训育于校长之下，教，总都有他校参改，惟有训育管理学业勤惰，又不时有外界什么代表会开会，演剧，赴会，接洽……不是函件就是人来，在这里要分别执行，或交学生去，或自己去，因时制宜，十分琐碎，又全校各种委员会组织，因地位关系，总得参加，到席，正和你的"相当职务"一样"太繁"。而且又管理寄宿，而此校学生正因向日一部分领袖者曾

起风潮反对校长，现在虽然平压下去，但愤愤不平之气，每寻暇找隙，与办事人为难，我上课第一天，学生就提出改在寝室自修——向在教室，但太黑暗——的难题目给我做，现在答应她们在寝室自修，加大灯室内，并约于自修时间在室内守自修规则，不得作别项扰乱秩序工作，当已通过，明日（廿九）实行，但那么一来，从前自修在教室聚在一起易巡查，现分散各地，则晚间查堂更苦然无法，所可虑者，除我为训育，对寝室应负责外，其余还有一舍监，现该舍监因恒骂学生仆人，大有去之之势，学校当局，以为我闲空，叫我兼任——但不加薪——我答以暂则可，久则不可，一请到相当人我即不管，现一二日间该旧舍监或由校长授意介绍人令其自行辞职，此人一去，我则更不堪忙了，因早晚舍监应做的如督率仆役，收拾寝室厕所……俱由我兼任也。

看你在厦大，学生少，又系草创，事多而趣少。饮食起居不便，如何是好，菜淡不能加咸，胡椒了食也不是办法，买罐头帮助不好吗？火腿总有地方买不能做来吃吗？多食锌质罢。

广东水果现时有杨桃，甚可口，厦门可有吗？该果五瓣，横断如星☆形，色黄绿。昨晚——廿七——校长请吃饭在大新公司，共有八九人，俱系同事，菜甚好，精致可口，可惜你没吃到。

广东常有雨，但雨一停立刻就可以出街，无雨则甚热，上课时仍是通风的，前天晚上热极了，无论如何不能合目，手总不停扇，日间也如此。蚊子现在一面叫一面喂她。蚂蚁也不减于厦门，记得在隔壁的房内睡醒，觉手臂甚痛痒，细看是一小蚂蚁，食物也易被扰。中秋的时候，妹妹给我月饼，我已经防备吊起来了，但是蚂蚁还可以沿绳下来，后来我复将它用磁盆盛饼，外以面盆盛水防之，始得平安，真费事了，而且此间空气潮湿，衣物也易霉，动辄发毛，讨厌极了。

我虽然忙，但是新生活处我须要有机会得以发表我意思，难得章周二先生要书，总好推却，但是我的作品太幼稚未成熟，你有什么方法鼓舞我，引导我，而使我疏懒畏缩不前？

现时我在女师上虽似加忙，但较前熟手了，三民主义八班，实则预备一、二、三、四年四班教材，而都是从头讲起，班高的讲快，参考简单，班低讲慢，参考较多，互相资助，日来似觉稍为顺手，总之，此处初做事，要显身手，则不能辞劳苦，实可做得好自己辞去胜于做不好被人辞，所以我愿意努力工作，你以为何如？

有什么消息没有，学校近况如何？

祝你健康

Your H.m. 九月廿八晚

释　文

My dear teacher：

廿三晚写好的信，廿四早发出了，当日下午收到《彷徨》和《十二个》，包裹甚好，书一点没有损坏，但是两本书要寄费10分，岂非太不经济？

我一天的时间，能够给我自己支配的，算是晚上九时以后，我做自己私事——如写信、预备教材，——全得力在此时，其余的时间，也许有闲，但不一定。因此我写信时匆忙极了，好多应当记下来的都忘了，致使我的『嫩弟弟』挂心，唉！该打！忘记什么呢？就是我光知到［道］诉苦，说我住的是『碰壁』的房，可是现在已经改革了。我于到校的第二个星期六——忘记日子了，因我没有简单的写日记（也许是十八号），记下来——在住室的东面楼上，有附小的一位先生辞职，她的房间，校长就叫我先搬去，我赶紧实行，就于到校第二个星期六搬过来。此处为一楼，方形，间成田字，住四位先生。图为：【图略】该三人为小学教员，胸襟狭窄，我第一晚搬来，她们就三人成众，旁敲侧击的说我占了她们房间，又说高一级也是好的，重阳快去登高呀，意思是说师范较小学高一级。我听了气愤不过，但因不是做学生，总得将就，忍下去了。次早见面，我还陪笑脸招呼。这真是做先生的苦处，现在她们有点客气了。但是我除陪笑招呼之外，给她们一个冷淡，可是她们太热闹了，总是高朋满坐［座］，否则三人成众，大嘈大嚷，全没一点『师表』气象。而且更难堪的，她们有两位先生自己带老妈婢女来招呼，日间做事，晚间就在她们房内搭床，连饭菜也是老妈自己在她们房内用煤油炉煮食。一小房就是一家庭，可想其污浊局促了。所以，我房门口的过道就成了老妈的殖民地，在那里摆桌子食饭，梳洗。桌下锅盆……堆积甚多，也够看的。不过在我这方面，少交参，关起门来，就是我的世界，一大块向南的都是窗，有生空气，不会病了。

这个学堂有点似厦大，从前是师范、小学合在一块，现在师范分到新校去，该处未建筑好，现正筹捐。所以师范教员、学生仍住小学——即旧校——今年暑假后，算是大加革新，分立教务、总务、训育于校长之下，教、总，都有他校参考，惟有训育管日间学业勤惰，又不时有外界什么北伐慰劳会酬［筹］款、演剧、赴会、接洽……不是函件就是人来，在这里要分别执行，或交学生办去，或自己办，因时制宜，十分琐碎。又全校各种委员会组织，因地位关系，总得参加、到席，也和你的『相当职务』一样『太繁』而且又管理寄宿，而此校学生正因向日一部分领袖者曾起风潮反对校长，现在虽然平压下去，但愤愤不平之气，每寻瑕找隙，与办事人为难。我上课第一天，学生就提出改在寝室自修——向在教室，但灯暗……——的难题目给我做，现在答应她们在寝室自修，加灯室内，并约于自修时间在室内守自修规则，不得作别项扰乱秩序工作，当已通过，明日（廿九）实行，但那么一来，从前自修在教室，聚在一起易巡查，现分散各地，则晚间查堂更苦。然亦无法，所可虑者，除我为训育，对寝室应负责外，其余还有一舍监。现该舍监因恒骂学生、仆人，大有去之之势。学校当局，以为我闲空，叫我兼任——但不加薪——我答以暂则可，久则不可，一请到相当人，我即不管。现一二日间，该旧舍监或由校长授意介绍人令其自行辞职。此人一去，我则更不堪忙了，因早晚舍监应做的，如督率女仆，收拾寝室、厕所……俱由我兼任也。

看你在厦大，学生少，又属草创，事多而趣少。饮食起居又不便，如何是好，菜淡不能加咸么？胡椒多食也不是办法，买罐头帮助不好吗？火腿总有地方买，不能做来吃吗？勿省钱要紧。

广东水果现时有杨桃，甚可口，厦门可有吗？该果五瓣，横断如星☆形，色黄绿。昨晚——廿七——校长请吃饭，在大新公司，共有八九人，俱属同事，菜甚好，精致可口，可惜你没吃到。

广东常有雨，但雨一停立刻就可以出街，无雨则甚热，上课时汗是直流的。前天晚上热极了，无论如何不能合目，手总不停扇，日间也如此。蚊子，现在一面写字一面喂它。蚂蚁也不减于厦门，记得在『碰壁』的房内睡醒，觉手臂甚痛痒，细看是一小蚂蚁，食物也易招徕。中秋的时候，妹妹给我月饼，我已经防备吊起来了，但是蚂蚁还可以沿绳下来，后来我没法，以唐山洗口盂盛饼，外以面盆盛水防之，始得平安，真费事了，而且此间空气湿，衣物书籍动辄发毛，讨厌极了。

我虽然忙，但是《新女性》处我愿意有机会得以发表我意思，难得章、周二先生垂青，怎好推却，但是我的作品太幼稚未成熟，你有什么方法鼓舞我？引导我？勿使我疏懒畏缩不前？

现时我在办事上虽似加忙，但较前熟手了，三民主义八班，实则预备一、二、三、四年四班教材，而都是从头讲起，班高的讲快，参考简单，班低讲慢，参考较多，互相资助，日来似觉稍为顺手。总之，此处初做事，要显身手，则不能辞劳苦，宁可做得好自己辞去，胜于做不好被人辞，所以我愿意努力工作，你以为何如？

有得北京消息没有，学校近况如何？

祝你健康

Your H. M.　九月廿八晚

三〇、一九二六年九月三十日
（26.7cm×20.2cm）
共一页

My dear teacher:

今早到办公室就看见你廿二日写给我的信了。现时是卅晚十时，我正是从外面回校，因今日是我第廿的堂兄——教厂长——生孩子的满月，我晚间到城隍庙内的一个酒店赴席。人很多，菜精致，这回是第二次食广东酒席。广东一个酒席——一翅席——至少祇菜就廿多元，茶水酒……之类则加倍，而平常请十个八个客，还得十样八样精致菜，动不动就要四五十元，这种消耗于无聊，实在利害，但礼上往来，有时也不能避免，真是恶习。

每星期之我无课上，所以星四晚有点闲，总想写字。其实要做的事也很多，因星六有三堂课要预备，平时匆忙，此刻应当早些预备，但人性总好对不愿做的事偷懒些，也只得稍为搁置他一下。

现时我对教课似乎熟习些，预备也觉容易，但将上堂时，心中仍不免忐忑。训育一方，则千头万绪，学生又多方找事给我做，找难题给我处理，往往一波未平，一波又起，校务会务，俱不能脱开。前信说舍监要不干的事，现时好在打消了，那么，我有得独自撑持招人怨骂。

学校款项而无基金，学生少，各种不完全，在那里当然减少兴味，但是北京的黑暗，一时不易光明，除非北伐军打到北京，或国民军重入都城，我们这路人，是避之则吉的，这样一想，现时我们所处地方，就算是避难桃源，其他不必苛求，只对自己随时善自料理就是了。

从初四到十四，十天没有消息，天天走百多级楼梯上下外出，而另一方面的人，又同时同样情境，咫尺天涯，真叫人徒唤奈何了。

睡早而茶烟少食，这是出于自然抑属节制？日间无聊，将何以写忧？

我现时除办校事外，余暇则研究关于党的书籍之与三民主义有关者，其他书则所好阅览或夙所学习者，实远于此，束之高阁了，也许将来更熟习些，比现时更有力则有余力以学文。（报载福建有一师人响应北伐军，该师中有黄之师长高义，乃谢之兄之兄得力上官，如高能起来，谢先自然也有事做，前信提及他，无非预你多一人照应招呼，林先生处不便说托，切不可代之吹嘘，免林先生为难。又及。）

广东几乎无日无雨，天气湿，书物不易存储，出太阳则又热不可当，讨厌之极。又广东不似外省随便，女人穿衣，三二月一个尺寸，领头高低大小，千变万化，学生又好起人外号，所以我带回来的衣服都未算合时，结果自己从新做，不是名流，未能免俗，然私意总从俭朴省约着想，因我实非装饰家也。但此种恶习，和与食酒席一样，消耗得令人厌恶。

愿你把你的情形时々告我，祝你安心课业。

your H.M. 九月卅晚十时半。

释 文

My dear teacher：

今早到办公室就看见你廿二日写给我的信了。现时是卅晚十时，我正是从外面回校。因今日是我第廿的堂兄——教厅长——生孩子的满月，我晚间到城隍庙内的一个酒店赴席。人很多，菜精致。这回是第二次食广东酒席。广东一个酒席——翅席——至少只菜就廿多元，茶水、酒……之类则加倍，所以平常请十个八个客，选得十样八样精致菜，动不动就要四五十元。这种消耗于应酬，实在利害，但礼上［尚］往来，有时也不能避免，真是恶习。

每星期五我无课上，所以星四晚有点闲，总想写字。其实要做的事也很多，因星六有三堂课要预备，平时急忙，此刻应当早些预备，但人性总好对不愿做的事偷懒些，也只得稍为搁置它一下。

现时我对教课似乎熟习些，预备也觉容易，但将上堂时，心中仍不免忐忑。训育一方，则千头万绪，学生又多方找事给我做，找难题给我处理，往往一波未平，一波又起，校务、舍务，俱不能脱开。前信说舍监要不干的事，现时好在打消了，那么，我省得独自撑持，招人怨骂。

学校散漫而无基金，学生少，各种不完全，在那里当然减少兴味。但是北京的黑暗，一时不易光明，除非北伐军打到北京，或国民军重入都城，我们这路人，是避之则吉的。这样一想，现时我们所处地方，就算是避难桃源，其他不必苛求，只对自己随时善自料理就是了。

从初四到十四，十天没有消息。天天走百多级楼梯上下外出，而另一方面的人，又同时同样情境，咫尺天涯，真叫人徒唤奈何了。睡早而茶烟少食，这是出于自然抑属强制？日间无聊，将何以写忧？

我现时除办校事外，余暇则研究关于党的书籍之与三民主义有关者。其他昔日所好阅览或夙所学习者，实逼处此，束之高阁了。也许将来更熟习些，比现时更省力，则有余力以学文。（报载福建有一派人响应粤北伐军，该派中有昔之师长高义，乃谢之兄之最得力上官。如高义能起来，谢兄自然也有事做。前信提及他，无非愿你多一人见了招呼。林先生处不便说话，切不可代之吹嘘，免林先生为难，又及。）

广东几乎无日无雨，天气湿，书物不易存储，出太阳则又热不可奈［耐］，讨厌之极。又广东不似外省随便，女人穿衣，三二月一个尺寸花头，高低大小，千变万化。学生又好起人外号，所以我带回来的衣服都打算给嫂妹穿，自己从新做。不是名流，未能免俗，然私意总从俭朴省约着想，因我实非装饰家也。但此种恶习，亦与食酒席一样消耗得令人厌恶。

愿你把你的情形时时告我。祝你安心课业。

Your H. M.　九月卅晚十时半

三一、一九二六年十月四日
（26.6cm×20.3cm）
共二页

my dear teacher：

现时我又和你写信了。廿日写起了一纸，本待寄去，又想，或者就收到你信，所以又等着，到现在，四天了，中间有礼拜六，日，我想明天或者有你来信，但是我等不及了，恐怕你盼望，就先寄给你吧！

广东前几天大雨，無屋不漏湿，我睡的房，正床顶也漏了，幸而只帐顶湿，未有到被褥，今日女仆已经把帐子洗净了。

这几天的大事记，一一说给你听吧！一号整天大雨，但是党政府定于这天叫到党部——各校一领徽章（铜质，有五元，一元，四毛三种，每校按人数分组，5人一组）去卖——号我就代表学校到中央党部去领章，携备旗帜，标语宣传印刷品——一并要点数目，费了半天工夫，二号除上课正务外，又要将徽章按各班人数分配好。三号星期则上半天全抚费至分给各班学生，每班若干组，每组若干章，标语——一并，逐一分配，心疲力倦，十时完事，午餐完去看李表妹及陈君，他们正预备约我往城北玩，当即与之出城，乡村风景甚觉宜人，野外花园甚有情趣，花草树木，对我大观，食品较城中便宜，我与陈李夫妇二人，至一处名北园者饮茶吃炒粉，又食鸡等共饱二顿，不过花三元余，从午至暮至该处盘桓了半日了，回来陈君坚留至他家住宿，即与伴李表妹睡。

今日四号早九时随陈母姊兄弟等到第一公园玩，又至街外买点心到园内食，十一时返校，午饭后又出街买一套广东字典，又买到语丝95期，——王家得到93期——又回家看楼上一次，[illegible]二时返回学校收学生去售章回来之携备（[illegible]），不过收到数个，尚有大数未交回，明日尚有事做也。我出街回来见桌上有李之良来访的名片，她到粤人地两生，又不懂话，现住（文德东路槐花新巷七号二楼陈华农先生处）叫我去访她，我当于今天六时半往访，她现住陈先生处，听说陈先生不久也许就要去。

关于北京情形，据李说，我未写信的[illegible]中人收不到我的信，想是广东与北京的关系，但是谢的弟弟则收到我信了，不知何故，你是对于家中情思不隔膜吧，陈先生听说也得不到他夫人的信，关于女师大情形，据李说，教部直接武装军警密布校内，强迫全体学生被往可莹林素园召集至礼堂训话，学生只有痛哭，当面要求三事，一、全体教职员依旧，二、学校独立，三、经费独立，闭一一应允，但不可靠，可是直至李来时，还是表面上教职员全去，学生留因未开课，另外没有合作的动作云。至于这回女师大的功臣，你猜是谁呢？哈哈哈！

女的是舍监赵世德早已就和女大学生通同一气，女大生搬入来住我腾房，女师大生要住就不给，处处讨好。戴策、陆秀珍、张邦贞恨极她了。男的呢，就是恢复女师大的功臣钟少梅，那时热心恢复女大了，和赵世德内外如一，矢忠尽诚的造威校工作。到两校合并了，钟之职升造注册部主任，赵仍造舍监，但是狡兔死，走狗烹，这公例是走不过的，不上几天，注册部易换人了，会务部罗静轩招回来，同赵一起做会务员，另外委一个会务主任，这时候，赵便得走出校门，学界麻子第二了，这也是一个好榜样好结果。其中最可笑的是马裕藻老先生，他过于信服人，而且太老实了，从前口口声声敢担保钟少梅，并有人因此甚埋怨马先生无知人之明，而且钟在马先生前对易寅（先生）也挑拨不少是非。马老夫子老实，被他蒙蔽，及到钟之校事踪暴现，马先生急忙跑到易先生处说钟某事他一概不负责任云。你看马老夫子是否有点不察，但此事不可向厦大的好出风头的人讲，恐怕从此多事，或有人和钟有交情传回去不好。

我事情仍甚忙，学生对我还不见生恶感，将来就不知，可是这付得甚费力了，处处钩心斗角，心里不愿如此，表面不得不如此。我意姑且忍耐一学期至阳一月，如那时情形不对，则惟有作另一项生活，在广州机会很多的，倒不愁没有。

前两天学校把收到的学费分了，新教职员得薪水之三成，我收到五十九元四毛！听说国庆前还有学校正当经费收入，那时再分多点，然而旧教员欠薪还有一年左右后可付完，如此不得不从新教员中减去，又学校扩大，加聘许多职教员，而财厅还未将教厅批准之新预算照发，如此领旧款，分配新用途，中间又减去多少，另外什么公债票、国库券、北伐慰劳捐……名目甚多，到头不知有多少，总之所得已低，名好听，事多做，薪少取，这种情形，实在为难，不过学之经验，练之皮气，从前是气冲牛斗的害马，现在变成童养媳一般，连学生都是婆婆小姑，都要看她们脸色做事，如此那有自我的个性原来面目，然而回心一想，社会就是这样，我从前太任性了，现时正在磨练多些，把我锋芒销尽，那时是变得铜还是变权术，请你监视我好了。

我除了忙之外有功夫就不免遐想，人生究竟为什么？有一日我走过到一个特别讲堂旁，看见黑板上仿佛写着「人生各样都是痛苦！能解决此问题者请会——末署严琪仁（无其人）」我看了甚好笑，学生的青年压迫的一个问题，写来似滑稽，实也无法解答。你近况何如，对于程度过低的学生，总太过好地加增完美教材，有时反而令他们难于吸收，更加不了解，请你注意这层。现时十一点多快半夜了，昨夜睡不多，现甚倦，以后再谈吧！

祝你精神康适。已搬入博学馆否？

Your H.M. 十月四日晚十一时

释文

My dear teacher：

现时我又和你写信了。卅日写起了一纸，本待寄去，又想，或者就收到你信，所以又等着。到现在，四天了，中间有礼拜六、日，我想明天或者有你来信，但是我等不及了，恐怕你盼望，就先寄给你吧！

广东几乎天天大雨，无房不漏湿。我睡的房，正床顶也漏了，幸而只帐顶湿，未有到被褥，今日女仆已经把帐子洗净了。

这几天的大事记——我的——说给你听吧！一号整天大雨，但是党政府定于这天叫人到党部——替各校——领徽章（铜质，有五元、一元、四毛三种，每校按人数分组，5人一组）去卖。一号我就代表学校，到中央党部去领章、扑满、旗帜、标语、宣传印刷品……等，要点数目，费多半天工夫。二号除上课正务外，又要将徽章按各班人数分配好。三号星期则上半天全花费在分给各班学生，每班若干组，每组若干章、标语……等，逐一分配，心疲力倦，十一时完事。午餐完，去看李表妹及陈君，他们正预备约我往城北玩，当即与之出城。乡村风景，甚觉宜人；野外花园，甚有清趣；花草树木，蔚为大观，食品较城市便宜。我与陈李夫妇二人，在一处名北园者饮茶吃炒粉，又食鸡菜共饱二顿，不过花三元余，从午至暮在该处盘桓可半日了。回来陈君坚留在他家住宿，即夕伴李表妹睡。

今日四号早九时随陈母姊兄弟等到第一公园玩，又在街外买点心到园内食。十一时返校，午饭后又出街买一套《康熙字典》，又买到《语丝》95期，——在京得到93期——又回家看嫂嫂一次，三时赶回学校收学生去售章回来之扑满，直至五时不过收到数个，尚有大多数未交回，明日尚有事做也。我出街回来，见桌上有李之良来访的名片（女师大毕业，做过图书馆员）。她到粤人地两生，又不懂话，现住（文德东路槐花新巷七号二楼陈莘农先生处），叫我去访她，我当于今夕六时半往访。她现住陈先生处，听说陈先生不久也许离粤云。

关于北京情形，据李说，我来后京中人收不到我的信，想是广东与北京的关系，但是谢的弟弟则收到我信了，不知何故。你处对于京中消息不隔膜吧，陈先生听说也得不到他夫人的信。关于女师大情形，据李说，教部直接［用］武装军警密布校内，强迫交代，学生被任可澄、林素园召集在礼堂训话，学生只有痛哭，当面要求三事：一、全体教职员依旧；二、学校独立；三、经费独立。闻一一应允，但不可靠。可是直至李来时，还是表面上教职员全去，学生留，因未开课，另外没有合并的动作云。

至于这回取消女师大的功臣，你猜是谁呢？哈哈！

女的是舍监赵世德，早已就和女大学生通同一气，女大生搬入来住就腾房，女师大生要住就不给，处处讨好、献策，陆秀珍、张邦贞恨极她了；男的呢，就是恢复女师大的功臣钟少梅，那时热心恢复女大了，和赵世德内外如一，矢忠尽诚的造灭校工作。到两校合并了，钟立刻升造注册部主任，赵仍造舍监，但是『狡兔死，走狗烹』，这公例是走不过的，不上几天，注册部另换人了，舍务部，罗静轩招回来，同赵一起做舍务员，另外委一个舍务主任。这时候，赵逼得走出校门，学吴麻子第二了，这也是一个好榜样好结果。其中最可笑的是马裕藻老先生，他过于信服人而且太老实了，从前口口声声敢担保钟少梅，至有人因此甚埋怨马先生无知人之明，而且钟在马先生前对易实在也挑拨不少是非，马老夫子老实，被他蒙蔽。及到钟反校事迹暴现，马先生急忙跑到易先生处说钟某事他一概不负责任云。你看马老夫子是否有点不察，但此事不可向厦大的好生风浪的人讲，恐怕从此多事，或有人和钟有交情，传回去不好。

我事情仍甚忙，学生对我还不见生恶感，将来就不知。可是应付得甚费力了，处处钩心斗角，心里不愿如此，表面不得不如此。我意姑且尽职一学期至阳一月，如那时情形不对，则惟有作另项生活。在广州机会很多的，倒不愁没有。

前两天学校把收到的学费分了。新教职员得薪水之三成，我收到五十九元四毛。听说国庆前还有学校正当经费收入，那时再分多点，然而旧教员欠薪还有一年左右才可付完，如此不得不从新教员中减去。又学校扩大，加聘许多职教员，而财厅还未将教厅批准之新预算照发，如此领旧款，分配新用途，中间又减去多少，另外什么公债票、国库券、北伐慰劳捐……名目甚多，到头不知有多少。总之所谓主任，名好听，事多做，薪少取。这种情形，实在为难，不过学学经验，练练皮〔脾〕气。从前是气冲斗牛的害马，现在变成童养媳一般，逢学生都是婆婆小姑，都要看她们脸色做事。如此那〔哪〕有自我的个性原来面目，然而回心一想，社会就是这样。我从前太任性了，现在正应磨练多些，把我锋芒销尽。那时是变纯钢还是变杯棬，请你监视我好了。

我除了忙之外有功夫就不免遐想，人生究竟为什么？有一日我查堂，到一个特别讲堂旁，看见黑板上仿佛写着：『人生怎样都是痛苦！能解决此问题者请食……』末署巫琪仁（无其人），我看了甚好笑。学生的青年压迫的一个问题，写来似滑稽，实也无法解答。你近况何如？对于程度过低的学生，您太过好好地加增完美教材，有时反而令他们难于吸收，更加不了解，请你注意这层。现时十一点多快半夜了，昨夜睡不多，现甚倦，以后再谈吧！

祝你精神康适。已搬入博学馆否？

Your H. M.　十月四号晚十一时

三一、一九二六年十月七日
（26.7cm × 20.2cm）
共一页

迅师：　（廿二信未收到）

六号收到你九月廿七的信及北新三期，语丝95、96二期共一束。

我除十八以前寄的信，你俱收到。此外廿四，廿九，十月五日，及此信共为四封，想陆续到了。

厦大情形，闻之令人气短，但以后何以对付呢？念念。如顾孙不能久居，乔迁何处呢？广州似乎还不至如此办学无状，你也有熟人如顾某等，和现时地位不好住，也愿意来此间尝试否？郭某做政治部长去了，此刻广大改名中山大，校长是戴季陶，除非修正此例，似乎不得兼有向江西等地之说。

前信（五日）谈到钟某事，一时忘记说及李君云，（前信今仍述）学校奉教部开除学生四人，（雷瑜，刘亚雄，郑德音，傅振声）此乃钟某告密，预早布置好，以为去此数人，此后毁校没人攻他，而且她们实在平时也不以他为然，所以更是骨鲠在喉不吐不快，哈！你看这样毒辣。

日前接到黄蕊信，她现时与女师大脱离关系了。

我在此处，校中琐事太困身，一点自己的时间都不多，可以说是卖给她，身价若干？你猜，今日领到九月份薪水，名目是百八十二四成五，实得小洋37元，此外有短期库券20元，须俟十一月廿六方能领款，又有公债票15元，则领款无期。还有学校建筑费捐款，又硬扣9元（以薪金作比例），女师毕业生演剧替母校筹款，因是主任，又硬派入场券一张银五元，诸如此类之酬费用，不胜其烦，愈来愈多，而薪金收入愈少，名目是主任好听，薪水百八十，又好听，实得37，则似小学教员而忙苦又较小学教员为甚，最讨厌为整天对学生钩心斗角，不是推诿相与（学生视学校如敌人，此少数人把持所致）所以觉得实在没趣，但仍姑且努力，看看有机会，再作他图。然特别多人，则以为我事情甚好，我本拟在信给你谈之赞，但因款未到来话，而且多左耳亲喋之，真叫人难堪，人生何苦？现时我帮他们似乎天经地义，责无旁贷，但昔日有谁天经地义责无旁贷的看我的一个自家人呢？

本来你在厦我叫人想到不合式于你，但是到现在你有什么方法呢？信是那么动迷不便，你的情形也详尽情地说出来了没有呢？

语丝96，娜大的遗命那篇，岂明先生说："经过一次解散而去的师生有福了"？那么，你我不是有福的吗？大可以自慰了。

祝你精神

Your H.M.　十月七晚十二时

释文

迅师：

六号收到您九月廿七的信（廿二信亦收到）及《北新》三期，《语丝》95、96二期共一束。

我除十八以前寄的信，你俱收到。此外廿四、廿九、十月五日，及此信共为四封，想陆续到了。

厦大情形，闻之令人气短，但以后何以对付呢？念念。如该处不能久居，乔迁何处呢？广州似乎还不至如此办学无状，你也有熟人如顾某等，如现时地位不好住，也愿意来此间尝试否？郭某做政治部长去了。此刻广大改名中山大，校长是戴季陶，陈启修在此似乎不得意，有向江西等地之说。

前信（五日）谈到钟某事，一时忘记说及，李君云（前信介绍过），学校奉教部开除学生四人（雷瑜、刘亚雄、郑德音、傅振声）。此乃钟某告密，预早布置好，以为去此数人，此后毁校没人攻他，而且她们实在平时也不以他为然，所以更是骨梗［鲠］在喉不吐不快，哈！你看这样毒辣。

日前接到羡苏信，她现时与女师大脱离职务了。

我在此处，校中琐事太困身，一点自己的时间都不多，可以说是卖给它，身价若干？你猜，今日领到九月份薪水，名目是百八十之四成五，实得小洋37元，此外有短期库券20元，须俟十一月廿六方能领款，又有公债票15元，则领款无期，还有学校建筑费捐款，又硬派9元（以薪金作比例）。女师毕业生演剧替母校筹款，因是主任，又硬派入场券一张银五元。诸如此类应酬费用，不胜其烦，愈来愈多，而薪金收入愈少，名目是主任，好听，薪水百八十，又好听，实得37，则似小学教员。而忙苦又较小学教员为甚，最讨厌为整天对学生钩心斗角，不是推诚相与（学生视学校如敌人，此少数人把持所致），所以觉得实在没趣，但仍姑且努力，看另有机会，再作他图。然妹侄多人，则以为我事情甚好，我本答应供给读书费，但因款未到未给，而旦夕在耳旁喋喋，真叫人难堪，人生何苦？现时我帮他们似乎天经地义，责无旁贷，但昔日有谁天经地义责无旁贷的看我的一个自家人呢？

本来你在厦就叫人想到不合式于你，但是到现在你有什么方法呢？信是那么邮达不便，你的情形已经尽情地说出来了没有呢？

《语丝》96，《女师大的运命》那篇，岂明先生说：『经过一次解散而去的师生有福了。』那么，你我不是有福的吗？大可以自慰了。

祝你精神。

Your H. M.　十月七晚十二时

三三、一九二六年十月十日
（26.6cm×20.2cm）
共二页

迅師：

現時是双十節的两点廿分，我刚带学生巡行回来。說起今天是双十節，廣东國民政府一方面慶賀革命軍在武漢又推倒吴勢力，但一方面口号上承認是革命事業的開始而非成功，所以，在群众面色的表現，不是趾高氣揚，是帶多少戰兢在内，而赴大会的民众，尤以各工会為多，大家深了然於一切，無須催幹，又因南方下等階級都識字多，所以費力小，這是可慰悦的。可惜今天早上大雨，午後時雨時止，路泥濘不堪，所謂大会場在东门外名东校場，搭一演說台，而講演者無傳声筒，致雨声風声人声，把演講的声压住，只見他口講指劃。更特别的，因是國慶，所以助興的舞獅子（布做）及鑼鼓喧天，随处皆然，是商家更燃放大炮竹，比較北京掛一枝國旗，熱鬧多了（廣东取消五色旗，全以青天白日為國旗）。

学校因今日学生游行是礼拜，明日（星一）補假一天。明日我应有三时課（上礼拜移过来），現在便宜了。今晚（双十）有女師畢業生演劇助款為母校建築，我或要去招呼学生。昨晚已往去了一晚，演的是少奶奶的扇子，洪深劇本，此劇在京，陸秀珍她們女師大恢復紀念時做过，但男女角皆用女人，声細，此处為一種劇社組織，男女角各以性分任，無矯揉做作之嫌，女角大方不怕羞声音大，此廣东看的優於京，但開場迟至多鐘，仍有不守時刻之弊（各机関每如此），且每閉幕空堂太久，未預先插入餘興，致不奈久坐者先去，亦不佳。

這回於九日收到十月四日来信，但信内提及一日寄出一信并莽原两本，則至今不見，不知何故。又你来信說收到我九月廿九信，但廿四寄的你未提及，照此信回覆之話，似在失去的一日信内，是否？如未收到，則是同時你失我一信，我失你一信二书了。

我的住室并不闊，縱五步横六步（平常步），桌椅是各處破爛的湊合得来，最苦的是那些学生總是叫囂嘈吵，有時我想早睡（十時），而她們一樣閙，往往一合眼又吵醒。要預備教課或寫字，但我的脾氣是要静才能够的，而此处却大相反，如此看来，頂多敷衍至一学期，我想事多薪少，犧牲是不值的，現時我也留意机会。

香蕉柚子都是~~[illegible]~~消化不良的物品，在北京就有人不願你多食，此处不妨事么？你和我講的我都給打擊，不至於引起你秘而不宣的情形么？

這两天天氣冷，报紙是說香港有颶風。向来在九月之廣东与北京此時氣候差不多，是少有的。

防止螞蟻也有一法，就是在放食物的周圍以石灰粉畫一圈即可避免，此法石灰[illegible]

对於怕湿之物可採用.

学生僅即不致灰心，幼嫩的種子，不经意地就会萌芽爆发起来。如果在這裏能够似园丁的殷勤培植，其中不也有出题吗？还境有天然与人力二種，以人力移天工，不是革命的人的责任吗，所以，王姐，有時我常常起灰心，但也高興，希望能轉移他们，不是我不白来一次嗎？现時学生对我雖非大欢迎，也不厭恶，何妨做做再看呢。

看你四日这信，和廿七日那信的分别，不可拿似手段要心情了，這是真的还是为防止孩子的神经过敏而发的？

许先生願來廣东，何不由你父向顾孟餘介绍，徐謙做大理院長，石曾先生与他熟，請香寿山设法，或可以。廣東机関也和教育一樣，搭发公債要及庫券（第二月可兑现），至少占薪額少半。普通食物生活不算高，據我观察与京不过稍差耳，所贵的是大饭館請客開銷大，小館子零食倒使得的。

一衆泥人，一些石刻拓片就可以说開展览会嗎？好笑，他们勤奮只可随他去罷。

這封信許多脱落錯误的字，覆看一回改正了些，害馬竟成害馬了，如何才其放心呢？

牛皮賬是可以儘量记下來的，我也正預備着将來对賬之時，两数相销所餘的惟有或以少胜或以多勝，现時未可分誰正誰負也。

廣東学校放假多，這是我的便宜，本星期一補国慶假是三罷九，廿二日（星三）学校運動会又放假了，四年级师範生快畢業了，初做幾何手工及工程紙，供校粗劣，此处学生就轻視手工縫纫，图書等，也许是受革命影响人心浮動之故罷。

我写這信，现在是三時三十五分了，這幾個字费了一時一刻，其遲就可想，要说的也说了，如再记起，随後再写信吧，

Your H. M. 二十二下午三时……

释文

迅师：

现时是双十节的两点廿分，我刚带学生巡行回来。说起今天是双十节，广东国民政府一方面庆贺革命军在武汉又推倒恶势力，但一方面口号上承认是革命事业的开始而非成功，所以，在群众面色的表现，不是趾高气扬，是带多少战兢在内，而赴大会的民众，尤以各工会为多，大家深了然于一切，无须傻干，又因南方下等阶级都识字多，所以费力小，这是可慰悦的。可惜今天早上大雨，午后时雨时止，路泥泞不堪，所谓大会场在东门外名东校场，搭一演说台，而讲演者无传声筒，致雨声、风声、人声，把演讲的声压住，只见他口讲指划。更特别的，因是国庆，所以助兴的舞狮子（布做）及锣鼓喧天随处皆是，商家更燃放大炮竹，比较北京挂一枝国旗，热闹多了（广东取消五色旗，全以青天白日为国旗）。

学校因今日学生游行是礼拜，明日（星一）补假一天。明日我应有三时课上（礼六移过来），现在便宜了。今晚（双十）有女师毕业生演剧助款为母校建筑，我或要去招呼学生，昨晚已经去了一晚，演的是《少奶奶的扇子》洪深剧本，此剧在京，陆秀珍她们女师大恢复纪念时做过，但男女角俱用女人，声细。此处，为一种剧社组织，男女角各以性分任，无矫揉做作之嫌，女角大方不怕羞声音大，此广东看的优于京。但开场过点多钟，仍有不守时刻之弊（各机关亦如此），且每闭幕空堂太久，未预先插入余兴，致不奈［耐］久坐者先去，亦不佳。

这回于九日收到十月四日来信，但信内提及『一日寄出一信并《莽原》两本』则至今不见，不知何故。又你来信说收到我九月廿九信，但廿四寄的你未提及，恐此信回复之话，必在失去的一日信内，是否？如亦未收到，则是同时你失我一信，我失你一信二书了。

我的住室并不阔，纵五步横六步（平常步），枱［台］椅是各处破烂的凑合得来。最苦的是那三家，总是叫嚣嘈吵，有时我稍为早睡（十时），而她们一样闹，往往一合目又吵醒，要预备教课或写字，但我的脾气是要静才能够，而此处却大相反。如此看来，顶多敷衍至一学期。我想事多薪少，牺牲是不值的，现时我也留意机会。

香蕉柚子都是消化不良的物品，在北京，就有人不愿你多食，此处不妨事么，你和我讲的我都给打击，不至于引起你秘而不宣的情形么？

这两天天气冷，报纸是说香港有飓风。向来在九月之广东与北京此时气候差不多，是少有的。

防止蚂蚁还有一法，就是在放食物的周围以石灰粉画一圈即可避免，此法石灰又去湿，对于怕湿之物可采用。

学生佳，即不致灰心。幼嫩的种子，不经意地就会萌芽爆［暴］发起来。如果在这里能够似园丁的殷勤培植，其中不也有乐趣吗？环境有天然与人力二种，以人力移天工，不是革命的人的责任吗？所以，在女师，有时我常常起灰心。但也高兴，希望能转移她们，不是我不白来一次吗？现时学生对我虽非大欢迎，也不厌恶，何妨做做再看呢。

看你四日这信，和廿七日那信的刻不可奈［耐］似乎改变心情了，这是真的还是为防止孩子的神经过敏而发的？

于树德在粤有力，许先生愿来广东，何不由你处向顾孟余介绍，徐谦做大理院长，石曾先生与他熟，请齐寿山设法就可以。广东机关也和教育一样，搭发公债票及库券，第二个月可兑现，至少占薪额少半。普通食物生活不算高，据我观察与京不过稍差耳，所贵的是大饭馆请客开消［销］大，小馆子零食倒值得的。

一点泥人，一些石刻拓片，就可以说开展览会吗？好笑，他们愿意，只可『随他去罢』。

这封信许多脱漏错误的字，复看一回改正了些，害马变成意马了，如何求其放心呢？

牛皮账是可以尽量记下来的，我也正预备着，将来，对账之时，两数相销，所余的惟有或以力取或以智胜，现时未可分谁正谁负也。

广东学校放假多，这是我的便宜。本星期一补国庆假，星五重九，廿二日（星五）学校运动会又放假了。四年级师范生快毕业了，初做几何、手工、豆工、折纸，俱极粗劣。此处学生就轻视手工、缝纫、图画等，也许是受革命影响，人心浮动之故罢。

我写这信，现在是三时三十五分了，这几个字费了一时一刻，其迟钝可想。要说的也说了，如再记起，随后再写信吧。

Your H. M.　双十节下午三时……

三四、一九二六年十月十四日
（26.7cm×20.3cm）
共二页

My dear teacher：

今日又是星四，又到我有机会写信的时候了，而况明天是重九，明日本校的办公也得休息了，做学生时希望放假，做先生时更甚，尤其希望在教课钟点最多那一天，明天我没有课上，放假自然比不放好，但我总觉得可惜，如果是星六，或星一，我就省去二，三小时一天的预备了，岂不更妙哉！

南方重九可以登高，比北方热闹，厦门不晓怎样？广东这天旅行山上的人甚多，我因约了一位表妹，明天带我去买布做冬衣，所以大约不去了。说起冬衣，前三四天此间雨且冷，不亚于北京此时（甚言之，或不至如）又似打风的样子，我的衣服送到家内晒，距学校有半小时的路，家内又没人送来，我就在校内穿四五层单衣裤，人多说广东这时这样冷是料不到，而我竟因此害伤风起来，其实也因正当那几天的冷，我们学校毕业生（十九日）演剧为母校筹款，学生往做招待及合场跳舞，回来在十二时，我去了两晚，深夜回校，受着些冷，幸而有人说一个秘方（十四时），就是以柚柑子炖猪肝食两次好了，现在更好了。

前信不是说你一日寄来的信及莽原二本未收到吗？但是八日的信，十二收到了，那两本书则在外面寄来学校的图书中，由一位先生看明出来交回我，大约到了几天了，但在何时我不知道，总之书和信都收到了，这封信特别孩子气十足，幸而我收到，那“蔑视”有什么要紧，以习惯倒不是蔑视，我想许是惊不提防的一瞪吧！这样，欢迎那一瞪，觉得那一瞪的必定也觉得瞪的人，如其有，又何妨？让得展筑之流发出一套伟论说是人都提高程度，对于一切都鲜美花画一般，欣赏之，颂赞之，截然和自然私有之念绝，可惜世人未能领略展筑思想，你何妨体念一下？

抵抗蚂蚁的方法，以较省事的，我告诉你吧，你照着做，或者可多存点点心了：

（一）空不成；绳，悬于空中横木；盆，或罐

（二）→或桌；盛食物橱（如西式餐的菜橱，铁丝罩，外通风，装点心糖……都可放）；在橱空不放物，只以橱足放入内

（三）→外以较大碟盛水，如此则虽木橱之足，不至日久为水浸坏，水较不费易備，且防蚁较石灰更佳。

有可以吹倒人的大风而不冷，仍须穿夹衣的么？那就比广东热了。

我虽然愿意努力工作，但对于有些事，我总感觉能力薄弱，即如训育主任，要起草训育会章程，提起章程，有似议宪法一样，教务会，合用则难，况且叫我起稿一个章程，怎能做得到。我们回来至今开过二次会议，召集十多人，而我的章程不行，至今还未组成会，现在又多举四人为起草委员，这样显出我能力薄弱了。此校发展难，自己感觉许多不便，想辞，也和你一

樣的欢迎真不易了。

此间报纸北伐軍（於双十節）攻下武昌，九江，南昌，则湖北江西全定了，再联合豫樊，与北之国民軍成一直線，则天下事大有可為，此消息甚確。馮玉祥於此時在庫倫亦發通電正式加入國民政府遵守总理遗嘱实行三民主义了。閩战亦大順利，不知確否，總之去晴報明，閩中健兒此時亦起而一致革命。陳啓修有不日通过即往宜昌為政治部宣傳主任之說，顧約孫來，不知是代陳之缺，但陳是社論家，孫如代陳，須多發政論，非如副刊之以文藝為主。

謝兄弟事不必提，黑龍江之謝已有事，所以他薦兄代，但閩局苦衰，他又無自起來，現時以玉堂先生為難，而且內容如此，何必白費唇舌。

研究系之流，全是假道学，外面的画皮了。這回女師大，简直就是研究系和國民黨报仇，換句話就是男師大的先生教授，驅逐了（女師大的）北大的先生教授。至九月廿六日，國立女子學院師範大学部第一期週刊，發刊詞是程俊英（=張崧年的）所寫一篇。院長一任可澄，学長一林素園，教務長一傅銅　事務長一艾華　國文学科主任一梁鏡堯　外國语学科主任一王文培　教育哲学学科主任一傅銅。史地学科主任一白眉初　數理化学科主任一陳秉乾　训育主任一林元裔　文牘股主任一程先民　注冊股主任一陳梳神　会计股主任一吴鳴基　庶務股主任一王礼摺　衛生股主任一張光復　舍務股主任一羅静軒（不要臉的東西）　出版股主任一佟伯润　圖書管理員一陸肇曾（此君無錫人，不老实）　儀器管理員一王肇民。

這些東西我多不認識，管他媽的，横豎武昌攻下了，早晚打到北京，赏他們個滚蛋。這回女大倒不合作起来，他們呈文到部，要求仍在部中上課並且擴充教室，又声明照原案辦理——胡敦復仍為女大校長，不做学長（校長薪多於学長，校長地位高於学長）——這足证明女大對此事非獨意，所當心的是章系研究系（记得去年陶知行王某报載女子学院至不对，馬校掛两招牌说）這系人不惜減縮教育範圍減少學校經費為一校，以迎合賣國政府而利己陰謀，可恶可殺！

廣東一小洋換十六枚（有时十五）好的香蕉，也不过一毛卖三个，起好多黑点的大约一个半铜元買到了。我常買蕉食，因為在此处甚新鮮而香。福建人多善做肉松，你如喜食，不妨買些试试。

学生欢迎，自然增加你興趣，处处培植些好的树苗，以喂养大众，救済大众吧。這是精神上的愉快，不虚負此一行。在南人中插入一个北人的你，而他们不以南北歧视你，且而尊重你，這是多麼令人聞之喜而不寐的呢？話雖如此，却不要因此拼命作工，躬自爱惜身体。

新文惟想下筆学做，但至现在，環境和時间俱未合適，待我随時写出，再寄去。

願你有聊！

Your H. M.　十月十四晚。

释 文

My dear teacher：

今日又是星四，又到我有机会写信的时候了，而况明天是重九，明日呆板的办公也得休息了。做学生时希望放假，做先生时更甚，尤其希望在教课钟点最多那一天，明天我没有课上。放假自然比不放好，但我总觉得可惜，如果是星六，或星一，我就省去二三小时一天的预备了，岂不更妙哉！

南方重九可以登高，比北方热闹。厦门不晓怎样，广东这天旅行山上的人甚多。我因约了一位表姊，明天带我去买布做冬衣，所以大约不玩了。说起冬衣，前三四天此间雨且冷，不亚于北京此时（甚言之，或不至如），又似打风的余波，我的衣服送到家内晒，离学校有半小时的路，家内又没人送来，我就在校内穿四五层单衣裤。人多说广东这时这样冷是料不到，而我竟因此害伤风起来，其原故也因正当那几天的冷。我们学校毕业生九、十两日（阳历）演剧为母校筹款，学生往做招待及各项跳舞。回来在十二时，我去了两晚陪之回校，亦着些冷，幸而有人说一个秘方，就是以枸杞子炖猪肝食两次好了，现在更好了。

前信（十日写寄）不是说你一日寄来的信及《莽原》二本未收到吗，但是一日的信，十二收到了。那两本书则在外面寄来学校的图书束中，由一位先生翻出交回我，大约到了几天了。但在何时我不知到［道］，总之书和信都收到了。这封信特别『孩子气』十足，幸而我收到。『邪视』有什么要紧，习惯倒不是『邪视』，我想，许是蓦不提防的一瞪吧！这样，欢迎那一瞪，赏识那一瞪的，必定也能瞪的人，如其有，又何妨？记得张竞生之流发过一套伟论，说是人都提高程度，对于一切，都鲜花美画一般，欣赏之，愿公显于众，自然私有之念消，可惜世人未能领略张辈思想，你何妨体念一下？

抵抗蚂蚁的方法，比较省事的，我告诉你吧，你照着做，或者可多存放点心了。【图略】

有可以吹倒人的大风而不冷，仍须穿夏衣的么？那就比广东热了。

我虽然愿意努力工作，但对于有些事，我总感觉能力薄弱，即如训育主任，要起草训育会章程。提起章程，有似议宪法一样，参考虽有，合用则难，况且叫我起稿一个章程，怎能做得到？所以回来至今，开过三次会议，召集十多人，而我的章程不行，至今还未组成会，现在又另举四人为起草委员，这样显出我能力薄弱了。此校发展难，自己感觉许多不便，想办好，也和你一样的观察其不易了。

此间报纸［载］北伐军（于双十节）攻下武昌、九江、南昌，则湖北江西全定了，再联合豫樊，与北之国民军成一直线，则天下事大有可为，此情想甚确。冯玉祥于此时在库伦亦发通电正式加入国民政府，遵守总理遗嘱，实行三民主义了。闽战亦大顺利，不知确否？总之，去暗投明，闽中健儿此时应起而一致革命。陈启修有不日通过，即往宜昌为政治部宣传主任之说，顾约孙来，不知是否代陈之缺，但陈是社论家，孙如代陈，须多发政论，非办副刊之以文艺为主。

谢兄弟事不必提，黑龙江之谢已有事，所以他荐兄代，但闽局若变，他兄亦自起来，现时叫玉堂先生为难，而且内容如此，何必白费唇舌。

研究系之流，专是假道学，外面似书呆子。这回女师大，简直就是研究系和国民党报仇，换句话就是男师大的先生教授，驱逐了（女师大的）北大的先生教授。在九月廿六日，国立女子学院师范大学部第一期周刊，发刊词是程俊英（＝张耀翔）。职员一览：院长——任可澄，学长——林素园，教务长——傅铜，事务长——艾华，国文学科主任——黎锦熙，外国语学科主任——王文培，教育哲学学科主任——傅铜，史地学科主任——白眉初，数理化学科主任——陈秉乾，训育主任——林元乔，文牍股主任——程先民，注册股主任——陈掖神，会计股主任——吴鸿基，庶务股主任——王礼馨，卫生股主任——张光汉，舍务股主任——罗静轩（不要脸的东西），出版股主任——佟伯润，图书管理员——陆肇曾（此君无锡人，不老实了），仪器管理员——王泽民。

这些东西我多不认识，管他妈的，横竖武昌攻下了，早晚打到北京，赏他们屁滚屎流。这回女大倒不合作起来，他们呈文到部，要求仍在部中上课，并且扩充教室，又声明照原案办理——即胡敦复仍为女大校长，不做学长（校长薪多于学长，校长地位高于学长）——这足证明女大对此事非愿意。所遂心的是章系、研究系（记否去年陶知行在《京报》曾有女子学院，在石驸马校挂两招牌说），这系人不惜减缩教育范围减少两学校经费为一校，以迎合卖国政府，而利己阴谋，可恶可杀！

广东一小洋换十六枚（有时十五），好的香蕉，也不过一毛卖五个，起好多黑点的大约个半铜元买到了。我常买蕉食，因为在此处蕉新鲜而香。福建人多善做肉松，你如喜食，不妨买些试试。

学生欢迎，自然增加你兴趣，处处培植些好的禾苗，以喂养大众，救济大众吧。这是精神上的愉快，不虚负此一行。在南人中插入一个北人的你，而他们不以南北歧视你，反而尊重你，这是多么令人『闻之，喜而不寐』的呢。话虽如此，却不要因此拼命作工，能自爱才能爱人。

《新女性》想下笔学做，但至现在，环境和时间俱未合适，待几时写出，再寄去。

愿你有『聊』！

Your H. M.　十月十四晚

三五、一九二六年十月十八日
（20.7cm×13.5cm）
共一页

My dear teacher：（十八）

從清早至期望中收到你的信，我歡喜的讀着，你的心情似乎也稍安了，但不知是否騙人安心，故以這樣說。勉强的捧忍在不合意的地方。

壽山、伏園先生已動身來粵也未？如要翻譯，我可以毛遂作御導。顧先生的態度听說和在北京時有點不同，向後轉了，但確否不知。

廣州國慶日也和北方不同，當日我也寄你一信說及，當早已知道了。

中山大學停一學期再整頓開學，文科的郭也停聘了，將來是什么人才在這學校教授，現尚未定，你如有意，來粵就事，現在設法也是机会，像顧孟餘、于樹德……你都可以設法，但這自然是除外現在的地位實在要抛棄才如此說。

昨星期日的上午及晚上，今晚，偷空凑一篇文章上，可以过得去就轉到上海，否則儘可中飽。

我校的舍監自行辭職，跑到國民政府處做女書記官了，一時請不着人，就要我兼舍務，明天她去升官，據說暫还在這裏幫助，等聘着人再去，不知可確否？

我自己在這裏也沒好壞可說，各班主任多不一致，对於訓育甚無進展，而且說沒空间，机心甚令人厭，倘有机会，不惜舍而之他也。

現甚困倦，如再有話，下次續寫。

your H. M.
十月十八晚

释文

My dear teacher：

从清早在期望中收到你（十日写寄）的信，我欢喜的读着，你的心情似乎也能稍安了，但不知是否骗人安心，所以这样说，勉强的栖息在不合意的地方。

兼士、伏园先生已动身来粤也未？如要翻译，我可以毛遂作乡导。顾先生的态度听说和在北京时有点不同，向后转了，但确否不知。

广州国庆日也和北方不同，当日我也寄你一信说及，当早已知道了。

中山大学停一学期再整顿开学，文科的郭，也停聘了，将来是什么人才在这学校教授，现尚未定，你如有意，来粤就事，现在设法也是机会，像顾孟余、于树德……你都可以设法，但这自然是除非现在的地位实在要抛弃才如此说。

昨星期日的上午，及晚上、今晚，偷空凑一篇文寄上，可以过得去就转到上海，否则尽可中饱。

我校的舍监自行辞职，跑到国民政府处做女书记官了。一时请不着人，就要我兼尽义务。明天她去升官，据说暂还在这里帮助，等聘着人再去，不知确否？

我自己在这里也没好坏可说，各班主任多不一致，对于训育，甚无进展，而且总没空闲，机心甚令人厌，倘有机会，不惜舍而之他也。

现甚困倦，如再有话，下次续写。

Your H. M.　十月十八晚

三六、一九二六年十月二十一日
（26.6cm × 20.3cm）
共一页

My dear teacher：

现时是十点半，是我自己的时间了。我总觉得好久没有消息似的，总是盼望着，其实查一查，十八才收过信，隔现在不过三天。

舍监十九辞职了，现在由我代她事位已经三天了。她是因学生不满意去的，她是高升到国民政府做书记官了。但名目是仍帮学校忙，待聘到人再走。其实是一时找不着住处。晚上回房住，学校事不管。现在我代三天。从前所谓舍务，那是由我理，不过晚上查查自习。现在白天查寝室清洁，晚上七至九时走三角形地点的楼及地下共八室（自修及寝室），走东则西不安于自习，走西而南又不安于自习了，如此一圈圈跑着。自己教课无时候预备。晚至十时后，她们学生熄灯了，全部睡下，不偷作乙乙了，然后我回房始得少息，以图明之。[图] A为我住之楼，B学生住楼，C楼上下俱学生住，D学生住楼。每走一次，精晚搁开半小时，走三、四次，则学生自习之时即我跑圈子之时。睡后学生得休息而我不得息。现在未找到人，如能找人，至快亦要十一月一号始能来，因现还有十天，不便辞职。而找人亦不易，初师毕业，学生以其资格相等不配服，专门以上毕业，人又不肯要挂名数十元薪而领不到十余元，又兼舍监为人所不肯做的苦事，所以其势是找不到好人。

这校以旧预算（师范）分配于新预算（中学），如旧用一千，改加至千五，则不敷，更有公债库券，是以每月所谓至少能得一半（90元）者大约至多不过得一半之一半（45），九月份实得现款三十七元即其例矣。做事本不应过于功利主义，然而实在影响生活，食少事繁，实在难以为继。

至于家庭，只供读书费，寄些伙食略为帮助，幼妹又催债去了，她住在我的妹妹处，姑嫂之间常因细故而冷言闲语，其势我又不能不顾。而久未通信之兄，忽然从唐来，说是谋事未就，要我给费作盘川找事，此外远亲近戚，被穷不堪的女人，跑到学校，硬要借贷，叫我颜面不堪，甚恼透了。他们以为我发大财，其实我历年历到寝食不安，不过月得30余元，他们硬说我二二，三五元的事，何常相信这底细？再快学校明年底总能将现在以前的欠薪发清，则我现在所未领的，明年底总有一些些慢慢收回多少。这样情形，我能维持到阳历一月，还要看我身体能否支持得住。

My dear teacher！人是那么苦，总没有比较的满意，自然我也晓得乐园是在天国，人是没有满足的，然而我们的境遇，像你到厦，我到粤，所历的都算例外吧！人总是向荆棘丛中寻坦途，然而永没有坦途能存在，因为荆棘的量实在占住路途的空间而永没有隙。

今晚又是星期四，先想写信，后想等一两天接来信再写，后受刺激（舍监辞而不走，仍住室中，但人不在，学生电门在她房，我不好去关电门（睡时）叫她的女佣也睡了不理我，我一人跑来跑去，难过极了），所以向你发牢骚，一会要心平气和的，勿念。

十九日收到十三寄的语丝99期。十九又寄去一信并文稿在内，想已到。

YOUR H.M. 十月廿一晚十一时十分

释文

My dear teacher：

现时是十点半，是我自己的时间了。我总觉得好久没有消息似的，总是盼望着，其实查一查，十八才收过信，隔现在不过三天。

舍监十九辞职了，现在由我代她兼任，已经三天了。她是因学生不满意去的，她是高升到国民政府做书记官了，但名目是仍帮学校忙，待聘到人再走，其实是一时找不着住处，晚上回房住，学校事不管。现在我代三天，从前所谓舍务，非直由我理，不过晚上查查自习。现在白天查寝室清洁，晚上七至九时走三角形地点的楼及地下共八室（自修在寝室），走东则西不安于自习，走西而南又不安于自习了。如此一圈圈跑马，自己教课无时候预备。晚至十时余，她们学生熄灯全都睡下，不偷作工了，然后我回房始得少息，以图明之：A为我住之楼，B学生住楼，C楼上下俱学生住，D学生住楼。每走一次，稍耽搁即半小时，走三四次则学生自习之时，即我兜圈子之时。睡后学生得休息而我不得息。现在未找到人，如能找人，至快亦要十一月一号始能来，因现还有十天，不便算薪，即找人亦不易，初师毕业，学生以其资格相等，不配［佩］服，专门以上毕业，人又不肯要挂名数十元薪而领不到十余元，又兼舍监为人所不肯做的苦事，所以其势是找不到好人。

这校以旧预算（师范）分配于新预算（中学），如旧用一千，现加至千五，则不敷，更有公债、库券，是以每月所谓至少能得一

半（90元）者大约至多不过得一半之一半（45），九月份实得现款三十七元即其例矣。做事本不应过于功利主义，然而实在影响生活，食少事繁，实在难以为继。

至于家庭，四个侄读书费，寡嫂伙食略为帮助。幼妹又催读书了，她住在我的妹妹处，姑媳之间，常因幼妹住而冷言闲语，其势我又不能不顾。而久未通信之兄，忽然从沪来，说是谋事未就，要我给费作盘川找事。此外远亲近戚，破旧不堪的女人，跑到学校，硬要借贷，叫我颜面不堪，苦恼透了。他们以为我发大财，其实我磨命磨到寝食不安，不过月得30余元。他们硬说我一二百元的事，何常［尝］相信这底细，至快学校明年底才能将现在以前的教员欠薪发清，则我现在所未领的，明年底才能一些些慢慢派回多少。这样情形，我能维持到阳历一月，还要看我身体能否支持得住。

My dear teacher! 人是那么苦，总没有比较的满意，自然我也晓得，乐园是在天国，人是没有满足的。然而我们的境遇，像你到厦，我到粤所历的，都算例外吧！人总是向荆棘丛中寻坦途，然而永没有坦途能存在，因为荆棘的量实在占住路途的空间而永没有隙。

今晚又是星四，先想写信，后想等一两天接来信再写，后受刺激（舍监辞而不走，仍住室中，但人不在，学生电门在她房，我不好去关电门（睡时），叫她的女仆也睡了不理我。我一人跑来跑去，难过极了），所以向你发牢骚，一会要心平气和的，勿念。（十九日收到十三寄的《语丝》99期，十九又寄去一信并文稿在内，想已到。）

Your H. M.　十月廿一晚十一时十分

三七、一九二六年十月二十二日

（26.6cm×20.3cm）

共一页

My dear teacher:

我昨晚寄了一信，也正盼你的信，我感觉着今天多数可以得你的信，早上到办公处，果然见桌上有你信，我欢喜的读，现在是将食晚饭的下午五时余，我预备出门来，打开你的信，有说的话就写在下面。

厦门广州不过一两天的路，而接信常时与北京寄来担搁相同，真叫人莫名其妙，可恶。

职务实在不佳，我自然在设法，但聘书写一学期，只好勉强做，而且我的训育事最重责为宣传党义，如果无结果而去，出校也叫人看不起，所以得工作，做得不好再说，今日学校请好一个暂代舍监的人（同乡大学毕业女的），她的使命是为的对党工作，对舍务不大负责，每星期有三四天不住校，约定是短期的，至多一学期，少则一二月，这样我还是忙，不过稍好些较现在，因此帮忙之人要十月过了，十一月一号才来做事，现在还是我独当其冲，每晚十时后才得预备功课或做私事，而近来又新添一件工作，就是后援提议改良司法，革等件，广州的各界妇女联合会推举我校之长为代表说话，并推八个团体为修改法律委员会，我校是一份，我是管公共事业的，所以昨日开会，叫去办，后天星期日开会，大约也是我去，你看连礼拜天也没得空，但有什么法呢，我是训育主任，也算校长，叫我要把戏，而且要像孙悟空，摇身一变化为七十二个才够应付。

用款自然量入为出，不够也不至于，我很有办法，你不要以对三先生方法对我，因我多些用，表面多润饰更使我应付环境困难，你晓得吗？我甚悔不到汕头去，那里较闲适些，接近那些，也省好多耳目是非。

伏园遇安来如要我招呼不妨通知他们一声但我的时间甚忙也请先告诉。

这些天没有雨，天气暖，只穿二单衣够了。

中山大学（旧广大）会行停学改办，委员是顾孟余（副校长）戴季陶（正校长）徐谦、朱家骅、丁惟汾，徐谦可靠，朱大约也不坏，其余是右，不敢知，所以这回中大改办是有希望，现时不能说，但如果他有聘你的话，我想你不妨试一下，重新制造，未始不佳，我看你在那里实在勉强。

我昨晚写一字也是向你发牢骚，本想不寄，但也是那时的思想历程，我不向你说之岂不可惜，但是你知道我现在有快乐了，今日找到帮我的一人，（舍监）她则十一月一号才来，我盼望那时合起来对于党有贡献，然后把学校整顿一下再走，也不枉此次来校一行。现食完饭了，这封信是分二次写的，我要洗身，洗完又要查自习预备教课（明天有两堂）下次再说。

Your H. M. 十月廿二下午六时

释文

My dear teacher:

我昨晚写了一信，也在盼你的信，我感觉着今日多数可以得你的信，早上到办公处，果然见桌上有你信，我欢喜的读，现在是将食晚饭的下午五时余，我饭还未开来，打开你的信，有说的话就写在下面。

厦门广州不过一两天的路，而接信常时与北京寄来担搁相同，真叫人莫名其妙，可恶。

职务实在不堪，我自然在设法，但聘书写一学期，只好勉强做，而且我的训育事最重责为宣传党义，如果无结果而去，出校也叫人看不起，所以得工作，做得不好再说。今日学校请好一个暂代舍监的人（广大毕业，女的），她的使命是为的对党工作，对舍务不大负责，每星期有三四天不住校，约定是短期的，至多一学期，少则一二月，这样我还是忙，不过稍好些较现在。而此帮忙之人，要十月过了，十一月一号才来做事，现在还是我独当其冲，每晚十时多后才得预备功课或做私事。而近来又新添一件工作，就是徐谦提议改良司法，男女平等后，广州的各界妇女联合会推举我校校长为代表说话，并推八个团体为修改法律委员会，我校是一份，我是管公共事业的，所以昨日开会，叫出席，后天星期还开会，大约也是我去。你看，连礼拜天也没得空，但有什么法呢，我是训育主任，也等于叫我变把戏，而且要像孙悟空，摇身一变，化为七十二个，才够应付。

用款自然量入为出，不够也不至于，我没有开口，你不要以对三先生方法对我，因我多些用，表面多阔绰，更使我应付环境困难，你晓得吗？我甚悔不到汕头去。那里离开这些，接近那些，也省好多耳目是非。

伏园、遇安来，如要我招呼不妨通知他们一声。但我的时间甚忙，也请先告诉。

这些天没有雨，天气暖，只穿二单衣够了。

中山大学（旧广大）全行停学改办，委员是顾孟余（副委员长）、戴季陶（正委员长）、徐谦、朱家骅、丁维汾。徐谦可靠，朱大约也不坏。其余是否右，不敢知，所以这回中山大改办是有希望否，现时不敢说。但如果他有聘你的话，我想你不妨试一下，重新制造，未始不佳。我看你在那里实在勉强。

我昨晚写一字也是向你发牢骚。本想不寄，但也是那时的思想历程，我不向你说说岂不可惜，但是你知道我现在有快乐了。今日找到帮我的一人（舍监），虽则十一月一号才来，我盼望那时合起来对于党有贡献，然后把学校学生整顿一下再走，也不枉此次来校一行。现食完饭了，这封信是分二次写的，就要洗身，洗完又要查自习预备教课（明天有两堂），下次再说。

Your H. M.　十月廿二下午六时

三八、一九二六年十月二十三日
（26.6cm×20.3cm）
共一页

my dear teacher：

昨廿二晚寄一信，或者和這信同到或沒到未可知。

今早到辦事處見你十九寄來的信，你一號的信及書頁已陸續收到，前信說及了。

朱家驊既電約你來，我甚欢喜，你何妨來呢。不須覺薦引而適有此機會，不是可喜的嗎？我以前說廣大（中大）情形，現在是從新整起來過，自然比較有希望，五委員中，徐謙恐怕將來右傾，就不肯就職，戴季陶表示態度，係就職了，大約將來中大是好現象。現時教員一概停職，從新聘，學生也從新甄別，開學是在下學期，現在是開始籌備，我想如果朱等再約你，則不妨來籌備幾天，再回廈教完這半年，待這邊開學再來。廣州雖云複雜，但思想也較自由，可發展的機會多，現代派此處是禁止的，所以不妨來，不然下半年上那去呢？上海雖則可去，北京也可去，然而你因難于啟口，就不好意思來嗎？未免太孩子氣了。

廈大成了現代派，真可笑，玉堂對之如何呢？

我讀了你這封信，我以為最急要的是上面的話了，所以一時想不起還要說什么。哦，顧頡剛之流不見得也如前信說右傾，都是侍從，所謂左右，共產人說左派也是右，而右派人說左派人則非右了，非共人說共人則為非右了，總之你打聽清楚，我可以抽空來參觀的，則不妨來，或者你回廈，寒假來幫忙，這樣他們給你留機會，你來看過可做則做，否則離開這裏好麼，我所說我的苦處，是因為我那女師特別情形，別的地方卻不如此。

我寫這信是從新校辦公處跑回舊校寢室寫的，現在我急忙去辦事，別的話也想不起，或者想起一句，就是我每日至遲十一時睡，早七時醒起，食欲也加多，能食能睡，自然好了。

your H.M. 十月廿三
上午九時

我這信也似希望你來，故說得天花亂墜，也由你閑鑒可矣。

释文

My dear teacher：

昨廿二晚写寄一信，或者和这信同到或后到未可知。

今早到办事处见你十九寄来的信，你一号的信及《莽原》已随后收到，前信说及了。

朱家骅既电约你来，我甚欢喜，你何妨来呢，不须觅荐引而适有此机会，不是可喜的吗？我以前说广大（中大）情形，现在是从新起来过，自然比较有希望。五委员中，徐谦恐怕将来右倾，就不肯就职，戴季陶表示态度，徐就职了，大约将来中大是好现象。现时教员一概停职从新聘，学生也从新甄别，开学是在下学期，现在是开始筹备，我想，如果朱等再约你，则不妨来筹备几天，再回厦教完这半年，待这边开学再来，广州虽云复杂，但思想也较自由，可发展的机会多。现代派此处是禁止的，所以不妨来，不然下半年上那［哪］去呢？上海虽则可去，北京也可去，然而你因『难于启口』就不好意思来吗？未免太孩子气了。

厦大成了现代派真可笑，玉堂对之如何呢？

我读了你这封信，我以为最急要的是上面的话了，所以一时想不起还要说什么。哦，顾孟余之流不见得也如前信说右倾，都是传闻。所谓左右，共产人说左派也是右，而右派人说左派人则非右了，非党人说党人则为非右了。总之你打听清楚，可以抽空来参观的，则不妨来。或者你回复朱等年假来帮忙。这样，他们给你留机会，你来看过可做则做，否则离开这里好么。我所说我的苦处，是因为我那女师特别情形，别的地方却不如此。

我写这信是从新校办公处跑回旧校寝室写的。现在我急于去办事，别的话也想不起，或者想起一句，就是我每日至迟十一时睡早七时余起，食饭也加多，能食能睡，自然好了。

Your H. M.　十月廿三上午九时

我这信也信［是］希望你来，故说得天花乱坠，也由你洞鉴可矣。

三九、一九二六年十月二十七日
（26.7cm×20.3cm）
共一页

My dear teacher..

十九，廿二，及廿三早的快信你都收到了吧？

今早（廿七）到办事处，在我的桌上见有你廿一寄来的信及十六寄的一束书，里面有第三、四期的沉钟各一，又莽原一册。这些书十月六日寄而隔二十天才到，真也奇怪。

伏园到粤第二天，即廿四星期日，我到陈启修住处访李遇，见长胡子的伏园在坐，听说他已于先一日到了（廿三），则他是廿日动身，廿三就到，而你廿日信则廿七才到，这因为厦门邮局和这里邮局一样不行，一样担搁。至于你十八寄我的信，则确是与伏园同船到粤，廿三到的，而我即于当日覆一快信，是告诉你不将来助中大一节。现在我又陆续听说，顾不是变態，还与平家一样，又听说这回改组，是绝对左倾，右派分子已在那里抱怨了，这回又决意多聘北大教授，关于这一层，我希望你们来，否则这里急不暇择，你们不来，郭沫若做官去了，文科人才更不得，你们就去请高一涵、陈源之流也未可知，岂非大糟其糕。此间对于研究系实在还不大注意到，而研究系又善于作伪，善于挂假面招牌，他们作事心细，无孔不入，甚至图书馆也插进，而我们则不注意，及事情发生，大家骂他一通完事，究竟对于他们没有大影响，即有影响，他们立刻换汤不换药再挂一个招牌，人家又当他新闻纸了。这种无耻，也惟有研究系做得到。科学会之在广州，也是利用这一点，现时广州对国家主义（一研究系）由政府下令攻击，并叫党报指摘攻击，似乎留心一点，但政府只知其一不知其二，祇知到国家主义的周刊醒狮应禁，而不知变相的醒狮，随处皆是。

玉堂也可怜，他请了许多人，中用的又想走，他自然急不择言了，而且校长也许有话叫他难堪，就是出气，他也自然向你们发，在于计较金钱，我以为处处都是此情，即如我在这里，月薪数与校长同，如果不特别卖力气，则说校长不对，即同事也侧目，但实际现时也不过几十元，这是人们不算的，人们只算月薪若干。

你要寄我一包零零碎碎的期刊之类的书，现在收到只上面说的三本，想是另外还有一包，此时未寄到，想不会失，收到了以后信中再告你可矣。

昨日（廿六）为援助韩国独立及粤籍侨胞，我校放假一日，到中大开会，在中大操场搭讲台，三个人数十分钟，下午三时巡行，回校未想写信，太倦未有写了。

以中大与厦大比较，中大易发展，有希望，因交通便，民气发扬，背后有政府帮助，周围北大毕业人多，势力大，又为各省注意的新校，如不期不在厦大，此处诚意请来可否一试，但薪未必多于厦大，而生活在西洲多且贵，不似厦大的闭关，以旅行的办法设想，一面教人，一面玩，或者可以，且思想上言论界受政府监督，完全左倾，共产也有人，至此明白展览来此看看也好玩，现时是午饭后一点钟

……要去开会，下次再详述。 Your H.M. 十月廿七午一时

我说，我将要翻译可帮他，告诉他我住的学校，他说改天到校相访，我一方是客气应酬，但我也不敢极力招呼他。

释　文

My dear teacher：

十九，廿二，及廿三早的快信你都收到了吧？

今早（廿七）到办事处，在我的桌上见有你廿一寄来的信，及十・六寄的一束书，里面有第三、四期的《沉钟》各一，又《荆棘》一册。这些书十月六日寄而隔二十天才到，真也奇怪。

伏园到粤第二天，即廿四星期日，我到陈启修住处访李之良。见长胡子的伏园在坐，我说：我能当翻译，可帮忙，并告他我住的学校，他说改天到校相访。我一方是客气应酬，但我也不敢极力招呼他。听说他已于先一日到了（廿三），则他是廿日动身，廿三就到，而你廿日信则廿七才到。这因为厦门邮局和这里邮局一样不行，一样担搁。至于你十八寄我的信，则确是『与伏园同船到粤』，廿三到的。而我即于当日复一快信，是告诉你不妨来助中大一臂。现在我又陆续听说，顾不是变态，还与在京一样。又听说，这回改组，是绝对左倾，右派分子已在那里抱怨了，这回又决意多聘北大教授。关于这一层，我希望你们来，否则这里急不暇择，你们不来，郭沫若做官去了，文科人才，是否不得你们就去请高一涵、陈源之流，也未可知，岂非大糟其糕。此间对于研究系实在还不大注意到，而研究系又善于作伪，善于挂体面招牌。他们作事心细，无孔不入，甚至图书馆也攒［钻］，而我们则不注意，及事情发生大家骂他一通完事，究竟对于他们没多大影响。即有影响，他们立刻换汤不换药，再挂一个招牌，人家又当他新开张了。这种无耻，也惟有研究系做得到。科学会之在广州，也是利用这一点。现时广州对国家主义（＝研究系）由政府下令攻击，并叫党报指摘攻击，似乎留心一点，但政府只知其一不知其二，只知到〔道〕国家主义的周刊《醒狮》应禁，而不知变相的《醒狮》，随处皆是。

玉堂也可怜，他请了许多人，中用的又想走，他自然急不择言了。而且校长也许有话叫他难堪，就是出气，他也自然向你们发。至于计较金钱，我以为处处都是此情，即如我在这里，月薪数与校长同，如果不特别卖力气，别说校长不愿，即同事也侧目，但实际现时也不过几十元。这是人们不算的，人们只算月薪若干。

你要寄我『一包另另〔零零〕碎碎的期刊之类』的书，现在收到只上面说的三本，想是另外还有一包，此时未寄到，想不会失，收到下次信中再告你可矣。

昨日（廿六）为援助韩国独立及万县惨案，我校放假一日，到中大开会，在中大操场搭讲台二个，人数十多万，下午三时巡行。回校本想写信，太倦未有实行。

以中大与厦大比较，中大易发展，有希望，因交通便，民气发扬，背后有政府帮助，周围北大毕业人多，势力大，又为各省注意的新校。如下期不在厦大，此处诚意请来，可否一试，但薪未必多于厦大，而生活应酬多且贵，不似厦大的闭关，以旅行的办法设想，一面教人，一面玩，或者可以，且思想上言论界受政府监督完全左倾，共产书与人，在此明目张胆，来此看看也好玩。现时是午饭后一点钟，在寝室写此，急于去办公，下次再详述。

Your H. M.　十月廿七午一时

四〇、一九二六年十月三十日
（26.7cm × 20.3cm）
共一页

My dear teacher：

这几天忙一点，没有写信。我廿七收你十月廿一的信及十六日的一束信笺和期刊，廿九又收到廿一寄来的一包书内有域外小说集等七本。今日下午（卅）又接到你廿四写来的信。

昨日（廿九）下午快要食晚饭（五时余）的时候，伏园和毛子震（和许先生一同在国务院吃枪弹的那个）来大石街旧校找我，当时见我忘记了他们是外江佬，一气说了一通广东话，伏园笑向我声明不懂，我才大悟起来。在校内我拿出一碟时鲜木瓜及江瓜子给他们吃，后来约到玉醪春饭店晚餐，看他们能用酱油，大约也惯粤菜，这恐怕南方是这样口味吧。伏园甚能饮酒也食，但毛子震先生伤伤的小姐样每食放下箸。结账并不贵，大出我意外的，叫菜竟给他七元甚欢喜了。伏园说，不定今天就回厦，将来也许再来未定。我不便向他多讲话，或多探问。我想给他探听也无谓，索性若无其事者然。

今日（星六，卅）本校学生会召集大会，手续时间都不合，我开始限制并设法引导别的学生起首反抗，自后或引起风潮，好的方面则从此把右派分子打倒，否则我去，去是我早已预备的。人要做事，先立了可去的心，才有决心与勇气，无论如何，成则学校国家之福，否则我去也没什么，总之有文章做。马又到省立女师当群了，可惜只有一匹在这里，没有助手，哈！哈！这回做事外面也有帮助，他们右派也不弱，也许旗鼓相当，你在城上看戏，待我陆续开出戏目吧。

明天星期，午二时校长请到城外食蚬，同去的有各部主任，及三位教员，总训。

你们用的听差甚有良心，听伏园说，如果离开厦门，他也肯随行，他要是好的，何妨带他至粤也可以继续长期使用呢。

少爷们的吵嚷，不理也好，因为顾此失彼，两姑之间难为妇，到底是争入圈套而不讨好。

外面北伐事，广州也说得甚好，说闽粤人已不反北伐，西北军的进行顺利，都是好的，此时大约没有问题。

广州天气，日来不凉不热，穿二单衣正好，自我回来至今，校内外不断发生时症，先寒后冷复加，后出红点，点退人愈，我大约在京打了两针的好处，总是没有传染此种轻微疹症。

你能静坐默念OO吗？他也喜欢默念，时间是睡不着和早上醒来为多。广东听说阴历年放长，阳历短，厦门如何呢？

各式人等，处处都是，就是黄金世界也如此，我们只问世界人的产生上帝为什么不做同一的模，这是一样巧妙的事情使我们不平的。下次再谈了。

Your H.M. 十月卅晚。

释　文

My dear teacher：

这几天忙一点，没有写信。我廿七收你十月廿一的信，及十·六日的一束《沉钟》和《荆棘》，廿九又收到廿一寄来的一包书，内有《域外小说集》等九本，今日下午（卅）又接到你廿四写来的信。

昨日（廿九）下午快要食晚饭（五时余）的时候，伏园和毛子震（和许先生一同在国务院听和诊脉的那个）来大石街旧校找我。当出见，我忘记了他们是外江佬，一气说了一通广东话，伏园笑向我声明不懂，我才大悟起来。在校内我拿出一碟时鲜木瓜及红瓜子给他们吃，后来约到玉醪春饭店晚餐，看他们总用酱油，大约也嫌菜淡，这恐怕南方是这样口味吧。伏园甚能饮酒，也食，但甚似文绉绉的小姐样，每食放下箸。结账并不贵，大出我意外的，菜单六元六，给他七元甚欢喜了。伏园说，不定今天就回厦，将来也许再来未定。我不便向他多讲话，或多探问。我想给他探听也无谓，索性若无其事者然。

今日（星六，卅）本校学生会召集大会，手续时间都不合，我开始限制并设法引导别的学生起首反抗，自后或引起风潮，好的方面则从此把右派分子打倒，否则我去，去是我早已愿意的。人要做事，先立了可去的心，才有决心与勇气。无论如何，成则学校国家之福，否则我走也没什么，总之有文章做。马又到省立女师害群了，可惜只有一匹在这里，没有助手。哈！哈！这回做事外面也有帮助，他们右派也不弱，也许旗鼓相当，你在城上看戏，待我陆续开出戏目吧。

明天星期，午二时校长请到城外食玩，同去的有各班主任，及三位教、总、训。

你们用的听差甚有良心，听伏园说，如果离开厦门，他也肯随行，他要是好的，何妨带他在身边听候长期使用呢？

少爷们的吵嘴，不理也好，因为顾此失彼，两姑之间难为妇，到底是牵入圈套而不讨好。

外面北伐事，广州也说得甚好，说周荫人已死及北伐，西北军的进行顺利，都是好的。此时大约没有问题。

广州天气日来不凉不热，穿二单衣正好。自我回来至今，校内外不断发生时症，先寒冷交加，后出红点，点退人愈，我大约在京打了两针的好处，总是没有传染此种轻流行症。

你能静坐默念〇〇吗？他也喜欢默念，时间是睡不着和早上醒来为多。广东听说阴历年放长，阳历短。厦门如何呢？

各式人等，处处都是，就是黄金世界也如此。我们只问世界人的产生，上帝为什么不做同一的模。这是一样巧妙的事情，使我们不平凡。下次再谈了。

Your H. M.　十月卅晚

四一、一九二六年十一月四日
（26.7cm × 20.3cm）
共二页

My dear teacher：

我前信已经说，我这個学校發生事情了，現在告訴你這幾天的好玩工作，現在雖然似乎更多事做，但也不見得，一個空间同時不能容二物的，所以我現时之忙，不至彼而至此，可是興趣多，我的精神快樂起來了。

我们不滿意於這校学生，自入校至前幾天，個個教職員都提心吊胆來順從委曲將就她们，而不特不得小姐滿意，且我们办事的弄得筋疲力竭，叫苦連天，忽然间一個機会來了！原來這十月廣州学生聯合会例須召集各校開全体大会，每校廿人中選举一人出席，我校学生会為右派把持，右派自樹的派就是被逐出境各校樹的派（以手杖一根的一為武器，以攻打敵党，有似意大利棒喝團）份子次第消滅，惟我校保護仍存，且把持学生会。至十月廿九（星五）接廣州学联会通知派出席代表後，我校学生会主席李秀梅先不將函公佈，暗中策劃已派好了若干人為預選人，布置妥当，然後於（星六）卅日早王黑板布告学生会開全体大会選举代表会，时间是下午二時二十分鐘，但不依校规先通知学校，当由我叫学生会代表來質问，始着令將時间改至午後，由我探听，始知選举大会為選举出席学生聯合会事，而黑板不明寫，顯見含有作用，我想這関係於学生界及学校前途甚重，因急向与我们同意見之学生聯絡，希望其有法对待這次選举黑幕。及星六上午学生会主席名李秀梅的，因早上開会被干涉，乃改於午十二时開全体大会，但仍不先得学校允可，並候至十二时半人全到校上課時始搖鈴開会，而有些学生則因先生已到教室照舊上課，有些則至会场彈劾這次会议主席舞弊違法，及星期日（卅一）該違法学生大会所選出之代表到学联会出席時，反对之学生則亲携公函向大会否認其代表資格，由青年部判决，認有糾紛，不許出席，是日学生会更因有別校同此情形，變成流会，改於星期日（七号）再召集大会，而代表学校之学生廿九人則如何解决？該学生会主席自知罪，設法遮掩耳目，再於七号午後代表出席学联会之前二三時召集全体代表会议，追認該日選出之代表為合法，更開大会討論，而派別糾紛，学校須制，而反右派之学生則貼標貼，聲律罪以宣布李秀梅主席罪狀，学校特亦見糾紛，禁止兩方開会，一面請中央，省，市三青年部長到校演說反動派情形，学校不準学生開会，而学生須要求卷再令其開会，兩方有二人布告意見，更由学校布告實情，然後宣告散会，但右派不受約束，仍要继開，並呼校長反革命，当將說話者記住，後組織特別裁判委員会，议决主席犯校就说校长是反革命的那個，则请其做导師長，亦开除，立即布告今日（星四，十一月四日）为开除学生之第一日，看来各班照常上课，無罢课，更不会开会。但右派暗中活動，请各班人簽名，闻明日（星五，五号）或有游行散传单示威，或硬拥已开除之主席回校主持开会，但未必更有何種重大行動。因中山大学的反革命右派分子如樹的黨沈洪某等，平日互携，以中大为大本营，操縦各校学生会，現中大改組，中大学生会為左派支配，而中央，省市各青年部長（管轄学校）亦多与左派接近，故我校反動派没法帮助，结果学校或者由右而向左轉，姑無論其辦法是否先停办或另有他法，總之，離開此校，我早亦願意，现天假机会解散，於党，於学校改变舊日右傾而左轉，則不枉我回母校一次，自捱數月，這里成功的话，無说失敗，被学生攻倒，也没有什麽，反正我從未打算在这里久担擱。

今日閱报，说闽南已被革命軍肅清，閩周要赴回厦门，那麽，厦门交通不知有没有变，此信能早日到否？

李遇安日前来一信，说見伏园，知我来粤，約晤一见，他是老实人，我回信给他，有空到校来了。

廣州陰涼起来，早晚穿夾，中午穿單衣一件可矣。

伏园已回厦否？他既由厦来粤作事，又回去，有什麽原故？

这些天我在校加倍用心对付敌人，閒的时候也想起没有来信，今晚一查，則卅一纔收廿八的一信（廿四號），可見這里耽擱了。

你也孩氣十足，所以我雖然困倦，也欢喜寫幾句話，但以後或多隔幾日寫信，必是有趣的向敵人奮鬥事忙，精神愉快，不須掛念，要说的话太多了，先暫談住了。

your H.M. 初四晚十一时半

释文

My dear teacher：

我前信已经说，我这个学校发生事情了，现在告诉你这几天的好玩工作，现在虽然似乎更多事做，但也不见得一个空间同时不能容二物的，所以我现时之忙，不在彼而在此，可是兴趣多，我的精神快乐起来了。

我们不满意于这校学生，自入校至前几天，个个教职员都提心吊胆来顺从委曲［屈］将就她们，而不特不得小姐满意，至我们办事的弄得筋疲力竭，叫苦连天，忽然间一个机会来了！原来阳十月广州学生联合会例须召集各校开全体大会，每校卅人中选举一人出席。我校学生会为右派把持，右派自树的派沈洪慈被逐出境，各校树的派（以手杖——粗的——为武器，以攻打敌党，有似意大利棒喝团）份［分］子次第消灭，惟我校余孽仍存，且把持学生会。在十月廿九（星五）接广州学联会通知派出席代表后，我校学生会主席李秀梅，先不将函公布，暗中策划己派份［分］子若干人为预选人物，布置妥当，然后于（星六）卅日早在黑板布告学生会开全体大会选举代表会，时间是下第二时之十分钟。但不依校规先通知学校，当由我叫学生会代表来质问，始答应将时间改至午饭后。由我探听，始知选举大会为选举出席学生联合会事，而黑板不明写，显见含有作用。我想，这关系于学生界及学校前途甚重，因急向与我们同意见之学生联络，希望其有法对待这次选举黑幕。及星六上午学生会主席名李秀梅的，因早上开会被干涉，乃改于午十二时开全体大会，但仍不先得学校允可，并候至十二时半人全到校上课时始摇铃开会，而有些学生则因先生已到教室，照旧上课，有些则在会场旁弹劾这次会议主席舞弊违法。及星期日（卅一）该违法学生大会所选出之代表到学联会出席时，反对之学生则亲携公函向大会否认其代表资格，由青年部判决，认有纠纷不许出席，是日学生会更因有别校同此情形，变成流会，改本星期日（七号）再召集大会。而代表学校之学生廿五人，则如何解决？该学生会主席自知罪设法遮掩耳目，更于七号午后代表出席学联会之前二三时召集合法班代表会议，追认该日选出之代表为合法，更开大会讨论，两派引起纠纷。学校强制，而反右派之学生则贴标贴，发传单以宣布李秀梅主席罪状。学校藉口免纠纷，禁止两方开会，一面请中央、省、市三青年部长到校演说反动派情形。学校不准学生开会，而学生强要求，答应令其开会。两方有二人布告意见，更由学校布告实情，然后宣告散会，但右派不受约束仍要继开，并呼校长反革命，当将说话者记住，后组织特别裁判委员会，议决主席犯校章开除，说校长反革命的那个，则谓其侮辱师长，亦开除，立即布告。今日（星四，十一月四日）为开除学生之第一日，看来各班照常上课，无举动，更不令开会，但右派暗中活动，请各班人签名。闻明日（星五，五号）或有游行散传单诉冤，或硬拥已开除之主席回校主持开会，但未必更有何种重大行动，因中山大学的反革命右派分子如树的党沈洪慈等，平日在广州以中大为大本营，操纵各校学生会，现中大改组，中大学生会亦为左派支配，而中央、省市各青年部长（管辖学校）亦多与左派接近，故我校反动派虽设法求助，结果学校或者由右而向左转。姑无论其办法，是否先停办，或另有他法。总之，离开此校，我早亦愿意，现天假机会，能稍尽力于党，使学校改变旧日右倾而左转，则不枉我回母校一次，白捱数月，这是成功的话。若说失败，被学生攻倒，也没有什么，反正我并未打算在这里多担搁。

今日阅报说闽南已被革命军肃清，闽周兵逃回厦门。那么，厦门交通不知有没有变，此信能早日到否？

李遇安日前来一信，说见伏园，知我来粤，约时一见。他是老实人，我回信给他，有空到校来了。

广州陆续凉起来，早晚穿夹，中午穿单衣二件可矣。

伏园已回厦否？他既由厦来粤作事，又回去，有什么原故？

这些天我在校加倍用心对待敌人，闲的时候也想起没有来信，今晚一查，则卅才收过你的一信（廿四寄），可见这是我孩子气了。

你也孩气十足。所以我虽然困倦，也欢喜写几句话，但以后或多隔几日写信，必是有趣的向敌人奋斗事忙，稍闲即复，不须挂念，要说的话大约够了，先暂『带住』。

Your H. M.　十一月四晚十一时半

四二、一九二六年十一月七日
（26.7cm×20.3cm）
共二页

My dear teacher：

這幾天因為学校有事，又引起我的老毛病，有事写不出字来，所以五日接到你廿九、卅日二信，幾次想执笔而仍搁下。

上面是昨晚写的，但仍继续不下，今早（星期）再写以下的话。

五号寄一信，不是把我校风潮说及了吗？現時还未止，但也不十分激烈，因树的派（右）自中大停办改组後，大本营已推倒，我校把持学生会的份子，实在命至垂危，无多大力量，不过我觉女子说是比较和黑暗接近，判断力薄弱，所以学校现象，中立一部分，反对一部分，而反动者占势力，中立者为学校所压，不敢动，而心则同情于反动，谓学校开除为太忍。而尤可笑者，她们因学校禁止其一切集会，昨日乃在校之四周标贴开会解决，请求学校收回开革二生，否则行第二策（罢课），再否则行第三策（十二個团体署名，即十二响驳壳枪对待也），这是卑劣的威吓，同時校長又接到一封信，是英文的，信中左右画一刀一枪，末问校長喜欢要那一個，这可见右派末日，无处伸诉，只得用恐吓，以希冀收效，这是广东学潮的一般新颖的事。你想，懦弱胆怯的女学生，学校开除了二人，她们还不敢有罢课驱校長之事，仍安然上课，向校長要求恢复学籍，如果她们有强硬的手段，何必如此？不过自從学潮起後，那些学生（多数）以为我袒护一方，或從中主持，而且我地位是训育，直接惩罚她们，所以疑矢之的，她们以前见我十分客气，表示欢笑的，現時或勉强招呼，或佯作不见，或怒目而视，总之感情破裂，难以维持。此学潮一日不完，我自然硬干下去，但一完了，我立即走，此時如汕头还请我去，即往汕，否则另觅事做，能够把学校转过来，也不枉我委曲吃苦的回来的收效。如她们闹得太凶，没法处理，则打算照中大办法，重新考试，总之我们是具十二分坚决心，校長教职员有力者都是，事甚好做。

昨日领到十月份薪，小洋45元，另外有库券及公债，但前月库券日间兑现，可得廿金，共六十余元，省的话人，未尝不够用，我相信我很能花钱，但又无時手中不有幾文钱，所以太多不好，勉强够就是了，而且前月还剩下十余元。

你以前实在太傻，一味不知到个人接步，一天劳精耗神于为少爷们做当差，現時知到觉悟，这是你的好处。

对于亲戚本家，我早已感觉其情，如你所说，所以一提到回粤，我立即向你说回粤做事不好对付，但我現時不怕他们，我量力而来，硬来我当决然不理，不过有時并不硬。

可怜之状，悽惨之情，令人心痛，而我的哥哥的死更至可怜。听说刑事有人阴作圈套令他劳死的。见着寡嫂幼侄，心中难过了。所以我有时想不理她们，有时又想努力助她们为哥哥出一口气给他人看，两种心情冲突，这是叫我难于决断的出现时内。

战事没有甚新闻，惟昨日报载江西之九江已攻下了。今日为苏俄十月革命纪念及农工各会社组织纪念会，星二（9日）为广州光复纪念，放假一天，星五（十二）为孙中山生日纪念，此处有大庆祝，届时又有一番忙碌了。

你说"做事没有上半年那么急进了"，也许是进步，但何以上半年那么急进呢？是因为有人和你淘气吗？请你不要以别人为中心，以自己为主宰。

至有刺的铁丝网跳过，我默然在脑海中浮现那一幅图画，有一个小孩子跳来跳去，即便怕到跌伤，见着的也没有不欢喜其活泼泼之地的。如果这也训斥，则教育原理根本错误，儿童天性好动，引入正轨则可，围拿抑制则不可，我是在教育的人，主张如此。

打算安身立命的人都要安居起来，所以至堂不觉一些。把至此时的态度变了。

你廿九、卅两信同时到的，又收到十月廿四寄的一束语丝，内共有四期。

快信变成慢信，实是无法可想，广东的邮政电报也不好，所以两方担误。

你暂不来粤也好，我并不决欲攀扯你来，不过听说厦门情形，我怕你受不住人家气，自己独自闷着，无人瞭解辩争。

我身体好，日来每餐三碗，因为害怕又害起群众了，心中高兴，不觉多食些。现时背后有国民政府，自己是有权有势，处置一些反动学生真至易如反掌，猫和耗子玩，终久是吞下去的，你可知其得意了。

外面鼓声咚咚，是苏俄革命纪念日的工会游行吧！下午也许偷空去访人。要说的都写出来了。

Your H. M.

十一月七日早十时半

释文

My dear teacher：

这几天因为学校有事，又引起我的毛病，有事即写不出字来，所以五日接到你廿九、卅日二信，几次想执笔而仍搁下。

上面是昨晚写的，但仍继续不下，今早（星期）再写以下的话。

五号寄一信，不是把我校风潮说及了吗？现时还未止，但也不十分激烈，因树的派（右）自中大停办改组后，大本营已铲除，我校把持学生会的份［分］子，实在命在垂危，无多大力量，不过我觉女子总是比较和黑暗接近，判断力薄弱。所以学校现象，中立一部分，反对一部分，而反动者占势力，中立者为学校所压，不敢动，而心则同情于反动，谓学校开除为太忍。而尤可笑者，她们因学校禁止其一切集会，昨日乃在校之四周标贴开会解决，请求学校收回开革二生，否则行第二策（罢课），再否则行第三策（十二个B队署名，即十二响驳壳枪对待也），这是卑劣的威吓。同时校长又接到一封信，是英文的，信中左右画一剑一枪，末问校长喜欢要那［哪］一个。这可见右派末日，无处伸［申］诉，只得用恐吓以希冀收效，这是广东学潮的一段新颖的事。你想，懦弱胆怯的女学生，学校开除了二人，她们还不敢有罢课驱校长之事，仍安然上课，向校长要求恢复学籍，如果她们有强硬的手段，何必如此？不过自从学潮起后，那些学生（多数）以为我袒护一方，或从中主持，而且我地位是训育，直接禁罚她们，所以众矢之的，她们以前见我十分客气，表示欢笑的，现时或勉强招呼，或强作不见，或怒目而视。总之感情破裂，难以维持。此学潮一日不完，我自然硬干不去，但一完了，我立即走，此时如汕头还请我去，即往汕，否则另觅事做。能够把学校转过来，也不枉我委曲［屈］吃苦的回来的收效。如她们闹得太凶，没法处理，则打算照中大办法，重新考试。总之，我们是具十二分坚决心，校长教职员，有力者都是左的，事甚好做。

昨日领到十月份薪，小洋45元，另外有库券及公债，但前月库券，日间兑现，可得廿金，共六十余元，省的给人，未尝不够用，我相信我很能花钱，但又无时手中不有几文钱，所以太多不好，勉强够就是了，而且前月还剩下十余元。

你以前实在太傻，就不知到［道］个人娱乐，一天劳精耗神于为少爷们做当差。现时知到［道］觉悟，这是你的好处。

对于亲戚本家，我早已感觉其情，如你所说，所以一提到回粤，我在京即向你说回粤做事不好对付。但我现时不怕他们，我量力而来，硬来我当决然不理，不过有时并不硬，可怜之状，凄惨之情，令人心痛，而我的哥哥的死实在可怜，听说似乎有人固［故］作圈套令他劳死的，见着寡嫂幼侄，心中难过了。所以我有时想不理她们，有时又想努力助她们，为哥哥出一口气给仇人看，两种心情冲突，这是叫我难于决断的，在现时内。

战事没有甚新闻，惟昨日报载江西之九江已攻下了。今日为苏俄十月革命纪念日，农工各会社组织纪念会，星二（9日）为广州光复纪念，放假一天，星五（十二）为孙中山生日纪念，此处有大庆祝，届时又有一番忙碌了。

你说：『做事没有上半年那么急进』，也许是进步，但何以上半年还要急进呢，是因为有人和你淘气吗？请你不要以别人为中心，以自己为定夺。

在有刺的铁丝栏跳过，我默然在脑海中浮现那一幅图画，有一个小孩子跳来跳去，即便怕到跌伤，见着的也没有不欢喜其活泼泼地的。如果这也『训斥』，则教育原理根本谬误。儿童天性好动，引入正轨则可，固［故］意抑裁则不可。我是办教育的人，主张如此。

打算安身立命的人都来安居起来，何以玉堂不感觉一些，把在北京时的态度变了。

你廿九、卅两信同时到的，又收到十月廿四寄的一束《语丝》，内共有四期。

快信变成慢信，真是无法可想，广东的邮政电报也不好，所以两方担［耽］误。

你暂不来粤也好，我并不决欲耸拥［怂恿］你来，不过听说厦门情形，我怕你受不住人家气，自己独自闷着，无人在旁慰藉耳。

我身体好，日来每饭三碗。因为害马又害起群来了，心中高兴，不觉多食些。现时背后有国民政府，自己是有权有势，处置一些反动学生，实在易如反掌，猫和耗子玩，终久是吞下去的。你可知其得意了。

外面鼓声冬冬［咚咚］，是苏俄革命纪念日的工会游行吧！下午也许偷空去访人。

要说的都写出来了。

Your H. M.　十一月七日早十时半

四三、一九二六年十一月十一日
（26.7cm×20.3cm）
共二页

My dear teacher：

你十一月二日的信，十日到，五日的信，十一到，你寄是前后隔四天，而我收隔天，这也许是广东罢工故，因为广东过于援助劳动工人，所以每逢一有小事如纪念日等，工人即停工游行，报纸一星期能有六天看，算是幸运的，其他更可知了。

你信到我总于回信时提及，便是收到了。所寄刊物，"卅一寄来书九本"（有《彷徨》小说），前已去信到出收单。十一月五日又收语丝（97，98，100，94）四期。封面纸因不留作信封，已毁去，不知是否廿四寄，以时间计算，想无差误。十月六日则确寄来《沉钟》第三、四期及《莽原》共三本一束，于廿七到，前去信说及，记日记如此粗心，偶尔一误，应打手心，姑念远隔，暂且记账。

我觉得玉堂总是小孩子，并也年轻，自然有许多地方看不出其不对，因为自己年龄差不多。你对他的处理，实在教人说有不放心的了。

伏园于前月底动身回厦，现当到步了。中大彻底[illegible]大树的派，现改试完，不久揭晓其文学英语程度了。总之，十之九是左倾。

你能玩也好，希望多玩些，但是，不因为讨厌的人或事太多，令你无心工作吗？

曹某的文稿，说是□□女校生，是否知有人用此名而故意影射，使你触目！我疑心是少爷们，较知底细的少爷们，冒充上海大学曹某而作。

留学生至薪水也冒称代表，这似乎应由你向语丝声明，以免后来流弊。

研究技俩，不必谈罢，徒费我们心思，横竖他们是一堆没出息。

马裁脾气，现在又胜利了，顺水推舟，毫不费力就成功，好似一跃而登天下，功夫不大，而实则机会使然，自然而然，又有各方扶助，我不过坐使费动耳。自开除李、陈二学生后，反动学生，前被开出者于此先是与自相抑制，要学校压迫不开会，后得行开会，向政府请愿，但政府已完全接受我们学校处理得为至当。自中央至省市，由青年部长（主管学界）至省教育厅所组织之学潮委员会，而议决依学校所为，以后如有反动，即由校依校章处理，现时该反动学生计不得逞，则每夜半至校四周偷贴辱骂学校，或诬蔑校长之标贴，又嗾使被革之生家长函，人到校质辩，这是无聊之举，不足为惧。以前怕她们请愿不遂会罢课，但看此情形，不成问题了。现将反动与革命的两方印刷寄一份，即知大概。但此事发生后，校中主持之人除我而外有五六位先生，于暗中指挥革命学生，天天晚上开会训练她们，白天又上课，有必要又出席学校会议，裁判学生，所以主反动分子十分忌恨，感情也破裂了，這些先生，多是教課甚佳，可為思想導師，行動的教授，但平時無論如何受信仰，此時都要改變了，好似你在女師大國文系要除衡粹輩對待一樣，這情形在改革時自然不理她們，但在教學上，失了感情信仰，則上課也無味了，而且學校經費也實在叫人難以支持，所以昨日（十日）有兩位很出力的先生提出辭職，一個要去俄國，一個要去黄埔作教官，不能留，當即集我們幾個人秘密會議，主張由校長辭職，我們數人也去，另換我們一派的，如此換湯不換藥，既可減學生目標，也可謀學校發展，而且現在之校長也甚軟弱，此回事是受多人包圍而做的，又校長在校任事數年，舊人不便全去，也非根本改革之法，所以我們去較不去佳，此計畫早則日間實現，遲則維持到十一月末，或至本學期末，而我本身就視時情形，有人介绍我到汕頭做市婦女部長，但尚未一定，但以去汕成分為多，能否實現，或在廣州可另覓事較汕佳，自然暫不離粤，候年假可玩一通，否則在汕也相隔不遠，亦佳，你以為何如？

今晚為預備慶祝孫中山誕日提灯大会，我晚飯後即约表妹到大馬路一座婦女俱樂部的三樓上，候至七時略過，即有提灯会人來，每隊人中有人人執灯的，有隔數人執灯的，灯以紙作，頭隊為長方形，有各種裝飾，色彩，大小不同，中燃燭，另外有魚灯，各種扎糊灯，各種形狀大小不同之灯，而以扎出黨旗之星形為多，有舞獅子的，我們的樓在財政所前，弄獅的人直入所內，甚為熱鬧，直至快到九時纔走完，中間有軍樂隊，有口號，有唱革命歌，有聲有色，較日間稀々之拿住一支小旗成隊走的好多了，一個人死了，能如此紀念，真是看見時心中不覺有大丈夫當如是耶之感。明日為正誕日，學校放假一天，在校中早九時聚集，十時行紀念会，十一時出發巡行，我還是要陪學生去，好在我在北京巡行慣，而且我也好動的，自己去渡時帶住學生，又可看熱鬧，又可出風頭，你羡慕否？

廣州天氣甚佳，現時不過穿二單衣，秋高氣爽，正是宜人，畏寒的穿夾衣早晚足够了。我雖然忙，但也有機会做鎖事，日前織成一件毛絨衣，我自己用的，現在織開一件毛絨小半臂，是藏青色，但較深的，因不易買到平時要的一式一樣，以己之心度人，我看這顏色不壞，做好時打算寄去，現已做成大半了，不見得心細手工佳，但也是一點意思，可以在稍暖時單穿，或在絨衣上加穿亦可，取其不似棉的厚笨而適體耳。

傻孩子坐電灯下默着幹嗎？該打，不好々讀書做事！

Your H.M. 十一月十一晚十一時……

省立女師學生會爲選派代表出席「各校代表大會」及學校無理開除李秀梅斥退蔣仲篪事宣言

本來，在這個北伐時期，後方羣衆不幸發生糾紛的時候，我們還要極力使之消除；本無糾紛的時候，我們怎可挑之撥之，使生糾紛。

這次廣州學聯會召集各校代表大會，吾女師同學卽照章召集大會，正式選出出席代表。代表大會開會時，雖有三四同學到會搗無理反對，然經市青年部長陳其瑗在場解釋，以三數人不能反對大會所產生之代表，以女師代表是正式，絕無問題，學聯會處理得當；本來已是絕無問題了，亦就是絕無糾紛發生之可能了。

然而，絕無問題，絕無糾紛之事，學校方面，偏要使之成爲問題，發生糾紛，小題大做，節外生枝，組織什麼「特別裁判委員會」，解決此次之所謂糾紛。其組織之動機，我們固不得而知，其裁判之結果，就使我們不得已于言了。

十月卅日，會員全體大會所產生之正式代表，廣州學聯會所承認之正式代表，市青年部長所視爲絕無問題之正式代表，已在這個所謂「特別裁判委員會」裁判之下，宣告無效了，宣告非正式了！最革命，最努力，最爲同學謀利益，最有學問，最守校規之同學李秀梅蔣仲篪，亦已在這個所謂「特別裁判委員會」裁判之下，宣告開除，宣告斥退了！

該所謂 特別裁判委員會」之產生，既絕無法律之根據，卽所提之理由，都不成其爲理由，（一）十月三十日開會時間爲正午十二點，正當休課之時，佈告具在，斷不能認爲十二時半始開會也。後以討論事項尚未完，而上課時間已迫，衆同學以此會爲迫切而重要，皆自願告假，請繼續開會，經主席李秀梅通知學校，且事前既得學校許可，何得謂爲違背教育行政委員會休課條例。（二）未開會之前，明明已得學校許可，事實俱在焉能抹煞謂爲未得允許？（三）召集手續，明明經佈告通知，各同學皆能到會，亦經呈法定人數，何得硬謂以有爲無？（四）小學選舉權，更不成問題，該日經正式通知小學參加開會，亦經得小學派有全權代表出席。何得謂爲壟斷小學選舉？學生會章程固有召集大會必經級代表大會之規定，然當廿九日午始接到廣州學聯會之函促於三十一日選派代表主席，是時時間已迫，乃由同學請求直接開大會，事後又得級代表會議之追認何得謂當違背學生會章程？這樣看來，該委員所提理由，都是勉強的，不能成立的。那麼他們的斷案自然錯悞了！十月卅日之大會，自然合法而無疑義了！

上述五點，既已解決，便不能加李秀梅以?違法召集開會，違犯校規，釀成糾紛，損壞學校名譽」的罪名了，李秀梅便無被開除學籍之理了！

至于蔣仲篪因當十一月三日教務主任既許學生會召集大會于前，校長又復制止于後，經羣衆環請，始終不准，蔣君乃委婉進言說：「學生集會，本有自由，今校長多方阻撓，未免太過壓迫呵！」這種事實，人人共知。今學校乃誣以「高呼校長反革命」之事實，加以「侮辱師長」之罪名，而把他斥退。這實在是未免太壓迫呵！

總之，無論如何，李秀梅此次之措施一切，完全秉承全體同學之公意；蔣仲篪之仗義執言，亦是代表同學說話，一切問題，應由本會受全體同學負責，斷不能由李蔣二君負責。所以，卽使大會之召集，果如該委員會之所謂不合，卽使蔣君之發言，果如該委員所說之謬妄，亦只有處分吾全體同學，而不能開除及斥退二君。況其開除及斥退，絕未經過校務會議議決，其不合手續肆行壓迫，更可知了。

今學校竟不顧一切，既否認絕無問題之正式代表，又無理開除及斥退李蔣二君。那末，「挑撥糾紛，壓迫學生」，學校當局，責無旁貸。所謂「堅決態度」所謂「澈底辦法」，所謂「斷然處置」，原來如此；怎教我們同學不失望呢？

該所謂「裁判委員會」還議決一條更有意義的議案，就是「在糾紛未解決以前，爲仲裁時間，學生一切開會應暫行制止，以免發生誤會，阻碍仲裁，如有違犯，由主席負責，此案由本會請學校當局執行。」這條議案表面看來，似乎是有意免除糾紛，其實是他們的高壓手段。否則，同學就不能任其爲所欲爲了！

同學們！革命的同志們！我們由這個青天白日旗幟下之女師風潮之感觸，我們對于北方軍閥學閥之壓迫學生之行爲，就不能不與以充分之原宥了！

本會爲代表女師同學利益，尤其爲代表革命同學利益之機關，對于此等不平之事，自不能緘默無言，坐視不救。願率全體同學，爲公理後盾，爲被壓迫同學聲援，而與惡劣之勢力，環境相周旋。幸社會人士，加以公正之批評，與以相當之援助，本會幸甚，被壓迫同學幸甚。

十五，十一，六。

附一：《省立女师学生会为选派代表出席“各校代表大会”及学校无理开除李秀梅、斥退蒋仲篪事宣言》

（22.5cm × 32cm）

共一页

駁斥所謂省立女師學生會援助被革同學李秀梅蔣仲篪宣言

本月六日有所謂「省立女師學生會」發出宣言替本校出席各校代表大會的非法代表「」，和因犯校規被革除的同學李秀梅蔣仲篪兩人辯護。杳該宣言不過由與李秀梅一鼻孔出氣的少數反動分子所召集的特項委員會假借學生會名義發出，同人等早已聲明在先，在糾紛未解決以前所有集會皆屬違法，同人等絕對否認，是則該宣言實不能代表本校學生會全體之公意，本無一駁之價值。不過該宣言，揑造事實，顚倒是非欲以靠時瞞蔽同學之伎倆施之于社會人士故不能不逐一駁斥如下。

（一）三十一日出席各校代表大會之本校代表，自經當場由同人等，代表否認之後，本校代表的資格即提交三青年部審查，事實具在，見于報章，豈容塞頼，謂當日之非法代表爲正式，爲絕無問題。且特別裁判委員會判决時，市青年部長省青年部長列席參加裁判，一致主張表决認本校出席各校代表大會之代表的產生爲非法，則該代表之無效，更無狡辯之餘地了。

（二）該宣言謂特別裁判委員會爲絕無法律之根據，竟欲根本否認特別裁判委員會之議决案。不知訓育主任有維持學生秩序調解學生糾紛之權責，條文見于學生須知內第三章第五節訓育主任權責一項，當日同學既有糾紛，訓育主任便召集敎職員開訓育會議，由訓育會議產生特別裁判委員會。該特別裁判委員會本附于訓育處，并不須經過校務會議，有行政組織系統表可查，發出該宣言之人，并非自外生成，并非盲目連「學生須知」也不曾讀過，何得强謂特別裁判委員會爲絕無法律根據。而且特別裁判委員未組織之前，在十一月一日早紀念週時曾由學校將特別裁判委員會辦法當衆宣佈，徵求同學意思，那時同學只有同聲大呼信任，并無否認之言，特別裁判委員會之爲合法，才是眞「絕無問題」呢。

（三）該宣言又謂特別裁判委員會之斷案爲錯誤，更屬淆亂黑白，誑言無恥。（甲）十一月三十日李秀梅召集之會，學校只許其在十二時召集，而李秀梅所出佈告雖定十二時開會，而實際上搖鈴召集則在十二時半上課時間，故有數班同學因上課而不赴會。李秀梅竟昂然不顧不待學校許可就在這上課時間開會。則該會之爲違反敎育行政委員會休課條例，至爲明顯。（乙）學校只允其在十二時休息時間開會，絕未曾允許其在十二時半上課時間開會。故該會不能爲事前得學校允許。（丙）李秀梅當日通知各班同學開會時只聲明爲選舉代表而召集并不聲明選舉何種代表又未經過級代表會議，與學生三十人以上人數之簽名，而遽召集臨時大會，又延至上課時間而後開，其爲不合手續，有意包辦，自不待言。（丁）當日小學出席所謂全體臨時大會之學生不過二人，并無代表小學學生的資格，兩人本人和小學學生會已聲明不承認，有小學學生會之佈告可查壟斷之罪，証據確鑿，（戊）該會召集之爲違背學生會章程李秀梅和該宣言都已自

附二：《驳斥所谓省立女师学生会援助被革同学李秀梅、蒋仲篪宣言》
（24.6cm × 54.5cm）
共一页

，宣佈散會之後，有一部分同學竟不服校長制止，不聽市青年部長陳其瑗先生之勸告，硬要繼續開會。更有蔣仲篪起立舉臂高呼道：「青年部長、你是革命的人准我們開會，（其實陳部長何嘗准他們繼續開會）校長却制止我們，校長是反革命！」這種辱罵，有耳共聞，囂張之狀，有目共覩，他所捧的陳部長便是第一個見証。這樣明顯的事實，該宣言也矢口不承認，尙說甚麼委婉進言。這篇宣言，眞是白晝發夢，自露馬脚。

（五）查十一月三十日李秀梅非法召集大會之後，同人等已認爲非法，曾當面向李秀梅質問，李秀梅初則强謂主席有權召集大會。後經駁難乃啞口無言，是則該會召集之違法，當由主席李秀梅個人負責，因該會違法而發生之糾紛，亦應由李秀梅個人負責。學校因此而施以開除的懲戒，幷非過當，安能委罪于衆人。

（六）最後同人等尤有不能已於言者：自前一學期廣州學生發生糾紛以來，廣州學聯會，爲樹的派學生所把持。因此假借學聯會而做的反革命的行動，層出不窮，最顯而易見的事實，便是公然援助被中央黨部下警告處分的樹的派領袖沈鴻慈，和援助搗亂一中的樹的派學生。女師爲省立學校，在黨的指導之下，本應絕對服從黨的意旨，而不容有絲毫反革命的行動，不料自李秀梅少數分子主持學生會以來，操縱會務，瞞蔽同學，勾結學聯會之樹的派，事事服從學聯會樹的派的指揮，使黨指揮下的女師學生竟與反動的樹的派一氣，與黨相反。同人等痛心已久。這次學聯會改選，李秀梅更欲以非法的選舉，選出代表以延長廣州樹的派學生的生命。以太過倒行逆施之故，而激動同人等公憤，黨青年部和學校的制裁，以致計不得逞乃猶肆其蠱惑，四出煽動，以爲同學和社會人士皆盡愚聾，可以蒙騙。不知這回對于李秀梅等的懲戒，省青年部長，市青年部長既已表一致之主張，而中央青年部則交全權于市青年部長辦理。是則這回種種處分直是黨的意思，而學校不過一執行者，我們不是吳佩孚孫傳芳，陳烱明的走狗，爲甚麼要起來反對。同人等謂李秀梅少數分子和樹的派勾結，幷非誣揑。舉一個最顯明的証據可以知道。學校佈告開除李秀梅等不過三日即有樹的派把持之學聯會代表兩人到學校來替李秀梅辯護，其與廣州學聯會之援助樹的派領袖沈鴻慈，如出一轍。又六日朝早學校附近，貼有標語，恐嚇學校，這種行動，完全是樹的派的行動。雖欲百辯，亦不能自解。

同人等對于李秀梅個人和發宣言的個人幷無惡意，不過以違法的舉動，應該糾正，樹的派的反動勢力，應該排除，黨的意旨應該服從謬誤誣揑的宣言，應該嚴詞批駁，故鄭重宣言如右。

革命的同學們呵！革命的各界民衆呵！我們在黨的革命的政府之下，我們應該服從黨的指揮，認清楚誰是革命和反革命。掃除反革命者，以使廣州的學生糾紛，繼女師之後而俱澈底解决，則女師幸甚，廣州學生幸甚，國民黨幸甚。

省立女師學生 冼悟曇 沈學修 章菊芳 郭淑貞 等百餘人啓

释文

My dear teacher:

你十一月二日的信，十日到；五日的信，十一到。你寄是前后隔四天，而我收隔天。这也许是广东方面原故，因为广东过于援助各种工人，所以每逢一有小事如纪念日等，工人即停工巡行。报纸一星期能有六天看算是幸运的，其他更可知了。

你信到我总于回信时提及，便是收到了。所寄刊物，十月廿一寄来书九本（有域外小说），前已去信列出收单。十一月五日又收《语丝》（97,98,100,94）四期。封面纸因不留作信封，已毁去，不知是否廿四寄。以时间计算，想无差误。十月六日则确寄来《沉钟》第三、四期及《荆棘》共三本一束，于廿七到，亦去信说及。记日记如此粗心，混为一谈，应打手心。姑念远隔，暂且记账。

我觉得玉堂总是小孩子，黄也年轻，自然有许多地方看不出其不对。因为自己年龄差不多，你斟酌处理，旁人没有不放心的了。

伏园于前月底动身回厦，现当到步了。中大彻底淘汰树的派，现考试完，不久揭晓其办学真正态度了。总之，十之九是左倾。你能玩也好，希望多玩些，但是，不因为讨厌的人或事太多，令你无心工作吗？

曹某的文稿，说是□□女校生，是否知有人用此名而故意影射，使你触目！我疑心是少爷们，较知底细的少爷们，冒充上海大学曹某而作。

留学生在东京也冒称代表，这似乎应由你向盐氏声明，以免后来流弊。

研系技[伎]俩，不必谈罢，徒费我们心思，横竖他们是一堆没出色。

马发脾气，现在又胜利了，顺水推舟，毫不费力就成功，好似『一怒而安天下』，功真不少，而实则机会使然，自然而然，又有各方扶助，我不过主使发动耳。自开除李、蒋二学生后，反动学生，前数日出尽方法，先是强自抑制，受学校压迫不开会，后强行开会，向政府请愿。但政府已完全接受我们学校处理，认为至当。自中央至省、市三青年部长（专管学界）至省教育厅所组织之学潮委员会，亦认决依学校办法，以后如有反动，亦由校依校章办理。现时该反动学生，计不得逞，则每夜半在校四周偷贴辱骂学校，或恐吓校长之标贴，又嗾使被革二生家长函，人到校质辩。这是强弩之末，不足为惧，以前怕她们请愿不遂会罢课，但看此情形，不成问题了。现将反动与革命的两方印刷寄一份，即知大概。但此事发生后，校中主持之人，除我向有五六位先生，专暗中指挥革命学生，天天晚上开会训练她们，白天又上课，有必要又出席学校会议，裁判学生，所以在反动分子，十分忌恨，感情也破裂了。这些先生，多是教课甚佳，可为思想导师，行动的教授，但平时无论如何受信仰，此时都受攻击了，好似你在女师大国文系受陈衡粹辈对待一样。这情形，在改革时自然不理她们，但在办学上，失了感情、信仰，则上课也无味了。而且学校经费，也实在叫人难以支持。所以昨日（十日）有两位很出力的先生，提出辞职。一个要去俄国，一个要去黄埔作教官，不能留，当即集几个人秘密会议，主张由校长辞职。我们数人也去，另换我们一派的。如此换汤不换药，既可减学生目标，也可谋学校发展，而且现在之校长也甚软弱。此回事是受多人包围而做的，又校长在校任事数年，旧人不便全去，也非根本改革之法，所以我们去较不去佳。此计画早则日间实现，迟则维持至十一月末，或至本学期末。而我本身，就现时情形看，有人介绍我到汕头做市妇女部长，但尚未一定，但以去汕成分为多。能否实现，或在广州可另觅事较汕佳，自然暂不离粤，候年假可玩一通，否则在汕也相隔不远，亦佳。你以为何如？

今晚为预备庆祝孙中山诞日提灯大会，我晚饭后即约表妹到大的马路一座妇女俱乐部的三楼上，候至七时略过，即有提灯会人来，每队人中，有人人执灯的，有隔数人执灯的。灯以纸作，头队为长方形，有各种装饰，色彩，大小，不同。中燃烛，另外有鱼灯，各种水果灯，各种形状大小不同之灯，而以札［扎］出党旗之星形为多。有舞狮子的，我们的楼在财政厅前，鼓狮的人直入厅内，甚为热闹，直至快到九时才走完。中间有军乐队，有口号，有唱革命歌，有声有色，较日间赖［懒］洋洋执住一支小旗成队走的好多了。一个人死，值死如此纪念，真是看见时心中不觉有『大丈夫不当如是耶』之感。明日为正诞日，学校放假一天，在校中早九时聚集，十时行纪念会，十一时出发巡行。我还是要陪学生去，好在我在北京巡行惯，而且我也好动的，自己去没味，带住学生，又可看热闹，又可出风头，你羡慕否？

广州天气甚佳，现时不过穿二单衣。秋高气爽，正是宜人，畏寒的穿夹衣早晚足够了。我虽然忙，但也有机会做锁［琐］事。日前织成一件毛绒衣，我自己用的。现在织开一件毛绒小半臂，是藏青色，但较漂亮的，因不易买到平时要的一式一样，以己之心度人，我看这颜色不坏，做好时打算寄去，现已做成大半了。不见得心细，手工佳，但也是一点意思，可以在稍暖时单穿它，或在绒衣上加穿亦可，取其不似棉的厚笨而适体耳。

傻子独坐电灯下默着干吗？该打，不好好读书，做事！

Your H. M.　十一月十一晚十一时

【剪报释文略】

四四、一九二六年十一月十三日
（20.6cm×13.4cm）
共二页

My dear teacher：

我刚闲一点，想回谢弟弟的信，忽然心血来潮，還是想寫給你，我就從寫了給謝弟的信頭句中"蕩住"，而再拿張紙給你寫。

我今日（十三）甚安閒，昨日下午為孫中山誕日游行，不是已有信告訴你了麼，下午三時多就回校，有小小倦也還可以，坐着無事，織毛線背心，今日學校因昨游行之故，再放一天休息，早間無事，坐在寢室繼續做手織，十一時出街理髮，買一双布鞋，訂一双皮鞋，到家裏看一回，而今天叫我歡喜的，就是我訂了一個好玩的圖章，要鋪子刻"魯迅"二字，篆字陰紋，這圖章現雖看起全是闪闪有光，說是不是期期做起（价錢並不貴，别心裏先罵），打算和做好的毛線小半臂一齊寄去，這小半臂今天也做起了，今日成功了兩件快意事，但依害馬皮氣，恨不得立刻寄到，然而圖章是二天才做成，此處郵局也太不發達，分局不寄包裹，總局甚遠，在沙基左近，要當場驗过才封口，我打算下星四或星五自己寄去，算起來你要十二月初一前後才能收到，也算快的了，我原也曉得等幾面時是上，但這樣我更等不住了。

學校暫時沒動作，關於風潮的事昨晚見一教員，她是知得反動派一面的，听說她們不甘心開除人，還要鬧鬧到校長身敗名裂云，此話校長也知，她打算看她們怎樣鬧也不怕，但反動派也知必敗，不过後面有人指使，不甘罷手，現時一班北方軍閥，以共產二字誣校長教職員，因廣州一般人也不欢迎共產，奇怪！

your H.M. 十一月十三晚八時半

現時是十三晚十時，寫完前一張給你的信，再續寫寄北京沒換公園謝弟的，又寫封給呂雲章，她在京住不慣，很想來粵入美術院，我聽說美術院是右派人把持，寫信告她不要來，不知她意見如何。

寫完兄謝信，想睡了，但學生寢室未息燈，要十時半之後纔息，現還差半小時，怕我睡了老媽又不理，宿舍燈亮至天明則挨罵，所以不敢早睡，真受罪！

不睡，坐着幹不下事，獨自對着電燈，窗外雖然不是起風，也有一番蕭瑟，想起在北京之夜，取起相片看看，總不如見實體，打算把所有收到字看一遍，忽然想起幾句話。

我初回來時，總是以手探鼻孔取倚物，因北京每天精取如些次，至廣州也照樣取，沒有，於是乎常常把鼻孔挖破，新痕與舊痕相繼，現時乖了，不幹這樣傻事，習慣校回來了，這是經驗先生教我的。

又我初回來時，廣州是食物佳，但每頓飯菜我也不覺得有什麼可口，隨隨便便食兩碗，不多不少，近來卻是胃口開，總食完就想添飯，每食總至三碗，想因學校有風潮罷！

好了，暫不寫了，我要看信也，坐着桌下蚊子咬得很，兩腿似梅花鹿了，討厭之極。

天氣還是煖，只穿二單衣足夠。

明天是星期，姓陳的親戚約我下午到一個學校處，選舉我們番禺縣人辦的番禺中學董事，大約明天沒什麼閒空的了。

YOUR H.M. 十一月十三夜十時十分

释　文

My dear teacher：

我刚闲一点，想回谢的弟弟的信，忽然心血来潮，还是想写给你，我就从写了给谢弟的信几句中『带住』，而开始换一张纸给你写。

我今日（十三）甚安闲，昨日下午为孙中山诞日游行，不是已有信告诉你了么，下午三时多就回校。有小小倦，也还可以，坐着无事，织毛绒背心。今日学校因昨游行之故，再放一天休息。早间无事，坐在寝室继续做手织。十一时出街理发，买一双布鞋，订一双皮鞋。到家里看一回，而今天叫我欢喜的，就是我订了一个好玩的图章，要铺子雕『鲁迅』二字篆字，阴纹，这图章玻璃质，起金星，闪闪有光，说是下星期二做起（价钱并不贵，别心里先骂），打算和做好的毛绒小半臂一齐寄去，这小半臂今天也做起了，今日成功了两件快意事，但依害马皮［脾］气，恨不得立刻寄到，然而图章下星二未必做成。此处邮局也太不发达，分局不寄包裹，总局甚远，在沙基左近，要当场验过才封口。我打算下星四或星五自己寄去，算起来你要十二月初一前后能收到也算快的了。我原也晓得等见面时呈上，但这样我更奈［耐］不住了。

学校暂时没动作，关于风潮的事，昨晚见一亲戚，他是知得反动派一面的。听说她们不甘心开除人，还要闹，闹到校长身败名裂云。此话校长也知，她打算看她们怎样闹也不怕，但反动派也知必败，不过后面有人指使，不甘罢手，现时一如北方军阀，以『共产』二字诬校长、教职员，因广州一般人也不欢迎共产。奇怪！

Your H. M.　十一月十三晚八时半

现时是十三晚十时，写完前一张给你的信，再续写寄北京后孙公园谢弟的，又写封给吕云章，她在京住不惯，总想来粤入学术院。我听说学术院是右派人把持，写信告她不要来，不知她意思如何。

写完吕谢信，想睡了，但学生寝室未息〔熄〕灯，要十时半过后才息〔熄〕，现还差半小时，怕我睡了，老妈又不理，宿舍灯点至天明则挨骂，所以不敢早睡。真受罪！

不睡，坐着干不下事。独自对着电灯，窗外虽然不是起风，也有一番滋味。想起在北京之夜，取起相片看看，总不如见实体。打算把所有收到字看一通，忽然想起几句话。

我初回来时，总是以手探鼻孔取污物，因北京每天能取好些次，在广州我也照样取，没有，于是乎常常把鼻孔拘〔抠〕破，新痕与旧痕相继，现时乖了，不干这样傻事，习惯板〔扳〕回来了。这是经验先生教我的。

又我初回来时，广州虽然食物佳，但每顿饭菜我也不觉得有什么可口，随随便便食两碗，不多不少。近来却是胃口开，总食完就想添饭，每食总在三碗，想因学校有风潮罢！

好了，暂不写了，我要看信也。坐着桌下蚊子咬得很，两腿似梅花点了，讨厌之极。

天气还是暖，只穿二单衣足够。

明天是星期，姓陈的亲戚约我下午到一个学校处选举我们番禺县人办的番禺中学董事，大约明天没什么闲空的了。

Your H. M.　十一月十三夜十时十分

四五、一九二六年十一月十四日
（20.6cm×13.5cm）
共一页

My dear teacher：

今天（十四星期）我早起在寝室看书，十时餘早餐，十一时出门，是日天下雨，天气立刻凉起来，我改穿夹衣，但本地老幼的人们则早穿棉衣了。我出门到一个当局县立師範学校内赴会，今日的会乃因我们县立中学为劣绅土豪包办，经呈控於省教育厅，列举向来办学的[illegible]人積弊，当厅批由县知事召集学界有资望人士於今日午一时开会讨论办法，呈控之文我也列名，所以今日也出席，这是我第一次以乡人资格在本县之表前出席的。控那原办学人的是我们一班青年的捣乱分子，而被控的是原在该校把持的土豪劣绅包办的教职员及县长到来开会了，那被控的人见他们十余个人太少数，而会场则共为二百八十餘人，虽然其中被控人的走狗还有二三十，但也属少数，他们看势头不对，立刻捣乱会场，宣布散会，但我们人不去，结果只走了一小部分人，县长见他们去了，怕事，要改日开会，经多人力争，卒得今日之会合法，并议决以後县中学废校长改委员制，委员任期三年，得连任，又选出筹备这委员九人，又议决登报声明今日经过，並指斥今日会场该把持县中学的旧教职员捣乱中途退席，希图使今日大会流会等節，俱获胜利而归。此一举打倒土豪劣绅包办县立中学教育，真快意人也。害马回粤，没有多大力量，而时会所趋，总不使害马失意。如果害马能努力为人，则说在广州，就是在中国，害马願为一个实行的先锋，而你是害马的指導者。今晚（十四）校长因有一位姓刘的教员替学校风潮很出力，明早搭船往俄，去饯别他，有几个人陪我也在酒醉之後，现十一时了，下次再谈。

H.M. 十一月十四晚十一时

释 文

My dear teacher :

今天(十四,星期)我早起在寝室看书,十时余早餐,十一时出门。是日天下雨,天气立刻凉起来,我改穿夹衣,但本地老幼的人们则早穿棉衣了。我出门到一个番禺县立师范学校内赴会。今日的会,乃因我们县立中学为劣绅土豪包办,经呈控于省教育厅,列举向来办学的人积弊,蒙厅批由县知事召集学界有贤望人士于今日午一时开会讨论办法,呈控之文,我也列名,所以今日也出席,这是我第一次以乡人资格在本县县长前出席的。控那原办学人的是我们一班青年的捣乱分子,而被控的是原在该校把持的土豪劣绅包办的教职员。及县长到来开会了,那被控的人见他们十余个人太少数,而会场则共为一百八十余人。虽然其中被控人的走狗还有一二三十,但也属少数,他们看势头不对,立刻捣乱会场,宣布散会,但我们人不去,结果只走了一小部分人。县长见他们去了,怕事,要改日开会,经多人力争,卒认今日之会合法,并议决以后这县中学废校长改委员制,委员任期三年,得连任,又选出筹备选举委员九人,又议决登报声明今日经过,并指斥今日会场把持县中学的旧教职员捣乱,中途退席,希图使今日大会流会等节,俱获胜利而归。此一举打倒土豪劣绅包办县立中学教育,真快煞人也。害马回粤,没有多大力量,而时会所趋,总不使害马失意。如果害马能努力为人,别说在广州,就是在中国,害马愿为一个实行的先锋,而你是害马的指导者。今晚(十四)校长因有一位姓刘的教员替学校风潮很出力,明早搭船往俄去,在践[饯]别他,有几个人陪,我也在。人们酒醉之后,现十一时了,下次再谈。

Your H. M.　十一月十四晚十一时

四六、一九二六年十一月十五日
（26.6cm×20.3cm）
共三页

My dear teacher：

现時是十五日下午四点多，我四点就回到寝室，因为今日是星期日下雨，比較平時冷多。前一二日穿二单衣，现在则穿一毛线衣，一夹衣，一夹裤，氣温大约是攝氏十五度。而廣州建築四周通風，办公的地方，向北而且半截门甚冷，所以我早些回到寝室。見你十一月八日寄来的一信及書一包，内（报纸二份：社会问题，新蕾四種，民间趣事，毛線襪，回忆，沉鐘6，莽原二十，北新九十，兒童的智慧，語絲一〇一、一〇二。）這些印刷品，雖然不及你的多多，叫我出賣，我一定賣不得許多錢，然而你寄给我的，我欢欢喜喜收下，借给人看则可以，分给人！他（她）们可配？别要想！

說到借给人看，这個学校有一班師範四年乙班学生甚勤学且好，次学期分了她们有班会，她们國文先生介绍她看書，列出書名而没法一時買到的，我当借了卅多本给她们看。她们的國文先生名褟参化，是舊廣大畢業，昔日做了一篇文给拂诗，說他擇揄的條件有六十多條，一提起來，没人不說他精密的。他见我借给学生書，也问我有甚麽新書，我当將駱駝，華蓋，墳，畫等借他看，他们都甚佩服二周的。

今早見民國日报，及國民新聞都說你昔應來中大当文科教授，我見报且信且疑，先將报剪抄下，正待函詢，頃見來信所云，似乎未知此事，該校如聘你为教授，而伏老也是一樣，你们都不大上算。

我見伏老的情形，已有信告了，他在我請他食飯（十月廿九）完了約晚八時，他去找朱家驊，說是託他替許先生唱彩，似乎他並非不出力。学校請你而没有聘書，不知是否聘書要候人到面發，因我这学校，不是我回到才發的嗎？至於顧孟余对民党，此處学校大约以为北大是革命的学校，北大的教職員從比别人好，他们反党，但此處因無罪大惡極，可認为学者之流，其实廣东也兼收並蓄，即如现時國民党中有共，左，右，三青，共与左合，不難打倒右，但有些人不願共与左对抗，願留一部分右，以資調和緩冲云，我不以此說为然，但我有何能力？

你來粤一定較廈忙，我也料到，今日閱报，我曾想了一天，而辛苦一定也較廈为甚，薪金教授大约不過二，三百小洋，有否公債，庫券，如我则不敢知，大约也不能免，就此来看，也许來粤似我之食少事繁，廈门牛鬼蛇神，何能久處，自以迁地为良，而來粤也有困難，奈何？至於食物，廣州總是都市，廈大是鄉村生活，自然不同，但能否可以，也不敢知。

至于我，这学校自来似没甚么事，学生既因风潮引起一部反感，而我还须向讨厌的人上课见面，自然以早日辞去为宜，但现时正当多事之秋，学校经费困难，同事共患难，半途辞去为势不可，现正另有一法，暂救目前，即有人主张校长辞去，另觅人署理，然后由新人从新做过，将学校积久另有负责者，此后即易办事，此后有人叫我继任，我无论如何坚决不干，现拟另找人，找到则须维持几天。但我自己则决计至多至阳历一月一学期满即不干，你如定在广州，我也就在广州觅事，如在厦，我则暂到汕头，最好你有定规，我也着手进行。

提起遇安，当我见伏园时，听他说遇安在中大当职员（似乎是伏园荐），另外将来助伏园办报，后来我接自东山龟岗四马路十二号李遇安来信云"昨见伏园兄，才知道你也到了广州，不想我们又能在这里会面，真是愉快极了（以前我们曾和他会过面，这又算大约同處一地之意吧）如果你有工夫请通知一个时间与地点，我们谈谈，不过对不起，我还要说一声，时间除了星期最好是能在晚六时以后，因为晚六时之前，简直没有工夫。遇安谨上，十一月一日。"我当回一信把我的办公时间和在旧校公务说说，并告他几时可来，但也许有事则外出，回信至今未见人来，也就罢了。

杨桃种类甚多，最好是花地产，表面含汁液而个小且胀者佳，如此则香滑可口，伏老带去未必佳的，吃时已没有此果了。"桂花蝉"顾名思义，想是味含桂花，或在桂花时有出罢，"龙虱"是活时在水上游，外甲壳，内软翅，似金龟虫，也略能飞，食此二物先去两小翅，再轻轻抽去头，则肠脏随头出，再去足，讲究的食其软处，弃其硬壳，或连壳嚼而吐渣，不吐而食硬，是粗人不识食，此二物有异味，能食者说佳，否则不敢食，如蚕虫是也。我是食的，而且喜欢食，别有风味，却不能说，买这东西以西关（西城）某处为佳，不会买则干燥无味，要不干不湿，咸淡适宜为佳。

做先生而每日打算食饭，实太讨厌，即此一层，厦大也甚难办，至于广东讨厌的是请食饭，你来我往，每一食四五十元，或十余元，实不经济，你性是拒绝这事的，或者能避免。

少爷们听你说停发稿费，回信就有稿了，这真奇怪，他们几个人实在有点自大，又不甘寂寞，利用人家资本，发表自己著作，一方又排斥别人，自然招怨，且迁怒于你，你算傻子了。

我以为研究系不必你打击，因为他闹大了，国民党有权有势，较你一支笔容易制服他，他如不死不活，少作些怪，则也无须理他，我们有我们工作，何必同乳臭小子算帐。

你问我考实验，我是颇爱听的。你说的我相信是实情，这样也不至引起忧虑的程度。你的性情特别，可以和平常人不同，平常人处处大，心满意足了，自然不是你那样坐立不安。即如玉堂，食的问题，他是本地人惯了，而且家在这里，有人打理，又不感觉生活无聊，而且你看不惯的人，他看见不以为奇，这样凡你感觉难堪的逆境，在他都顺心顺意。又近来你叫他来粤，至少食一方面，他又不惯了，而且在功利主义上说，厦大实在也较中大好些，则玉堂要家来此，一如在家之支持不住，即我为玉堂计，自然也不来了。

北伐是胜利的，孙传芳也无能为，进一步是北伐军和奉军决雌雄了。这是中国的一个大大的机会，看能否从多年老病中回转过来，打奉天如果胜利，进一步自然是向帝国主义者进攻，退一步则党内组织看能否压得住反动派。就广东看，民气甚盛，每一次大游行，农工商学各界，而工会最人多，在路上挤挤拥拥，高兴异常，每有游行时中间快慢不一，至有一段空间时，大家则鼓噪前进，同男澎湃，白发白首也老人同孩子一样竞走，这是兴起来的现象，揭竿呼啸之状可掬，有似法国革命时情形，不似北京之游行死洋洋，或工会与两派相打。此处则没有，在广州就是这些地方有看头人，政府处各色人等也没有，不会当面相打，想闹也则暗中设法，或交一机关裁判，这是因为这里有这样裁判地方。

以上写完约在晚八时余，又看了些社会问题，这书有几句甚佳，但有时见教些至我看来，其余缺乏的书，封面美观，另一种派头。但在书之上一横条图案画，似乎又成派了，将来也许效法的人多起来。

校长的意思，似乎做完这个月就去了，他去我们也自然起变化，将来究如何，随后再布告罢。

现时是快十一时，甚困倦，想睡了。

your H. M. 十月十五晚十一时

廣東省立女子師範學校用箋

十一月十五 廣州民國日报

中大聘鲁迅担任教授

(中央社)著名文学家鲁迅，即周树人，久为国内青年所倾倒，现在厦门大学担任教席，中山大学委员会特电促其来粤担任该校文科教授，闻鲁氏已去允就聘，不日来粤云。

同日 国民新闻

中大聘鲁迅任文科教授

(文如前)

附许广平抄录的一九二六年十一月十五日广州《民国日报》刊载的中山大学聘请鲁迅来校任教的消息

（26.8cm×8.4cm）

共一页

释文

My dear teacher :

现时是十五日下午四点多，我四点就回到寝室，因为今日竟日下雨，比较平时冷多。前一二日穿二单衣，现在则穿一毛绒衣，一夹衣，一夹裤。气温大约是摄氏十五度，而广州建筑，四周通风，办公的地方，向北而且半截门甚冷，所以我早些回到寝室，见你十一月八日寄来的一信，及书一包，内（报纸二份，《社会问题》《杂纂四种》《民间趣事》《毛线袜》《回家》《沉钟》6，《莽原》二十，《北新》九、十，《儿童的智慧》《语丝》一〇一、一〇二。）这些印刷品，虽然不及你的多多，叫我去买，我一定舍不得许多钱，然而，你寄给我的，我欢欢喜喜收下，借给人看则可以，『分给人』！他（她）们可配？别妄想！

说到借给人看，这个学校有一班师范四年乙班学生，甚勤学，且此次革新分子，她们有班会，她们国文先生介绍她看书，列出书名而没法一时买到的，我当借了廿多本给她们看，她们的国文先生名禤参化，是旧广大毕业，昔日做了一篇文给《妇志》，说他择婚的条件有六十多条，一提起来，没人不说他精密的。他见我借给学生书，也问我有什么新书，我当将《驼［陀］螺》《华盖》《炭画》等借他看，他似乎甚佩服二周的。

今早见《民国日报》及《国民新闻》，都说你答应来中大当文科教授。我见报且信且疑，先将报闻抄下，正待函询，顷见来信所云，似乎未知此事，该校如聘你为教授，而伏老也是一样，你似乎不大上算。

我见伏老的情形，已有信布告了，他在我请他食饭（十月廿九）完了约晚八时，他去找朱家骅，说是托他替许先生留意，似乎他并非不出力。学校请你而没有聘书，不知是否聘书候人到面发，因我这学校，不是我回到才给的吗？至于顾辈反对民党，此处学校大约以为北大是革命的学校，北大的教职员总比别人好，他们反党，但此处因无罪大恶极，认为学者之流，其实广东也兼收并蓄，即如现时国民党中有共、左、右三者，共与左合，不难打倒右，但有些人不愿共与左对抗，愿留一部分右，以资调和缓冲云，我不以此说为然，但我有何能力？

你来粤一定较厦忙，我也料到，今日阅报，我空想了一天。而辛苦一定也较厦为甚，薪金教授大约不过二三百小洋，有否公债、库券如我则不敢知，大约也不能免。就此来看，也许来粤似我之食少事繁。厦门牛鬼蛇神，何能久处，自以迁地为良，而来粤也有困难，奈何？至于食物，广州总是都市，厦大是孤村生活，自然不同，但能否可口，也不敢知。

至于我，这学校日来似没甚么事，学生既因风潮引起一部反感，而我还须向讨厌的人上课见面，自然以早日离去为宜，但现时正当多事之秋，学校经费困难，同事共患难，半途辞去为势不可。现在另有一法，暂救目前，即有人主张校长辞去，另觅人署理，然后由新人从新做过，将学校积欠另有负责者，此后即易办事。此法有人叫我继任，我无论如何坚决不干，现拟另找人，找到则须维持几天。但我自己则决计至多至阳一月一学期满即不就，你如定在广州，我也愿在广州觅事，如在厦，我则愿到汕，最好你有定规，我也着手进行。

提起遇安，当我见伏园时，听他说遇安（似乎是伏园荐）在中大当职员，另外将来助伏园办报。后来我接自东山龟冈四马路十二号李遇安来信云：『昨见伏园兄，才知道你也到了广州，不想我们又能在这里会面，真是愉快极了。（以前我何尝和他会过面，这「又」字大约同处一地之意吧）如果你有工夫，请通知一个时间与地点，我们谈谈，不过对不起，我还要说一声，时间除了星期最好是能在晚六时以后，因为晚六时之前，简直没有工夫。遇安谨上，十一月一日。』我当回一信把我的办公时间和在旧校公务说说，并告他几时可来，但也许有事则外出，回信至今未见人来，也就罢了。

杨桃种类甚多，最好是花地产，表面愈污渍而个小且涨［胀］者佳，如此则香滑可口。伏老带去未必佳的，现时已没有此果了。『桂花蝉』顾名思义，想是味含桂花，或在桂花时有，未详。『龙虱』是活的时，在水上游，外甲壳，内软翅，似金龟虫，也略能飞。食此二物，先去内外翅，再轻轻抽去头，则肠脏随头出，再去足。讲究的食其软处，弃其硬壳，或连壳嚼而吐滓，不吐而食硬，是粗人不识食。此物有异味，能食者说佳，否则不敢食，如蚕虫是也。我是食的，而且喜欢食，别有风味，却不能言传，买这东西，以西关（西城）某处为佳，不会买则干燥无味，要不干不湿，咸淡适宜为佳。

做先生而每日打算食饭，实太讨厌，即此一层，厦大也难为继。至在广东，讨厌的是请食饭，你来我往，每一食四五十元，或十余元，实不经济，你性是拒绝这事的，或者能避免。

少爷们听你说停办《莽原》，回信就有稿了，这真奇怪，他们几个人实太有点包办，又不甘放弃，利用人家资本，发表自己著作，一方又排斥别人，自然招怨且迁怒于你，你算傻子了。

我以为研究系不必你打击，因为它闹大了。国民党有权有势，较你一支笔容易铲除它。它如不死不活，少作些怪，则也无须理它。我们有我们工作，何必同乳算［臭］小子算帐。

你向我发牢骚，我是愿意听的。你说的我相信是实情，这样，还不至引起『虑』的程度。

你的性情特别，所以和平常人不同，平常人处厦大，心满意足了，自然不是你那样坐立不安，即如玉堂，食的问题，他是本地人，惯了，而且家人在这里，有人打理，又不感觉生活无聊。而且你看不惯的人，他看见不以为奇，这样，凡你所难堪的逆境，在他都顺心顺意；反过来你叫他来粤，至少食一方面，他又不惯了，而且在功利主义上说，厦大实在也较中大必佳，则玉堂弃家来此，一如在京之支持不住，即我为玉堂计，自然也不来了。

北伐是胜利的。孙传芳也无能为，进一步是北伐军和奉军决雌雄了。这是中国的一个大大的机会，看能否从多年老病中回转过来。打奉天如果胜利，进一步自然是向帝国主义者进攻，退一步则党内组织看能否压得住反动派。就广东看，民气甚盛，每一次大游行，农工商学各界，而工会最人多，在路上拥拥挤挤，高兴万陪［倍］，每有游行时中间快慢不一，至有一段空开时，大家则鼓噪前进，风涌澎湃，即发白者也老人成孩子一样竞走。这是兴起来的现象，揭竿呼哨之状可掬，有似法国革命时情形，不似北京之游行，死洋洋或在会场两派相打之事，此处则没有。在广州就是这些地方好看煞人，政府处各色人等也俱有，不会当面相打，想淘汰则暗中设法，或交一机关裁判，这是因为这里有这样裁判地方也。

以上写完约在晚八时余，又看了些《社会问题》。这书有几句甚佳，但有时冗赘些。在我看来，其余钦文的书，封面美观，另一种派头，但在书之上一横条图案画，似乎又成派了，将来也许效法的人多起来。

校长的意思，似乎做完这个月就去了。她去我们也自然起变化，将来究如何，随后再布告罢。

现时是快十一时，甚困倦，想睡了。

Your H. M.　十一月十五晚十一时

附许广平抄录的一九二六年十一月十五日广州《民国日报》刊载的中山大学聘请鲁迅来校任教的消息释文

（中央社）著名文学家鲁迅，即周树人，久为国内青年所倾倒，现在厦门大学担任教席。中山大学委员会特电促其来粤担任该校文科教授，闻鲁氏已应允就聘，不日来粤云。

同日《民国新闻》

○中大聘鲁迅

▲任文科教授

（文如前）

四七、一九二六年十一月十六日
（26.6cm × 20.3cm）
共二页

My dear teacher：

今（十六）午饭后回到办公处，看见桌上有你十日寄来的一信，我拆着信，一面欢喜，一面似乎感觉着有什么事体似的，打开书一看，才知如此这般。

校事似乎没有什么了，然而潜伏着是有问题的，在被革除的反动分子，心中不服，日前恐吓无效，现时极力酝酿罢课，今日要求开全体大会，我以校长不在，校务应该维持为辞推却他们，但一旦大会开会，压制起来，群众盲从，恐怕就又闹起来了。至于教职员方面因事少辞去的现时有三、五人，再过不几天恐怕更多，那时维持，而中途如何能得许多教员？自然也等于瓦解。至解决之责一层，在此代理期中，谈何容易，进退维谷，则必须校长祇有决意，俟本月卅日即提出辞呈而飘然引去，那时我亦无须再留，也便可走。My dear teacher：你愿否我到厦一次，我们师生见见再说。依你这七八九天的心情，似乎有一个了解你的来换一换你的空气，一忽，——或者说，可以一杯水，换去一杯酒，才稍振作起你来，但是，还请你决定一下通知我。

日昨见民国日报副刊有黎锦明一篇小说，似乎名字是蝼蚁，我看见名字就不看内容了，实也无暇之故。当时心想，黎居然钻到这点地方投稿，真奇怪，但也未料到他也来粤。现在看你的信，才晓得如此这般，则伏园对我说，还要将来帮他办副刊的话，大约现时先替他冲锋了。

看了一期的《送南行的爱而君》，情话缠绵，是作者的热情呢？还是远行的人善于造情呢？我想有人喜欢说，"你的……"对这个人，转过来又向别人说，"你的……"对那个人，这个属性随时间而转移，其变化可想。你的弊病，就是对一些人太过深恶痛绝，简直不愿同在一地呼吸，而对一些人则期望太殷，于是不惜赴汤蹈火，一旦人家不以此种为殊遇而淡漠处之，或以待寻常人者对你，则你感觉天鹅绒了。这原因是由于你感觉太敏锐，太热情，其实世界上你所深恶痛绝的和期望太殷的走到十字街头还不是一样吗？而你把十字街头的牛鬼蛇神硬搬到象牙之塔"艺术之宫"，这不能不说是小说家取材失策，如果明了凡有小说材料都是空中楼阁，自然心平气和了。害马从来广东也有点这样傻气，在天津时，一个小学的同学来到，见常君同我不错，于是痛责我一通，我以为是惭愧对不起人，跑去服毒，都是一类傻事。后来有人劝我不要太认真，我想一想，的确是太认真的过处，现在那人死了，这句话我时时记起，所以我到'懸崖勒馬'的時候，就常回记起這一句。

你就因為長虹輩的批评而氣短嗎？别人的批评你就不顧，而祇任一面之辭而信託嗎？我好久有一套话，要和你見面商量，我覺得要走的路还正开豁，成績不一定要，人又何必因了一点小障碍而不走路呢？即如我回粵以来，信内不是總向你訴苦嗎？然而我回来两足月，造了两件（参与而已）快意事，從这方面看，可以说回来無效果嗎？我自然知道去汕頭薪水勞苦都比这裏好，但我到此校两月就把反動生開除兩個，給她们反革命的学生一個打擊，在我未来以前呢？她们猖獗到目無尺度，口口声声打倒校長，实行反革命而沒奈何，又說到縣立学校的事，那天縣知事要因反動派而停止開会了，我起来力争，繼續開会，後来大家要將搗乱的拳报寫出名字来，声罪致討，有些胆怯的就不敢附议，力争败惰，我又起来坚持，幸之如愿，結果这会完满成功。这兩件事，我覺得抵得过我回来在学校撞的甚麽，想到你在廈更比我苦，然而你的受学生欢迎，也超出我数倍之上，將来你即去而之他，而学生受过你的洗礼，不敢说一生，就是有一時期，如遇安之在京，你不也可以似在京時之好感相待嗎？至於果目，唉！那你还是照我上面所说罢，不要認真，而且你敢说天下间就沒有一個人矢忠盡诚对你嗎？有一個人，你就可以自慰了，你也可以由一個人而推及二三以至無穷了，那你何必'天鵝绒'呢，如果連一個人也出乎意表之外……也許是真的嗎？縱之现在还有一個人是在劝你，就请你容纳这点意思，你要做的事不必有金钱纔達目的，措置得法，一邊做事一边也还可以设法筹款的。

小峯没有给足錢，我看他目標似乎转了，他不免逐利性質，迎合社会心理，所以许欽文的出版物大有取而代之的樣子，一連就是幾本，小峯找到新主了麼？其实他的作品，在现社会，或者永远的社会自然難免'子貢賢於仲尼'之說，這有何好呢。你為你，我為我，文藝不止一端的。

想不起寫什麽了，记得七日我又寄了信去，如果回信，就遲三四天可到，那時再一起覆吧，除了七日，十二，十三，十六也寄了信去，想都先到。

你在没有接到我離開此校時，不妨仍寄信到這裏，如我離開，自然託人代收轉交的。

你有悶氣不妨向我發，但頂莫别悶在心裏

Your H. M. 十月十七晚十時半

释文

My dear teacher：

今日（十六）午饭后回到办公处，看见桌上有你十日寄来的一信。我捧着信，一面欢喜，一面似乎感觉着有什么事体似的，打开书一看，才知如此这般。

校事似乎没有什么了，然而潜伏着是有问题的，在被革除的反动派，心中不服，日前恐吓无效，现时极力酝酿罢课，今日要求开全体大会，我以校长不在校没法批准来推辞她们，但一旦大会开会，压制起来，群众盲从，恐怕就又闹起来了。至于教职员方面，因薪少辞去的现时有五六人，再过不几天恐怕更多，那时虽欲维持，而中途如何能得许多教员？自然也等于瓦解。至解决经费一层，在北伐期中，谈何容易，进退维谷，则后来校长只有决意俟本月卅即提出辞呈而飘然引去，那时我亦无须再留，也便可走。My dear teacher，你愿否我到厦一次，我们师生又见见再说，依你这七、八、九几天的心情，似乎有一个深了解你的来填一填你的空虚，——否，——或者说，另以一杯水，换去一杯酒才能振作起你来，但是，还请你决定一下通知我。

日昨见《民国日报》副刊有黎锦明一篇小说，似乎名字是《蜉蝣》。我看见名字就不看内容了，实也无暇之故。当时心想，黎居然钻到这点地方投稿，真奇怪。但也未料到他也来粤。现在看你的信，才晓得如此这般，则伏园对我说，遇安将来帮他办副刊的话，大约现时先替他冲锋了。

看了百一期的《送南行的爱而君》，情话缠绵，是作者的热情呢，还是远行的人善于道情呢？我想，有人喜欢说『你的〇〇』对这个人，转过来又向别人说『你的〇〇』对那个人，这个属性随时间而转移，其变化可想。你的弊病，就是对一些人太过深恶痛绝，简直不愿同在一地呼吸，而对一些人则期望太殷，于是不惜赴汤蹈火，一旦人家不以此种为殊遇而淡膜［漠］处之，或以待寻常人者对你，则你感觉天鹅绒了。这原因，是由于你感觉太锐敏，太热情。其实世界上你所深恶痛绝的和期望太殷的，走到十字街头，还不是一样吗？而你把十字街头的牛鬼蛇神硬搬到『象牙之塔』『艺术之宫』，这不能不说是小说家取材失策。如果明了凡有小说材料，都是空中楼阁，自然心平气和了。害马从来皮［脾］气也有点这样傻气。在天津时，一个小学的同学来到，见常君同我不错，于是痛责我一通，我以为是惭愧对不起人，跑去服毒，都是一类傻事。后来有人劝我不要太『认真』我想一想，的确是太认真的过处。现在那人死了，这句话我总时时记起，所以我到悬崖勒『马』的时候，就常因记起这一句。

你就因为长虹辈的批评而气短吗？别人的批评你就不顾，而只任一面之辞而信托吗？我好久有一套话，要和你见面商量，我觉得要走的路还在开垦，成绩不一定恶，人又何必因了一点小障碍而不走路呢？即如我，回粤以来，信内不是总向你诉苦吗？然而我回来两足月，造了两件（参与而已）快意事，从这方面看，可以说回来无效果吗？我自然知道去汕头薪水劳苦都比这里好，但我到此校两月就把反动生开除两个，给她们反革命的学生一个打击，在我未来以前呢？她们猖獗到目无师长，口口声声打倒校长，实行反革命而没奈何。又说到县立学校的事，那天县知事要因反动派而停止开会了，我起来力争，继续开会，后来大家要将捣乱的登报写出名字来声罪致讨，有些胆怯的就不敢附议，力争取消，我又起来坚持，卒之如愿，结果这会完满成功。这两件事，我觉得抵得过我回来在学校捱的苦处，想到你，在厦更比我苦，然而你的爱学生欢迎，也超出我万万倍之上，将来你即去而之他，而学生受过你的洗礼，不敢说一生，就是有一时期，如遇安之在京，你不也可以似在京时之好感相待吗？至于异日，唉！那你还是照我上面所说罢，不要认真，而且，你敢说天下间就没有一个人矢忠尽诚对你吗？有一个人，你就可以自慰了。你也可以由一个人而推及二三以至无穷了，那你何必天鹅绒呢，如果，连一个人也出乎意表之外……也许是真的吗？总之，现在还有一个人是在劝你，就请你容纳这点意思，你要做的事，不必有金钱才达目的的，措置得法，一边做事一边还可以设法筹款的。

小峰没有给足钱，我看他目标似乎转了，他不免渔利性质，迎合社会心理，所以许钦文的出版物，大有取而代之的样子，一连就是几本。小峰找到新主了罢？其实他的作品，在现社会，或者永远的社会自然难免『子贡贤于仲尼』之说，这有何妨呢？尔为尔，我为我，文艺不止一方的。

想不起写什么了。记得七日我又寄了信去，如果回信，就迟三四天可到，那时再一起复吧。除了七日，十二、十五、十六也寄了信去，想都先到。

你在没有接到我离我此校时，不妨仍寄信到这里，如我离开，自然托人代收转交的。

你有闷气不妨向我发，但愿莫别［憋］闷在心里。

Your H. M.　十一月十六晚十时半

四八、一九二六年十一月十七日
（25.7cm×15.9cm）
共一页

迅師：

茲寄上圖章一個，夾在綫背心內，但外面則寫圍巾一條，你打開時小心些，圖章落地易碎的。今早我又寄去一信，計起來近日去的信很詳細了。現時剛食完早飯，就要上堂，下次再談吧！

能足的寫這封信，是等你見信好向郵局索包裹。這包長可七寸，闊五寸，高四寸左右。

H.M.
十一月十七

释文

迅师：

兹寄上图章一个，夹在绒背心内，但外面则写围巾一条，你打开时小心些，图章落地易碎的。今早我又寄去一信，计起来近日去的信很详细了。现时刚食完早饭，就要上堂，下次再谈吧！

蛇足的写这封信，是等你见信好向邮局索包裹。这包长可七寸，阔五寸，高四寸左右。

H. M.　十一月十七

四九、一九二六年十一月二十一日
（25.7cm×15.9cm）
共一页

My dear teacher,

現時是星期日的下午二時，我是從家裏回到学校。我這两天是在等信到，明天或者能達希望，我這信是打算寫好等明天收到信再寄。

至十一月十六止連收你從粤寄的信，但十六以後至今(廿一)未見有信來，是沒有空暇呢？還是忘着不發！

我十七寄你信及围巾背心，此時或者將到了。但這天我校又发生事情，就是学校自暑假後擴充，是教所答应挽留校長以後的办法，但至今將四月仍未实行，日前各教员辞職他去的有六七八人，每人钱時或十钱時功課，算起來实在少数，自然辞職还有别種原因，當以此為最要。如此校長屡次向教所申诉而未批允，即難繼續維持，更兼又動学生开除二人後，復有罷課等事，与其由他們罷，何如由我們自己停，於是校長打消候至本月卅再去之议，而即於十七早决然離校，交下信一封，叫教務、總務、训育三人代拆代行，一面呈文向教所辞職。這事迫得我們三人没有办法，如何负责呢？学校正在多事之秋，於是三人函向教所辞责，教所答应挽留校長并加经費，到十九日教所来公函，说慰留校長，经費由省政務会议通过交財厅照新預算支給。但財厅是宋子文管，他向不重视教育，而且現時又不在粤，則所謂答应，不过嘴而已，即便領到新預算之款，而八九十十一月还是以舊款支新算，虧空甚多，八月以前，則已欠十一個月，绝未有办法，則以後新預算仍須弥補以前欠款，每月仍为不敷，仍非改革之法。校長認为不滿意，仍未回校，而交付之三人，則我們实在無從负责，無款則總務無從支付，教務無法聘人，無課上，学生多生事端，而训育亦難維持秩序，所以昨日（20）由我們三人又去函教所把学校现状申述一氣，并请其速覓校長，或在校長未回前，覓人暫代，俾免担负重责。但教所一種官场状態，未必一两日間有办法也。

現時我最感無味的，就是校長未去还可向校長辞職，此時校長去了，無处可辞，而学校此時又不能立刻擺脫，舍而之他，坐看学生状况，实在無味也。

你是否答应來中大？報章所述確否？好了，助我的开女師，也在廣州做事，不要遠去，如廣州有較好的事，自然也可留住廣西。錢律雖是中大委员，聽說他們薦的人都不用，戴是蔣的拜把弟兄，蔣是浙人，故浙人现用，朱為浙人，故朱甚有权云。

昨接遇安信，說未有功夫來，问我舊校门牌街名，俟後再來弗知他。我打算不理他。

释　文

My dear teacher :

现时是星期日(廿一)的下午二时,我是从家里回到学校。我这两天是在等信,至迟明天或者能达希望,我这信是打算写好等明天收到信再寄。

至十一月十六止连收你发牢骚的信,但十六以后至今(廿一)未见有信来,是没有牢骚呢?还是忍着不发!我十七寄你信及图章背心,此时或者将到了。但这天我校又发生事情,就是学校自暑假后扩充,是教厅答应挽留校长以后的办法,但及今将四月仍未实行,日前各教员辞职他去的有六七八人,每人几时或十几时功课,算起来真未少数,自然辞职还有别种原因,当以此为最要,如此校长屡次向教厅申诉而未批允,即难继续维持,更兼反动学生,因开除二人后,总百端设法罢课等事,与其由她们罢,何如由我们自己停。于是校长打消候至本月卅再去之议,而即于十七早决然离校,交下信一封,叫教务、总务、训育三人代拆代行,一面呈文向教厅辞职。这事迫得我们三人没有办法。如何负责呢?学校正在多事之秋,于是三人面向教厅辞责,教厅答应探访校长并加经费。到十九日教厅来公函,说慰留校长,经费由省政务会议通过交财厅照新预算支给,但财厅是宋子文管,他向不重视教育,而且现时又不在粤,则所谓答应,不过口惠而已,即便领到新预算之款,而八、九、十、十一月还是以旧款支新算,亏空甚多,八月以前,则还欠十一个月,绝未有办法,则以后新预算仍须弥补以前欠薪,每月仍为不敷,仍非改革之法。校长认为不满意仍未回校,而交付之三人,则我们实在无从负责,无款则总务无从支付,教务无法聘人,无课上,学生多生事端,而训育亦难维持秩序,所以昨日(20)由我们三人又去函教厅把学校现状申述一气,并请其速觅校长,或在校长未来以前,觅人暂代,俾免担负重责,但教厅一种官场状态,未必一两日间有办法也。

现时我最感无味的,就是校长未去,还可向校长辞职,此时校长去了,无处可辞,而学校此时又不能立刻摆脱,舍而之他,坐看学生状况实在无味也。

你是否答应来中大?报章所述确否?好多人劝我离开女师,也在广州做事,不要远去,如广州有较好的事,自然也可留住。顾孟余、徐谦虽是中大委员,听说他们荐的人都不用。戴是蒋的拜把弟兄,蒋是浙[浙]人,故浙[浙]人多见用,朱为浙[浙]人,故朱甚有权云。

昨接遇安信,说未有功[工]夫来,问我旧校门牌、街名,俟后再来。我知他敷衍,打算不理他。

(此信原件缺信尾。编者注。)

五〇、一九二六年十一月二十二日
（26.6cm×20.3cm）
共二页

My dear teacher..

现在是廿二（星一）晚十时，我刚从外面会议室回来。我自前星二校长辞职，学校发生变动，至今未上课，终日是在校内开会，或是到外面去。所以也甚有趣，只是努力工作，但没有在北京时的气愤，因背后的政府是助我们的，也没有北京那么紧张，因为事情还不至那时的状况。

今日（廿三）早十时到教厅，欲见厅长说明学校情状，不遇。下午一时到教育行政委员会，亦不遇，说下午四时在厅相见。届时往见了，商量结果是学校经费，对欠薪一层，教厅暂在星四（廿五）提出省务会议解决，校长仍挽留在校，长未回前，则由三部负责维持。明日（廿三）当有公文到，如此我们只须维持至阳十二月初，看教厅是否照案办理，或维持至本星四，看省务会议能否通过欠薪案再算。这是学校表面的事。

至于学生，学生会为反动派把持，开除了革新分子四人会籍，又开除会员四十余人停职一年。现时反对学生会的，一即革命的一组织——革新学生会同盟会，但该会学生会则否认其成立，两方各行其事云。

姪们帮助，你是赞成，我也愿意，但也不过那么一回事，其实我绝没有希望其将来如何之心，一则太小，稍大的如姪子，也是阿斗，不中指挥的。我一人有多大力量，现时不过姑且做之。

少爷们不少吸血鬼，所以我在北京时，常常为此着急，肤言你亦不晓得，可是总愿意宁人负我，毋我负人，故终于吃亏了。是明知故犯，现在不愿再犯，也省些烦恼。

你到广州讲当局的钱财，依我意（一）你担任文科教授，于政治科能究把学生引导向新的实验的路，即是成功，治校一层，恐不必十分着重。（二）政府迁移，尚未实现，外江佬入籍，当然不成问题。（三）那一个人，未必要去广州，如果有熟人在那里，那人在广是甚易设法，因现时还未定行止，大有随处而行之情况。而且那个人的知交，也是广州多，则以留粤为合适。

你信来有三条路，叫我给一条光了。我自己还是瞎马乱撞，何从有光。而且我又未脱开环境，做局外旁观，我还是世人，难免于顾虑自己，难于措辞，但也没法了。到这时候，如果我替你想，或者我是和你疏远的人，发一套批评，我将要说……你的苦了一生，就是为的旧社会牺牲，换句话即为一个人牺牲了你自己，而这牺牲者仍自顾，实不啻将社会留给你的遗产。所说有志气的人是不要遗产的，所以粤谚有云“好子不要爷田地”，而你这遗产在在（实尚又有监视你的必要之势），而你自身又不对遗产制的，不过觉得这份遗产如果抛弃了，就没人打理，以甘心做一世农奴，死守遗产，然而一旦开化起来，农奴觉悟了，要争回自己的权利，但遗产也没法抛弃，所以吃苦。更有一层，你将遗产抛弃了，也须设法妥善安置，而失产后另谋生活，也须苦苦做工，又怕这些生活遭人排击，所以更无办法，而在我想——或者我是和你相距太远的一份——第一法就是现在厦大已经觉行不通了，「积钱又难，将来什么都不做，苦过活？」这苦之目的是预防遭人排击，第二法是在北京以前做的傻事，现在当然不题，第三法就是将来可否行的疑问，「为生存起见，便不问什么事都敢做，但不愿————」这层你也知到危险，于生活无把握，总之第二是不问生活，专意牺牲自身，不必说了，第一三仍想生活，但一是先谋后享，第三是一面谋，一面享，第一知其苦，第三知其险，我们是人，天没有叫我们专吃苦的权力，我们没有必受苦的义务，得一日尽人事求生活，即努力做去，我们是人，天没有硬派我们履险的权力，我们有坦途有正路为什么不走，我们何苦因了旧社会而为一人牺牲几个或牵连至多数人，我们打破两面委曲只苦的态度，如果对于那一个人的生活能维持，对于自己的生活比较相站得稳不受别人借口攻击，对于另一方新的局面两方都不因此牵及生活，累及永久立足点，则等于两面都不因此难题而失了生活，对于遗产抛弃在旧人或批评不对，但在新的，合理的一方或不能加任何无理批评，即批评也比较易立足，则生活不受困，人人可出来谋生，不须「将来什么都不做？」简直可以现时大家做，大家享受，省得先积钱后苦过活，且无把握，但这样对遗产自不免抛弃，而事实上，遗产有相当待遇，即无问题，因一点遗产而牵动到管理人行动不得自由，这是在新的状况下所不许，这是就正当解决讲，如果觉得这批评也过火，自然是照平素在京谈话做去，在新的生活上，没有不能吃苦的。

至于做新的生活的那一个人，照新的办法行了，在觉一方不生问题——即不受觉责——至生活一方，即能继续，不必因为「将来什么都不做？」而且那么办立时什么都可以做，不必候至民国十七年。但这办法对于家庭——母亲——将有什么影响？可不可行？或有什么更妙方法做去，这都待斟酌。」

总之，一切云云，仍是经济压迫，不惜曲为经济而设法，其实就真的人生，又何必多些枝节，这真叫人慨叹的。还有，上面所说也是为预防攻击而先找地步解说，如果不因攻击防及生活，即可不顾一切，没有问题了。

我的话是那么直率说了，有什么偏激的措辞？因你向我问，只好照此说去，还须你从长讨论才好。（前信说有些话要面商的，即如上云云，因其时感到似乎有些一番话待你问答。）

your H.M. 十一月廿二晚十一时半

释　文

My dear teacher：

现在是廿二（星一）晚十时，我刚从外面会议完回来。我自前星三校长辞职，学校发生变动，至今未上课，总不是在校内开会，即是到外面去，所以也甚有趣，只是努力工作，但没有在北京时的气愤，因背后的政府是助我们的，也没有北京那么紧张，因为事情还不至那时的状况。

今日（廿二）早十时到教厅，欲见厅长说明学校情状，不遇；下午一时到教育行政委员会，亦不遇，说下午四时在厅相见，届时往，见了，商量结果是，学校经费，对欠薪一层，教厅答应在星四（廿五）提出省务会议解决，校长仍挽留，在校长未回前，则由三部负责维持，明日（廿三）当有公文到。如此我们又须维持至阳十二月初，看发款时财厅是否照案办理，或维持至本星四，看省务会议能否通过欠薪案，再算，这是学校表面的事。

至于学生，学生会为反动派把持，开除了革新分子四人会籍，又将会员四十余人停职一年。现时反对学生会的，——即革命的——组织一革新学生会同盟会，但该旧学生会则否认其成立，两方各行其是云。

侄们帮助，你是赞成，我也愿意，但也不过那么一回事，其实我绝没有希望其将来如何之心，一则太小，稍大的如妹子，也是阿斗，不中抬举的。我一人有多大力气，现时不过姑且做做［而］已。

少爷们不少吸血的，所以我在北京时，常常为此着急、进言，你非不晓得；可是总愿意『宁人负我，毋我负人』，故终于吃亏是明知故犯。现在不愿再犯，也省些烦恼。

你到广州认为不合的几点，依我意：（一）你担任文科教授，非政治科，能究把学生活泼而新其头脑，即是成功。治校一层，恐不必十分着重。（二）政府迁移，尚未实现，『外江佬』入籍，当然不成问题。（三）那一个人，未必要去广州。如果有熟人在那里，那人在广是甚易设法，因现时还未定行止，大有商妥后行之情况。而且那个人的知交，也是广州多，则以留粤成分为易。

你信末有三条路，叫我给『一条光』，我自己还是瞎马乱碰，何从有光。而且我又未脱开环境，做局外旁观，我还是世人，难免于顾虑自己，难于措辞，但也没法了，到这时候，如果我替你想，或者我是和你疏远的人，发一套批评，我将要说：『你的苦了一生，就是一方为旧社会牺牲，换句话，即为一个人牺牲了你自己，而这牺牲虽似自愿，实不啻旧社会留给你的遗产。听说有志气的人是不要遗产的，所以粤谚有云——好子不受爷田地——而你这分[份]遗产在法（宗法）又有监视你必要之势，而你自身是反对遗产制的，不过觉得这份遗产如果抛弃了，就没人打理，所以甘心做一世农奴，死守遗产，然而一旦赤化起来，农奴觉悟了，要争回自己的权利，但遗产也没法抛弃，所以吃苦。更有一层，你将遗产抛弃了，也须设法妥善安置，而失产后另谋生活，也须苦苦做工，又怕这项生活遭人排击，所以更无办法，而在我想——或者我是和你极生疏的——你第一法就是现在厦大已经觉行不通了，「积几文钱，将来什么都不做，苦苦过活」，这苦苦句，即预防遭人排击。第二法，是在北京以前做的傻事，现在当然不题[提]。第三法，就是将来可否行的疑问，「为生存起见，便不问什么事都敢做，但不愿……」这层你也知到[道]危险，于生活无把握。总之，第二是不问生活，专意戕害自身，不必说了，第一、三俱想生活，但一是先谋后享，第三是一面谋，一面享；第一知其苦，第三知其险，我们是人，天没有叫我们专吃苦的权力，我们没有必受苦的义务，得一日尽人事求生活，即努力做去；我们是人，天没有硬派我们履险的权力，我们有坦途有正道为什么不走，我们何苦因了旧社会而为一人牺牲几个，或牵连至多数人？我们打破两面委曲[屈]忍苦的态度，如果对于那一个人的生活能维持，对于自己的生活比较站得稳，不受别人借口攻击，对于另一方，新的局面，两方都不因此牵及生活，累及永久立足点，则等于面面都不因此难题而失了生活。对于遗产抛弃，在旧人或批评不对，但在新的，合理的一方或不能加任何无理批评，即批评也比较易立足，则生活不受困，人人可出来谋生，不须「将来什么都不做」，简直可以现时大家做，大家享受，省得先积钱，后苦苦过活，且无把握，但这样对遗产自不免抛荒，而事实上，遗产有相当待遇即无问题，因一点遗产而牵动到管理人行动不得自由，这是在新的状况下所不许，这是就正当解决讲。如果觉得这批评也过火，自然是照平素在京谈话做去，在新的生活上，没有不能吃苦的。

至于做新的生活的那一个人，照新的办法行了，在党一方不生问题——即不受党责——在生活一方即能继续，不必因此「将来什么都不做」，而且那么办立时什么都可以做，不必候至民国十七年。但这办法对于家庭——母亲——将有什么影响？应不应该硬做，或有什么更妙方法做去，这都待斟酌。』

总之，一切云云，俱是经济所迫，不惜曲［屈］为经济而设法，其实就真的人生，又何必多些枝节，这真叫人慨叹的。还有，上面所说，也是为预防攻击而先找地步解说。如果不因攻击防［妨］及生活，即可不顾一切，没有问题了。

我的话是那么直率，说了有什么煽动的嫌疑？因你向我问，只好照此说去，还愿你从长讨论才好。（前信说，有些话要面商的，即如上云云。因其时感应到似乎有此一番话待你问答。）

Your H. M.　十一月廿二晚十一时半

五一、一九二六年十一月二十七日
（26.6cm × 20.3cm）
共二页

My dear teacher..

廿五午收十九来信，到晚间又收廿一的来信，此外十六午又收到你十一月十日来信，我已有回信去了。廿二午又收到十一月十六来的，也已回覆内容，但未声明收到的日期。

你十九的信说及我脾气，且问我要在政界还是学界，说也惭愧，我的材料你知道的，什么都是一知半解，没有深的成就和心得，天分又底，不能自己研究如周氏三杰，所以讲到做事，总觉很充学不足，教人更可谓学界了。学的是文科，而书籍研究一向未有深下功夫，教起人来连字也不认识，而我胆子又细，不大充足研究的功课不敢教人，现时教三民主义，实难之又难，免强而费力者持行教国文，则也不见容易选材，找典故……也是不胜其难，至于管理职员则终日困身而不能有休息活动，这是学界的叫我彷徨的。至于政界党派十色，以我直率之傻气，当然不适环境，所以我竟自想离开此校，而至今还未有去处，固然由于此时不便离开此校，而亦未有相当机会，但事到其间，必可有法，因有许多人代我设法，你不必挂心。至中大女生指导的事，不知有否机会，指导等于舍监，也是拘束不自由。又该校此次复试，所收学生们闻仍是两派都有，将来或仍有事情，是我当面事困难的一因。因现时人已公认我们女师一部分表同情于革新的教职员为共产人。（也和北方军阀一样见解，好笑）又我在中大服务，如发生问题，恐怕连累你，利益是我不在你的学校做事，这又是一原因。但如果你以为无妨，则不妨向伏园说，我是没有不同意的。

我校之长仍未回，经费除省政府通过新预算案后，我们又要求措发欠薪，每一月现一月欠，至少以发清职教员薪水为止，此案昨廿五（星四）省政治会议亦通过，但不知新旧经费能否于阳十二月初发十一月经费时，财厅依新案办理，如不依，则我们届时当有最后的办法，如依，则筹备校长回校，又重新整顿过。现时反动学生乘机欢送校长又举出好招牌，请出廖冰筠为校长，预料她必不肯，则有第二等人物推出，她们计策如此，届时如校长回，她们必拒绝，或有事发生，则我们当乘机彻底整顿一下。总之现时期限，先看十二月初财厅如何发款而定校长行止，及以后办法，现在则由三主任暂维目前状态。所以我说十一月我离校或又须延期了。

我们的脾气是不惯在金钱下呼吸，所以那里不能久居了。人总得要钱，但以钱来叫精神吃苦总不上算，而且一想到为什么要钱，难道非先有钱不可？则令人觉这一着于一方实太苦了。苦的，何苦来！又叹呼！另外寻改善的方法，虽则难，慢慢做去。

你廿一的信，说收到我十五、六、七三信了，但十七我午后又寄一信，同时寄一包裹——是线背心和图章——信是说明寄的物件，并叫你小心打开，勿打破图章，但图章并不是贵品，不过甚新颖，再打破也意中，勿介介。此物现必收到了吧！便通知我一声。

玉堂也有辞职意，料想将来你去后，玉堂不易久居也去了时，那一班人，真是好玩，看他生根生在那里？

在心理学上，群众中之人物，往往有相距仅数载，而逆转转移者，如拿破仑一世，始尝之为仁人，贵为皇帝，而不忘贫贱之交，古有道之士也。阅三十年，毁之为专制魔王，尚满其权利功名之大欲之故，不惜实国家之重权，毁灭他人之自由，驱三百万人之生命以殉之，无人道之尤也。至今则又异其说，夫以一人之身，上不数十年间，而毁誉是非已经数变，象翁也是，我们更是当然，因现时人大非史论家之比，乃不过如你所说，怨世不遂，愤而致辞，是以在京时，你的傻气助人金，助人出书，助人读，我们也曾经微致其辞，不过不好太於讲止，其实这也没什么，我的父亲一生都是这样傻，到死不能善其身丧葬，不能遗钞助於子女，这都是社会吸血的现象，但是，也有素不相识，暂致其慕爱，侠义相助的，所以我在外面读书也能到毕业，所以天壤间也须有傻子，家在傻，社会才立得住，这是说一种的，至於长虹的行径，实在太过了，你是怎样待他的，旁人眼中，不惯而且非直接是你和他发生，而如此无理对待，这真可说奇妙不可测的世界人心，你世情好了，不要介意世界不少这类人物。

现时快到学期末一家，则已有两个月——你好好排遣，年假再玩，我则待学校结束即离开多说事，决意仍在广州，现时我的生趣，只在睡前醒后的一点闲功夫，此外什么不暇及了。

你想寄的一束杂志还未到，我想快要到的，我打算稍候再寄这信，或者再能收你一封信，一束书还后，因计时是应有来的。

你在未离开那里时，千万不要自己因学校或少爷们事情激，自然也难禁愤激，但请你默念好了，就即不生气。

我写以上的信是在廿七下午五时（星六），现时觉得要说的都说了，如果再有空，随读再写出来吧！

我等不及来信先寄此信了，因为怕你候信心急。　　yours H.M.　十一月廿七

伏园寄我一本他的游记集，我先想付在你信内谢他，但想不大好，现在是另外寄一纸谢他。

释　文

My dear teacher：

廿五午收十九来信，到晚间又收廿一的来信，此外十六午又收到你十一月十日来信，我已有回信去了。廿二午又收到十一月十六来的，也已回复内容，但未声明收到的日期。

你十九的信，说及我脾气，且问我要在政界还是学界。说也惭愧，我的材料你知道的，什么都是一知半解，没有深的成就和心得，天分又底［低］，不能自力研究如周氏三杰。所以讲到做事，总觉力不充，学不足，教人即所谓学界了，学的是文科，而书籍、研究，一向未有深潜下功夫，教起人来连字也不认识，而我胆子又细，不大充足研究的功课不敢教人。现时教三民主义，实难之又难，免［勉］强而费力，若转行教国文，则也不见容易，选材、搜典、改文……也是不胜其难。至于管理，职员，则终日困身而不能有休息活动，这是学界的叫我彷徨的。至于政界，党，五光十色，以我直率之傻气，当然不适环境。所以我竟日想离开此校，而至今还未有去处，固然由于此时不便离开此校，而亦未有相当机会，但事到其间，必可有法，因有许多人代我设法，你不必挂心。至『中大女生指导』的事，不知有否机会，指导等于舍监，也是拘束不自由。又该校此次复试，所收学生，似闻仍是两派都有，将来或仍有事情，是我当这事困难的一因，因现时人已公认我们女师一部分表同情于革新的教职员为共产人（也和北方军阀一样见解，好笑）。又我在中大服务，如发生问题，恐怕连累你，则还是我不在你的学校似好些，这又是一原因。但如果你以为无妨，则不妨向伏园说，我是没有不同意的。

我校校长仍未回，经费除省政府通过新预算案后，我们又要求搭发欠薪，每一月现，一月欠，至少以发清职教员薪水为止。此案昨廿五（星四）省政治会议亦通过，但不知新旧经费能否于阳十二月初发十一月经费时，财厅依新案办理，如不依，则我们届时当有最后办法，如依，则筹备校长回校，又重新整顿过。现时反动学生乘机欢送校长，又举出好招牌，请宋庆龄为校长，预料宋必不肯，则有第二等人物推出。她们计策如此，届时如校长回，她们必拒绝，或有事发生，则我们当乘机澈底整顿一下。总之现时期限，先看十二月初财厅如何发款而定校长行止，及以后办法，现在则由三主任暂维目前状态。所以我说十一月我离校或又须延期了。

我们的脾气是不惯在金钱下呼吸，所以那里不能久居了。人总得要钱，但以钱来叫精神吃苦，总不上算，而且一想到为什么要钱，难道非先有钱不可？则令人觉这一着于一方实太苦了。苦的，何苦来？反叛呀！另外寻改善的方法，虽则难，慢慢做去。

你廿一的信，说收到我十五、六、七三信了，但十七我午后又寄一信，同时寄一包裹，——是绒背心和图章——信里说明寄的物件，并叫你小心打开，勿打破图章，但图章并不是贵品，不过甚新颖耳，打破也意中，勿介介。此物现必收到了吧！便通知我一声。

玉堂也有辞职意，料想将来你去后，玉堂不易立足也去了时，那一班人，真是好玩，看他生根生在那［哪］里？

在心理学上，群众中之人物，往往有相距仅数载，而逐渐转移者，如拿破仑一世，始誉之为仁人，贵为皇帝，而不忘贫贱之交，古有道之士也。阅三十年，毁之为专制魔王，求满其权利功名之大欲之故，不惜窃国家之主权，毁灭他人之自由，驱三百万人之生命以殉之，无人道之尤也。至今则又异其说，夫以一人之身，上下数十年间，而功罪是非，已经数变，拿翁如是，我们更是当然，因现时人尤非史论家之比，乃不过如你所说『吸血』不遂，愤而致辞，是以在京时，你的傻气助人金，助人出书，助人读，我们也曾经微致其辞，不过不好太于谏止。其实这也没什么，我的父亲一生都是这样傻，到死不能善其身丧葬，不能遗多少助于子女，这都是社会吸血的现象，但是，也有膜［漠］不相识，暂致其虔爱，侠义相助的，所以我在外面读书也能到毕业，所以天壤间也须有傻子，交互傻，社会才立得住，这是说一种的。至于长虹的行径，实在太过了，你是怎样待他的，尽在人眼中。小愤而且非直接是你和他发生，而如此无理对待，这真可说奇妙不可测的世态人心。你泄愤好了，不要介意，世界不少这类人物。

现时快到学期末——实则还有两个月——你好好排遣，年假再玩。我则待学校稍结束即离开另觅事，决意仍在广州。现时我的生趣，只在睡前醒后的一点闲功夫。此外忙不暇及了。

你想寄的一束杂志还未到，我想快要到的。我打算稍候再寄这信，或者再能收你一封信、一束书才复，因计时是应有来的。你在未离开那里时，千万不要自己因学校或少爷们事愤激，自然也难禁愤激，但请你『默念』好了，渐渐即不生气。

我写以上的信是在廿七（星六）下午五时，现时觉得要说的都说了。如果再有话，继续再写出来吧！

Your H. M.　十一月廿七

我等不及来信先寄此信了，因为怕你候信心急。

伏园寄我一本他的游记集，我先想付［附］在你信内谢他，后想不大好，现在是另外寄一纸给他。

五二、一九二六年十一月三十日
（26.6cm × 20.3cm）
共一页

My dear teacher：

自從廿三晚接你十九、廿一的信，知到我寄的十五、六、七的信都到了。但我十七早寄一信，午寄包裹時又寄一信，你來信未提及，我想寄的是遲一些的，預料廿六、七……當可得你信，但至今日（卅）仍未有來，你前信說同時寄一包新女性語絲等刊物，此刻也未到，我十分懷疑。我現時在預備明天教材，但我沒有專心看書，我總想着這兩天報載漳州攻下，泉州、永春也為北伐軍得，以前是知到廈門大學危險，在戰爭範圍中，但不知真相如何？難以近幾天沒來信是因連船也不能來往？！

看廣大聘教授條例，（不知中大是否如此）教授初聘必為一年，以後第二次繼聘為四年，或無期，教至六年，則可停職一年照支原薪。教授不能兼職，但經校務（？）會議通過則可變通。教授每週鐘點至少八時，至多十餘至廿時左右。教授必須指導學生作業云。

現時廣州省行政獨立，中央政府（即國民政府）從十二月五号起移至武漢，中央多灰色人，離開廣東，則廣東或易成事。

我校現時校長還未回，專看十二月初發經費時是照新預算抑舊預算，照新預算而不搭發一月積欠（省政府已通過）則要求仍未全滿足，如果即行回校（校長）恐難的時不好對付。然發新預算而校長仍不回，則又難維持，是以還須斟酌辦理。至我自己私意則至校長回後，或決不回無辦法時，均可引退，惟青黃之間則必不去。預料將來如新預算到，則每人薪可得七、八成，如再搭發積欠則舊教員可再多，否則要此搭積欠之款由新教員薪扣扣。總之照新預算計，每月可得百二、三十元，照勞力與報酬，自然也不算少，就廣州另外覓相等事自然也不易。如果辭去的話，但不辭去呢（一）學生已破面，二全面相面，訓育是以強威，以情誼系的，如此何能繼續下去，而且（二）我贊成凡與風潮有關的人離校，而換與我們同意見者，則移學生目標于學校有利，以去職為是。然就現時現象，我向學校有力的人表示辭意，但都不肯應我，似乎是要我維持下去，你看應當如何決斷呢？

汕頭我未肯應去，決意下學期仍在廣州，日來中央政府移至武昌，我的心又飛去好幾次，但一點念，總是決定不去，無論如何，我想抵抗物質壓迫，試試看是牠勝過我，還是我打倒牠。

your H. M. 十一月卅晚 八時三刻

释文

My dear teacher：

自从廿五晚接你十九、廿一的信，知到［道］我寄的十五、六、七的信都到了。但我十七早寄一信，午寄包裹时又寄一信，你来信未提及。我想寄物是迟一些的，预料廿六、七……当可得你信，但至今日（卅）仍未有来。你前信说同时寄一包《新女性》《语丝》的刊物，此刻也未到，我十分怀疑。我现时在预备明天教材，但我没有专心看书，我总想着这两天报载漳州攻下，泉州、永春也为北伐党军得。以前是知到［道］厦门大学危险，在战事范围中，但不知真相如何？加以近几天没来信，是否连船也不能来往？！

看广大聘教授条例（不知中大是否如此），教授初聘必为一年，以后第二次继聘为四年，或无期，教至六年，即可停职一年，照支原薪。教授不能兼职，但经校务（？）会议通过则可变通。教授每周钟点至少八时，至多十余到廿时左右。教授又须指导学生作业云。

现时广州省行政独立，中央政府（即国民政府）从十二月五号起移至武汉，中央多灰色人，离开广东，则广东或易办事。

我校现时校长还未回，专看十二月初发经费时是照新预算抑旧预算，照新预算而不搭发一月积欠（省政府已通过）则要求仍未全满足，如果即行回校（校长）恐爽约时不好对付。然发新预算而校长仍不回则又难维持，是以还须斟酌办理。至我自己私意则在校长回后，或决不回无办法时，均可引退，惟青黄之间则必不去，预料将来如新预算到，则每人月薪可得七八成，如再搭发积欠则旧教员可再多，否则长此搭积欠之款由新教员薪水扣。总之照新预算计，每月可得百二三十元，照劳力与报酬，自然也不算少，就广州，另外觅相等事自然也不易，如果辞去的话。但不辞去呢，（一）学生已破面，冷面相面，训育是以德感，以情维系的，如此何能继续下去，而且（二）我赞成凡与风潮有关的人离校，而换与我们同意见者，则移学生目标，于学校有利，以去职为是，然就现时观察，我向学校有力的人表示辞意，但都不答应我，似乎是要我维持下去，你看这当如何处断呢？

汕头我未答应去，决意下学期仍在广州。日来中央政府移至武昌，我的心又飞去好几次，但一『默念』，总是决定不去，无论如何，我想抵抗物质压迫，试试看是它胜过我，还是我打倒它。

Your H. M.　十一月卅晚八时三刻

五三、一九二六年十二月二日
（26.9cm×20.3cm）
共一页

My dear teacher:

十二月一晚收到你廿六寄的信，而以前说寄的《新女性》等至今未来，你十六、十九、廿一等信倒先收到，为后了，并不因新宁轮而生阻碍。

今日（二日）到陈惺侬处，见他整理行装，打算到武汉去，（五日前后动身）听他说孙伏园也电约其到湖北去，则伏园十二月十五前后到广州之说，不知有无变动？

学校今日到财政所领到支票，款目仍旧，不但不拨一月欠，且新预算也不题。公债库券仍有，不过三十個月满期的公债以前发二成的，现时发一成，但仍未解决，（一成公债各机关一样）校长打算往香港去，政府却欲作弃人，我们三主任定明日约全校教职员布告经过，并以后不能再维持校长职务之责，看教职员能否枵腹从公，而全体辞职，我们为难的是政府发新预算而不拨欠，则左右做人难，现时全不发，可以借口罢了，但事情绝不如此简单，或仍不死不活拖下去，且看如何再说，学生两方仍争持不下，已争以至要御侮，惧乎其危了。

你因为怕有"不安"而"静不来"，这叫我从何说起？为社会做事么？社会有什么事可做，前次说的番禺中学，起首是少有组织之党与非党人结合打倒土豪劣绅之旧校长，那后闹党，他们不甘退让，又自知不敌，于是责给又一派人，现时是有两派人和我们对敌，而我们这一批有非党的人，禁不起敌人的诽谤离间之语，有放手不问之势，现时是改选董事又延期，而我学校事又如此，所谓社会事业者，不过说破不值一文钱，你愿我终生被播弄于其中而不自拔？而且你还想闲此仍回受旧地方的困苦无生趣之境地，以去成我做社会事业吗？我着实为难，如果我说不肯做"社会事业"而去，或者会影响到别人行动，我说还事做下去也不见得有好处，横竖都是为难，我自己没有方针，"相宜的地方"是找不到，或者有，但现时又不能实现。

至于说这一学期居然已经去了五分之三，至现时自然如此说，但可也回想到五分之三的日子，是很崎岖的走来，为旅行的一新纪元吗？五分之三已如此，外人生活，再勉强下去能保没有发生别的意外吗？单独为"五"成他人而自救于孤岛是应当的吗？我心甚乱，措词多不达意，又恐所说又令你生新的奇异感想，不写几个字，又怕你等着信，我觉得书信的往还实在讨厌，费时而不能达意于万一。

广大自然也不是理想的比较可栖身的地方，所以说到你要仍在厦大，我也难以多说，但我仍觉得不能代表思潮，实责任止如何，至如果问到我的话，我想还是见面畅谈较得详尽。

your H.M. 十二月二日

释　文

My dear teacher：

十二月一晚收到你廿六寄的信，而以前说寄的《新女性》等至今未来，你十六、十九、廿一等信俱先后到，亦复了，并不因新宁轮而生阻碍。

今日（二日）到陈启修处，见他整理行装，打算到武汉去（五日前后动身），听他说孙伏园也电约其到湖北云，则伏园十二月十五前后到广州之说，不知有无变动？

学校今日到财政厅领到支票，款目仍旧，不但不搭一月欠，且新预算也不题［提］，公债、库券仍有，不过三十个月期满的公债以前发二成的，现时发一成，但仍未解决（一成公债各机关一样）。校长打算往香港去，政府如此作弄人，我们三主任定明日约全校教职员布告经过，并以后不能负维持校长职务之责，看教职员能否枵腹从公，仰全体辞职，我们为难的是政府发新预算而不搭欠，则左右做人难，现时全不发，可以借口引去了。但事情绝不如此简单，或仍不死不活拖下去，且看如何再说。学生两方仍争持不下，这争似朽索御六马，懔乎其危了。

你因为怕有『不安』而『静下来』，这叫我从何说起？『为社会做事』么？社会有什么事好做？前次说的番禺中学，起首是以有组织之党与非党人结合打倒土豪劣绅之旧校长，那次开会后，他们不甘退让，又自知不敌，于是卖给又一派人。现时是有两派人和我们对敌，而我们这一批有非党的人，禁不起敌人污蔑图利之语，有放手不问之态，现时是改选董事又延期，而我学校事又如此，所谓『社会事业』者，不过说破不值一文钱，你愿我终生被播弄于其中而不自拔？而且你还想因此仍忍受旧地方的困苦无生趣之境地，以玉成我做『社会事业』吗？我着实为难。如果我说不肯做『社会事业』下去，或者会影响到别人行动，我说还是做下去，也不见得有好处，横竖都是为难，我自己没有『方针』。『相宜的地方』是找不到，或者有，但现时又不能实现。

至于说『这一学期居然已经去了五分之三』，在现时，自然如此说。但可也回想到五分之三的日子，是很崎岖的走来，为旅行的一新纪元吗？五分之三已如此非人生活，再勉强下去，能保没有发生别的意外吗？单独为『玉成』他人而自放于孤岛是应当的吗？我心甚乱，措词多不达意，又恐所说又令你生新的奇异感想，不写几个字，又怕在等着信，我觉得书信的传递实在讨厌，费时而不能达意于万一。

广大自然也不是理想的比较可栖身的地方，所以说到你要仍在厦大，我也难以多说。

但我仍觉文字不能代表思潮，究竟行止如何，在如果问到我的话，我想还是见面畅谈较得详尽。

Your H. M.　十二月二日

五四、一九二六年十二月六日
（26.6cm×20.3cm）
共一页

My dear teacher：

六日早在办公桌上看见十一月廿九寄来的信及十一月廿一寄的书一束（内北新十二三期，语丝九七，九八，一〇三，一〇四期，新女性十一月号）一卷书而捆搁至十六天始到，中国真是太可以了。我打开看，还有不少可看的东西。

至于寄来的信，在我寄了廿三的信后，总是觉得我太过火了，这样的说话，又颇意知到你的意思，想"棒喝"一下，然而意外的不然，许是你已为感情蒙蔽了罢？

你廿六的信是要大半年仍在厦，廿九信则说离厦，这样心神不定，全以外象为主，我知道你在十二分地空虚了。请好好地静下来养养身体，既打算离去，则该校一切，勿过于操心，食物如何解决，福州馆子难道去包饭吗？伏园如离厦，你一人单饭为口奔驰，不太苦吗？

学校火警实在可怕，我在天津就遇过，半夜从学校跑到人家里。北京女师大日前余畫给信李之良，说在不久以前火烧了几间寝室，一个学生从女大转过来的名杨立侃伤重身死，另一个她的好友也伤得甚厉害。女师大本不幸，连转学来的都遭殃，仍在女大的，总是娇小姐，真可叹，你也曾在报上或别方面听到吗？

南方还是"之乎者也"之风甚盛，此间小学生，教科书仍重文言，且文料甚不新，这是教育厅没的原故，此外因方言不同也有关系，此外副刊，如民国日报，国民新闻，民国还不多见，国民则专刊载广东土语的无聊拌嘴嘲笑小品，真是乏味。

你为什么有"莫名其妙的悲哀"？是因为寂寞吗？是因为想到要走的路吗？是因为了别人而焦虑吗？或中或有未便倾尽之处，可得闻欤？

遇安来信或因我无意向伏园述及问得他来，而伏园即见遇安的信又提及我问语，故遇来信寄到校，我已回信，且证其在羊城，（及再来信问旧校门牌号数，或以为我希望他来，故再函探其是否诚意，或不是原意之故，这是我的推测。

学校经费，二月份财厅支单依旧照旧预算，三主任召集教职员会，声明不负校长职，当由教职员推举五人到省政府教育厅，财政厅交涉，不外敷衍回覆，继由革新学生去请愿，财厅始允照新预算，总务已向财厅补领本月新预算款。但积欠仍无着，我意是积欠到手始敢相信放胆办事，今日（六）我领到新款支单，全校仍未上课，将俟积欠有着，校长回校，当有一番整顿与阐術，今日又动学生无聊，何从務与我攻击，但也无效，以后再详吧。

your H. M. 十二月六晚八时

释文

My dear teacher：

六日早在办公桌上看见十一月廿九寄来的信，又十一月廿一寄的书一束（内《北新》十一、〔十〕二期，《语丝》九七、九八、一〇三、一〇四期，《新女性》十一月号）。一卷书而担搁至十六天始到，中国真是太可以了。我打开看，还有不少可看的东西。

至于寄来的信，在我寄了廿三的信后，总是觉得我太过火了。这样的说话，又愿意知到〔道〕你的意思，想得你『棒喝』一下，然而意外的不然，许是你已为感情蒙蔽了罢？

你廿六的信是要大半年仍在厦，廿九信则说离厦，这样心神不定，全以外象为主。我知道你在十二分地空虚了。请好好地静下来，养养身体，既打算离去，则该校一切，勿过于扰心。食物如何解决，福州馆子照旧去包饭吗？伏园如离厦，你一人早饭〔晚〕为口奔驰，不太苦吗？

学校火警实在可怕，我在天津就遇过，半夜从学校跑到人家里。北京女师大，日前余盖给信李之良，说在不久以前，火烧了几间寝室，一个学生从女大转过来的名杨立侃伤重身死，另一个她的好友也伤得甚沉重。女师大真不幸，连转学来的都遭劫，仍在女大的，总是娇小姐，真可叹。你也曾在报上或别方面听到吗？

南方还是『之乎者也』之风甚盛，此间小学生，教科书仍重文言，且文料甚不新，这是教育落后的原故，此外因方言不同，也有关系。此处副刊，如《民国日报》《国民新闻》『民国』还不多见，『国民』则专刊载广东土语的无聊拌嘴嘲笑小品，真是乏味。

你为什么『时有莫名其妙的悲哀』？是因感寂寞吗？是因想到要走的路吗？是因了别人而焦虑吗？跋中或有未便倾尽之处，可得闻欤？

遇安来信，或因我无意向伏园述及闻得他来，而伏老即见遇安必又提及我问话，故遇〔安〕来信寄新校，我已回信，足证其在羊城，后再来信问旧校门牌号数，或以为我希望他来，故再函探其是否诚意，或不是流言之故，这是我的推测。

学校经费，二日财厅支单依旧写旧预算，三主任召集教职员会，声明不负校长职，当由教职员推举五人到省政府、教育厅、财厅交涉，不外敷衍圆滑，继由革新学生去请愿，财厅始允照新预算，六日庶务已向财厅补领本月新预算款。但积欠仍无着，众意是积欠到手，始敢相信放胆办事。今日（六）虽领新款支单，全校仍未上课，将俟积欠有着，校长回校，当有一番整顿与淘汰。今日反动学生无聊，向总务与我攻击，但也无效。以后再详吧。

Your H. M.　十二月六晚八时

五五、一九二六年十二月七日
（26.6cm×20.3cm）
共一页

My dear teacher：

今日是学校因经费问题停课的第二日，学校也发薪九了（以前四成了），数目是八成五（省纸），其中一半为现金78元，一半为公债库券，公债是一成只值纸十五元，库券四成即六十元，但此纸须俟至阳历二月十四（过了阴历年了）后才能支取现金，费了九牛二虎之力，不过如此成绩，将来可想而知，而最令人发指的，就是那八十多反动学生昨日列队到省政府教厅、财厅，都说学校不是经费问题，是校长问题，只要宋庆龄长校便万事解决云，你看他们居心破坏学校，不惜牺牲学校，这种态度，可恶之极。今日下午四时教厅又约三主任及附小主任到厅，现尚未到时，我们则欲待经费彻底解决始做下去。

又今日国民日报副刊有篇欢迎你来广州的文章，该副刊大约即以前请你回国担任的，现时你回不来，你担任不好么？他的体裁就是那样，下面还有一半广告纸，我裁去免太厚难寄。今早我又寄了一信，是覆你十一月廿九的，现在又接到你十二月三日的信了。

来广州是欢迎的，教人也好，不过要“拖鼻涕”这种八股先生可得反抗了，反抗之法，就是以毒攻毒，勒令讲究卫生。还有，教人也要有分，如果光是“善诱”，也须有相当的对待，以免白耗精神和光阴。

印章的东西是叫“金星石”，我以前是随便叫他白玻璃，此物不知是否日本东西，刻字时已刻坏了一个图章，算是毁了，好在是刻字的负责，我却不管。这样脆，我想一落地必碎，所以寄到无破，算好的了。穿背心，冷了还是要加棉袍、棉裤……的，这样就可以过冬吗？傻孩子！白印章的白色东西是王家买而往用过的，你看得出吗？一个图章白心持去上海买印泥呢，真是多事了。

“默念”增加，想是日子近了的原故，小孩子快近过年，总是天天吵钱，你似乎如此。你失败到了一个人手里了么？你真太没出息了。

广东天气现时还不冷，只穿夹裤满可以了，阴历十一月了而如此暖，真是便利，但这几天是在快过旧年腊八左右，蚊子还很多，每晚桌下不住来咬，我在未寝前多不脱袜，这几天则每放下帐子看书，写信，写东西，但这样不久就困倦睡下了，然后早上至少还有一二只蚊饱满在帐子内。

这几天经费未解决，仍坚持不上课，经费解决，则须革新一次，革后自己再走，也是痛快，如果经费不解决而教厅换人，或解决而另换人，那我们可不管了。现时反动学生是向三主任猛烈攻击，昨日派来代表三人，限令总务于24时内召集财政会议，布告经费状况，又限令我于二日内解散革新学生会同盟会，我们都不理他，不久或有攻击我们的宣言发出了。现时没有什么说了，下次再谈罢。

your H. M. 十二月七日十三时

意外的詛咒（四）

歡迎魯迅先生來廣州

附一九二六年十二月七日广州《民国日报》刊载的《欢迎鲁迅先生来广州》一文

（27.8cm × 39.6cm）

共一页

释 文

My dear teacher :

今日是学校因经费问题停课的第二日，学校也发薪水了，数目是八成五（得川百十元，以前四成多），其中一半为现金78元，一半为公债库券，公债是一成，即废纸十五元，库券四成，即六十元，但此纸须候至阳二月十四（过了阴历年了）才能支取现金，费了九牛二虎之力，不过如此成绩，将来可想而知，而最令人发指的，就是那八十多反动学生，昨日列队到省政府、教厅、财厅，都说学校不是经费问题，是校长问题，只要宋庆龄长校，便万事解决云。你看她们居心破坏学校，不惜牺牲学校，这种态度，可恶之极。今日下午四时，教厅又约三主任及附小主任到厅，现尚未到时，我们则欲待经费彻底解决始做下去。

又今日《国民日报》副刊有篇欢迎你来广州的文章。该副刊大约即以前请伏园担任的，现时伏园不来，你担任不好么？它的体裁就是那样，下面还有一半广告纸，我裁去免太厚难寄。今早我又寄了一信，是复你十一月廿九的，现在又接到你十二月三日的信了。

来广州是欢迎的，教人也好。不过要施『夏楚』，这种八股先生可得反抗了，反抗之法，就是以毒攻毒，勒令清洁卫生。还有，教人也要有方，如果光是『善诱』，也须有相当对待，以免白耗精神和光阴。

印章的东西是叫『金星石』，我以前是随便叫它曰玻璃。此物不知是否日本东西，刻字时已刻坏了一个图章，算是毁了。

好在是刻字的负责，我却不管，这样脆，我想一落地必碎，能够寄到无破，算好的了。穿背心，冷了还是要加棉袍、棉袄……的，『这样就可以过冬』吗？傻孩子！包印章的白色东西，是在京买而经用过的，你看得出吗？一个图章何必特去上海买印泥呢，真是多事了。

『默念增加』，想是日子近了的原故，小孩子快近过年，总是天天吵几次，似乎如此。你失败在那一个人手里了么？你真太没出色了。

广东天气现时还不冷，只穿夹袄满可以了。阴历十一月了而如此暖，真是便利，但冷的几天是在快过旧年，腊八左右。蚊子还很多，每晚桌下不住来咬，我在未寝前多不脱袜，这几天则每放下帐子看书、信，织东西，但这样不久就困倦睡下了，然次早至少还有一二只蚊饱饱的在帐子内。

这几天经费未解决总坚持不上课。经费解决则须革新一次，革后自己再走，也是痛快。如果经费不解决而教厅换人，或解决而另换人，那我们可不管了。现时反动学生是向三主任分头攻击，昨日派来代表三人，限令总务于 24 时内召集财政会议，布告经费状况，又限令我于二日内解散革新学生会同盟会。我们都不理她，不久或有攻击我们的宣言发出了。现时没有什么说，下次再谈罢。

Your H. M.　十二月七日午三时

【剪报释文略】

五六、一九二六年十二月七日
（26.6cm×20.3cm）
共二页

My dear teacher：

現時是七日晚七時半，我又開始寫信了，這信是因為收到你三日午寫寄的那信的。今日我發了一信，不是說下午四時要到教育廳嗎！從那里回校，看見門房堅了幾封信，我心內一動，轉想午間已接信，此時必沒有了，乃走不數武，聽差趕上來交給我信，是你三日第二封，我歡喜極了，接連兩日得信三封，這三封信（廿九，三，三）可見你的心神略略安定，有點活氣了。至於廿六那一封，我收到於二日，作覆，因你的信似乎有點惑然不安定，而因你安定，所以我二日的信也似乎激烈，現接最近三信，沒問題了，不必掛念或神經過敏。

現時我要下命令了，以後不準自己把信送到郵筒中，因為聽見會裏深夜的十分危險，叫人捏一把汗不好。而且"郎外"的信今上午到，"郎內"的信下午到，這正和你發信次序相同，不必"傻氣的傻子，當代文豪的伙子"為"獃氣的獃子"，實在半斤八兩，相等也。而且H.M.發信也不如是急急，今早發的那封亦晚寫好的，信是早起叫服侍我的女僕拿去的，但許久之後，我出校門見一個老媽拿一隻碗似乎出街買物，同時手中拿我的信，必是代那我的老媽便中發信，以此推測，我的用人每次發信必如此，我於是以後得改變方法了。廣州有工會，用人不聽命且難說話，服侍我的那個，看來甚村氣，但我對付她卻十二分小心了，買東西是二個子必取起一個，二毛取一毛，以此類推，叫她洗衣，常久久不洗好，等着用也不能得。至我現時做件事件而她不停貼，我又不敢得罪她快洗，因為說話一不留心，恐怕以工會相壓。因久不洗回衣服，失了也無從檢問，襪子之類，遺失是常事，不買熱水壺，要冷她又說閒話。其實每日早晚不過沖兩次不大熱的茶來，及到買來水壺，又不小心開螺旋蓋，弄弄的就給弄到許多鐵鏽等痕跡，真氣煞人了。你在福建買不慣呢差氣，將來之廣州用的是男的，或者好一點，但你也得知到，不致氣起來。

外江佬來可以，聽說廣東從去年九月至今年九月，收入有一萬萬（或八千萬），則每月有鉅大收入可知，其數為全國之冠。現時國民政府轄有七省，合七省不及一廣東收入，至廣東一省，則負擔七省戰時兵費，現時又加國民政府遷移費，各省黨費，即如天津英捕捉去國民黨員，此處即匯款去救濟，惟其如此，所以本省教育行政不能兼顧，所以我校經費問題不易解決。今日下午四時又往教廳，我的意思是要下公文叫主任負責維持原狀，照常上課，我們婉謝他，叫他先向我校長（住處已知）取得同意再說，因積久尚未解決也。

我覺得你如來廣州，雖非理想之境，但總不至如廈大之無聊，此處在街上店鋪和叫洋车，尽可用官话，通行得通。偶然吃点亏，买物也会贵些，但这有H.M.代办，在北京，我买物常不大讲价，而这里多数开大价，说出二倍以上，要买的人斟酌还价，但有时遇着一间铺子不大价，你还太少，他又可以大骂你，所以看情形可先问一声，怕少给否？他说不怕就不妨还三分之一价，或二分之一，再添上去，麻烦透了。食东西的馆子随处都有，小馆也不花多少钱，你来不愁没食的处所，而怕食不惯口味，但广东素以美食称，你或能对付，至于蛇，冬间食的多，你来在过年，不知那时可还有？龙虎也过时了，你来时或能遇到买乾的，但恐也是造的怕没有了，那东西有特味，不似蛇肉香，恐你食不下咽。这里也还有北方馆子，有专卖北方布底鞋的铺子，现时也有稻香村一类的铺子，糖炒栗子则以也有卖，这大约是受了“外江佬”的影响。

你前几时信上也见到“身体是好的，能食能睡”一类的话，但在上月廿日到廿六左右则不但不然，且什么也懒做了，原因是为说那一个人要出山，及要做“社会事业”？这不还是待没意的吗？何必自己如此，而且那一个人也不是定当为别人牺牲，实在不如此自己不好过，这是行乎其所不得不行，自己要那么样的，就那么样做吧！

你手指还抖吗？要看医生不？我想心境好，自然减却无聊，不会多吸烟了，有什么方法可以减却呢？我愿多写几个字。

你来这里是住中大就省事，住外面就不便，但花费大，陈智修住的我间房是三楼，每月就四十多块钱屋租，还有雇用人，食用一并，至少须五百余元。究竟如何，是待到广州再说，还是未雨绸缪？

我想没有被人打倒，或自己倒下之前，教书是好的，倒下后则创作似乎闭户可做，但中国人心理，倒下后的著作，是否还一样保持原有地位？也很难说。对付社会一般人，要用一般方法，过于自我，就要攻击，真是讨厌的事，但觉向以乎好些，我想如国民党不容，则跑到俄国去，在广东，去俄很容易设法得政府一笔款，挂着什么名目，领着公费就可去，但这自然要改变教书生涯，总是活动，你看郭沫若有什么，现时是政治主任，又改为……了。人一过，就可以转行，你说是不是？孟余先生说俄国也不十分冷，屋内比此处还暖云。我说的这些，也非紧要，不过今晚高兴多写，可以一发不可收拾了。

英译阿Q不必寄，现时我不暇及不大会看，待真的阿Q到广州，再拿出书本，一边讲一边对照吧！那时却勿得规避，切切！

今晚大风，窗外呼呼声，空气骤冷，我是穿了夹袜，呢裙，毛绒背心及绒衣，但没有冷了。

your H.M. 十二月七晚九时

释文

My dear teacher：

现时是七日晚七时半，我又开始写信了。这信是因为收到你三日午写寄的那信的。今日我发了一信，不是说下午四时要到教育厅吗！从那里回校，看见门房内竖了几封信，我心内一动，转想午间已接信，此时必没有了，乃走不数武，听差赶上来交给我信，是你三日第二封，我欢喜极了，接连两日得信三封。这三封信（廿九、三〇、三）可见你的心神略略安定，有点活气了。至于廿六那一封，我收到于二日作复，因你的信似乎有点变态不安定而固［故］作安定，所以我二日的信也似乎激些，现接最近三信，没问题了，不必挂念，或神经过敏。

现时我要下命令了，以后不准自己把信『半夜放在邮筒中』。因为瞎马会夜半临深池的，十分危险，叫人捏一把汗不好。而且『所外』的信今上午到，『所内』的信下午到，这正和你发信次序相同，不必以傻气的傻子，当『代办所里的伙计』为『呆气』的呆子，实在半斤八两，相等也。而且 H.M. 发信也不如是急急，今早发的那封六晚写好的信，是早起叫服侍我的女仆拿去的，但许久之后，我出校门，见另一个老妈拿一只碗似乎出街买物，同时手中拿我的信，必是代那我的老妈便中发信。以此推测，我的用人，每次发信必如此，我于是以后得改变方法了。广州有工会，用人不听命且难说话，服侍我的那个，看来甚村气，但我对付她却十二分将就了，买东西是二个子必取起一个，二毛取一毛，以此类推。叫她洗衣，常久久不洗好，等着用也不能得，在我现时做件穿件而她不体贴，我不敢强她快洗，因为说话一不留心，恐怕以工会相压，因久不洗回衣服，失了也无从检问，袜子之类，洗少是常事。不买热水壶，茶冷她又说闲话，其实每日早晚不过冲两次不大热的茶来。及到买来水壶，又不小心开螺旋盖，新新的就给弄到许多铁锤等痕迹，真气透人了。你在福建受不惯听差气，将来来广州，用的是男的，或者好一点，但你也得知到［道］不致火气起来。

『外江佬』真可以，听说广东从去年九月至今年九月，收入有一（或八）万万，则每月有巨大收入可知，其数为全国之冠。现时国民政府奄有七省，合七省不及一广东收入。在广东一省，则负担七省战时兵费，现时又加国民政府迁移费，各省党费，即如天津英捕逮去国民党员，此处即汇款去救济。惟其如此，所以本省教育行政不能兼顾，所以我校经费问题不易解决。今日下午四时又往教厅，我的令兄意思是要下公文叫三主任负责维持原状，照常上课，我们婉谢他，叫他先向我校长（住处已知）取得同意再说，因积欠尚未解决也。

我觉得你如来广州虽非理想之境，但总不至如厦大之无聊。此处在街上店铺和叫洋车，尽可用官话行得通，偶然吃点亏，买物也许贵些，但这有 H.M. 代办。在北京，我买物常不大讲价，而这里多数开大价，总在一二倍以上，要买的人斟酌还价，但有时遇着一间铺子不〔开〕大价，你还太少，他又可以大骂你，所以看情形可先问一声，怕少给不？他说不怕就不妨还三分之一价，或二分之一，再添上去，麻烦透了。食东西的馆子随处都有，小饭馆也不花多少钱，你来不愁没食的处所，而愁食不惯口味，但广东素以善食称，你或能对付。至于蛇，冬间食的多，你来在过年，不知那时可还有？龙虱〔虱〕也过时了，你来时或能遇到买干的，但湿而新造的怕没有了。那东西有特味，不似蛇肉香，恐你食不下咽。这里也还有北方馆子，有专买〔卖〕北京布底鞋的铺子，现时也有稻香村一类的铺子，糖炒栗子所以也有卖，这大约是受了『外江佬』的影响。

你高兴时，信上也见到『身体是好的，能食能睡』一类的话，但在上月廿日至廿六左右则不但不然，且什么也懒做了，原因是为说那一个人要去汕，及要做『社会事业』，这不还是待考虑的吗？何必自己如此，而且那一个人也不是定专为别人牺牲，实在不如此自己不好过，这是行乎其所不得不行，自己要那么样的，就那么样做吧！

你手指还抖吗？要看医生不？我想心境好，自然减却无聊，不会多吸烟了，有什么方法可减却呢？我愿多写几个字。

你来这里是住中大就省事，住外面就方便，但花费大，陈启修住的几间房，是二楼，每月就四十多块钱屋租，还有雇用人，食、用……等，至少总在百余元。究竟如何，是待到广州再说，还是未雨绸缪？

我想没有被人打倒，或自己倒下之前，教书是好的，倒下后则创作似乎闭户可做，但中国人心理，倒下后的著作，是否还一样保持原有地位？也很难说。对付社会一般人，要用一般方法，过于自我，就受攻击，真是讨厌的事，但党内似乎好些，我想如国民党不容，则跑到俄国去。在广东，去俄很容易设法得政府一笔款，挟着什么名目，领着公费就可去，但这自然要改变教书生涯，才易活动，你看郭沫若有什么，现时是政治主任，又改为……了。人一迫就可以转行，你说是不是？启修先生说俄国也不十分冷，屋内比北京屋还暖云。我说的这些，也非紧要，不过今晚高兴多写，所以一发不可收拾了。

英译《阿 Q》不必寄，现时我不暇及不大会看，待真的阿 Q 到广州，再拿出书本，一边讲一边对照吧！那时却勿得规避，切切！

今晚大风，窗外呼呼声，空气骤冷。我是穿了夹裤、呢裙、毛绒背心，及绒衣，但没有蚊了。

Your H. M.　十二月七晚九时

五七、一九二六年十二月十二日
（26.6cm×20.3cm）
共二页

My dear teacher：

今（十二）早九时从家里回校，看见你十二月七日的信在桌上，大约是昨十一到了，而我外出未看见，我料想日间有信，心内挂念，早来果见，慰甚。

六日收到十一月廿一寄来的刊物，三日寄的刊物，则至今尚未到，大约是慢些的，惯了我也不十分急着了。二日之信，乃二晚我亲投至街中邮筒（便中经过）者，自三日起至六日到，则前后不过四天，也差强人意，而何以平时有担搁至八天的，真是奇怪了。

你一面常常想到的思想，实在谬误，"无人当作牺牲"一语，甚为不通，牺牲的解释如吾人以牛羊作牺牲，至牛羊本身并非愿意甘心的，所以不合，而人则不如此，天下断没有人而肯甘心被人宰割，其非宰割，换言之，在一方出于爱护，那一方出之自动愿意，则无牺牲可言，其实天下间即无所谓牺牲，譬如吾人替社会做事，大家说为应当的了，因此有公义而制御私情，至私情上也可以说牺牲，而人们不注意此点，还是向公义上走，即认公义为比较的应当为而已，但所谓应，所当为，随时间环境而异，取其比较合适而为，我认为合此作法即无合适者，我即切实行去，这是我当取抉择而[illegible]牺牲，如有当取择，天下固不能全有，亦只有取吾所好，既好而取，即得其所，亦即遂吾志愿，此三尺童子所知，而三尺多的小孩子又误解，当记打手心十下於日记本上。

校事又要回来了，那些学生又动了手，假借学生会向省政府、教、财各厅请愿，又在学校召集师生联席会议，当时有七个灰色的先生出席，发表一封为学生联席会议的信，质问三主任为什么做滑稽的事，故意停课，限令立即开课，其实停课启事之登报，乃三主任召集全校教职员布告经过，并不能负代理校长之责，当场由众推举教职员代表五人向教厅等处请愿，结果教厅当场照准停课之议，而此五人中有回校起草登报者，有先去者，乃五人中有教员出席学生会则一概诿为不知，於是以学生联席会议名义向三主任质问，大有问罪之意，此事处置不当，易引起教员与反动学生合，而其后财厅已发新预算支单，据知一月则尚自十六年一月起，似此可借口转圜，谓经费已有着落，而校长允回，先令三人负责云。於是明天（十三）起上课了，但另一消息，则说校长无意回来，不过姑如此说，使学校按照常上课，实则以进为退也云，於是我打算倘他不回来，教厅不另派人，则三主任负责无期，教厅另委新人，则我们自然可以交代而去，但又怕校长荐或教厅自己派我继任（因以前有此说，我极力不答应），则十分叫我吃累。此校如此情形，旧教员不易去，在校占大部分势力实无法摆脱，且任此一事，甚彻底之人多去，留我受苦甚不上算。但此校習慣女校長，舊校長去，一時無相当人物，则怕我当缺，推卸自然较快，但一纸公文下来時，任你如何推辞，也不成功。现時我祇有设法劝校長早日回校，以免殃及我自身。而且校長薪水与主任同，不过少八時教課，但出席外面会议太多，一经做起此職，辞職即不容易，我颇慕做家易来易去，不愿人注意的小事，所谓"長"，实在令人闻之不寒而慄，你说是不是呢？照樣当的说，校長回来也当视十六年一月終否如言搬发一月積欠，則我们維持的最低限度也在本学期末，这是学生对校長没有问题的话，然学生自校長声明辞職後，只開欢送会（白開）发欢送宣言，发欢迎宗履巖为校長宣言，口口声声称现校長为前校長，则今后见学校通知復課，校長声言回来之時，必仍有一番剧戲，而最怪異的，就是中央政府的人物多是原色接近樹的派的，張静江等一流人，常有明顯表示，最近省特别市党部的改组，即此中黑幕，近来該派人物眼見工会势盛，又觉扶助農工之所傷，大有向要緩慶之势，凡稍徹底的人，即目為C.P., C.Y.而有驅之使去之势，一個党直政府，而各派人物相反的相處在一塊，互相傾軋，这也是一個叫人喪氣的事，啟修先生在此不大发展，也是此中一点影响，但絶没有於他不利的行為和表示。

现時乃十二月中旬，再有三十天多些就可以見面了。書籍寄得太慢，或在人到之後，則不如留待你自己帶來，可免遺失及損坏，香港通航了，你来也不必一定從汕頭转，多帶几本書或者在船上不如車上之何畢，你以為何如？

你和上海有来往便的，可否替我買一本文章作法，这是開明書店的出版，价七角，如再便，能並得一本与謝野晶子论文集（价三角）则更佳，因我一面又颇对於本行的东西也時時留意也。

從明天起上課，事情又多起来了，省婦女部主办的婦女運動人員训練所，要我担任講授婦女与政治经济之關係，時期是三周，每週二小時，在晚间，地点是中山大学，我推卸而不能，已答应了，但材料还未搜得多少，现正在準備中，我自思甚好笑，自己实没有什麼東西，但机会迫到我硬幹，使坐了成(奥)名，真是苦恼不堪，如果不早设法倒下来，就要变成厰甸的轻氣球，氣散自己即掉下来，一点也没有法子補救，那時球也坏了，还是大累。

你的手有点抖，好了没有？

your H.M. 十二月十二日(星期)午一時

逕啟者：本校前因經費問題停頓，現在政府已將十一月份經
經費照新預算發給，欠薪一層亦由省政府令行財政廳按
月搭發。良烈等茲奉
教育廳批令第一一六五號開：呈悉。查該校經費經
省政府委員會第三次議案議決，令行財廳照該校新
預算支給，並按月發給積欠一月在案。該主任等自應
暫代維持校務，俟廖校長返校時，方能卸責。據呈各
情，仰即遵照。此批。又奉
廖校長函開：宗堂、良烈、廣平、蘭芳主任先生：前日
許廳長來談，以校費已有切實之解決，女師革新工
作可以繼續進行，催促即日返校，以為吾等於廣東
員，未容規避困難。況今校內情勢益見複雜，為黨化
教育計，應即返校主持。在未返校以前，請先生等
負責，即日回復校務常態，至深感盼。[illegible]
等因，自應遵照辦理。除徑告外，相應函達
台端，希為查照，是荷。此致
先生

羅宗堂
陳良烈 啟 十一日
許廣平

附“三主任”（罗宗堂、陈良烈、许广平）就省政府拨给学校新预算、按月发给欠薪及重新开课事印发给学校教职员的通知
（27.8cm × 42cm）
共一页

释文

My dear teacher：

今（十二）早九时从家里回校，看见你十二月七日的信在桌上，大约是昨十一到了，而我外出未看见。我料想日间有信，心内挂念，早来果见，慰甚。

六日收到十一月廿一寄来的刊物，三日寄的刊物，则至今尚未到，大约是慢些的，惯了我也不十分急着了。二日之信，乃二晚七时我亲投至街中邮筒（便中经过）。若自三日起至六日到，则前后不过四天，也差强人意，而何以平时有担搁至八天的，真是奇怪了。

你『一向常常想到的思想』，实在谬误，『将人当作牺牲』一话，万分不通。牺牲的解释，如吾人以牛羊作祭品，在牛羊本身并非愿意甘心的，所以不合。而『人』则不如此，天下断没有人而肯甘心被人宰割，其非宰割，换言之，这一方出之爱护，那一方出之自动愿意，则无牺牲可言。其实天下间即无所谓牺牲，譬如吾人替社会做事，大家认为至当的了，因此有公义而制却私情，在私情上也可以说牺牲，而人们不在意此点，还是向公义上走，即认公义为比较的应为，急为而已。但所谓应，所谓急，随时间环境而异，取其比较合适而为。我认为舍此作法即无合适满意者，我即切实行去，这是我为取舍决［抉］择而知何者当牺牲，何者当取择。天下固不能全有，亦只有取吾所好，既好而取，即得其所，亦即遂吾志愿，此三尺童子所知，而三尺多的小孩子反误解，当记打手心十下于日记本上。

校事又变同来了。那些学生反动分子，假借学生会向省政府、教、财各厅请愿后，又在学校召集师生联席会议，当时有七个灰色的先生出席，发表一封员生联席会议的信，质问三主任为什么做滑稽的事，故意停课，限令立即开课。其实停课启事之登报端乃三主任召集全校教职员布告经过，并不能负代理校长之责，当场由众推举教职员代表五人向教厅等处请愿无结果，教厅当场默认停课之议，而此五人中有回校起草登报者，有先去者，乃五人中有教员出席学生会则一概妥［诿］为不知，于是以员生联席会议名义向三主任质问，大有问罪之意。此事处置不当，易引起教员与反动学生合，而其后财厅已发新预算支单，搭欠一月则允自十六年一月起，似此可借口转圆，谓经费已有办法，而校长允回，先令三人负责云。于是明天（十三）起上课了。

但另一消息，则说校长无意回来，不过姑如此说使学校好照常上课，实则以进为退也云。于是我好恐惧，她不回来，教厅不另派人，则三主任负责无期，教厅另委新人，则我们自然可以交代而去，但又怕校长荐，或教厅自己派我继任（因以前有此说，我极力不答应），则十分叫我吃苦。此校如此复杂，旧教员不易去，在校占大部分势力，实无法整顿，且经此一事，甚澈底之人多去，留我受苦甚不上算，但此校习惯女校长，旧校长去，一时无相当人物，则怕我当殃，推却自然爽快，但一纸公文压下来时，任你如何推托，也不成功，现时我只有设法劝校长早日回校，以免殃及我自身。而且校长薪水与主任同，不过少八时教课，但出席外面会议太多，一经做起此职，辞职即不容易。我愿意做点易来易去，不受人注意的小事，所谓『长』，实在令人闻之不寒而栗，你说是不是呢？照稳当的说，校长回来，也当视十六年一月能否如言搭发一月积欠，则我们维持的最低限度，也在本学期末，这是学生对校长没有问题的话。然学生自校长声明辞职后，又开欢送会（白开）发欢送宣言，发欢迎宋庆龄为校长宣言，口口声声称现校长为前校长，则今兹见学校通知复课，校长声言回来之时，必仍有一番剧戏。而最怪异的，就是中央政府的人物，多是灰色接近树的派的，张静江等一流人，常有明显表示，最近省特别市党部的改组，即此中黑幕。近来该派人物，眼见工会势盛，又觉扶助农工之非法，大有向变态度之势，凡稍澈（彻）底的人，即目为CP, CY而有驱之使去之势。一个党立政府，而各派人物相反的相处在一块，互相倾轧，这也是一个叫人闷气的事。启修先生在此不大发展，也受此中一点影响，但绝没有于他不利的行为和表示。

现时乃十二月中旬，再有三十天多就可以见面了。书籍寄得太慢，或在人到之后，则不如留待你自己带来，可免遗失及损坏。香港通船了，你来也不必一定从汕头转，多带几本书或者在船上不如车上之价昂。你以为何如？

你和上海有来往便的，可否替我买一本《文章作法》，这是开明书店的出版（价七角），如再便，能更得一本《与谢野晶子论文集》（价五角）则更佳，因我一面又愿对于本行的东西也时时留意也。

从明天起上课，事情又多起来了。省妇女部立的『妇女运动人员训练所』，要我担任讲授『妇女与政治经济之关系』，时期是三周，每周二小时，在晚间，地点是中山大学。我推却而不能，已答应了，但材料还未搜得多少，现正在准备中。我自思甚好笑，自己实没有什么东西，但机会迫到我硬干，使竖子成（臭）名，真是苦恼不堪，如果不早设法倒下来，就要变成厂甸的轻气球，气散自己即掉下来，一点也没有法子补救，那时球也坏了，还是大害。

你的手有点抖，好了没有？

Your H. M.　十二月十二日（星期）午一时

附『三主任』（罗宗堂、陈良烈、许广平）就省政府拨给学校新预算、按月发给欠薪及重新开课事印发给学校教职员的通知释文

径启者：本校前因经费问题停顿，现在政府已将十一月份经费照新预算发给，欠薪一层亦由省政府令行财政厅按月搭发。良烈等兹奉教育厅批令第一一六五号开呈，悉查该校经费，经省政府委员会第三次议案议决，令行财厅照该校新预算支给，并按月发给积欠一月在案。该主任等自应暂代维持校务，俟廖校长返校时方能卸责。据呈各情，仰即遵照，此批。又奉廖校长函开宗堂、良烈、广平、兰芳（小学主任）主任先生。前日许厅长来谈，以校费已有切实之解决，女师革新工作可以继续进行，催促即日返校。冰鸫以为吾等份属党员，未容规避困难，况今校内情势益见复杂，为党化教育计，应即返校主持，在未返校以前，请先生等负责，即日回复校务常态，至深感纫，此候教安。各等因自应遵照办理，除布告外，相应函达台端，希为查照是荷。此致

先生

罗宗堂
陈良烈　启　十一日
许广平

五八、一九二六年十二月十五日
（26.6cm×20.3cm）
共一页

My dear teacher:

以前七早及八、十二各寄一信，想都收到，至此信已先了。

这封信是向你发牢骚的，因为只有向你可以尽量发，但牢骚即非怒气冲天可知了。所以也还是等於送戏目给你看。

昨日学校的总务辞职了，今早我去新校办公，由报及听庶务员说，才晓得教务也另有他就（以前已有一处）一就是王中大当秘书，听说也无意於此了，那个庶务员就取笑我连校长及三主任，四职集於一身了，我才恍然大悟於造傻子人偏偏地找好事情就溜之大吉了，而我还打算有结交代再走，将来岂非人都走光，校长也不回来，只有我一个光杆受学生凌辱，教职员催迫吗？我急跑去找校长面辞兼陈说校中情形，正说之间，那个教务主任也到，不知他是看风还是真的，他不承认辞职，只说这两天那里忙，所以不能回校，明天是可以到校的云云。而广州学界情势，广州市的青年部长是张静江亲信，他们右的，那个我校开除的女生就时时来往张处，今日（十五）中央，省市青年部来宣布两个学生会同时停止，另由学生会改选新会员，反动派带领她们男校同去来出席的代表全围省市去，主任是那个市青年部长，是右派的，结果全右倾了。闭会后反动生口出不逊，至我后面说○○○（共党）走狗，我回头她们不说了，再前走，她们说哈哈！还回头看呀，你看这多么可恶，总而言之，反动学生太猖獗，好的学生太老实而胆小，教了也不敢做，真没奈何，教职员中有二心，三主任又去其二，校长不回，又不肯表示决绝，明天校长约几个人商量办法，下午三时又是三青年与学生及学校人等开筹备选举学生会事，我也打算不做傻子了，我决要共患难也无可共之人，我何必傻冲锋，现已写好两封信，一封给校长的，说我明天（十六）不赴那两个会，请他另派人出席，又写信给那个教务主任，（他实际不理校事而口说非辞职，不过事忙不能来的）告诉他我请病假，（装假）几多天则不说，打算明天留下信即逃回家，不闻不问了，将来学生会改选合而为一也还是纠纷不好处理，我实不愿多留此间，我打算回家静静过几天再回校收拾东西，你以後寄信暂寄（广州高第街中约许广平转便妥）如[illegible]将来再有变动再通知你就是了。

我身体好的，事早了早安心，可以专心做别的事，你不必挂心，我能设法。

your H. M. 十二月十五晚

释　文

My dear teacher :

以前七早、午、及八、十二各寄一信，想都收到，在此信之先了。

这封信是向你发牢骚的，因为只有向你可以尽量发，但能发，即非怒气冲天可知了，所以也还是等于送戏目给你看。

昨日学校的总务辞职了。今早我去新校办公，阅报及听庶务员说，才晓得教务也另有他就（以前已有一处）——就是在中大当秘书，听说也无意于此了。那个庶务员就取笑我，连校长及三主任，四职集于一身了！我才恍然大悟于造傻子，人偷偷地找好事情就溜之大吉了，而我还打算有交代再走，将来岂非人都走光，校长也不回来，只有我一个光杆受学生凌辱，教职员催迫吗？我急跑去找校长面辞，并陈说校中情形。正说之间，那个教务主任也到，不知他是看风，还是真的，他不承认辞职，只说这两天那里忙，所以不能返校，明天是可以到校的云云。而广州学界情势，广州市的青年部长是张静江亲信，他们右的，那个我校开除的女生就时时来往张处。今日（十五）中央、省、市青年部来宣布两个学生会同时停止，另由学生会改选新会员。反动派带领她的男校同志来出席，称代表全国、省、市云。主任是那个市青年部长，是右袒的。结果全右倾了，闭会后反动生口出不逊，在我后面说〇〇〇（共党人）走狗。我回头，她们不说了，再前走，她们说，哈哈！还回头看阿！你看这多么可恶，总而言之，反动学生太猖獗，好的学生太老实而胆小，教了也不敢做，真没奈何。教职员又有二心，三主任又去其二，校长不回，又不肯表示决绝。明天校长约几个人商量办法，下午三时又是三青年与学生及学校人等开筹备选举学生会事。我也打算不做傻子了，我决意共患难也无可共之人，我何必傻冲锋。现在写好两封信，一封给校长的，说我明天（十六）不赴那两个会，请她另派人出席，又写信给那个教务主任（他实际不理校事，而口说非辞职，不过事忙不能来的），告诉他我请病假，（装假）几多天则不说，打算明天留下信即逃回家，不闻不问了。将来学生会改选，合而为一，也还是纠纷不好处理，我实不愿多留此间，我打算回家静静，过几天再回校收拾东西。你以后寄信暂寄（广州高第街中约许廿三少奶转便妥），如将来再有变动再通知你就是了。

我身体好的，事早了早安心，可以专心做别的事，你不必挂心，我能设法。

Your H. M.　十二月十五晚

五九、一九二六年十二月十九日
（26.6cm×20.3cm）
共一页

My dear teacher：

十二月十五写了一信，十六寄去，告诉你以后写信改寄住址，即于十六日我就请病（假的）回家去住，但又不放心，总想到学校看看，昨晚（十八）八时余从家返校，见房内桌上有你十二月十二写十三寄的信，你这封信的第一句就是："今（十二）天早上寄了一封信"？但我现只收晚上写的一封，早上寄的大约另是一封，而至今未收到，不知是因我这几天不在校的原故，还是尚未寄到，抑邮局作怪，总之，我希望稍迟能收到。

学校学生会改选，那革新学生的会也同时取消，选举结果，仍然是反动派占多数，将来还是把持学生会，向学校对抗，我是知道这种情形，不出来做事，请假回家。及昨晚回校听说，校长辞不干，教务、总务也有辞职，决定辞去此处位置，而不知这消息的只有我一人在梦内，我幸而请假（等于辞职），但已迟了几天，做了几日傻子，现既知他们全去，我也立即去函校长辞职，但又闻校长辞呈中另举一姓李的女人（右派）及我请教厅选一继任云，我是决计不干的，我现拟在家休息几天，待年假时胖胖的见人，一方慢慢找事做，我实在不中用，做做事就想休息，自私方面是好的，想你是同意的吧？

我的东西还放校内，未等你知道我改了住址之前的信寄到校内时，可以有人代收，俟收你的信完毕了，知道寄家内去时，再观察情形，即可以搬出来，但从校搬出到另一地方容易，从家搬出来则难，所以我也有些留恋，如此情形，刊物可不寄，留待带来，省得遗失。

你们学校几时放寒假？我现时闲着，来时的日期先通知，最好由客栈招呼，或由我先期打理，总以预知为妙，好在我是闲着的。

我在家是做做缝衣，（缝大毛衣）改造旧的，或织织物（人托做的）或看书，并不闷气，无须挂念。

阅报陈仪有下野之说，是知他并不能善自改革也。

厦大你走了，玉堂更觉悟而散，所谓树倒猢狲散，那些现代派不知如何？

日前我接遇安信，说又要到上海、武昌去了，不能留粤，信中措词甚怪，以不能相见，似以为憾，我也没回他，但有一大批女人是离粤了。

现时写这信是在校内，不久又要走回家了，再谈吧！

your H.M. 十二月十九下午五时……

释 文

My dear teacher：

十二月十五写了一信，十六寄去，告诉你以后写信改变住址，即于十六起，我就请病（伪的）回家去住。但又不放心，总想到学校看看，昨晚（十八，星六）八时余从家返校，见房内桌上有你十二月十二写十三寄的信。你这封信的第一句就是：『今天（十二？）早上寄了一封信。』但我现只收（十二）晚上写的一封。早上寄的大约另是一封，而至今未收到，不知是因我这几天不在校的原故，还是尚未寄到，抑邮局作怪。总之，我希望稍迟能收到。

学校学生会改选，那革新学生的会也同时取消，选举结果，仍然是反动派占多数，将来还是把持学生会，向学校对抗。我是知到〔道〕这种情形，不出来做事，请假回家。及昨晚回校听说，校长确不干，教务、总务也有新职，决辞去此处位置，所不知这消息的只有我一人在梦内。我幸而请假（等于辞职），但已迟了几天，做了几日傻子，现既知他们全去，我也立即去函校长辞职。但又闻校长辞呈中另举一姓李的女人（右派）及我请教厅选一继任云。我是决计不干的，我现拟在家休息几天，待年假时胖胖的见人。一方慢慢找事做，我实在不中用，做做事就想休息，自私方面是好的，想你是同意的吧？

我的东西还放校内，专等你知到〔道〕我改了住址之前的信寄到校内时，可以有人代收，俟收你的信完毕了，知到〔道〕寄家内去时，再观察情形，即可以搬物走。但从校搬物到另一地方容易，从家搬出来则难，所以我也有些留恋。如此情形，刊物可不寄，留待带来，省得遗失。

你们学校几时放寒假？我现时闲着，来时的日期先通知，最好由客栈招呼，或由我先期打理，总以预知为妙，好在我是闲着的。

我在家是做做缝衣（缝工昂贵），改造旧的，或织绒物（人托做的）或看书，并不闷气，无须挂念。

阅报陈仪有下野之说，是知他并不能善自改革也。

厦大你走了，玉堂更觉悟而散，所谓树倒猢狲散，那些现代派不知如何？

日前我接遇安信，说又要到上海、武昌去了，不能留粤。信中措词甚怪，以不能相见，似以为憾。我也没回他，但有一大批人是离粤了。

现时写这信是在校内，不久又要走回家了，再谈吧！

Your H. M.　十二月十九下午五时……

六〇、一九二六年十二月二十三日
（26.6cm×20.3cm）
共一页

My dear teacher:

今日（十二月廿三）下午五时跑到学校，接到你十二月十六日来信，这信大约到了好几天，不过我今天才到校，所以担搁了一些。

记得你来信说寄刊物给我的有好些次，但自十二月六日收到你十一月廿一寄的莽原十九、二十，语丝九七、九八、一〇三、一〇四，新女性十一月号外，至今未见别的刊物寄到。那个号房是坏的，画报（图书馆寄到他）常是扣留的。但又不能明责他，因他入了工会，一不小心，就可以来包围。所以自后刊物及上海寄来的书，还是留待带来，比较妥当，如果为了字画章的失去，也甚可惜。而况现时我对学校不负责，他也可以对我不负责，至于家里，一高第街一则数百人的一个门房，可想而知了。

也是今日回校，同信一起在寝室的桌上见有伏园名片，是廿二（昨日）写的，他住在广泰来四十三号云。我打算明日上午去看他，可有机会替我设法，但我决不随便开口，看情形办理。日前有天津同学邓颖超，她说中大附中有机会做训育员，问我愿意不？我姑且先答应她愿意，但能否实现也不可知，训育的味道我尝过了，不愿再尝，但目前也只可用骑马找马之法。

叫你寻地方的人，我想你还是始终一一都置之不理好，因为他有了地方，就要挤出你的空间而后快，自己找苦吃，何苦来！

也还是今日在学校寝室偶见吕云章寄来一束印刷物，共有五期妇女之友，我还见到如你所说的一封给我的公开的信，既是给我，又要公开，如果不写一行来，简直就是公开而非给我，我又非萧省之之名如冰心，评梅、晶清之流，景宋两字也没什么趣味，我又厌恶这两个字起来了，这许是我的脾气，不配入"小姐"之列吧！在书局内看见狂飙，有长虹批评"沉钟"中不在有二周的信，我也同此意思，我说高长虹写东西，就因为人们太高兴写的事故引起反感吧。

我校大约我可以脱身了，间接的听说，我的应某哥哥告诉前校长，说我继任不大好，因为是她姊姊又新回来，情形不大熟识，学生又反对，不如那个姓李的，（李励方，在中大榜时的高师毕业，也是北广女师毕业，现时是陈公博夫人）于是前校长就介绍他们相见，但李的推却云，李是比较接近左，学生不反对，但她的丈夫陈某则左派，现在湖北政治部，她未必能久在粤云。

妇女讲习所昨晚（廿二）已去上了二小时，下星期三再上一次就完事，学生老幼不齐，放学时在街上高声叫，读甚不雅，所未必是激底改革的妇女份子，我是爱文体不说她们。

有谁能够离开不受一时代的学说和别人的情形的影响呢？文学就离不开这一层。

你那些在厦门置的器具，如不忙重新带来用也好。此外东西实在贵，而且我也愿看看你在厦的生活，由用具中推想。

一月初大约是十二月末到粤的展就了，也不好不耐着。

那个医生，在宝塔胡同时験新生体格的，别后偏于国民党有他，特信相告你，想这里有伏老的性在内。

YOUR H. M. 十二月廿三晚。

释文

My dear teacher：

今日（十二月廿三）下午五时跑到学校，接到你十二月十六日来信。这信大约到了好几天，不过我今天才到校，所以担搁了一些。

记得你来信说寄刊物给我的有好些次，但自十二月六早收到你十一月廿一寄的《北新》十一、十二，《语丝》九七、九八、一〇三、一〇四，《新女性》十一月号外，至今未见别的刊物寄到。那个号房是坏的，画报（图书馆）寄到他常是扣留的。但又不能明责他，因他入了工会，一不小心就可以来包围。所以自后刊物及上海寄来的书，还是留待带来，比较妥当。如果写了字盖章的失去，也甚可惜。而况现时我对学校不负责，他也可以对我不负责。至于家里——高第街——则数百人的一个门房，可想而知了。

也是今日回校，同信一起在寝室的桌上见有伏园名片，是廿二（昨日）写的。他住在广泰来四十五号云。我打算明日上午去看他，可有机会替我设法，但我断不随便开口，看情形办理。日前有天津同学邓颖超，她说中大附中有机会做训育员，问我愿意不？我姑且先答应她愿意，但能否实现也不可知，训育的味道我尝过了，不愿再尝，但目前也只可用骑马找马之法。

叫你『寻地方』的人，我想你还是始终『都置之不理』好，因为他有了地方，就要挤出你的空间而后快，自己找苦吃，何苦来！

也还是今日在学校寝室处见吕云章寄来一束印刷物，共有五期《妇女之友》，我才见到如你所说的一封给我的公开的信，既是给我，又要公开，如果不寄一份来，简直就是『公开』而非给我。我又非薄有『文』名如冰心、评梅、晶清之流，『景宋』两字也没什么趣味，我又厌恶这两个字起来了。这许是我的脾气，不配入『小姐』之列吧！在书局内看见《狂飙》，有长虹批评《漫云》中不应有二周的信，我也同此意思。我没高兴学写东西，就因为人们太高兴写的原故引起反感吧。

我校大约我可以脱身了，间接的听说，我的『厅长』哥哥告诉『前校长』，说我继任不大好，因为是他妹妹，又新回来，情形不大熟识；学生又反对，不如那个性〔姓〕李的（李励庄，中大旧时的高师毕业，也是此处女师毕业，现时是陈公博夫人。）于是『前校长』就介绍他们相见，但〔姓〕李的推却云，李是比较接近右，学生不反对，但她的丈夫陈某则左袒，现在湖北政治部，她未必能久在粤云。

妇女讲习所昨晚（廿二）已去上了二小时，下星期三再上一次就完事。学生老幼不齐，放学时在街上高声叫、谈，甚不雅听，未必是彻底改革的妇女份〔分〕子。我是尽义务，不说她们。

有谁能够离开不受『一时代的学说和别人的情形的影响』呢？文学就离不开这一层。

你那些在厦门置的器具，如不沉重，能带来用也好，此处东西实在贵。而且我也愿看看你在厦的生活，由用具中推想。

二月初大约是十二月末，到粤即度岁了。也只好耐着。

那个医生，在宗帽胡同时验新生体格的，前次请伏园饭兼有他，他来信称道你，想这里有伏老的怪在内。

Your H. M.　十二月廿三晚

六一、一九二六年十二月二十七日
（26.6cm × 20.3cm）
共二页

my dear teacher..

昨廿六日我到学校把東西全搬回高第街了。本来想等你的信我好寄至高第街之后搬取拾物，但前日報紙刊載了學校長辞職，薦李鵬飛及我二人的呈文后，我恐防反对者以为我是在請假候做校長，所以急急搬去什物以示决绝，当即对号房说明，有書信则请存起代为领取，或由葉姓表姊转交，並給他一個孫总理遺像（中央銀行一元鈔票）大约他不至於作假罢。

我還還不願搬出也有一原因，就是物件由校搬至别处易，由家搬至别处難，但实迫处此，也只好见一步做一步就是了。我现在住在嫂嫂家裏，她甚明達，对我也好，不过姪子嘈吵，不是用功之所，我是在闲着等机会，我也並不心急，对於做事和見人，因为的確不过只有三十天工夫了。事实如此，並非性急而使也。而且我也有一點樂观的地方，就是自本月十六至廿六回家不过住了十天，昨日回校見人，都说我胖了，精神也好了许多，实在前時太耗精神了。此時休養再十天十天十天，加三倍的肥胖，不是更好么，雖然胖瘦之於我，本没关係，但為人们看相计，也是胖些好吧！现時我睡也很多，每晚十時睡到次早九時，有十多個鐘頭了，這個懶骨頭如何处置他？

廿四早我到廣泰来栈找孫伏园，因為廿二他到校找我不見，留下片子说改天再来访，而我不住校，怕相左不好意思，所以去找他，到了他刚起（上午九时多）说是中飲昨睡了一天，他是今至晚上到去，那客栈（全廣州市都是）的工人嘴大加勤勞，連領路也不肯，並且追着伏园要到搬。我说还是早些打算好，因为他们不留情的。伏园又送我一双拖鞋，好似北京你見我穿的那双一类东西，他说是福建特產甚便宜云，但他给我的还是太長，大约比脚長一寸，他要送到我家裏，我说等我帶去好了，可以收下了。他又帶我到海珠公园（就在他住的前面不遠），后来他想同我到沙面玩，我想入城去，他要見朱家驊也要入城，我就约他同行，到城内一间西菜館食简便的餐。他是病睡一天，食東西怕油还没有我能吃，看他說話的意思是多住些時，待有伴再由陸路往武昌，擬先打電給陳勝修云。他又说，他的東西太多，擬託到中大代你找好房子，把他的東西放在裏面，算是代你佔房子，实则他的東西帶不了許多，叫你替他保管，並相当時候帶走。昨日我到校搬物時，路经双门底的商務書館，遇伏园，他说即於廿四那晚搬入中大大鐘樓上面去，我因急返校未多谈，我想，他会不会先不到武昌，等陳打好地基建起房子再看机而動，先在这裏活動，若有較好的则暂不去，因昕他说朱是右的，不赞成共的，朱連陳们走，民国明后移北也不知，他们是不相合的，而伏老则两面俱熟，各不相同，祇有於中决擇取捨，而且他先桿改扱也不成的，还是要有一批熟人，如此现時若至粤的人多于鄂，则我以为他或未必去，至于对得起陈君，当在其次也。

我前（第十三回）信不是说你十二月十二寄的信没收到吗，昨日到校收东西，我特开办公室（新校）锁匙，开门向办公桌一捡，见抽斗内有你十二月十二的信，我才知到前时我没到校办事，那用人告我办事处没信，乃因看不见抽斗也，从前遗失还算幸事，这是怪我因公未到校细搜的原故。你那信是十二月十一夜写的，只有一纸，你是明信，但及今也已陆续收到了。

听伏老说，许先生的事还没解决，学生现时对于未下聘书的要从严处理，外侨人到不肯去云。孙也承认来比较右，看他们做事似乎有些分别，但也未必，因他们都是政治的人，似乎很右，但我到现时究不知广州的党是什么东西，因为你看他谈论态度是左的，也可以说是同情激烈攻击的派的，但是此中又有许多派别，即如我在女师，我不过是学校里的，又因有一部分人和我同行动，所以改革一下，革去了两个学生，但结果那一班同事辞职去了，校长也辞职，捉我做傻子，白看了几天学校，捱了几天骂，也没自觉的请病辞职，他未请病以前，就蒙蔽我一人不知情（他们去）既请病，（因主任，一稍辞，一辞而当面私我辞）而我因还有一人未辞恐我辞了，令那人难做，所以请病，以抵制他们，实际不到校，而孰知还可以利用，还可以因我未辞而介绍继任，幸不成功（昨听说姓李的答应了，但学生仍反对或说不反对云）否则真不值得，如此还算小事，乃又闻说那从前和我一起做事的同事，其中最激烈，说是代革新学生运筹帷幄的人，说我是共，有许多反对我的话，说我以为他们是同志，引为同调，现时我看清了他们不是，他们也知我是共云，你看多么可怕，一向努力共同工作的人，现时是这样说我，因此我之非共，你所深知，即对于国民党，我也不过亦认为比较的，较他对的，而且即便是要我献身于党，效死于党，现在尚非其时，我认党也有几分预备无聊时消遣自身，而现在则绝对不是时候，他们这样说我，我想也许是因女师退出，大家散伙，回想失败，不甘心于一人，于是这适当其冲的我，就如北方军阀一样被判以赤化了，就深刻的教训，给我对于为党做事也没勇气了，所以我现时心中甚泰然，一鼓之气已消，我是深深的希望只教几点钟书，每月得钱十元代价，再自己有几小时做愿意做的事，就算幸福了。

我回想我的吃亏，就是锋芒太露，不能做蝙蝠，其实我有什么大的宗旨，我对于他们算什么？不过有人邀我做点事，那也以为做点事就是了。

现时是午十二时半，我要到街上去，下次再谈吧。

your H. M.

十二月廿七。

释文

My dear teacher :

昨廿六日我到学校把东西全搬回高第街了，本来想等你的信能够寄至高第街，然后搬取拾［什］物，但前日报纸刊载了廖校长辞职，荐李励庄及我二人的呈文后，我恐防反对者以为我是在请假候做校长，所以急急搬去什物，以示决绝。当即对号房说明，有书信则请存起代去领取，或由叶姓表姊转交，并给他一个孙总理遗像（中央银行一元钞票），大约他不至于作殷羡吧！

我迟迟不愿搬出也有一原因，就是物件由校搬至别处易，由家搬至别处难，但实迫处此，也只好见一步做一步就是了。我现在住在嫂嫂家里，她甚明达，对我也好，不过侄子嘈吵，不是用功之所，我是在闲着等机会，我也并不心急，对于做事和见人，因为的确不过只有二十天功夫了。事实如此，并非『性急而傻』也，而且我也有一点乐观的地方，就是自本月十六至廿六回家不过住了十天，昨日回校见人，都说我胖了，精神也好了许多，实在前时太耗精神了。此时休养再十天，十天，十天，加三倍的肥胖，不是更好么，虽然胖瘦之于我本身没关系，但为人们看相计，也是胖些好吧！现时我睡也很多，每晚十时睡到次早九时，有十多个钟头了。这个懒骨头，如何处置它？

廿四早我到广泰来栈找孙伏园，因为廿二他到校找我不见，留下片子说改天再来访，而我不住校，怕相左不好意思，所以去找他。到了他刚起（上午九时多），说是中饮昨睡了一天，他是冬至晚上到云。那客栈（全广州市都是）的工人要求加薪罢工，连领路也不肯，并且迫着伏园立刻搬，我说还是早些打算好，因为他们不留情的。伏园又送我一双拖鞋，好似北京你见我穿的那双一类东西，他说是福建特产，甚便宜云，但他给我的还是太长，大约比脚长一寸。他要送到我家里，我说等我带去好了，所以收下了。他又带我到海珠公园（就在他住的前面不远），后来他想同我到沙面玩，我想入城去，他要见朱家骅，也要入城，我就约他同行，到城内一间西菜馆食简便的餐。他是病睡一天，食东西怕油，还没有我能吃。看他谈话的意思，是多住些时，待有伴再由陆路往武昌，拟先打电话给陈启修云。他又说：他的东西太多，拟到中大代你找好房子，把他的东西放在里面，算是代你占房子，实则他的东西带不了许多，叫你替他保管，并相当时候带走。昨日我到校搬物时，路经双门底的商务书馆，遇伏园，他说即于廿四那晚搬入中大大钟楼上面云，我因急返校未多谈。我想，他会不会先不到武昌，等陈打好地基建起房子再看机而动，先在这里活动，若有较好的则暂不去。因听他说朱是右的，不赞成共的，朱连陈们走，《民国日报》移北也不知，他们是不相合的，而伏老则两面俱熟，各不相同，只有于中决［抉］择取舍，而且他光杆办报，也不成的，还是要有一批熟人，如此现时若在粤的人多于鄂，则我以为他或未必去，至于对得起陈否，当在其次也。

我前（复十三日）信不是说你十二月十二寄的信没收到吗？昨廿六到校收东西，我特索办公室（新校）锁匙，开门向办公桌一搜，见抽斗内有你十二月十二的信，我才知到［道］前时我没到校办事，那用人告我办事处没信，乃因看不见抽斗也。总没遗失，还算幸事，这是怪我因公荒失，未到校细搜的原故。你那信是十二月十一夜写的，只有一纸，你是盼信，但及今必已陆续收到了。

听伏老说，许先生的事还没解决。朱云，现时对于未下聘书的要从严处理，非俟人到不发书云。孙也承认朱比顾右，看他们改革后似乎有几分似，但也未必，因政治训育的人似乎非右。但我到现时究不知广州的党是什么东西，因为你看他谈论态度是左的，也可以说是同情苏俄攻击树的派的，但是此中又有许多派别，即如我在女师，我不过见学校之黑暗，又因有一部分人和我同行动，所以改革了一下，革去了两个学生，但结果那一班同事辞职去了，校长也辞职，捉我做傻子，白看了几天学校，捱了几天骂，然后自觉的请病辞职。但未请病以前就蒙蔽我一人不知情（他们去），既请病，（因三主任，一称辞，一辞而当面称非辞）而我因还有一人未辞，若我辞了，令那人难做，所以请病，以抵制他们实际不到校，而熟［孰］知还可以利用，还可以因我未辞而介绍继任，幸不成功（昨听说姓李的答应了，但学生们反对或说不反对云），否则真不值得，如此还算小事，乃又闻说，那从前和我一起做事的同事，其中最激烈，总是代革新学生运筹帷幄的人，说我是共，有许多反对我的话，说我以为他们是同志，引为同调，现时我看清了他们不是，他们也知我是共云。你看多么可怕，一向努力共同工作的人，现时是这样说我。固然我之非共，你所深知，即对于国民党，我也不过承认为比较的，非绝对的，而且即使是要我献身于党，效死于党，现在尚非其时，我之入党，也有几分预备无聊时消遣自身，而现在则绝对不是时候。他们这样说我，我想也许是因女师退出，大家散开，回想失败，不甘心于一人，于是这适当其冲的我，就如北方军阀之下一样被判以赤化了。就深刻的教训，给我对于为党做事也没勇气了，所以我现时心中甚泰然，一鼓之气已消，我是深深的希望只教几点钟书，每月得几十元代价，再自己有几小时做愿意做的事，就算幸福了。

我回想我的吃亏，就是锋芒太露，不能做蝙蝠，其实我有什么大的宗旨，我对于他们算什么？不过有人勉我做点事，我也以为做点事就是了。

现时是午十二时半，我要到街上去，下次再谈吧！

Your H. M.　十二月廿七

六二、一九二六年十二月三十日
（20.3cm×13.3cm）
共一页

My dear teacher:

昨廿九由邮差袁君从学校带到你十二月廿一寄到校的信，或者担搁些时，但不遗失，已算满意了。

昨接伏园信说：⌐关于你辞去女师职务以后的事，我临走时鲁迅先生曾叫我问一声骝先，我现在已经说过了，就请你作为鲁迅先生之助教。鲁迅先生一到，以后即送聘书。鲁迅先生处，我已写信去通知了。现在特通知你一声。我的行期还未一定，大约总还要住些时吧？是你的助教，不知是否他作弄我，自然跟着你研究是好的，不过听说助教要多任钟点，而教授则多编讲义，多任钟点，我能够讲得好于你吗？我的资格，在大学教课不受攻击吗？这是我的顾虑的地方。又他说聘书待你到后才发，到时候不致有中变吗？听伏园说，朱某罢共派人争地位利害，大有右袒之意，我不是那派人，但女师风潮以后，就保没有人不诬陷，令人闻之色变，所以我的执事，左的地方入去了，就是证明我的左，或者直目为共，右的地方又要怀疑，你们我同乡，恐牵连到你自己。至前信说的附中的训育员事，现在我便去打听，不知成否。不过朱对伏先说说：⌐附中被他们抢去了，真利害！」那么是中大和他的附中态度不同了。训育事不能兼任别事，如果他来聘请，是拒绝比较好些吧？

江浙现在战乱中，许先生消息自不易得，看报纂之语，诸辅成、董康辈在浙运动自治，想许先生或在内赞助。但今日报载孙传芳通缉蒋辈，真是日暮倒行了。

希望你多食些好东西，饭之好食，今天没有蟹了，何妨买些点心嘆。

我告你一椿有趣的事，那個死了的亲戚的伯娘，要我做乾女儿，她们一片说不出的好心，以为我好好做個教员，终身有個人彼此照料，但是，我那是这種安分的，我还要捣乱呢！我就以滑稽游戏的回覆她。家里的人也当我是独身主义者，我只是好笑，我说人是说不定的，做一天是一天，不必有什么主义，她们觉得我的思想奇特。

昨晚我到中大上妇女运动讲习所的课，上完就完事了。找伏园，房门锁着，没有见到。

我住在这里，地方狭窄（这是说没有可以叫我静心研究的地方），所以也不能有多长时间看书，我的皮气是怕嘈杂做事的，此处则适相反，因此我晚十时左右睡，常是早八九時起，上午看看报，帮助做点家常琐事就过了上午，下午这個時候（二時）算是静些，一會儿担挚放学又热闹起来了，而且在此居住诸多不便，有机会我还打算搬到外头去住，才能用功。而且大家庭的恶习气，满屋都敌人，示即偷窃幸灾乐祸者，如何能朝夕相对

谋事的机会，如武昌等广州以外地方许有，但我打算无论如何下半年在广州，如果别方也在的话。

⌐又算来只有（四）〔三〕十天了。包裹还未收到，以后切勿寄来，免遗失。

your H.M. 十二月卅午后二时

释文

My dear teacher：

昨廿九由姓叶表姊从学校带到你十二月廿一寄到校的信，或者担搁些时，但不遗失，已算满意了。

昨接伏园信说：『关于你辞去女师职务以后的事，我临走时鲁迅先生曾叫我问一声骝先，我现在已经说过了。就请你作为鲁迅先生之助教。鲁迅先生一到以后即送聘书。鲁迅先生处我已写信去通知了，现在特通知您一声。我的行期还未一定，大约总还要住些时哩。』是你的助教，不知是否他作弄我。自然跟着你研究是好的，不过，听说助教要多任钟点，而教授则多编讲义，多任钟点，我能够讲得强于你吗？：我的资格，在大学教课不受攻击吗？这是我的顾虑的地方。又他说聘书待你到后才发，到时候不致有中变吗？：听伏园说，朱甚骂共派人争地位利害，大有右袒之意。我不是那派人，但女师风潮以后，难保没有人不诬陷，令人闻之色变。所以我的找事，左的地方入去了，就是证明我的左，或者直目为共，右的地方，又受怀疑，你引我同事，恐牵连到你自己。至前信说的附中的训育员事，现在我没去打听，不知成否，不过朱对伏老则说：『附中被他们（共）抢去了，真利害！』那么是中大和他的附中态度不同了。训育事不能分任别事。如果他来聘请，是拒绝比较好些吧？

江浙现在战乱中，许先生消息自不易得，看报蔡元培、褚辅成、董康辈在浙活动自治，想许先生或在内赞助。但今日报载孙传芳通缉蔡辈，真是日暮倒行了。

希望你多食些好东西，饭不好食，冬天没有蚊了，何妨买些点心吃。

我告你一桩有趣的事，那个死了的亲戚的伯娘，要我做干女儿，她们一片说不出的好心，以为我好好做个教员，终身有个人彼此照料，但是，我那［哪］是这种安分的，我还要捣乱呢！我就似滑稽游戏的回复她。家里的人，也当我是独身主义者，我只是好笑。我说，人是说不定的，做一天是一天，不必有什么主义，她们觉得我的思想奇特。

昨晚我到中大上妇女运动讲习所的课，上完就完事了。找伏园，房门锁着，没有见到。

我住在这里，地方狭窄（这是说没有可以叫我静心研究的地方），所以也不能有多长时间看书，我的皮［脾］气是怕嘈杂做事的，此处则适相反。因此我晚十时左右睡，常是早八九时起，上午看看报，帮助做点家常琐事就过了上午；下午这个时候（二时）算是静些，一会儿侄辈放学又热闹起来了，而且在此居住诸多不便，有机会我还打算搬到外头去住，才能用功，而且大家庭的恶习气，邻居即敌人，亦即偷窃，幸灾乐祸者，如何能够日夕相对。

谋事的机会，如武昌等广州以外地方许有，但我打算无论如何下半年在广州，如果别方也在的话。

『又幸而只有三十天了』。包裹还未收到，以后切勿寄来，免遗失。

Your H. M.　十二月卅午后二时

My dear teacher：

十六信系是告你寄信到高第街的，但十九信因有十六信故未详写住址，但你这廿四的信居然也写高第街就寄到了，我住的是街中间，名曰高第街中约，门牌要写旧门牌，比较更觉妥当。

你十二，十六，廿一的信都收到了。十二信寄到学校，我是十八到校收的。你与廿三寄高第街之信另一封寄校，我想可以寄到，因我已托人代收，或不致失。

现时是下午六时，要晚餐，又要洗身完，八时还要外出，待稍暇再详谈吧。

祝你新年。

your H. M. 十二月卅下午六时

六三、一九二六年十二月三十日

（20.3cm × 26.6cm）

共一页

释文

My dear teacher：

十六信亦是告你寄信到高第街的，但十九信因有十六信故未详写住址，但你这廿四的信居然光写高第街就寄到了，我住的是街中间，名曰『高第街中约』，门牌要写是『旧门牌一七九号』更觉妥当。

你十二、十六、廿一的信都收到了。十二信寄到学校，我是十八到校收的，你与廿三寄高第街之信另一封寄校，我想可以寄到，因我已托人代收，或不致失。

现时是下午六时，要晚餐，又在洗身完，八时还要外出，待稍缓再详谈吧。

祝你新年。

Your H. M.　十二月卅下午六时

六四、一九二七年一月五日
（26.6cm×20.3cm）
共一页

My dear teacher：

现时过了新年又五天了，日子又少了五天。你十二月廿五的信四日到了，我十六寄去的信比它倒还迟，这理由我想或者适值那船遇风担搁，但记得那信是我亲自投到街边邮筒的，那邮筒有时寄去是快的，这回或者特别原故，好在要他走的不多时了，不细研究罢。

我住家里总不能正式的做事，看书，有时想做一件事，看着嫂嫂自己忙着做饭，少不得又要离开去帮帮忙。最烦的就是小侄清早起来上课，他母亲和他讲话……的声音每六时左右必醒一次，醒了不便即起，再睡则每到九时始起，即不能多有时间，而且在嘈杂中慢慢写封信的机会也很少。现在是九时多，小侄们都去上学了，我就趁此写信。前几天他们放假了，我照样闲空，本可写信，但也未尝札软，归结到而今执笔。

新年于我没有什么，我并且没有立意寄一张年片，除了前校长寄来一红片，报以我的名片写上几只字外。一日晚上我又去看提灯会，与前次差不多，后来又到一个学校看演戏。白天则到一个旧乡亲住在河南的那里田家园嘲玩了半天才回。昨四日也玩了一天，是和陈姓亲戚等多人游东山，晚间去找伏园，并带了四条土鲮鱼（广东名产）去请他吃，不料凑巧他不在校，我等了一个多钟头不见他回来，我想这也何必，于是带回来，今天打算自己消受。

不知是学校的门房作怪还是邮政作怪，你说寄挂号的印刷物一束来，那天我亲到校问门房人说没有来。以前你似乎还有一二次寄印刷卷来，也未收到，别的没有法子，挂号的能否追问？

日前在广东开全省党部代表大会，李春涛是代表，趁来出席。三晚我见着他，他再三问我可否到汕当女子中学校长，屡次表示欢迎我去。你当还记得在京时他请我到汕，我曾覆信说现在暂已答应省女师，不能分身，所以没有机会再去帮忙他。他现时知我赋闲家居，我又未便宣言出来将要做你助教，因为聘书未到总是不敢说一定，所以当面我对李先生祇说力薄不胜，不敢担任的意思，他再三问，我就回他候再商量，但他又说不日再拜候，或者日间再会见面，那时我再斟酌婉覆就是了。

你廿四挂号寄学校的信，我于二日由李表妹转交来，似乎是覆去一信，但我简单的呢，没有写上，不知是否寄去，但你的寄校挂号信则确收到了。

自郭沫若去后，人皆目他为共派，现时有人说中大握权的是右派，所以顾傅不能发言必走了。创造社中人不知是否此原因，你是人目为反深色彩的，姑且做文艺运动，再看情形，不必因他们气馁。但中大或胜于厦大，而绝不能优于北大，介乎二者之间或的当吧。

我向郭威陈姓问中大助教是怎样的，他说文科助教等于挂名，以前是，薪水约百元，也能偏向他校授课，是清闲兼职，二年助教可升讲师，再升……云，但这我可未必能至二年也。你做正教授，我这要替你做抄写，一也不是挂名的，你也别以为给我大宽典，而且在一处做事易生事端，也当留意。

your H.M. 一月五日

释文

My dear teacher：

现时过了新年又五天了，日子又少了五天。你十二月廿五的信四日到了，我十六寄去的信比十九信还迟，这理由我想或者适值那船遇风担搁。记得那信是我亲自投到街边邮筒的，那邮筒有时寄去是快的，这回或者特别原故，好在要它尽职不多时了，不细研究罢。

我住家里总不能正式的做事、看书，有时想做一件事，看着嫂嫂自己忙着做饭，少不得又要离开去帮帮忙。最烦的就是小侄清早起来上课，他母亲和他讲话……的声音，每六时左右必醒一次，醒不便即起，再睡则每至九时始起，即不能多有时间，而且在嘈杂中，慢慢写封信的机会也很少。现在是九时多，小侄们都去上学了，我就衬［趁］此写信，前几天他们放假了，我照样闲空，本可写信，但也未曾如愿，归总到而今执笔。

新年于我没有什么，我并且没有立意寄一张年片，除了前校长寄来一红片，报以我的名片，写上几只字外。一日晚上我又去看提灯会，与前次差不多，后来又到一个学校看演戏；白天则到一个旧乡亲住在河南的，那里田家风味，玩了半天才回。昨四日也玩了一天，是和陈姓亲戚等多人游东山，晚间去找伏园，并带了四条士鲮鱼（广东名产）去请他吃，不凑巧他不在校，我等了一个多钟头不见他回来，我想这也何必，于是带回来，今天打算自己消受。

不知是学校的门房作怪，还是邮政作怪，你说寄挂号的印刷物一束来，昨天我亲到校问门房人说没有来，以前似乎还有一二次寄印刷卷来，也未收到。别的没有法子，挂号的能否追问？

日前在广东开全省党部代表大会，李春涛是代表汕头来出席。三晚我见着他，他再三问我可否到汕当女子中学校长，屡次表示欢迎我去。你曾否记得在京时他请我到汕，我曾复信说现时已答应省女师，不能分身，以后有机会，再当帮忙他。他现时知我赋闲家居，我又未便宣言出来将要做你助教，因为聘书未到，总是不敢说一定。所以当面我对李先生只说力薄不胜，不敢担任的意思，他再三问，我就回他候再商量。但他又说不日再拜候，或者日间再会见面，那时我再斟酌婉复就是了。

你廿四挂号寄学校的信，我于二日由叶表姊转交来，似乎是复去一信，但我简单的日记没有写上，不知是否真寄去，但你的寄校挂号信则确收到了。

自郭沫若左倾后，人皆目他为共派，现时有人说中大握权的是右派，所以顾徐不能发言生效走了，创造社中人，不知是否此原因。你是人目为没深色彩的，姑且做文艺运动，再看情形，不必因他们气馁。但中大或胜于厦大，而绝不能优于北大，介乎二者之间或的当些。

我向亲戚陈姓问中大助教是怎样的，他说文科助教等于挂名，以前是薪水约可百元，也能偷向他校授课，是清闲美缺。二年助教可升讲师，再升……云。但这我可未必能至二年也。你做『正教授』，我还要替你做抄写……也不是挂名的，你也别以为给我大恩典，而且在一处做事，易生事端，也当留意。

Your H. M.　一月五日

六五、一九二七年一月七日
（26.6cm×20.3cm）
共一页

My dear teacher：

昨五日接到十二月卅日挂号信，现在是七日了，早上由叶表亲自转到你十二月二日及十二月十四日寄来的印刷品共二束，前一束是平常寄，后一束是挂号，一是隔了一月多，一是隔了廿多天，这样邮政真是慢得可以。

二束印刷物，计收到北新十三，十四，十四，十五期，语丝105，106，107，108期，莽原21，22期，新女性十二期，我草草地检阅一下，觉得（莽原琐记及父亲的病未看）语丝105期阅经集成中，心心骂名那段生财有大道，说起你和寄住公，相形之下甚为有趣。106期"坟"的题记，你执笔放肆起来了，在北京时，你断不肯写出"倒不尽是为了我的爱人，大大半乃是为了我的敌人"这样的句子，有一次做文章，写了"们身是……的人"，但终於改了才发表，这次题记算是放肆了，然而有时也含蓄如"离开不远的踏成平地……"？至於第108"写在坟后面"说的"人生多辛苦，而人们有时却极容易得到安慰，又何必惜一点笔墨，给多尝些孤独的悲哀呢？"这就是你"给来者一些极微末的欢喜"吗？你之对於来者是抱给与的善意，而非独自求得的心情吗？这段末了太过凄楚了，你是在笔台从上面跌下来吗？那一定有人在上面推你，那是你的对头，要你小心防制！那也是"鼻"蛇虫怪"，但绝不是你的"朋友"，你口口声声唤他是朋友，他是明知要害你，然而是你的对头，没法推开这一个敌手。缓缓你这篇"坟"的结尾，许多话是自己画供了。你是在一点一滴的透露着自的消息於人间了。你卅日信也说北京似乎也有风言，这大约是三先生告你的吧。一代国後，家裏叫他回家祝寿一番，如此来了，我料想爆发即在目前，因为脾气都是反抗性的，要攻击的就做，不攻击亦做，时间只不过早晚一间，所以前信说要先为敌人攻倒防御计，先寻立足点，不使一棒打下几个人，即管有不出来的，出来的还照样做事，你们料想你断不肯那么做，你却那么做也许是一法。

随缘与鲁迅一篇没大意思，厦门通信写得不算好，我觉可看通讯广州了。许先生也能来，还有学生随来好是好的，不过你的周围将不能宁静的，默默或对语最，但当此时可以减少爆发，也可以容易给人discussing。

你卅日挂号信说，就与玉堂商量未果，也许不尝试就来粤，中大表面不似那么急速但识的样子，内情则不知，至於别的原因，则还可以忍受些时，不须亟亟。

到武昌的第二批人员於本月十日动身，代因编入第二组宣传队，大约到时一起去了。

这两天我不想多出外，在不得已的事情以外，恐怕有特别消息送来。

Your H.M. 一月七日下午六时

释文

My dear teacher:

昨五日接到十二月卅日挂号信，现在是七日了，早上由叶表〔姊〕亲自转到你十二月二日，及十二月十四日寄来的印刷品共二束，前一束是平常寄，后一束是挂号，一是隔了一月多，一是隔了廿多天。这样邮政，真是慢得可以。

二束印刷物，计收到《北新》十三、十四、〔十四、〕十五期，《语丝》105,106,107,108期，《莽原》21,22期，《新女性》十二月号。我草草地检阅一下，觉得(《莽原》『琐记』及『父亲的病』未看。)《语丝》105期『闲语集成』中，心心署名那段『生财有大道』，说起你和梁任公，相形之下，甚为有趣。106期《〈坟〉的题记》，你执笔放肆起来了。在北京时，你断不肯写出『倒不尽是为了我的爱人，大大半乃是为了我的敌人』这样的句子。有一次做文章，写了似乎是……的人，但终于改了才发卷。这次题记算是放肆了，然而有时也含蓄如『至于不远的踏成平地……』。至于第108《写在〈坟〉后面》说的，『人生多辛苦，而人们有时却极容易得到安慰，又何必惜一点笔墨，给多尝些孤独的悲哀呢？』这就是你『给来者一些极微末的欢喜』吗？你之对于『来者』，是抱给与的普惠，而非独自求得的心情吗？这段末了太过凄楚了。你是在筑台从上面跌下来吗？那一定有人在上面推你，那是你的对头，愿你小心防制！那也是『枭蛇鬼怪』，但绝不是你的『朋友』。你口口声声唤它是朋友，它是明知要害你，然而是你的对头，没法舍弃这一个敌手。总之你这篇《坟》的后文，许多话是自己画供了。你是在一点一滴的透露春的消息于人间了。

你卅日信也说『北京似乎也有流言』，这大约是三先生告你的吧。——伏园说，家里叫他回京祝寿——你如来了，我料想爆发即在目前，因为脾气都是反抗性的，愈攻击愈做，不攻击亦做，时间只不过早晚一间。所以前信说，要先为敌人攻倒防御计，先寻立足点，不使一棒打下几个人，即管有不出来的，出来的还照样做事，他们料想你断不肯那么做，你却那么做，也许是一法。

《阶级与鲁迅》一篇，没大意思。《厦门通信》写得不算好，我宁可看《通讯广州》了。许先生也能来，还有学生随来，好是好的，不过你的周围将不能宁静的『默念』或对语罢。此时可以减少爆发，也可以容易给人发暴。

你卅日挂号信说，就与玉堂商量来粤，也许不考试就来罢。中大表面不似那么急速组织的样子，内情则不知，至于『别的原因』，则还可以忍受些时，不须亟亟。

到武昌的第二批人员于十日动身，伏园编入第二组宣传队，大约到时一起去了。

这两天我不想多出外，在不得已的事情以外，恐怕有特别消息送来。

Your H. M.　一月七日下午六时

六六、一九二九年五月十四日
（26.6cm×20.3cm）
共一页

小白象：

今天是你头一天自從我们同住後離别的第一次，現時是下午六点半，查々鐵路行車時刻表，你已经從浦口動身開車了半小時了，想起你一個人在車上，一本文法書不能整天捧在手裏，放開的時候，就会空想，想些什麽呢？在寂寞之中，首先必以为小刺蝟在那塊不曉得怎樣過着，種々幻想，不如由我实說罷。

門口送出之後，我回到樓上剥瓜子，太陽從東边射進躺椅上，我坐在那裏一面看小說，一面剥，绝对没有回條胡同，因为我要戰勝这一点，我要拿我的魄力出来抵抗，我勝利了。其後在床上睡了一下，起来望々老太太，回来又睡，这回睡熟了，醒来十点多，吃了一碗冰糖稀飯，看々报纸，隨後再睡，又睡熟了，醒来是十二点，郵政局送来一包書，是未名社掛号来的韋叢蕪著的《冰塊》五本。午飯後收拾收拾房子，看々文法，同隔壁人们谈々天，又寫了一封信给常，其中關於我们经过的一段，想你也願意知道我是怎樣布告出去的，所以抄出附上给你看々。五点鐘的時候，我怕多睡夜裏睡不熟，没有睡，又想留些書作睡前讀々的資料，而今天精神也好，那個地方已经没有什麽不舒服了，於是慢々的往外面走々，把那封友松的信送去，回来買些香蕉枇杷，大家一同吃々，至於托三先生的事和季先生稿已由他交去了。寫到这裏，正是"夕方"的時候，夜飯还未吃呢，再有什麽事体，再寫下去罷！（十三，六時五十分）

小白象，現時是十四日下午六時廿分，你已经过了嶧山快到濟南了，車是走得那麽快，我只願你快些到目的地，以免路中掛念。今日之先生說京漢不大通，津浦大约不至如此，我的家鄉聽說確被西軍攻下，亂象或如荊君所說多持途径，你已到後，在回来之先，千萬不要冒險走来，只要你平安住着，我也可以稍慰。

昨夜晚飯後我稍々讀書，九時便睡在平常的床上，我總喜欢在樓上，比較心裏舒服，睡至今早六時半醒，还是假寐，八時多纔起床，日间看々書，谈々天，三時午睡，到五時多纔再起来，充分的休養，如你所囑，人甚舒服，没甚毛病，患处似乎好多了，多餘只是我太安閒，你途中太苦了，共患难的人，有時也不能共享一樣境遇，奈何！

下半天三先生回来，聽說程醫生的律師与衣君去一信索款後，又1仮一書記去說明一下，依君意見也想交出幾個錢算了，無奈衣堅不肯，结果也請律師，立刻律師費五十兩，而程君律師是义務的，这场官司着实好看呢，隨後布告罷。今日收到姓殷的投奔流的詩稿，暫先放在書架上了。

小刺蝟　五月十四下午六時三十五分

附许广平抄其一九二七年五月十三日致常瑞麟信
（26.7cm×20.4cm）
共一页

——————

玉书来信，再三申说寄款之故，并以不甚详悉我之经济状况为念，老友关怀，令我感极。说到经济，则不得不将我的生活略为告诉一下，其实老友面前，本无讳言，而所以含糊至今者，一则恐老友不谅，加以痛责，再则为立足社会，为别人打算，不得不暂为忍默，今日剖腹倾告，知我罪我，惟老友自择。老友尚忆在北京当我快毕业前学校之大风潮乎，其时亲戚舍弃，视为匪类，几不齿于人类，其中惟你们善意安慰，门外送饭，思之五中如炙，此属于友之一面，至于师之一面，则周先生（你当想起是谁）激于义愤（的确毫无私心）慷慨援救，如非他则宗帽胡同之先生不能约来，学校不能开课，不能恢复，我亦不能毕业，但因此面面受敌，心力交瘁，周先生病矣，病甚沉重，医生有最后警告，但他本抱厌世，置病不顾，旁人忧之，事闻于我，我何人斯，你们同属有血气者，又与我相处久，宁不知人待我厚，我亦欲舍身相报，以此决意，难免时往规劝候病，此时无非惺惺相惜，其后各自分手，在粤他来做教师，我桑土之故，义不容辞，于是在其手下做事，互相帮忙，直至到沪以来，他著书，我校对，北新校对，即帮他所作，其实也等于私人助手，以此收入，足够零用，其余生活费，则他在南京有事（不须到）月可三百，每月北新校税，亦有数百（除北京家用）共总入款，出入还有余裕，则积为存储于银行，日常生活，并不浪挥，我穿着如你所见，所以不感入不敷出之苦，这是我的生活，亦是我的经济状况，周先生对家庭早已十多年徒具形式，而实同离异，为过度时代计，不肯取登广告等等手续，我亦飘零余生，向视生命如草芥，所以对于此事亦非要世俗名义，两心相印，两相情爱，即是薄命之我屡遭挫折之后的私幸生活，今日他到北平省母，约一月始回，以前我本打算同去，再由平往黑看看你们，无奈身孕五月，诚恐路途奔波，不堪其苦，为他再三劝止，于是我们会面最快总须一二年后矣，纸短言长，老友读此当作何感想，我之此事，并未正式宣布，家庭此时亦不知，知之当知之，不知当不知，谅责由人，我行我素，舍妹来沪，亦未告知，如有人问及，你们斟酌办理，无论如何，我俱不见怪，现时身体甚好，一切较以前健壮，将来拟入医院，正式完其手续，可勿远念。

此候近好

五月十三日

释文

小白象：

今天是你头一天自从我们同住后离别的第一次，现时是下午六点半，查查铁路行车时刻表，你已经从浦口动身开车了半小时了，想起你一个人在车上，一本文法书不能整天捧在手里，放开的时候，就会空想，想些什么呢？复杂之中，首先必以为小刺猬在那块不晓得怎样过着，种种幻想，不如由我实说罢。

门口送出之后，我回到楼上剥瓜子。太阳从东边射进躺椅上，我坐在那里一面看《小彼得》一面剥，绝对没有四条胡同，因为我要战胜这一点，我要拿我的魄力出来抵抗，我胜利了。其后在床上睡了一下，起来望望老太太，回来又睡，这回睡熟了，醒来十点多，吃了一碗冰糖稀饭，看看报纸，随后再睡，又困熟了，醒来是十二点，邮政局送来一包书，是未名社挂号来的韦丛芜著的《冰块》五本。午饭后收拾收拾房子，看看文法，同隔壁人们谈谈天。又写了一封信给常，其中关于我们经过的一段，想你也愿意知到[道]我是怎样布告出去的，所以抄出附上给你看看。五点钟的时候，我怕多睡夜里困不熟，没有睡，又想留些书作睡前读读的资料，而今天精神还好，那个地方已经没有什么不舒服了，于是慢慢的往外面走走，把那封友松的信送去，回来买些香蕉枇杷，大家一同吃吃，至于托三先生的事和季先生稿已由他办去了。写到这里，正是『夕方』的时候，夜饭还未吃呢。再有什么事体，再写下去罢！（十三，六时五十分）

小白象，现时是十四日下午六时廿分，你已经过了崮山快到济南了。车是走得那么快，我只愿你快些到目的地，以免路中挂念。今日三先生说京汉不大通，浦津大约不至如此。我的家乡听说确被西匪攻下，乱象或如荆君所说，另转途径，你已到后，在回来之先，千万不要冒险走来。只要你平安住着，我也可以稍慰。

昨夜晚饭后我稍稍读书，九时便睡在平常的床上，我总喜欢在楼上，比较心里舒服，睡至今早六时半醒，还是假寐，八时多才起床，日间看看书，谈谈天。三时午睡，到五时多才再起来，充分的休养，如你所嘱，人甚舒服，没甚毛病，患处似乎好多了，勿念。只是我太安闲，你途中太苦了。共患难的人，有时也不能共享一样境遇，奈何！

下半天三先生回来，听说程医生的律师与衣君去一信索款后，又派一书记去说明一下，依［衣］君意见，也想交出几个钱算了，无奈衣妇大不谓然，结果也请律师，立刻律师费五十两，而程君律师是义务的，这场官师［司］着实好看呢，随后布告罢。今日收到姓殷的投《奔流》的诗稿，颇厚，先放在书架上了。

小刺猬　五月十四下午六时三十五分

附许广平抄其一九二七年五月十三日致常瑞麟信释文

……

玉书来信，再三申说寄款之故，并以不甚详悉我之经济状况为念。老友关怀，令我感极。说到经济，则不得不将我的生活略为告诉一下，其实老友面前，本无讳言，而所以含糊至今者，一则恐老友不谅，加以痛责，再则为立足社会，为别人打算，不得不暂为忍默，今日剖腹倾告，知我罪我，惟老友自择。老友尚忆在北京当我快毕业前学校之大风潮乎？其时亲戚舍弃，视为匪类，几不齿于人类，其中惟你们善意安慰，门外送饭，思之五中如炙，此属于友之一面。至于师之一面，则周先生（你当想起是谁）激于义愤（的确毫无私心）慷慨挽救，如非他则宗帽胡同之先生不能约束，学校不能开课，不能恢复，我亦不能毕业。但因此而面面受敌，心力交悴［瘁］，周先生病矣，病甚沉重，医生有最后警告，但他本抱厌世，置病不顾，旁人忧之，事闻于我，我何人斯，你们同属有血气者，又与我相处久，宁不知人待我厚，我亦欲舍身相报，以此皮［脾］气，难免时往规劝候病，此时无非猩猩［惺惺］相惜。其后各自分手，在粤他来做教师，我桑土之故，义不容辞，于是在其手下做事，互相帮忙。直至到沪以来，他著书，我校对，北新校对，即帮他所作，其实也等于私人助手，以此收入，足够零用，其余生活费，则他在南京有事（不须到）月可三百，每月北新板［版］税，亦有数百（除北京家用）共总入款，出入还有余裕，则稍为存储于银行。日常生活，并不浪挥，我穿着如你所见，所以不感入不敷出之苦，这是我的生活，亦是我的经济状况。周先生对家庭早已十多年徒具形式，而实同离异，为过度［渡］时代计，不肯取登广告等等手续，我亦飘零余生，向视生命如草芥，所以对兹事亦非要世俗名义，两心相印，两相怜爱，即是薄命之我屡遭挫折之后的私幸生活。今日他到北平省母，约一月始回。以前我本打算同去，再由平往黑看看你们，无奈身孕五月，诚恐路途奔波，不堪其苦，为他再三劝止，于是我们会面最快总须一二年后矣。纸短言长，老友读此当作何感想。我之此事，并未正式宣布，家庭此时亦不知。知之为知之，不知为不知，谅责由人，我行我素，毓妹来沪，亦未告知。如有人问及，你们斟酌办理，无论如何，我俱不见怪。现时身体甚好，一切较以前健壮，将来拟入医院，正式完其手续，可勿远念。

此候近好

五月十三日

六七、一九二九年五月十五日、十六日
（26.6cm×20.3cm）
共一页

小白象：

昨夜（十四）饭后，我到邮局投了你的一封信，回来看看文法，十点多睡下了，早上醒来，算算你已到天津了，午饭时知已到北平，各人见了意外的欢喜，你也不少的高兴罢。今天收到东方第二号，又有金溟若的一封挂号厚信，想是稿子。我这两天因为没甚事体，睡的也多，食的也饱，昨夜饭曾添了三次，你回来一定见我胖了。我极力照你的话做去，好好的休养。今天下午同老太太等大小人五六个共到新雅饮茶，她们非常高兴，因为初次尝尝新鲜，回来快五点了。东方看看，一天又快过去了。我记得你那句话陪着我的话，我多一個人也不害怕了。两天天快亮都醒，这是你要睡的时候，我总照常的醒来，宛如你在旁预备着要睡，又明知你是离开了，但古怪的感情这個味道叫我如何描写？好在转瞬天真個亮了，过些时我就起床了。（十五下午五时半写）

小白象：昨天（十五）食过夜饭我在楼上描桌布的花样，又看看文法，十一点了，就预备睡，睡得还算好，可是四点多又照例醒了，一直没有再睏熟，静静地躺着直至七点多才起来。昨日你本於午饭时到了，又加之听三先生从暨大得来消息，西匪退出鄂土了，原因是湘军南下包围，如此则方面不致动作了，也可稍慰。今天（十六）上午我在楼下缝了半天衣服，又看看报纸，中饭的时候，三先生把电报带来了，人到依时，电到也快，看看发电是十三，四〇，想是十五日下午一点四十分发出的，阅电心中甚慰（虽然明明相信必到，但愈是如此愈非有电不可，真奇怪。）看电后我找出一句话说："安"字可以省去，三先生说，多这個字更好放心，三先生真可谓心理学家，知到你的心理了。我直至此刻都自己觉得呆呆地高兴，不知何故。

这几天睡得早，起得早，晨间我都在下面吃早粥的。今天那個地方完全不痛——了，别的症候也好了，想是休息过来的缘故，以后我当更小心，不使有类似这类的事体发生，省得叫远路的人放心不下。阿フ当你去的第一天吃夜饭的时候，把我叫下去了，还不肯罢休，一定要把你也叫下去，后来大家再三给她开导，还不肯走，她的娘说是你到街上去了，才不得已的走出，这人真有趣。上海是入了霉雨天了，总是阴阴沉沉，时雨时晴，那种天气怪讨人厌的。你一到家，都大家遇到了吗？太师母等都好？替我问候。局面现时安静，听说三大学之被封，是因为大陆校长鼓动三校学生预备包围市党部替桂方声援之故云，不知确否。

愿眠食当心

小刺猬　五月十六下午二时廿五分

释　文

小白象：

昨夜（十四）饭后，我到邮局发了你的一封信，回来看看文法，十点多睡下了。早上醒来，算算你已到天津了，午饭时知已到北平，各人见了意外的欢喜，你也不少的高兴罢。今天收到《东方》第二号，又有金溟若的一封挂号厚信，想是稿子。我这两天因为没甚事体，睡的也多，食的也饱，昨夜饭曾添了二次，你回来一定见我胖了。我极力照你的话做去，好好的休养。今天下午同老太太等大小人五六个共到新雅饮茶，她们非常高兴，因为初次尝尝新鲜，回来快五点了，《东方》看看，一天又快过去了。我记得你那句总陪着我的话，我虽一个人也不害怕了。两天天快亮都醒，这是你要睡的时候，我总照常的醒来，宛如你在旁预备着要睡，又明知你是离开了。但古怪的感情，这个味道叫我如何描写？好在转瞬天真个亮了，过些时我就起床了。（十五下午五时半写）

小白象：昨天（十五）食过夜饭，我在楼上描桌布的花样，又看看文法，十一点了，就预备睡，睡得还算好，可是四点多又照例醒了，一直没有再困熟，静静地躺着，直至七点多才起来。昨日你本于午饭时到了，又加之听三先生从暨大得来消息，西匪退出乡土了，原因是湘军南下包围，如此别方面不致动作了，也可稍慰。今天（十六）上午我在楼下缝了半天衣服，又看看报纸。中饭的时候，三先生把电报带来了，人到依时，电到也快，看看发电是十三，四〇，想是十五日下午一点四十分发出的。阅电心中甚慰，（虽然明明相信必到，但愈是如此愈非有电不可，真奇怪。）看电后我找出一句话说：『安』字可以省去。三先生说，多这个字更好放心。三先生真可谓心理学家，知到［道］你的心理了。我直至此刻都自己总呆呆地高兴，不知何故。

这几天睡得早，起得早，晨间我都在下面吃早粥的，今天那个地方完全不痒……了，别的症候也好了，想是休息过来的原故，以后我当更小心，不使有类似这类的事体发生，省得叫远路的人放心不下。阿ブ当你去的第一天吃夜饭的时候，把我叫下去了，还不肯罢休，一定要把你也叫下去，后来大家再三给她开导，还不肯走，她的娘说是你到街上去了，才不得已的走出，这人真有趣。上海是入了霉雨天了，总是阴阴沉沉，时雨时晴，那种天气怪讨人厌的。你一到家都大家遇到了吗？太师母等都好？替我问候。局面现时安静，听说三大学之被封，是因前大陆校长鼓动三校学生预备包围市党部，替桂方声援之故云，不知确否。

愿眠食当心

小刺猬　五月十六下午二时十五分

六八、一九二九年五月十七日
（24.5cm×12.1cm）
共二页

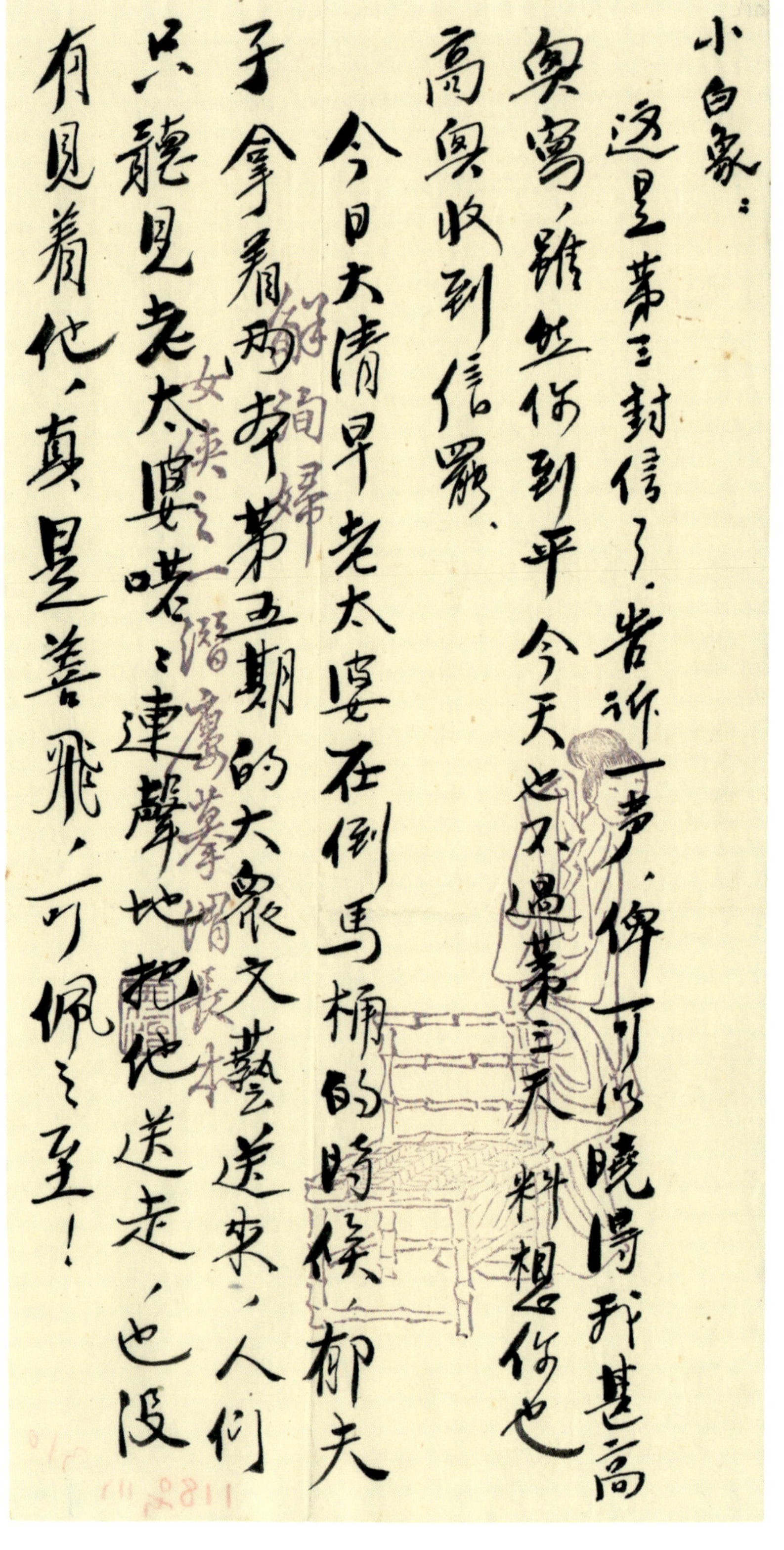

小白象：

這是第三封信了、告訴一聲，俾可以曉得我甚高興寫，雖然你到平今天也不過第三天，料想你也高興收到信罷、

今日大清早老太婆在倒馬桶的時候，郁夫子拿着剛出第五期的大衆文藝送來，人們只聽見老太婆喏喏連聲地把他送走，也没有見着他，真是善飛，可佩之至！

午后钦文寄来你一信，并不石了，即时上一阅，我先想通知他你在平，又怕蛇足，你有话向他说，直接写信好了。内山也送来一本厨川氏的第二卷文学论下，我都存放在书架上了。

昨夜九时睡，直至今早七点多才起床，上午读读报十点多又睡了，到中饭才起来，忽然大睡，呆头呆气得很，连日毛毛雨，不大出门，你的情形如何？没有什么广布告了，下次再谈罢。

小刺猬

五，十七，下午四时

释文

小白象：

这是第三封信了，告诉一声，俾可以晓得我甚高兴写，虽然你到平今天也不过第三天，料想你也高兴收到信罢。

今日大清早老太婆在倒马桶的时候，郁夫子拿着两本第五期的《大众文艺》送来，人们只听见老太婆喏喏连声地把他送走，也没有见着他，真是善飞，可佩之至！

午后钦文寄来你一信，并不厚，即附上一阅。我先想通知他你往平，又怕蛇足，你有话向他说，直接写信好了。内山也送来一本厨川氏的第二卷『文学论』（下），我都存放在书架上了。

昨夜九时睡直至今早七点多才起床，上午读读报十点多又睡了，到中饭才起来，忽然大睡，呆头呆气得很。连日毛毛雨，不大出门。你的情形如何？没有什么布告了，下次再谈罢。

小刺猬　五，十七，下午四时

六九、一九二九年五月十七日
（26.6cm×20.3cm）
共一页

小白象：

今天下午刚发一信，现时又想执笔了，这也算于我的功课一样，而且是愿意习的那一门，高兴的就简直做落去罢，于是乎又有话要说了：——

这时是晚上九点半，我一边洗脚，一边想起今天是礼拜五，明天是礼拜六，又快过去一礼拜了，此信明天发，曾得日曜受耽搁，料想这信到时又过去一礼拜了，得到你的回信时又是再一礼拜，那应当说就过去三个礼拜了，那是在你接此信，我收到你覆此信的时候的话，虽然其间到底也有些时光，但不妨以此先自快慰！话虽如此，你没有功夫就不必每收一信，即回一封，因我已晓得你忙，不会怪念的。

生怕记起的又忘记掉了，先写出来：你如经过琉璃厂，别忘记买你写日记用的红格纸，因为已经所馀无几了。你也许不会忘记，我是提一声较放心。

我寄你的信，总喜欢送到邮局，不喜欢放在街边绿色铁筒内，我总疑心那里是要慢一点的。然而也不喜欢托人带出去，于是我就慢慢的走出去，说是散步，信收在衣袋内，明知被人知道也不要紧，但这些事自然而然似觉含有秘密性似的，信送到邮局，门口的方木箱也不愿放进去，必定走到里面投入桌子下，心里又想，天天寄同一名字的信，邮局的人会不会古怪？挽救之法，于是乎用别号的三个较生眼的字，而不用常见的二字，这种思想，自己也觉得好笑，但也没有支配这个神经的神经，就让他胡思乱想罢。当走去送信的时候，我惦起有个小人夜里走到楼下房外信局的事，我相信天下痴呆不让此君了，但北平路距邮局远，自己总走不便，此风断不可长，宜切戒!!!!

今日下午也缝衣，出去寄信时又买些香蕉枇杷，回来大家分吃，并且下午又曾大吃烧豆沙烧饼一通，你日来是不是大吃火腿呢？云腿吃过没有，还堪入口否？我身体精神都好，食量也增加，而且不必吃消化药，只不过继续做一种事情，就容易吃力，浑身疲乏，我知道这个道理，总小心调节，坐之就躺，而睡之坐，睡都厌就走到四川路缓缓来回一个短路程，如是就不致吃苦了。

时局消息，阅报便知，不及多述了。有时北报似更详悉，此间由三先生看之外国报也有些新闻所到，听说京汉路不大好走，津浦照常，但你来时必须打听清楚才好。

五月十七夜十时。小刺猬。

释文

小白象：

今天下午刚发一信，现时又想执笔了，这也等于我的功课一样，而且是愿意习的那一门，高兴的就简直做落去罢，于是乎又有话要说了：——

这时是晚上九点半，我一边洗脚，一边想起今天是礼拜五，明天是礼拜六，又快过去一礼拜了。此信明天发，省得日曜受担搁。料想这信到时又过去一礼拜了，得到你的回信时又是再一礼拜，那么共总就过去三个礼拜了。那是在你接此信，我收到你复此信的时候的话。虽然真个到临还有些时光，但不妨以此先自快慰！话虽如此，你没有功［工］夫就不必每收一信，即回一封，因我已晓得你忙，不会怪念的。

生怕记起的又忙［忘］记写了，先写出来：你如经过琉璃厂，别忘记买你写日记用的红格纸，因为已经所余无几了。你也许不会忘记，我是提一声较放心。

我寄你的信，总喜欢送到邮局，不喜欢放在街边绿色铁筒内，我总疑心那里是要慢一点的。然而也不喜欢托人带出去，于是我就慢慢的走出去，说是散步，信收在衣袋内，明知被人知道也不要紧，但这些事自然而然似觉含有秘密性似的。信送到邮局，门口的方木箱也不愿放进去，必定走到里面投入桌子下，心里又想，天天寄同一名字的信，邮局的人会不会古怪？挽救之法，于是乎用别号的三个较生眼的字，而不用常见的二字。这种思想，自己也觉得好笑，但也没有支配这个神经的神经，就让他胡思乱想罢。当走去送信的时候，我忆起有个小人夜里走到楼下房外信局的事，我相信天下痴呆不让此君了。但北平路距邮局远，自己总走不便，此风万不可长，宜切戒!!!!

今日下午也缝衣，出去寄信时又买些香蕉枇杷，回来大家分吃，并且下午又曾大吃烤豆沙烧饼一通。你日来是不是大吃火腿呢？云腿吃过没有，还堪入口否？我身体精神都好，食量也增加，而且不必吃消化药，只不过继续做一种事情，久就容易吃力，浑身疲乏。我知道这个道理，总小心调节，坐坐就转而睡睡，坐睡都厌就走到四川路缓缓来回一个短路程，如是就不致吃苦了。

时局消息，阅报便知，不及多述了。有时北报似更详悉，此间由三先生看看外国报，也有些新闻听到。听说京汉路不大好走，津浦照常，但你来时必须打听清楚才好。

五月，十七夜十时　小刺猬

七〇、一九二九年五月十八日、十九日
（26.6cm×20.3cm）
共一页

小白象：

昨天夜裏寫好的信，今早發出的，今天早粥喫过，天又晴好，於是同王到大馬路買些毛巾浴盆等用品，為他日之用，一則乘此暗閑空，二則也容易走動故，約下午二時回家喫麵，正在縫衣，達夫同王借來，說你不在家，他們說看看我，先打听你何時走的，蓋因掛念火車路上不便走也，隨後他們問我有没有出去，並且是約我去走走，盛意可感，時已四時多，我要走些時先就是夜飯，累他在外面請客也不好，於是我答以上午曾出去婉謝之，他們又說及開明新近從紹興人裏面招一筆款，甚充裕，說到北新問有無消息，我答以無，他說北新生意欠佳，门市每天不及百元，想往後難支下去云，他們在樓下坐的，見我没有出去意思，乃告辭，說往看白薇去。

今天五時三先生回來，帶來商務做的鋅板，當即轉交廿九號諸公，王公等已回來，動物詩集売子已照办妥。三先生又帶回一本"A History of Wood-engraving by Douglas percy bliss"是從外國寄到的，另外有一封金溟若的信，想是詢問月前寄來稿件之事，我說壓下了，又有江紹原的一信，並不要，打算附上一閱，此公似有怪氣也。

夜飯後王公親自送來朝花第二十期，問要不要訂本子，我說且慢，因那些舊的放在那裏不易找也，他隨即回去。（十八夜八時十分寫）

又同夜八時半有人送來稿數件，共一束，杜媽語不出姓名，看看封的幾個字，似徐詩荃筆跡，也先放在書架上再說罷。

小白象：

昨夜（十八）我差不多十時就睡了，睡至一時左右醒來就不大能睡熟，大约早有習慣之故，天亮掃街人孩子大哭，娘大打，打後又大訴說一通，稍靜合眼，醒來九時了，起床之後，精神也算好，午間李霽野寄你的信，無甚要事，而且你已可以就近会面了，信即不寄去，下半天我們做縫紉，看看書報，夜飯後獨自到四川路散步一通，並無目的，一直走到靶子路口，纔慢步踱回，見有廣東螃蟹，買了一隻回來在火酒燈上煮熟，坐在籐椅上慢慢喫下，你說有趣没有呢？現時是喫後執筆，時在差十分即十点鐘也，你日來可好？不曼縷言。

小刺猬 五月十九夜九時五十分

释文

小白象：

昨天（十七）夜里写好的信，今早发出的。今天早粥吃过，天又晴好，于是同王到大马路买些毛巾浴盆等用品，为他日之用，一则乘此时闲空，二则还容易走动之故。约下午二时回家吃面，正在缝衣，达夫同王偕来，说你不在家，他们说看看我，先打听你何时走的，盖因挂念火车路上不便走也。随后他们问我有没有出去，并且是约我去走走，盛意可感。时已四时多，我恐走些时光就是夜饭，累他在外面请客也不好，于是我答以上午曾出去，婉谢之。他们又说及开明新近从绍兴人里面招一笔款，甚充裕，说到北新，问有无消息，我答以无，他说北新生意欠佳，门市每天不及百元，恐往后难支下去云。他们在楼下坐的，见我没有出去意思，乃告辞，说往看白薇去。

今天五时三先生回来，带来商务做的锌板，当即转交廿九号诸公，王公亦已回来，动物诗集壳子已照办妥。三先生又带回一本『A History of Wood-engraving by Douglas Percy Bliss』，是从外国寄到的。另外有一封金溟若的信，想是询问日昨寄来稿件之事，我统压下了，又有江绍原的一信，并不厚，打算附上一阅，此公似有怪气也。

夜饭后王公亲自送来《朝花》第二十期，问要不要订本子，我说且慢，因那些旧的放在那里不易找也，他随即退去。（十八夜八时十分写）

又同夜八时半，有人送来稿数件，共一束，好妈话不出姓名，看看封的几个字，似徐诗荃笔迹，也先放在书架上再说罢。

小白象：

昨夜（十八）我差不多十时就睡了，睡至一时左右醒来，就不大能睡熟，大约早有习惯之故。天亮扫街人孩子大哭，娘大打，打后又大诉说一通。稍静合眼，醒来九时了，起床之后，精神还算好。午间李寄［霁］野寄你的信，无甚要事，而且你已可以就近会面了，信即不寄去。下半天我仍做缝纫，看看书报。夜饭后独自到四川路散步一通，并无目的，一直走到靶子路口，才慢步踱回，见有广东蟛［螃］蟹，买得一只，回来在火酒灯上煮熟，坐在躺椅上缓缓吃下，你说有趣没有呢？现时是吃后执笔，时在差十分即十点钟也。你日来可好？不尽欲言。

小刺猬　五月十九夜九时五十分

七一、一九二九年五月二十日
（26.6cm×20.3cm）
共一页

小白象：（你的鼻子並未～如你所绘的仰起，这是要不题）

你十五夜写的信，今午饭（廿）三先生回来时交给我了，信必是十六发，五天就到了，邮局懂事得很，我十四发的信，自然你也於今天之前收到了，我先以为见你信总在廿二三左右，因路上有八天的停顿，能今日见信，意外欢喜，同时喜极泪下，情不自禁者没奈何也。

你路上有熟人遇见，省得寂寞，甚好，又能睡更好，我希望你在家时也挪出些功夫睡觉，不要拼命写，做，干，想，……

我这几天经验下来，大概，夜里不是一二时醒，就是四五时醒，平常这两个时候我总有醒的必要，这是应该的，偶然连夜的醒，第三夜就可一直睡至天亮补足，即如昨夜八时睡，至今早六时多才醒，一睡甚足，七时即起床了。昼间我也想睡，怕睡太多夜里不要睡也，但精神甚好，不似前些天的疲劳，适常日里做做生活，夜里读读书就睡，天气暖了，鼻子不致冻冷，而且夜里也不须起来小解，更不会冻冷了。

家里人杂，东西乱翻，你不妨检收停妥，带些要用的南来，值钱的古书，或锁起来，或带来，免失落难查。客人来是无法禁止的，你回去短时间，能不干涉最好，省得淘气伤精神更为失算，反正尽了你做儿子的心，其他不必问了。

你的乖姑甚乖，这是敢担保的，他的乖处就在听话，小心体谅小白象的心，自己好好保养，也肯花些钱买东西吃，也並不整天在外面飞来飞去，也不叫身体过劳，好好地，好好地保养自己，养得壮壮的，等小白象回来高兴，而且更有精神陪他。他一定也要好好保养自己，平心和气，度过预定的时光，切不可越加瘦损，已经来往跋涉，路途辛苦，再劳心苦虑，病起来怎样得了！

三先生吃饭见面时总找些时事和我谈谈，王也格外照应，小孩有时候在楼下翻翻东西，但不久也为大人制止，还算好的。

我写给你的信，把生活状况一一说了，务求其详，但大体是好的，即如小腫些，也是照常，並非例外，睏起来就更多睡了，你切不可言外推测，如来信所云：我十二时尚未睡，其实我十二时总在熟睡中的。今日接北平常妹信，说那面可穿单衣，你也可少穿些了，上海这两天晴，甚和暖，一到落雨，又相差廿多度了。

小刺猬　五，廿，下午二时（今早也发了信）

小白象：（你的鼻子并未如你所绘的仰起，还是垂下罢）

你十五夜写的信，今午饭（廿日）三先生回来时交给我了，信必是十六发，五天就到了，邮局懂事得很。我十四发的信，自然你也于今天之前收到了。我先以为见你信总在廿二三左右，因路上有八天好停顿的。今日见信，意外欢喜，同时喜极泪下，情不自禁者没奈何也。

你路上有熟人遇见，省得寂寞，甚好，又能睡更好。我希望你在家时也挪出些功[工]夫睡觉，不要拼命写，做，干，想，……

我这几天经验下来，大概，夜里不是一二时醒，就是四五时醒，平常这两个时候我总有醒的必要，这是应该的，偶然连夜的醒，第三夜就可一直睡至天亮补足，即如昨夜约十时睡，至今早六时多才醒，一睡甚足，七时即起床了。昼间我不想睡，怕睡太多夜里不要睡也，但精神甚好，不似前些天的疲劳。通常日里做做生活，夜里读读书然后就睡，天气暖了，鼻子不致冻冷，而且夜里也不须起来小解，更不会冻冷了。

家里人杂，东西乱翻，你不妨检收停妥，多带些要用的南来，值钱的古书，或锁起来，或带来，免失落难查。客人来是无法禁止的，你回去短时间，能不干涉最好，省得淘气伤精神更为失算，反正尽了你做儿子的心，其他不必问了。

你的乖姑甚乖，这是敢担保的，他[她]的乖处就在听话，小心体谅小白象的心，自己好好保养，也肯花些钱买东西吃，也并不整天在外面飞来飞去，也不叫身体过劳，好好地，好好地保养自己，养得壮壮的，等小白象回来高兴，而且更有精神陪他。他一定也要好好保养自己，平心和气，渡[度]过豫定的时光，切不可越加瘦损，已经来往跋涉，路途辛苦，再劳心苦虑，病起来怎样得了！

三先生吃饭见面时总找些时事和我谈谈，王也格外照应，小孩有时候在楼下翻翻东西，但不久也为大人制止，还算好的。

我写给你的信，把生活状况一一说了，务求其详，但大体是好的。即如小睡些，也是照常，并非例外，困起来就更多睡了，你切不可言外推测，如来信所云，我十二时尚未睡，其实我十二时总在熟睡中的。今日接北平常妹信，说那面可穿单衣，你也可少穿些了。上海这两天晴，甚和暖，一到落雨，又相差廿多度了。

小刺猬　五，廿，下午二时（今早也发了一信）

七二、一九二九年五月二十一日
（26.6cm×20.3cm）
共一页

小白象、小蓮蓬！

昨天（卅）午飯讀到你十五來的信，我先看一遍然後去食飯，飯後回來又看一遍，以後隔多少時又打開來看看，臨睡放在床頭上，讀它一遍，起來之前又讀一遍，愈讀愈想在裏邊找出些什麽東西似的，好似很清楚，又似很含糊，如那個人的面孔一樣，離開了的情緒也与此差不多，真是百讀不厭，自然打開紙張第一觸到眼簾的是那三個红嘴々的枇杷，那是我喜欢喫的东西，即如昨天下午二時出去寄信也帶了一簍子回來，大家大喫一通，阿丁昨天發燒得很利害，什麽都不要喫，見了枇杷，纔喜欢起來，喫了幾個，隨後研究出他是要出牙齒之故，到今天还在痛，在吃苦，但枇杷之效力如此其大，我也是喜欢的人，所以小白象首先選了那個枇杷樣的紙，算是等於送枇杷給我喫的心意一般，其次那兩個蓮蓬，附着的那幾句，甚好，我也讀懂了，我定你是小蓮蓬，因為你矮些，乖々蓮蓬！你是十分精细的，你这兩張紙不是隨手檢起就用的。

昨天夜裏我睡得很好，今早起床也不太早，以後或者照此下去也未可知，这兩天没有你的信，今日下午由中央行送来南京来的通知單，打算等三先生回来托他办理一切，在戰事期中居然如此，可算難得。

你的日记也被人翻过，因记起目前木匠那裏租得房子，会不会因为容多地方不够，把东西不大用的送到那边存放，如此则没人照管，必易遺失，此不可不先事预防的，要不要向她们声明一声，你的書籍不可挪動，說过或此不說好些，你以为何如？

我今天仍在做生活，是織小毛绒背心，快成功了。昨天叔々那裏送来些餅喫，說是兒子订親，八月再行大礼，那時恐怕要来约去，到時再設法敷衍好了。今早接大的妹子信，她屡次動輒頭痛，俯首拾物更痛不可当，我问她要甚麽药，我說北方也可托人買，但她也說不出要什麽药医治，她信内又說姑母不久要回广，到時我難免要酬應幾天，事情也许要向她說了，不說也看見的，你近来可較暇，回去時安静些否，你只要想起小刺猬，想起你的船姑不致你喫苦，你体谅这点心，自己好々地。

小刺猬 五月廿一下午四時於

释 文

小白象：小莲蓬！

昨天(廿)午饭读到你十五来的信。我先看一遍，然后去食饭，饭后回来又看一遍，以后隔多少时又打开来看看，临睡放在床头上，读它一遍，起来之前又读一遍，愈读愈想在里找出些什么东西似的，好似很清楚，又似很含糊，如那个人的面孔一样，离开了的情绪也与此差不多。真是百读不厌，自然打开纸张，第一触到眼帘的是那三个红当当的枇杷，那是我喜欢吃的东西，即如昨天下午二时出去寄信也带了一篓子回来，大家大吃一通。阿ブ昨天发烧得很利害，什么都不要吃，见了枇杷，才喜欢起来，吃了几个，随后研究出她是要出牙齿之故，到今天还在痛，在吃苦。但枇杷之效力如此其大，我也是喜欢的人，所以小白象首先选了那个花样的纸，算是等于送枇杷给我吃的心意一般。其次那两个莲蓬，附着的那几句，甚好，我也读熟了，我定你是小莲蓬，因为你矮些，乖乖莲蓬！你是十分精细的，你这两张纸不是随手检起就用的。

昨天夜里我睡得很好，今早起床也不太早，以后或者照此下去也未可知。这两天没有你的信，今日下午由中央行送来南京来的通知单，打算等三先生回来托他办理一切，在战事期中，居然如此，可算难得。

你的日记也被人翻过，因记起日前木匠那里租得房子，会不会因为客多地方不够，把东西不大用的送到那边存放，如此则没人照管，必易遗失，此不可不先事预防的。要不要向她们声明一声，你的书籍不可挪动，说过或比不说好些，你以为何如？

我今天仍在做生活，是织小毛绒背心，快成功了。昨天叔叔那里送来些饼吃，说是儿子订亲，八月再行大礼，那时恐怕要来约去，到时再设法敷衍好了。今早接大的妹子信，她产后动辄头痛，俯首拾物亦痛不可当，我问她要甚么药，我说北方也可托人买，但她也说不出要什么药医治。她信内又说，姑母不久要回沪，到时我难免应酬几天，事情也许要向她说了，不说也看见的。你近来可较新回去时安静些否，你总要想起小刺猬，想起你的乖姑不愿你吃苦，你体谅这点心，自己好好地。

小刺猬　五月廿一下午四时十分

七三、一九二九年五月二十二日、二十三日
（26.6cm × 20.3cm）
共一页

小白象，小蓮蓬！

現時是廿二夜九時三刻，晚飯後我洗了一個澡，隨後收拾〻〻东西，看〻又坐，想起執筆，就寫一些，但不知小白象此時飯後談天，抑幹什麼的，今天我很想得信，明知你沒得空閒，說些隔長些寫簡單些，但我總直覺地猜想如此，其實一有功夫總会寫的，因此就難免有希望了，而況十五來信之後，你的情形，十分掛念，会不会頽唐廿多天！……

昨日下午四時發信後，三先生帶來韓君從东京寄到的一本近代英文学史，是矢野峰人著的，今天收到教部來的預備換寄的信，沒有打開，放在抽斗裏了，又有一張明片是西湖藝術院在滬展覧請參观的。

中央行那張紙，今天由三先生託王去換了一個地方，回來的收據放在平常的地方一起了。

昨今上午我都照常做生活，起居如常，下半天到大馬路一趟，買了些粗布等物，自你去後，花錢不少，都是買那些小東西用的，东西買來不多，用款不少，真難為人也，（廿二，十時）

小白象，非哥！

今天又候了一天信，其實你十五那封信，我廿日收到後，到現在只不過三天，但我不知仍故總在希望着，你近日精神可好？我的信總不知不覺帶有傷感的成分，会不会叫你難堪，小白象，我真真是記掛你，但你莫以為全因你那封信的情形之故，其實無論如何，不在面前，總是要牽連着的。

李秉中五月廿日在北平中山公園來今雨軒行婚，請帖寄商務，是欠資的，三先生補郵資得來，纔知是喜柬，不知他在北平可往你那裏來沒有？昨晚是否忙着喫喜酒去，要是他尋到你的話。今日又收到北新第八號一本。

昨夜十時寫完上面的幾個字就到床上睡了，夜裏阿𠺢因嘴痛哭得甚利害，但我醒〻不多久又睡熟，不似前幾天從兩三点醒到天亮那麼寗，早上總起得早，大約七時多起來了。日間在樓下做〻生活，夜裏讀〻書，平常多數閉起门來，較為清靜，这也是我一向皮氣，倒也奈煩得不奇，而且日子过去三之一了，總理靈櫬南下期间，津浦總平安的，其餘就要斟酌而行至要。

小刺猬，五月廿三下午六時

释文

小白象，小莲蓬！

现时是廿二夜九时三刻，晚饭后我洗了一个澡，随后收拾收拾东西，看看文法，想起执笔，就写一些；但不知小白象此时饭后谈天，抑干什么的。今天我很想得信，明知你没得空闲，说过隔长些写简单些，但我总直觉他话虽如此，其实一有功［工］夫总会写的，因此就难免有希望了。而况十五来信之后，你的情形，十分挂念，会不会颓唐廿多天！……

昨日下午四时发信后，三先生带来韩君从东京寄到的一本《近代英文学史》，是矢野峰人著的。今天收到教部来的预备填寄的信，没有打开，放在抽斗里了，又有一张明片是西湖艺术院在沪展览请参观的。

中央行那张纸，今天由三先生托王去转了一个地方，回来的收据放在平常的地方一起了。

昨今上午我都照常做生活，起居如常，下半天到大马路一趟，买了些粗布等物。自你去后，花钱不少，都是买那些小东西用的，东西买来不多，用款不少，真难为人也。（廿二，十时）

小白象，姑哥！

今天又候了一天信，其实你十五那封信，我廿日收到后，到现在只不过三天，但我不知何故总在希望着。你近日精神可好？我的信总不知不觉带有伤感的成分，会不会叫你难堪？小白象，我真真是记挂你，但你莫以为全因你那封信的情形之故，其实无论如何，不在面前，总是要牵连着的。

李秉中五月廿日在北平中山公园来今雨轩行婚，请帖寄商务，是欠资的，三先生补邮资得来，才知是喜柬，不知他在北平可往你那里来没有？昨日你是否忙着吃喜酒去，要是他寻到你的话。今日又收到《北新》第八号一本。

昨夜十时写完上面的几个字就到床上睡了。夜里阿ブ因嘴痛，哭得甚利害，但我醒醒不多久又睡熟，不似前几天从两三点醒到天亮那么窘。早上总起得早，大约七时多起来了。日间在楼下做生活，夜里读读书，平常多数关起门来，较为清静，这也是我一向皮［脾］气，倒也奈［耐］烦得下去，而且日子过去三之一了。总理灵衬［榇］南下期间，津浦总平安的，其余就要斟酌而行，至要。

小刺猬　五月廿三下午六时

七四、一九二九年五月二十四日
（24.5cm × 12.2cm）
共二页

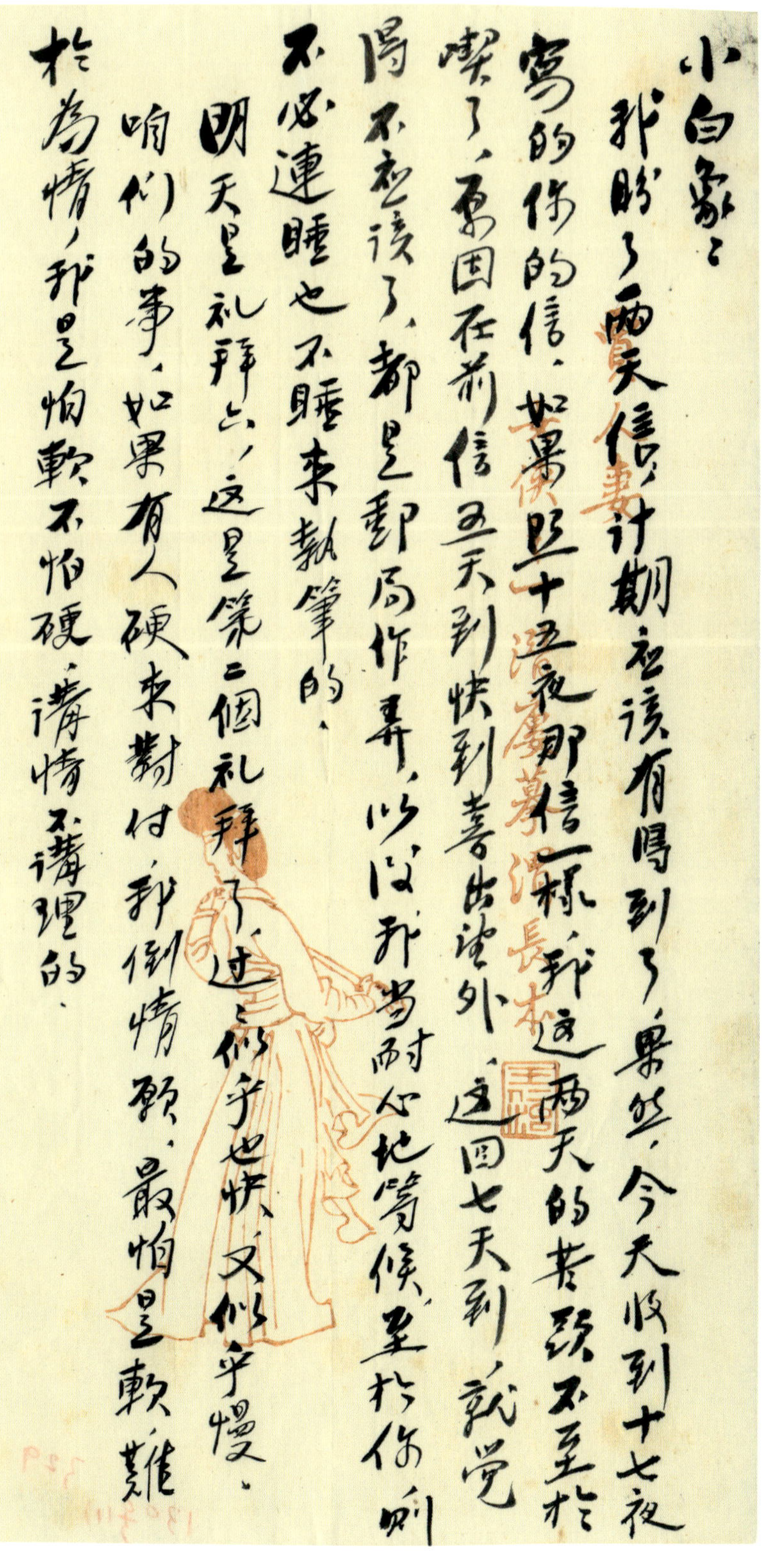

小白象：

我盼了两天信，计期应该有得到了，果然，今天收到十七夜寫的你的信，如果照十五夜那信一样，我这两天的苦头不至於吃了。原因在前信五天到，快到喜出望外，这回七天到，就觉得不应该了，都是邮局作弄，以后我当耐心地等候，至於你则不必连睡也不睡来执笔的。明天是礼拜六，这是第二个礼拜了，过得似乎也快，又似乎慢。咱们的事，如果有人硬来对付，我倒情愿，最怕是软，难於为情，我是怕软不怕硬，講情不講理的。

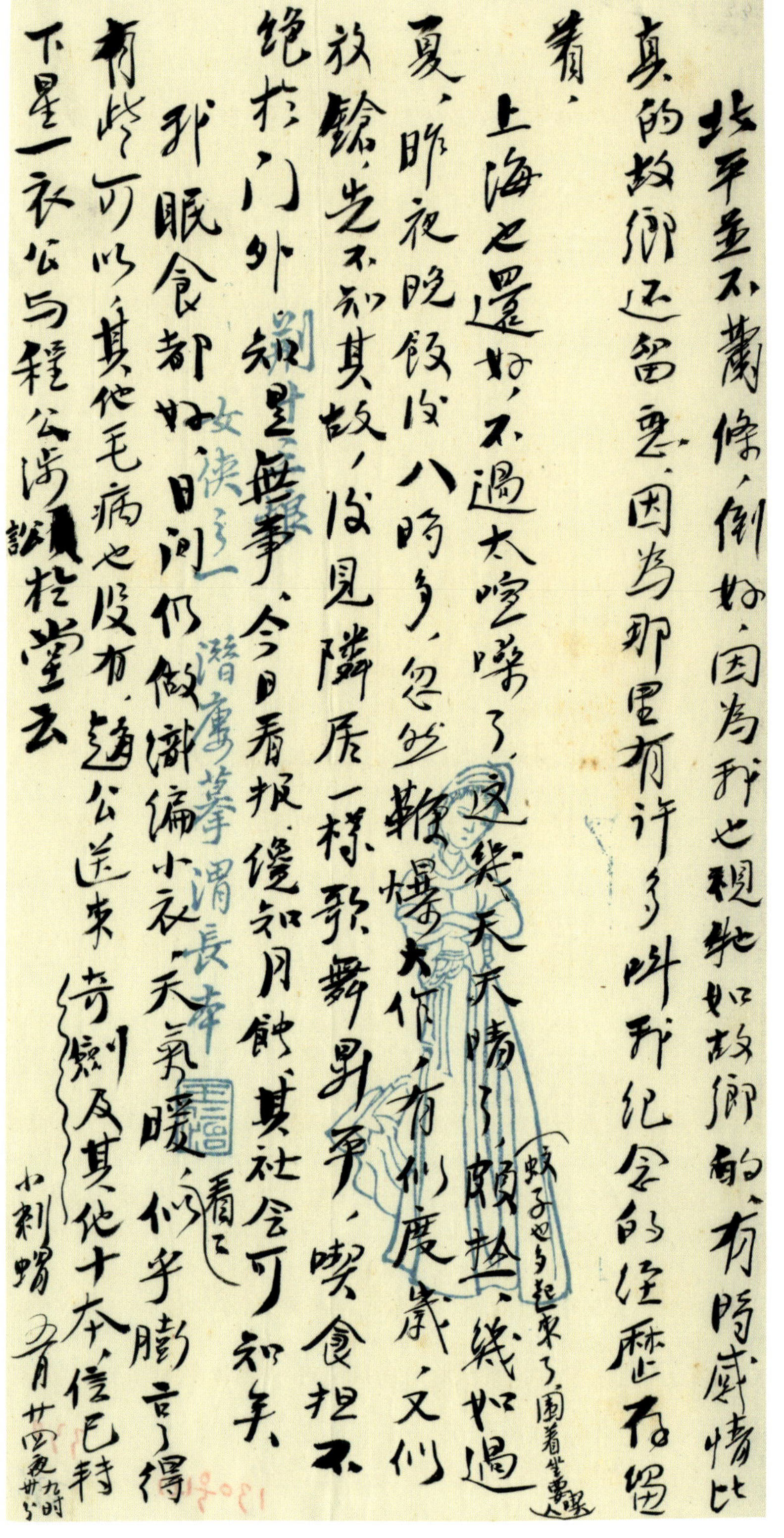

北平並不蕭條，倒好，因為我也覺得如故鄉的，有時感情比真的故鄉還留戀，因為那里有許多使我紀念的經歷存留着。

上海也還好，不過太喧嘩了，這幾天天晴了，頗熱，幾如過夏，昨夜晚飯後八時多，忽然鞭爆大作，有似慶歲，又似放銃，先不知其故，後見鄰居一樣歌舞男女，喫食担不絕於門外，知是無事，今日看報，纔知月蝕，其社會可知矣。（蚊子也多起來了，圍着我要咬）

我眠食都好，日间仍做湖編小衣，天氣暖，（看下）似乎懶言了，得有些可以，其他毛病也没有。迺公送来奇劍及其他十本，信已轉下星一衣公与鍾公洽談於堂云。

小刺蝟 五月廿四夜九时廿分

释文

小白象：

我盼了两天信，计期应该有得到了，果然，今天收到十七夜写的你的信。如果照十五夜那信一样，我这两天的苦头不至于吃了，原因在前信五天到，快到喜出望外，这回七天到，就觉得不应该了，都是邮局作弄，以后我当耐心地等候。至于你，则不必连睡也不睡来执笔的。

明天是礼拜六，这是第二个礼拜了，过过似乎也快，又似乎慢。

咱们的事，如果有人硬来对付，我倒情愿。最怕是软，难于为情，我是怕软不怕硬，讲情不讲理的。

北平并不萧条，倒好。因为我也视它如故乡的，有时感情比真的故乡还留恋，因为那里有许多叫我纪念的经历存留着。上海也还好，不过太喧噪了。这几天天晴了，颇热，几如过夏（蚊子也多起来了，围着坐要吃人）。昨夜晚饭后八时多，忽然鞭爆大作，有似度岁，又似放枪。先不知其故，后见邻居一样歌舞升平，吃食担不绝于门外，知是无事。今日看报，才知月蚀，其社会可知矣。

我眠食都好，日间仍做织编小衣。天气暖，看看似乎膨亨得有些可以，其他毛病也没有。赵公送来《奇剑及其他》十本，信已转。下星一衣公与程公涉讼于堂云。

小刺猬　五月廿四夜九时卅分

七五、一九二九年五月二十七日
（26.6cm×20.3cm）
共一页

小白象：

今早（廿七）八时多起来，阿丁推开门交给我你（廿一）写的信，另外一封是黑省常的，又一份华北报。

我前回经验，是太候信了，苦了两天，这回廿四收了信，安心些了，今天又得信，也是使我怎样地高兴呀？

常来信，云得其津妹子信，听我的津同学（甚生疏的）云我与你订婚，叫我详函告知，大约她写信时，我通知的信还未到，近来似乎又喧传起来，而且要自家挺身而出了，这也不可免，只得顺着进行。前天（廿五）早发你信后，姑母叫人来通知说已到，要见面，我就上午早粥后到南方中学，谈了一上半天，并在那里吃中饭，回来照常工作，昨日上午不到十二时，姑母来我这里，在我处吃中饭，她未来之先，我同某先生商量，也赞成告诉她一切，饭后掌柜之兄生日，其母先托姑母约我同去，我只得同去，电车上下，姑母被我照应后，她说回过来照应我，小心之状可掬，我当未布告，大约窥破八九了，夜九时多才和她同回沪北，今日下午她来我处谈，我打算和盘托出了。

姑母较往粤前瘦了不少，老年奔波，可怜之至，我先问她要钱用否，她说不要，后谈起来，知道在儿子处，有食没得用，回粤又用不少，很也拮据，昨日来时我送她廿元；她过些时又要奔往庐山找布施去了，今天她来，夜饭也许同她去外面食一顿。

星六（廿五）三先生从商务带回十块钱校连书一同交给达公了。昨日收到良友二期一本，三先生交来新女性四卷三号，一般六卷三、四号，七卷二号，并不函接的。

母亲高年，你回去日子不多几天，最好多同她谈谈，玩玩，博她欢喜。

看来信，你也很忙于应酬，这也没法的事，久不到北平，熟人见见面，也是好的，而且也借此可消永昼，有时我怕你跑来跑去吃力，但有时又愿意你到外面走走，既可变换空气，活动一些，也可出出风头，你其实也太沉默了，我这两种心理似很矛盾，但也可笑的。

林卓凤这人本质是好的，待我也好，如果提到我，不妨通知她我在上海，她的病是可怜的，受了朋友牵累了。

北平天气如此热，上海天阴雨还穿绒线衫呢，出太阳才热些，幸而你衣服多带两件回去，否则有些窘了。书籍带还是理出些好，自己找书较易，小峰没消息，奔流稿没有来。

小刺猬，廿七上午十时十分

释文

小白象：

今早（廿七）八时多起来，阿ブ推开门交给我你（廿一）写的信，另外一封是黑省常的，又一份《华北报》。

我前回经验，是太候信了，苦了两天，这回廿四收了信，安心些了，今天又得信，也是『使我怎样地高兴呀』。

常来信，云得其津妹子信，听我的津同学（甚生疏的）云我与你订婚，叫我详函告知，大约她写信时，我通知的信还未到，近来似乎又喧传起来，而且要自家挺身而出了，必不可免，只得顺着进行。前天（廿五）早发你信后，姑母叫人来通知说已到，要见面，我就上午早粥后到南方中学，谈了一上半天，并在那里吃中饭，回来照常工作。昨日上午不到十二时，姑母来我这里，在我处吃中饭。她未来之先，我同某先生商量，也赞成告诉她一切。饭后崇清之兄生日，其母先托姑母约我同去，我只得同去，电车上下，姑母被我照应后她总回过来照应我，小心之状可掬，我尚未布告，大约窥破八九了，夜九时多才和她同回闸北。今日下午她来我处谈，我打算和盘托出了。

姑母较往粤前瘦了不少，老年奔波，可怜之至。我先问她要钱用否，她说不要。后谈起来，知道在儿子处，有食没得用，回粤又用不少，必也拮据。昨日来时我送她廿元，她过些时又要奔往庐山找希望去了。今天她来，夜饭也许同她去外面食一顿。

星六（廿五）三先生从商务带回十块锌板，连书一同交给赵公了。昨日收到《良友》二月号一本，三先生交来《新女性》四卷三号，《一般》六卷三、四号，七卷二号，并不函［衔］接的。

母亲高年，你回去日子不多几天，最好多同她谈谈，玩玩，博她欢喜。

看来信，你也很忙于应酬，这也没法的事。久不到北平，熟人见见面，也是好的，而且也借此可消永昼。有时我怕你跑来跑去吃力，但有时又愿意你到外面走走，既可变换生活，活动一些，也可出出风头，你其实也太沉默了。我这两种心理似很普通，但也可笑的。

林卓凤这人本质是好的，待我也好，如果提到我，不妨通知她我在上海，她的病是可怜的，受了朋友牵累了。

北平天气如此热，上海天阴雨还穿绒线衫呢，出太阳才热些。幸而你衣服多带两件回去，否则有些窘了。书能带还是理出些好，自己找书较易。小峰没消息，《奔流》稿没有来。

小刺猬　廿七上午十时十分

七六、一九二九年五月二十八日
（26.6cm×20.3cm）
共一页

小白象：

昨（廿七）早发了一信，回来看看报，午饭后不多时，姑母来到，叫我立刻穿衣服同往南翔玩去，坐黄包车到北站，火车票祗不过两角多，车从沪开十五分到真茹，停五分，再十多分到南翔了。由沪至南翔，伊算来共须时卅分左右，该处有似乡村风味，但交通便利，火车之外，小河四通八达，地价每亩不过三百金，再加数百建筑费，多栽树木，大约千金可得佳宅。鱼虾极生鲜，生活便宜，每席酒不过六元，甚可果腹，将来马路互修好，长途汽车由真茹通至此地，更算沪宁之间，将来宁方政客之二三流者，若嫌上海繁杂昂贵，移往住居，则成闹市矣，该处田野树木，举目皆是，居民大有太古遗风，浑厚之至。临街木门，有住沪外人，以之作别墅，每星期日往，去后门加锁键，一隔多日，了无变故，平时人家，较杭州所见尤为乡气，门户洞开，绝无森严紧张之气，又离沪近，每日可往返多次，即有筹备不足之物，到沪购备亦易，姑母之子（南中校长）及其母在此住居，（租房亦廉价，每房二元，每一幢房，有花园卧室，甚大，不过十多廿元，至三十元则了不得之大房子，）据云如此，则诚世外桃源清静之至，昨日自下午二时多车停，缓步游玩，且行且息，后至饭馆食汤面灌汤饱等四人用去二元，尚吃不完，还有带走的，真便宜了，玩至六时多，回车站，候八时多火车，适误点九时多始有车，到上海十时多了，此行甚快活，到上海以来未有过的短期快意旅行也。回来稍停即睡，睡甚安静，今早（廿八）起床后，十时多姑母又来，代她写了几封信，然后我把我们的事大略说说，“据”以前师生经过，由京至粤至沪的大略，然后因在沪同事而为方便起见，于去年往杭——现在已有了数月，各方面大略告知一下，她说以前知我做事甚高兴，但想起一人孤独甚觉凄凉挂心，可是不敢开口劝，现知此事，如释重负，心中畅快矣云，她对我是出心的好，她一两天往九江了，我之告诉她，实不忍蒙蔽她，而且我的亲人方面，如由她说出，则省我一番布告手续，而说出后，我过数月之行动，可以不必瞒了，这也是一法，但她是否肯费唇舌，也不敢知，总是由她做去就是了。今日三先生交来东方26卷三号，新女性四卷四号，昨日又收到法国寄来的两本木刻书由季君来的，并有信，恐寄失，留下待你回再看罢。

小刺猬 五月廿八晚九时差十分

释文

小白象：

昨（廿七）早发了一信，回来看看报。午饭后不多时，姑母来到，叫我立刻穿衣服，同往南翔玩去。坐黄包车到北站，火车票只不过两角多。车从沪开十五分到真茹［如］，停五分，再十多分到南翔了。由沪至南翔，沪宁线，共须［需］时卅分左右。该处有似乡村风味，但交通便利，火车之外，小河四通八达，地价每亩不过三百金，再加数百建筑费，多栽树木，大约千金可得佳宅。鱼虾极生鲜，生活便宜，每席酒不过六元，甚可果腹，将来马路直修好，长途汽车由真茹［如］通至此地，更兼沪宁之间，将来宁方政客之二三流者，若嫌上海繁杂昂贵，纷往住居，则成闹市矣。该处田野树木，举目皆是，居民大有太古遗风，淳厚之至。临街木门，有住沪外人，以之作别墅，每星期日往，去后门加锁键，一隔多日，了无变故。平时人家，较杭州所见尤为乡气。门户洞开，绝无森严紧张之气，又离沪近，每日可往返多次，即有筹备不足之物，到沪购备亦易，姑母之子（南中校长）劝其母在此住居，（租房亦廉价，每房二元，每一幢房，有花园卧室，甚大，不过十多廿元，至三十元则了不得之大房子。）据云如此，则诚世外桃源清静之至。昨日自下午二时多车停，缓步游玩，且行且息，后在饭馆食菜、面、灌汤饱［包］等，四人用去二元，尚吃不完，还有带走的，真便宜了。玩至六时多，回车站，候八时多火车，适误点，九时多始有车，到上海十时多了。此行甚快活，到上海以来未有过的短期快意小旅行也。回来稍停即睡，眠甚安静。今（廿八）早起床后，十时多姑母又来，代她写了几封信，然后我把我们的事大略说说，大意：以前师生经过，由京至粤至沪的大略，然后因在沪同事而为方便起见，于去年往杭……现在已有孕数月，各方面大略告知一下。她说：以前知我做事，甚高兴，但想起一人孤独，甚觉凄凉挂心，可是不敢开口劝，现知此事，如释重负，心中畅快矣云。她对我是出心的好，她一两天往九江了。我之告诉她，实不忍蒙蔽她，而且我的亲人方面，如由她说出，则省我一番布告手续，而说出后，我过数月之行动，可以不似惊弓之鸟，也是一法。但她是否肯费唇舌，也不敢知，总是由她做去就是了。今日三先生交来《东方》26卷三号，《新女性》四卷四号，昨日又收到法国寄来的两本木刻书，由季君［寄］来的并有信，恐寄失，留下待你回再看罢。

小刺猬　五月廿八晚九时差十分

七七、一九三二年十一月十一日
（23cm × 13cm）
共一页

哥：

此刻夜九时了，你已经离开浦口向山东去了，但这是我执笔时你的情形，待收信时，你又到平多天了。今午寄出当天的报，狗屁昨日一针，大有效果，除你知的昨十日上午三次便下午针后一次便（但此不能即见效，时间太暂也）夜间平安，今早上（你去的今早）未大便，直至午后便一次，甚厚，似浆糊状，此后直至寝时未再便，今日仍往打针，并开一瓶药方，嘱明天换，又嘱明天再去，吃物仍为流质，已照办，依情形看，此回不似前回费手，自然我更加倍小心，因为你不在寓的缘故，但我并不加倍辛苦，勿念。狗屁也问爸爸几次，同他说（我想直说好）去看娘娘病了，他问娘娘在那里，我说个个远远的地方叫北平，他说啥辰光回来啦，是弟弟睏睏醒个晨光吧，我说勿是的，要多多晨光的，他也就不响了。我想你记挂他，就写此几行，此后再谈罢。

母亲盼望已多事了，祝福他老人家。

十一月十一晚写

释文

哥：

此刻夜九时了，你已经离开浦口向山东去了，但这是我执笔时你的情形，待收信时，你又到平多天了。今午寄出当天的报。狗屁昨日一针，大有效果，除你知的昨十日上午三次便，下午针后一次便（但此不能即见效，时间太暂也）。夜间平安，你去的今早上亦未大便，直至午后便一次，甚厚，似浆糊状，此后直至寝时未再便。今日仍往打针，并开一水药方，嘱明天换，又嘱明天再去，吃物仍为流质，已照办。依情形看，此回不似前回费手，自然我亦加倍小心，因为你不在旁的缘故，但我亦不加倍辛苦勿念。狗屁也问爸爸几次，同他说（我想直说好）去看娘娘病了。他问：娘娘在那［哪］里？我说：个远个远的地方叫北平。他说：啥晨［辰］光回来啦，是弟弟困困醒个晨［辰］光吧？我说：勿是的，要多多晨［辰］光的。他也就不响了。我想你记挂他，就写此几行，以后再谈罢。

母亲盼望已勿药了，祝福他［她］老人家。

『姑』 十一月十一晚写

哥：

此刻我将校稿全看完了一次，觉得手痒痒的想写字了，就拿起笔来。那校稿，昨天你先没将错的红字校过一次，今天是每行的每字看下去，发见错漏不少，但非大错，如坏丕林作壞，往往作住住也有人名脱误，倒置等，多看一回总好多了，打算明天便道送出。

今天带海婴到医院，头一个先看，昨日下一次便已有信程友，今早也一次，而带给医生看，并打针，说明天仍去，打针否再临时定，看情形是快好的，狗屁甚乖，不似昨天吵得爸爸的多了，也似乎不十分疙瘩。今日给他三次奶一次鸡汤，另外一些糖、饼，两用人也还顺当，现时似颇听话不必那淘气的样子。

书店转来信，是宋紫佩先生的，说　太师母好些了，我怕　三先生们挂心，特狗屁睏午觉时将信送去，见王妹，她说　二先生也有信到，是一样的意思，但宋君信在电报之前一日，将养至今，想早全愈了。

午间冯公来，将书交出，由他写便条托人带去，想其忙甚，手中又带有新出的香烟八罐，大约想送你的，知你不在，带回去了，但被狗屁知留了一罐，他以为凡客人带来的东西，都是给他的，真真要命！

我想起北平从前市场上有玻璃盒子的雪景山水树木人物，装成一盒颇好看，如有兴致带几个来，送送书店老板及山本少爷和狗屁，阿丁之流也好的，以其轻而易取，另外旁的北京玩意也好，但非必需，路上不方便就不必带来了，我是因这张纸有空随便谈谈的。这一两天怕你记挂狗屁毛病，所以不依约的写信，寄出，以后或疏懒些，不至于打手心吧！

太师母好了，大家非常之欢喜，病后容易乏力，最好少和她讲话，多休息些。明早到天津，午间可以团聚了，我的精神也憧憬看那面，愿你自己保重，勿过操心，劳碌！

堂上叩安

[illegible]　十一月十二晚十时

狗屁的咳也好多了，早起床时偶有几声，医生已嘱只夜间用湿布好了。

你的日记用的纸如快用完，便中也买些带回吧！

七八、一九三二年十一月十二日

（20.3cm × 26.6cm）

共一页

释文

哥：

此刻我将校稿全看完了一次，觉得手痒痒的想写字了，就拿起笔来。那校稿，昨天你走后将错的红字校过一次，今天是每行的每字看下去，发见错漏不少，但非大错，如『环亚林』作『坏』，『往往』作『往住』，也有人名脱误、倒置等，多看一回总好多了，打算明天便道送出。

今天带海婴到医院，头一个先看，昨日下一次便已有信提及。今早也一次，亦带给医生看，亦打针，说明天仍去，打针否再临时定，看情形是快好的。狗屁甚乖，不似昨天吵讨爸爸的多了，也似乎不十分疙瘩。今日给他三次奶，一次鸡汤，另外一些糖、饼，两用人也还顺当，现时似颇听话，不必我淘气的样子。

书店转来信，是宋紫佩先生的，说　太师母好些了，我怕　三先生们挂心，待狗屁困午觉时特将信送去，见王姊，她说　二先生也有信到，是一样的意思，但宋君信在电话之前一日，将养至今，想早全［痊］愈了。

午间冯公来，将书交出，由他写便条托人带去。想其忙甚，手中又带有新出的香烟八罐，大约想送你的，知你不在，带回去了。但被狗屁扣留了一罐，他以为凡客人带来的东西，都是给他的，真真要命！我想起北平从前市场上有玻璃盒子的雪景山水树木人物（小的两角钱一合［盒］），装成一盒颇好看，如有兴致带几合［盒］来，送送书店老板，及山本少爷和狗屁阿ブ之流也好的，以其轻而易取。另外旁的北京玩意也好，但非必需，路上不方便就不必带来了。我是因这张纸有空随便谈谈的。这一两天怕你记挂狗屁毛病，所以不依约的写信，寄出，以后或疏懒些，不至于打手心吧！

太师母好了，大家非常之欢喜，病后容易吃力，最好少和她讲话，多休息些。明早到天津，午间可以团聚了，我的精神也憧憬着那面。愿你自己保重，勿过操心，劳碌！

堂上叩安

『姑』　十一月十二晚十时

狗屁的咳也好多了，只起床时偶有几声，医生已嘱只夜间用湿布好了。

你的日记用的纸如快用完，便中也买些带回吧！

哥：

十一、十二寄了两封信，都是次早发的，想先此收到了。昨日无
甚要布告的，故未写信。狗屁昨日（十三）竟日没有撒屎，仍打
一针，医生说，如此稳当些。今早看报，知你的车误点两时半，
幸而仍能前行，料想三时多可到达了。今早看医生前
狗屁大便了，成干团，再成条，成绩甚佳，医生一看，不必打针，并
且许可吃粥及鲜鱼，狗屁听见甚欢喜。他说医生好的，御
家様不好（看护）因针是她送来的。看完医生，回来买药时顺
道往内山一转，告以老人家病不要紧，由老板交来曹君信，说
没有去旅行，日本纸二大卷，收到，是托学校收来，打算送给
作家，就算报酬了云云。今午寄出那一卷文稿，收到当提
及。这两天给狗屁除牛奶外，添吃鸡汤，今天更添一次粥和
鱼。预料你回来时，必已复元加胖，如果没有再生毛病的话。另
外收到莫吾等信，不要紧的，所以不寄上了。校稿昨日亲送
至良友，因休业，没有交出，今午亲自再送去，由赵家璧亲写
收据乎名片而携之归。昨日北新野友来，且云希同托其借南
华文艺的，因寻不着，没有给他。据说北新仍要被封，但限于四
马路，又云小峰不日回沪，你的校稿过几天送一部分来云。今天
报载书业公会主席陆伯鸿斡事出任调停了，申报也大做文章
不赞成封书局，似乎舆论也出来一点的样子，将来究竟如何，还当
看情形。不过北新中人，似乎对于出版事业还想做的样子，并非
拆台大吉的神气。北平天气冷，你御寒的衣着没有带齐，不
知旧的可能寻些出来敷衍一下否，如没有，即做新的也不要紧的，
较之受冷生病好多了。　太师母近状如何，二先生有信
给三先生说好些了，我们都安心了许多。信到想已照常一
矣。我甚好，海婴也乖，你不必挂心，并不是故意说来安慰你，实在
是千真万确的真话，我从不肯骗你的，相信我吧！

太师母大人请安

𠃬　十一月十四晚
十时

七九、一九三二年十一月十四日
（20.3cm × 26.6cm）
共一页

释文

哥：

十一、十二，写了两封信，都是次早发的，想先此收到了。昨日无甚要布告的，故未写信。狗屁昨日（十三）竟日没有撒屎，仍打一针，医生说：如此稳当些。今早看报，知你的车误点两时半，幸而仍能前行，料想三时多可到寓了。今早看医生前狗屁已大便了，成干团，再成条，成绩甚佳。医生一看，不必打针，并且许可吃粥及鲜鱼，狗屁听见甚欢喜。他说医生好的，御家样不好（看护），因针是她送来的。看完医生，回来买药时顺道往内山一转，告以老人家病不要紧，由老板交来曹君信，信说没有去旅行。日本纸二大箱，收到，是托学校收来，打算送给作家，就算报酬了云云。今午寄出那一卷文稿，收到望提及。这两天给狗屁除牛奶外，添吃鸡汤，今天更添一次粥和鱼。预料你回来时，必已复元加胖，如果没有再生毛病的话。另外收到真吾等信，不要紧的，所以不寄上了。校稿昨日亲送至良友，因休业，没有交出，今午亲自再送去，由赵家璧亲写收据于名片后，而携之归。昨日北新伙友来，是希同托其借《南华文艺》的，因寻不着，没有给他。据说北新仍要被封，但限于四马路。又云小峰不日回沪，你的板［版］税，过几天送一部分来云。今天报载书业工会主席陆伯鸿启事出任调停，《申报》也大做文章，不赞成封书局，似乎舆论也出来一点的样子。将来究竟如何，还当看情形，不过北新中人，似乎对于出板［版］事业还想做的样子，并非拆台大吉的神气。北平天气冷，你御寒的衣着没有带齐，不知旧的可能寻些出来敷衍一下否？如没有，即做新的也不要紧，较之受冷生病好多了。太师母近况如何？二先生亦有信给三先生说好些了，我们都安心了许多，信到想已照常矣。我甚好，海婴也乖，你不必挂心，亦不是故意说来安慰你，实在是千真万确的真话。我总不肯骗你的，相信我吧！

太师母大人请安

『姑』 十一月十四晚十时

哥：

以前寄出三封信，想先收到了。今日收到　宋紫佩先生十月十二的信，知到　太師母經醫生打針後休養二星期左右可以全愈，甚以為慰。另外收到四川許信，是打听蔡公地址，內有轉肖徽信，經代付郵。此外有一封張露薇自清華園寄之長信（縮在一面）無非問要與革命文章能否兼存等，甚已厚（字寫頗甚寬）故不特行寄上矣。今日又收到　太師母寄棲子杏仁包裹單，蓋章後託書店代取，尚未取到，可先稟老人家勿念。前印書用之照片（託王老師的）他們好幾次來討，我尋不出來，你又未囑咐下，馮公則說已託內山，我去打听，他們夫妻倆細尋大尋，亦找不出來，究竟該照片放在那里，請來信通知，他們等著出版也。今日往興業取到百五元。

但無要勿念。海嬰兩日來，仍吃粥，今日鷄湯已厭，大便在晚飯後，成硬條，每天一次，大約差不多全好了。醫生囑明天去看，屆時當攜之往。他晚飯後忽然說「可憐」，問他什麼「可憐」，他說爸爸說的「可憐可憐」。問他啥事體「可憐」，他說：糖糖華到手重表，爸爸說：「可憐可憐」。這忽然的記起來述說一番，甚有趣。他日來很乖，也不大釘我，在我旁邊，我也能作工，我的作工，連日都是閒空則抄「兩地書」（）這幾天上海也冷起來了，在房內不覺得，一到街上大有天壤之别，報載北方冷，致十四日火車全誤點，那麼，你到的第二天就吃着冷的苦頭了，不知可有受風寒感冒否？一切望格外保重！文稿一束，十四日已寄出，不知此時可能寄到否？此外每次寄當天的報，想也先後到了。各学校和熟人處有否來往，明後天或者可以收到來信，見信後再覆罷。

千萬珍重，問起來不要多吃酒害胃呀！

乖乖　十一月十六晚

八〇、一九三二年十一月十六日
（20.3cm × 26.6cm）
共一页

释文

哥：

以前寄出三封信，想先此收到了。今日收到　宋紫佩先生十一月十二的信，知到［道］　太师母经医生打针后休养二星期左右可以全［痊］愈，甚以为慰。另外收到四川许信，是打听蔡公地址，内有转省微信，经代付邮。此外有一封张露薇自清华园寄之长信，无非问恋爱与革命究竟能否兼存等，甚厚（字缩在一面，空头甚宽），故不特行寄上矣。今日又收到　太师母寄榛子杏仁之包裹单，盖章后托书店代取，尚未取到，可先禀　老人家勿念。前印书用之照片（托王去晒的），他们好几次来讨，我寻不出来，你又未嘱咐下，冯公则说已托内山。我去打听，他们夫妻俩细寻大寻，亦找不出来，究竟该照片放在那［哪］里，请来信通知，他们专等此片出版也。今日往兴业，取到百五十元，俱办妥勿念。海婴两日来仍吃粥，今日鸡汤已厌，大便在晚饭后，成硬条，每天一次，大约差不多全好了。医生嘱明天去看，届时当携之往。他晚饭后忽然说『可怜可怜』，问他什么『可怜』，他说爸爸说的『可怜可怜』。问他哈［啥］事体『可怜』，他说：糖糖弄到手里，爸爸说：『可怜可怜』。这忽然的记起来述说一番，甚有趣。他日来很乖，也不大钉我，在我旁边，我也能作工。我的作工，连日都是闲空则抄《两地集》（？）。这几天上海也冷起来了，在房内不觉得，一到街上，大有天壤之别。报载北方大冷，致十四日火车全误点，那么，你到的第二天就吃着冷的苦头了，不知可有受寒感冒否？一切望格外保重！文稿一束，十四日已寄出，不知此时可能寄到否？此外每次寄当天的报，想也先后到了。各学校和熟人处有否来往？明后天或者可以收到来信，见信后再复罢。

千万珍重，闷起来不要多吃酒害胃呀！

『姑』　十一月十六晚

哥：

昨在写好待发之信封外提及收到你十三四的信，当晚即将信带出携同海婴往医院了，海婴是好起来了，病看好，经过虹口公园入内稍玩几十分钟，海婴高兴到不得了，恰好今天天气非常暖和。中午内山太太亲自送到橙子杏仁包裹，并说收到你信，是通知我不必挂心也，我也说收到信了，谢谢她。午饭后海婴略出去，於是携他同二女仆往王蕴如约其女及仆同往广东戏院看中国电影，只买五人票，小洋十五角甚便宜，王和我都觉得不佳，而用人则得意极了，狗屁不肯安坐，幸人少我们独占楼上前排，由他爬来爬去，他是来热闹，看戏程度还不够，但回来仍不肯脱鞋袜，说留等明天再看影戏去，夜间睡得甚好。那包寄来食物，我分三分，王有杏仁、橙子、苹果、杏脯、松子糖等，内山则有橙子、杏脯、松子糖、蘑菇各一纸袋共四色，晚间亲自送去，日前又托内山寄一封里面信他们实在帮忙，我非常不安，实难为情，麻烦他们也。今日下午四时左右徐诗荃来，带来糖二大盒给狗屁，书籍及咖啡黄包车带走，留下那合糖果，说是很忙，一两天又要到南京，又说南京并没有事情，我唯唯，又问你住址，可以通知否，我当将家寓写出，约要给你信也。夜饭后，许季茀公来，是从嘉兴到，我约其出外吃饭，彼谢绝，稍谈即去，许公殷殷以北新事为念，高情可感也。曹君又有一信来，仍说去旅行，日本纸将设法送到，作家然云，内有"包儿"信，我待冯公来交他持便是。给你的信，我都拆开擅自做去，太不守道德了，可能原谅吗？你十三四的信同时到的，大约同一车子来，你眠食好，甚慰。你在"靠壁上桌前坐，止一人，于百静中"想写点东西吗？你要写的小说，须材料吗，如不须材料，可以写，何防乘此机会写好再回来，也是方便，省得此地整天闹哄哄的，写不好，如果你愿意写，我们倘若小说真的一时写不完或数章就了，那么还是不写也好吧！一切请自己斟酌罢！这里可以等的，横竖你要等太师母好些，还我来如此，似乎也闲坐无聊得以消遣，但注意勿太吃力，这是第一要关心的。太师母日来精神更好了罢？请你替我请安，余不尽，并祝

近佳。

乖 十一月十八晚十一时

北地寒天，望勿受冷生病，令我挂念也

八一、一九三二年十一月十八日

（20.3cm × 26.6cm）

共一页

释文

哥：

昨在写好待发之信封外提及收到你十三、〔十〕四的信，当时即将信带出，携同海婴往医院了。海婴是好起来了，病看好，经过虹口公园入内稍玩几十分钟，海婴高兴到不得了，恰好今天天气非常暖和。中午内山太太亲自送到榛子杏仁包裹，并说收到你信，是通知我不必挂心也。我也说收到信了，谢谢她。午饭后海婴吵出去，于是携他同二女仆往王处，约其女及仆同往广东戏院看中国电影，只买五人票，小洋十五角，甚便宜。王和我都觉片不佳，而用人则得意极了。狗屁不肯安坐，幸人少，我们独占楼上前排，由他扒来扒去，他是乘热闹，看戏程度还不够，但回来仍不肯脱鞋袜，说留等明天再看影戏云。夜间困得甚好。那包寄来食物，我分三分〔份〕。王有杏仁、榛子、平〔苹〕果、杏脯、松子糖等，内山则有榛子、杏脯、松子糖、磨〔蘑〕菇各一纸袋共四色，晚间亲自送去。日前又托内山寄一封黑省信，他们真肯帮忙我非不得已，实难为情麻烦他们也。今日下午四时左右徐诗荃来，带来糖二大盒给狗屁，书箱亦叫黄包车带走，留下那合〔盒〕积木，说是很忙，一两天又要到南京。又说南京并没有事造，我唯唯，又问你住址，可以通知否，我当将京寓写出，大约要给你信也。夜饭后，许季茀翁来，是从嘉庆到，我约其出外吃饭，彼谢绝稍谈即去。许公殷殷以北新事为念，高情可感也。曹君又有一信来，仍说未旅行，日本纸将设法送到作家处云。内有『它兄』信，我待冯公来交他转便是。人给你的信，我都拆开擅自做去，太不守道德了，可能原谅吗？你十三、〔十〕四的信同时到的，大约同一车子来。你眠食好，甚慰。你在『靠壁卓〔桌〕前坐，止一人，于百静中』想写东西吗？你要写的小说，须〔需〕材料吗？如不须〔需〕材料，可以写，何防〔妨〕乘此机会写好再回来，也是方便，省得此地整天闹哄哄，写不好。如果你愿意写，我们这里可以等的。（倘若小说长，非一时可写完，或愿意玩玩，那么还是不写也好吧！一切请自己斟酌罢！）横竖你要等　太师母好些才能来，如此似乎比闲坐无聊得以消遣，但注意勿太吃力，这是第一要关心的。　太师母日来精神更好了罢？请你替我请安，匆匆不尽。并祝

近佳。

『姑』十一月十八晚十一时

北地寒天，望勿受冷生病，令我挂念也。

哥：

昨日我盼望信，不見来，先發出一信，今日看醫生回来，桌上有你十七的信，看了甚慰。

太師母日見痊可，仍是她老人家底子好之故，她歡喜麵食，我看多买些ヂアスターゼ放在家裏，覺得多喫時就服兩粒，則不至"久不消化"，這是待醫生藥停止之後再用的，你以為何如。

海嬰一切都好，為小心計，現時仍隔天看一次，仍服藥，夜间用還布，每天食些粥，牛奶，糖餅，係詩荃送的大積木，玩了三天，尚未厭，他近来玩物同食物并重，有時玩到食物也肯慢之些了，他的醫生很细心，甚可感，可惜北平没有什麼好玩藝送他的（醫生處），否則帶些来送之也好，醫生也打听到北平路上幾天，如何走？詩荃鼻有毛病，问我日本醫生那裏好，我就說篠崎，昨日醫院遇見，耳鼻科醫生看过了，說不必開刀，大约在外國看者訴他要開刀的。

挑撥的人，本事也不过"多用些錢"的劝告，遇到不在乎錢的，那麼就是用完也不要緊了，到那時挑撥也不成了，真可笑也。

上海天氣和你去的時候稍冷些，但也不太利害，你近况何，随時告我，我日来仍抄寫，沒甚事了，勿念。

二心集送来了十本，我已收存了。

北新事，待見三先生時再說，恐怕他也沒好法子的。

太師母請安

乖姑 十一月廿日

八二、一九三二年十一月二十日

（20.3cm × 26.6cm）

共一页

释文

哥：

昨日我盼望信，不见来，先发出一信，今日看医生回来，桌上有你十七的信，看了甚慰。

太师母日见痊可，仍是她老人家底子好之故。她欢喜面食，我看タカヂアスターゼ买些放在家里，觉得多吃时就服两粒，则不至『久不消化』，这是待医生药停止之后再平常用的。你以为何如？

海婴一切都好，为小心计，现时仍隔天看一次，仍服药，夜间用湿布，每天食些粥、牛奶、糖饼。徐诗荃送的大积木，玩了三天，尚未厌。他近来玩物同食物并重，有时玩到食物也命令慢慢觉了。他的医生很细心，甚可感，可惜北平没有什么好玩艺送他的（医生家），否则带些来送送也好。医生也打听，到北平路上几天？如何走？诗荃鼻有毛病，问我日本医生那［哪］里好，我就说篠崎。昨日医院遇见，耳鼻科医生看过了，说不必开刀，大约在外国看告诉他要开刀的。挑拨的人，本事也不过『多用些钱』的劝告，遇到不在乎钱的，那么就是用光也不要紧了，到那时挑拨也不成了，真『可笑也』。

上海天气和你去的时候稍冷些，但也不太利害，你近况望随时告我。我日来仍抄写，没甚事了，勿念。

《二心集》送来了4本，我已收存了。

北新事，待见三先生时再说，恐怕他也没好法子的。

太师母请安

『姑』 十一月廿日午

哥：

昨日发一信，午饭后携同海婴往三先生处，稍玩些时，后同三先生等及小孩往新雅饮茶，茶甚佳，三先生赞不绝口，我去访他是依你信商量如何向北新索款，他说：只能向书局问问，较稳当些，以后如何处理，并答应下半天自己走一遭。今日晚快，书局夥计来，带来川岛夫人托小峰带给我们的蜜饯平果、蜜枣共二合，并洋子五十元，经盖章于收条上，并覆去一函，兹将来函附阅，川岛夫人如此厚意，托人带东西来，你如便过他们寓所，最好去谢谢她，（我不另写信了）并致谢忱，如带些东西给她小孩更妙，至别人到亦好，她买的蜜饯（平果）枣非常之软，而且大，似较他铺为佳，你如要买些来送人，则何妨也往这一家买呢。

海婴和前几天差不多，精神也好，自己躺在躺椅上装做爸爸，说爸爸回来了。要老娘姨叫他，又命令人问他那里来的，他就答看娘娘毛病好回来的。昨天午觉睡醒吵吃新鲜物事，没有法子，给了两块松子糖给他，他问那里来的，我说北平娘娘们寄把弟弟吃的。他又问为什么寄把弟弟吃的，我说因为弟弟乖，他也就非常高兴，快吃完了，就从糖内拣出松子来集拢，糖把我，说弟弟弗欢喜吃这个。

今日从北新又转来一封不熟识的姚某信，说要从你的著作内选几篇译成英文，是和一外国人合译，征求你允许，恐怕也只能允许，但看信语，此人也不免有些"浮"气似的，这是我的一种敏感，或不致于此也说不定。

你近况如何？

太师母已起床否？

我们好，勿念。

乖姑

十一月廿晚

八三、一九三二年十一月二十一日

（20.3cm × 26.6cm）

共一页

释文

哥：

昨日发一信，午饭后携同海婴往三先生处，稍玩些时，后同三先生等及小孩往新雅饮茶。茶甚佳，三先生赞不绝口。我去访他，是依你信商量如何向北新索款。他说：只能向书局问问，版税事以后如何处理，并答应下半天自己走一遭。今日晚快，书局伙计来，带来川岛夫人托小峰带给我们的蜜饯平［苹］果、蜜枣共二合［盒］，并洋百五十元，经盖章于收条上，并复去一函，兹将来函附阅。川岛夫人如此厚意，托人带东西来，你如便过他们寓所，最好去望望她，并致谢忱（我不另写信了），如带些东西给她小孩更妙，否则人到亦好。她买的蜜饯平［苹］果、枣非常之软，而且大，似较他铺为佳。你如要买些来送人，则何妨也往这一家买呢。

海婴和前几天差不多，精神也好，自己躺在躺椅上装做爸爸，说爸爸回来了，要老娘姨叫他，又命令人问他那［哪］里来的，他就答看娘娘毛病好回来的。昨天午觉困醒吵吃新鲜物事，没有法子，给了两块松子糖给他。他问那［哪］里来的，我说北平娘娘们寄把弟弟吃的。他又问为什么寄把弟弟吃的，我说，因为弟弟乖，他也就非常高兴，快吃完了，就从糖肉拣出松子来集拢，糖把我，说弟弟弗欢喜吃这个。

今日从北新又转来一封不熟识的姚某信，说要从你的著作内选几篇译成英文，是和一外国人合译，征求你允许。恐怕也只能允许，但看信语，此人也不免有些『浮』气似的。这是我的一种敏感，或不致［至］于此也说不定。

你近况如何？

太师母已起床未？

我们好，勿念。

『姑』十一月廿一晚

今日报载北平外国公使坐火车南下，中途有机车坏，修理一通，然后没误点到京，现时走路实在太令人担心了，来的时候，打听一下或者改乘船好吗？

哥哥：

十七寄的信，廿日到，昨日我已发一信提及了，但昨日我又以为你会有信来，等了一天，希望今日有了，仍然不是，也许路上担搁，明天总有会的罢，我盼望的明天呀！

昨日我往大马路买物件，王来我未遇见，今日午间，海婴睡后走一趟，听说三先生是往七浦路去，入门不见人，但闻欢笑声，想甚开心也。稍停小峯出来了，继着林兰、姑奶奶，"屏声"！！小峯说：已先有人到我处了，不错，三先生约七时去，他们估计五时多来的，前信已提及了。据小峯说：将来打算换一个店名开书去，似大有把握的样子。

海婴已好起来了，先生说可以吃些饭，给他吃了些，又撒烂污了，连忙停止，仍吃流质，渐渐好起来了，这回为格外小心些。昨晚稍有些气急，但不如前次利害，有似前次好起来的样子，前次在伤风之后，这回大约在剥疾之后，今日看先生，他教我大热水内放些芥辣粉，将毛巾绞干，围在身上，每二三小时换一次，我是每二小时换一次的，下半天已好些了。（看护很疲倦的）

他太弱了，我想是太小心关起来之故，以前老娘姨整天抱他外出，虽偶伤风，但不似今年之多病，因为娘姨荡街荡是不对的，公园也不肯去，在屋内大家吵苦，我想顶好有一个地方，有人和他玩玩，那就是幼稚园了，横浜桥有一个广东人开的，靠电车，就是，收费颇大，别学生比较上流，我旧同学之子女四人每天都在此，我学听说还不错，我打算便中取你章程看看，扑玉说幼稚园有医生，时常留心小孩的，我以为试他一试，每天有那么几个钟头唱歌玩玩，就是公园也难免有传染病，学校温习，幼稚生想不利害，否则终日关在屋内，大家做人不来，小孩子通常不断生病也容易危及生命，横竖危险，已前走过的不妥当，我就想送入学校试他一试，待天气暖，春夏间起，天天往外面换换空气，你以为何如，此时我闲着写此，随便谈谈耳。

你在平情形如何，今天坪井样又问起你何时回来，我随便武断说，恐怕下月初回来罢。

海婴你不必挂心，没什么要紧的。太师母好了罢，替我叩安。

[illegible] 十一月廿三晚

八四、一九三二年十一月二十三日
（20.3cm × 26.6cm）
共一页

释文

哥：

十七寄的信，廿日到，昨日我已发一信提及了。但昨日我又以为你会有信来，等了一天，希望今日有了，仍然不是，也许路上担搁，明天总会有的罢，我盼望的明天呀！

昨日我往大马路买奶粉，王来我未遇见。今日午间，海婴睡后走一趟。听说三先生是星一往七浦路去，入门不见人，但闻欢笑声，想甚开心也。稍停小峰出来了，继着林兰、姑奶奶、『屏雀』……小峰说：已先有人到我处了。不错，三先生约七时去，他的伙计五时多来的，前信已提及了。据小峰说：将来打算换一个店名开市云，似大有把握的样子。

海婴已好起来了，先生说可以吃些饭，给他吃了些，又撒烂污了，连忙停止，仍吃流质，渐渐好起来了。这回当格外小心些，昨晚稍有些气急，但不如前次利害，有似前次好起来的样子。前次在伤风之后，这回大约在痢疾之后。今日看先生，他教我大热水内放些芥辣粉，将毛巾绞干（老娘姨绞的），捆在身上，每二三小时换一次。我是每二小时换一次的，下半天已好些了。他太弱了，我想是太小心关起来之故。以前老娘姨整天抱他外出，虽偶伤风，但不似今年之多病。固然娘姨满街荡是不对的。公园也不肯去，在屋内大家吃苦。我想顶好有一个地方，有人和他玩玩，那就是幼稚园了。横浜桥有一个广东人开的，落电车就是，收费颇大，则学生比较上流。我旧同学之子女四人每天都在此求学，听说还不错。我打算便中取份章程看看。据王说，幼稚园有医生，时常留心小孩的，我以为试他一试，每天有那么几个钟头唱唱歌玩玩，就是公园，也难免有传染病。学校恶习，幼稚生想不利害。否则终日关在屋内，大家做人不来，小孩子通常不断生病，也容易危及生命，横竖危险。已前走过的不妥当，我就想送入学校试他一试，待天气暖，春夏间起首，天天往外面换换空气，你以为何如？此时我闲着写此，随便谈谈耳。

你在平情形如何？今天坪井样又问起你何时回来，我随便武断说：恐怕下月初回来罢。

『姑』十一月廿三晚

海婴你不必挂心，没什么要紧的。太师母好多了罢？替我叩安。

今日报载北平外国公使坐火车南下，中途亦机车坏，修理一通，然后误点到京。现时走路实在太令人担心了，来的时候，打听一下，或者改乘船好吗？

八五、一九三二年十一月二十四日
（20.3cm×13.2cm）
共一页

哥哥：你廿一的信，同於今早（西）到了，不出我所料，果然有信，快慰之至。今早看醫生，海嬰已好些了，醫生說，有這氣急毛病，就時常會發的，又因近來天氣不正之，即如今日非常之潮氣的陰天，偶有小雨，令人感覺不快，有似霉天情形，但即好起來的，不要緊的，我是據實告訴你，不願意隱瞞你，你不必掛心就好了。

照片當待內山處問問，桌灯旁边沒有，如果內山那裡尋不着，就先由他去罷，少爺們的事情，也不必太着急的。

北平的老友都待你好，甚慰。

今日醫院給暖氣，昨天與海嬰只需念元，但翻譯又說以後來看病則藥在本院買之，大約老板們覺得太便宜說了話也。

如果不冷，出車沒有什麼，則坐汽車來也好。

這兩天上海非常暖，也沒有風，沒有什麼事了。

日前耗子咬了兩夜，我就用藥給牠喫，喫了三四塊，昏掉了，放在馬桶裏，暢快之極！信（兩地集）已抄至第84，恐怕快完了，再談罷。

太師母請安

乖 十一月廿四下午一時半

释文

哥：

你二十、廿一的信同于今早（廿四）到了，不出我所料，果然有信，快慰之至。今早看医生，海婴已好些了。医生说，有这气急毛病就时常会发的，又因近来天气不正云，即如今日非常之闷气的阴天，偶有小雨，令人感觉不快，有似霉天情形。但即好起来的，不要紧的。我是样样告诉你，不愿意遮瞒你，你不必挂心就好了。

照片当往内山处问问，桌灯旁边没有。如果内山那张寻不着，就先由它去罢。少爷们的事情，也不必太尽忠的。

北平的老友都待你好，甚慰。

今日医院结账至昨天止，海婴只需念元，但翻译又说以后来看病，则药在本院买云，大约老板们觉得太便宜说了话也。

如果不冷，火车没有什么，则坐火车来亦好。

这两天上海非常暖，也没有风，没有什么事了。

日前耗子吵了两夜，我就用药给它吃，吃了三小块，昏掉了，放在马桶里，畅快之极！信（《两地集》）已抄至第84，恐怕快完了，再谈罢。

太师母请安

『姑』 十一月廿四下午一时半

哥：

今早收到廿，廿一来信，下午又写了半页纸放在一个信封里寄出了。今天的信，不是说到海婴的毛病吗？昨日用了热水的湿毛巾，大有功效，昨夜咳也减少，喘气也稍松了。今天是不大咳，只咳，喘气也极微细，明天必可以好起来，这两天照医生嘱，吃流质，今天更特别小心，吃牛奶四次，减至一半的奶粉，另外叫得很就吃一些糖饼。今天竟日没有大便（前几天每日早晚各一次，昨天下半日晚又四次）想肠壮也好起来了，只要格外小心就可以痊愈了，今日下午睡三个钟头，睡醒之后，人也精神得多，但不令他多玩，都是抱着了。

那张像片内山先生寻出来了，我就把你写的纸条放在他那里，你桌上那一张也寻出了，以前都太乱了，现时都出来了，可笑呢！

廿四晚

哥：

廿五此时是早上八时，海婴已起来了，昨夜睡得十分安稳，早上醒来也还咳，不大有了。我想今天还给他包湿毛巾，那应全愈得快些，大便仍未撤，大约肠胃也健壮起来了，今日打算仍照昨天一样吃薄牛奶，旁的东西一概不给他多吃，叫要好东西，也只得由他去了，如此又好起来了，就是好起来的时候要当心，但是你不在旁也一样，你不必挂心好了。

我好的，不要记挂。

妹 十一月廿五早

八六、一九三二年十一月二十四日，二十五日
（20.3cm × 26.6cm）
共一页

释文

哥：

今早收到廿、廿一来信，下午又添了半页纸，收在一个信封里寄出了。今天的信，不是说到海婴的毛病吗？昨日用了芥末水的湿毛巾，大有功效。昨夜咳也减少，喘气也轻松了，今天是不大听见咳，喘气也极微细，明天必可以好起来。这两天照医生嘱，吃流质，今天更特别小心，专吃牛奶四次，减至一半的奶粉。另外吵得很就吃一些糖饴。今天竟日没有大便（前几天每日早晚各一次，昨天上下半日及夜共四次），想肠肚也好起来了，只要格外小心，就可以痊愈了。今日下午睡三个钟头，睡醒之后，人也精神得多，但不令他多玩，都是抱着多。

那张像片内山先生寻出来了，我就把你写的纸条夹在他那里。你桌上那一张也寻出了，以前都大意了，现时都出来了，可笑呢！

廿四晚

哥：

此时是廿五早上八时，海婴已起来了。昨夜睡得十分安稳，早上醒来也迟。咳不大有了，我想今天还给他包湿毛巾，那么全［痊］愈得快些。大便仍未撒，大约肠胃也健壮起来了。今日打算仍照昨天一样吃薄牛奶，旁的东西一概不给他多吃。吵要好东西，也只能由它去了，如此又好起来了，就是好起来的时候要当心。但是你不在旁也一样，你不必挂心好了。

我好的，不要记挂。

『姑』 十一月廿五早

哥：

（廿五）今早寄了一封信，告诉你海婴的近状，今日更好了，气急也没有了，也不咳了，大便也还没有，明天撒出来一定是好的，我都是照直说，一些没有瞒你，为的是不忍瞒你，但因此令你挂心是我的不是，看了这封信，你可以宽心了罢，以前我虽小心，而未十分小心，以后十分小心，必不至再生起病来了。

今天南京许公有信来问候　太师母起居并打听你什么时候回来，我已经照我知道的覆信了。

晚快的时光马公来，谈起北新，他听说不会封，因南京已有电来，嘱暂先搁起不要云，他又云，他们有人开书局，可以出你的选集，那么你每月可得些版税，就是北新停掉，他们每月可照北新之数按月付，其详情待见你时再细商云。（廿五晚草）

今天（廿六）或不至有信来，就先发此信罢，因为怕你挂念海婴，他昨夜睡得好好的，白天也好，大便还没有撒，今天总要撒的了，总是好起来了，就要去看医生，带住吧。

太师母完全好了，应，问安

乖　十一月廿六上午八时半

八七、一九三二年十一月二十五日、二十六日

（20.3cm × 26.6cm）

共一页

释 文

哥：

今早（廿五）发了一封信，告诉你海婴的近状，今日更好了，气急也没有了，也不咳了。大便也还没有，明天撤出来一定是好的。我都是照直说，一些没有瞒你，为的是不忍瞒你，但因此令你挂心，是我的不是。看了这封信，你可以宽心了罢，以前我虽小心，而未十分小心，以后十分小心，必不至再生起病来了。

今天南京许公有信来问候　太师母起居并打听你什么时候回来，我已经照我知道的复信了。

晚快的时光冯公来谈起北新，他听说不会封，因南京已有电来，嘱发封事先搁起不办云。他又云，他们有熟人开书局，可以出你的选集，那么你每月可得些板［版］税，就是北新停掉，他们每月可照北新之数按月付。其详情，待见你时再细商云。（廿五晚写）

今天（廿六）或不至有信来，就先发此信罢，因为怕你挂念海婴。他昨夜困得好的，白天也好，大便还没有撤，今天总要撤的了。总是好起来了，就要去看医生，带住吧。

太师母完全好了么，叩安

『姑』 十一月廿六上午八时半

许广平致鲁瑞（十五通）

一、一九三七年一月十九日（22.5cm×16.3cm）共一页

母親大人膝下敬禀者前上寸緘想經

賜收。夏間想曾將大先生的著作書籍寄

大人處。擬與北平友人共同編輯現北平一時不

便前往。該書需用敬求

大人託人統交郵局寄下如不便大包，可分作小包或

作包裹賜寄或託便人帶下均可。因需用，滬上

配備不到也。海嬰較前略好，乞紓

錦注肅此敬請

金安

媳廣平叩上

海嬰隨叩

一月十九日

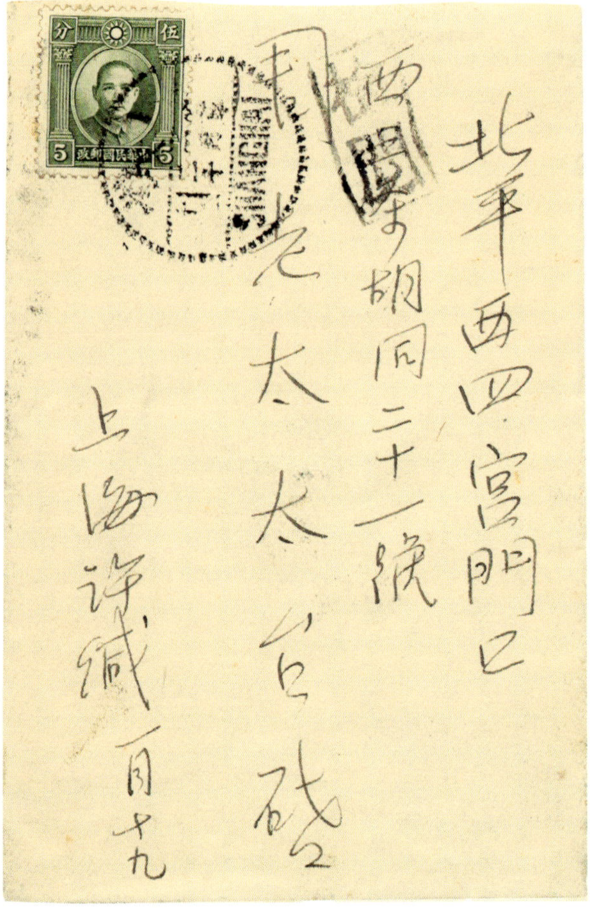

释 文

母亲大人膝下：敬禀者，前上寸缄，想经
赐收。夏间媳曾将大先生的著作书籍寄
大人处，拟与北平友人共同编辑。现北平一时不便前往，该书需用，敬求
大人托人统交邮局寄下。如不便大包，可分作小包，或作包裹赐寄，或托便人带下均可。因需用，沪上配备不到也。海婴较前
略好，乞舒
锦注。肃此，敬请
金安

媳广平叩上　一月十九日
海婴随叩

母親大人膝下：敬稟者，日昨奉到
賜諭，謹悉一切。海嬰前出水痘，已全愈
多天，現在身體甚好，明天二月一號就去上学。
仍是初小一年级，因為他身体不大強壯，所以
叫他功课寬鬆些，学校同学有 三先生的
兩個阿妹，所以也不冷靜。媳身体也託庇
粗安，事情頗忙，但是忙点也好，省得靜下
来難过。 三先生回来，得知 大人身体漸
佳，甚慰。無論如何， 大人千萬放寬心腸，媳
從小沒有 父 母 大人就是再生 父母一樣慈愛，
媳十分感激。現在只怕 大人生病，媳不能侍
候在旁，所以千萬叩祝 大人，放寬心腸，
保養 福躬。暑假一到，必趕速趨京。日
昨許壽裳先生回南，已晤見。許先生這
回替 大先生身後事出力不少，真真可感
激，肅此，敬請
福安

媳許廣平謹叩
一月卅一日

二、一九三七年一月三十一日
（21.2cm × 27cm）
共一页

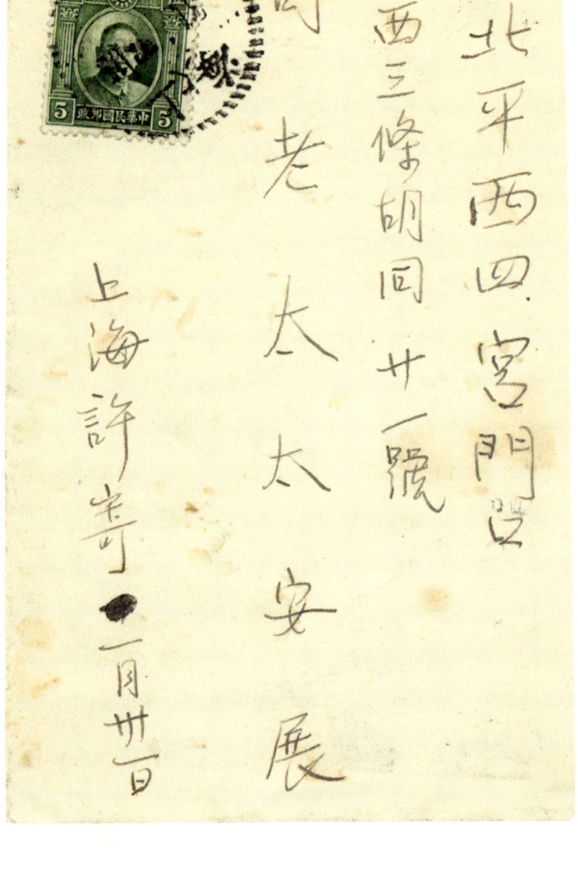

释文

母亲大人膝下：敬禀者，日昨奉到

赐谕，谨悉一切。海婴前出水痘，已全［痊］愈多天，现在身体甚好，明天二月一号就去上学，仍是初小一年级，因为他身体不大强壮，所以叫他功课宽松些。学校同学有　三先生的两个阿姊，所以也不冷静。媳身体也托　庇粗安，事情颇忙，但是忙点也好，省得静下来难过。　三先生回来，得知　大人身体渐佳，甚慰。无论如何，　大人千万放宽心肠，媳从小没有父母，　大人就是再生父母一样慈爱，媳十分感激。现在只怕　大人生病，媳不能侍候在旁，所以千万叩祝　大人，放宽心肠，保养　福躬。暑假一到，必赶速趋京。日昨许寿裳先生回南，已晤见。许先生这回替　大先生身后事出力不少，真可感激。肃此，敬请

福安

媳许广平谨叩　一月卅一日

三、一九三七年二月二十六日
（25.2cm×21.5cm）
共一页

母親大人膝下：敬稟者，奉到二月六日
賜諭，謹悉一切。海嬰上學，比整天在家裏乖些，因為學
校有一定的限制，不許亂吃東西，比在家裏整天吵吃，鬧出
病來好。他寫的字也進步了。寫給瑪將的信，都是他自己
寫的，我說：你不要給　娘娘也寫一封嗎？他說：我已經託
大姐代我問候了。這孩子懶得寫了。您　老人家說他
可壞東西嗎。您　老人家要緊保重身體，牙齒不好，叫
潘媽買隻雞來，燒雞湯喫吧，要燒得長些，雞煮得爛
碎了越好，光是喫那雞汁，頗有益處。您　老人家千萬
不可太省錢，媳婦如同兒子一樣看待，要錢用就託
人寫我個字，通知一聲，即當寄上。媳希望　老人家好好
保重，暑假　叩見時，如前回　叩別時一樣精神康
建，就是媳的快樂了。肅此，叩請
福安

媳廣平叩稟
二月廿六日

附海嬰及媳信瑪將的信。
來時乞交給她。謝謝。

释文

母亲大人膝下：敬禀者，奉到二月六日

赐谕，谨悉一切。海婴上学，比整天在家里乖些，因为学校有一定的限制，不许乱吃东西，比在家里整天吵吃，闹出病来好。他写的字也进步了。写给玛将的信，都是他自己写的，我说：你不要给　娘娘也写一封吗？他说：我已经托大姐代我问候了。这孩子懒得写了，您　老人家说他可坏来西吗？您　老人家要紧保重身体，牙齿不好，叫潘妈买只鸡来，烧鸡汤吃吧，要烧得辰光多，鸡煮得烂碎了越好，光是吃那鸡汁，顶有益处。您　老人家千不可太省钱，媳妇如同儿子一样看待，要钱用就托人写几个字通知一声，即当寄上。媳希望　老人家好好保重，暑假　叩见时，如前回　叩别时一样精神康健，就是媳的快乐了。肃此，

叩请

福安

媳广平叩禀　二月廿六日

附海婴及媳给玛将的信，来时乞交给她。谢谢。

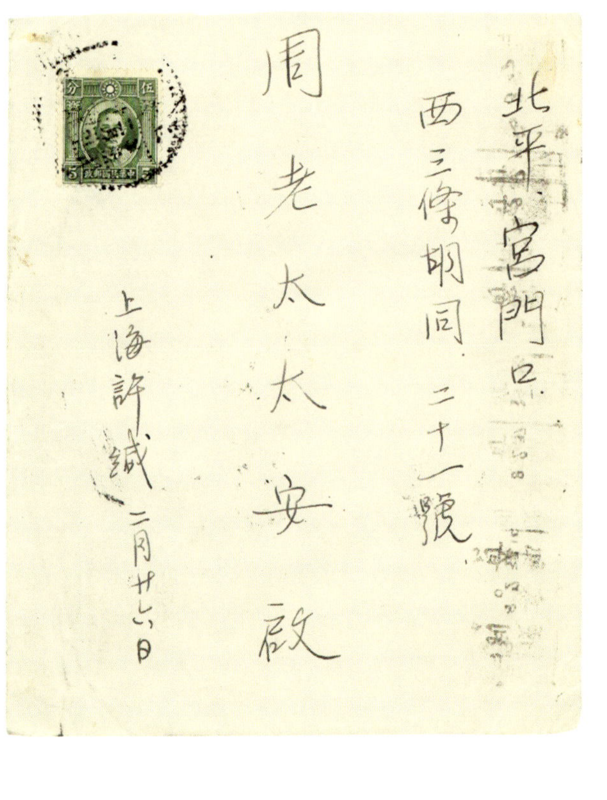

母親大人膝下，敬稟者，奉到三月廿九日及四月十二日
賜諭，謹悉一切。
大人福體康健，甚以為慰，不過聽說因為三先生的事情，
大人為了聽不过閒話，精神欠安。媳想這些事
大人不必放在心內難过。三先生在滬，媳也時常見面，從旁
寬解，務乞放心是幸。
對於大先生身後一切事務，媳應分盡力做的。請
大人以後不要抱歉客氣，令媳難安。媳得
大人如此厚待，大先生如此恩愛，甚麽苦都值得了。暑
期極願北上候安。如果有人不拿媳當人看待，那
時媳就拿出"害馬"脾氣來，絕不會像賢楨的好
脾氣的，所以甚麽都不怕。也請
大人安心，好好保重。現時已囑咐家人，對於大先生
的用具書籍，千萬勿令人借失，待媳回平整理好。
海嬰前幾天因天氣冷暖不定，有幾声咳嗽，看了醫
生，現在慢慢好起來了。暑假媳一定帶他見見
娘娘，他很願意呢。望多多保重。肅此，敬叩
福安

媳廣平謹叩
海嬰隨叩
四月十四晚

四、一九三七年四月十四日
（25.4cm × 27.4cm）
共一页

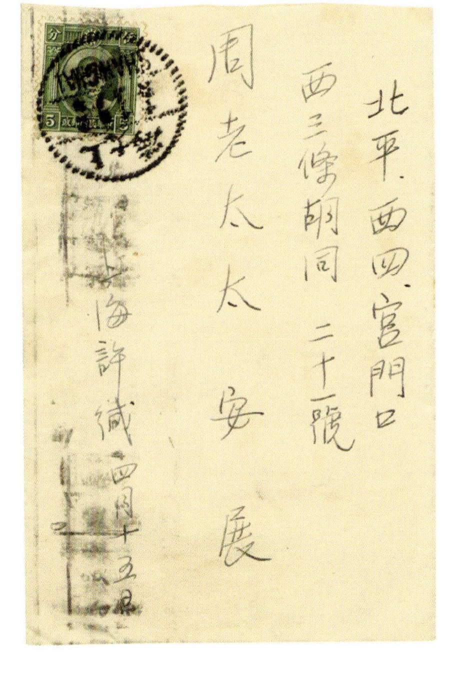

释文

母亲大人膝下：敬禀者，奉到三月廿九日，及四月十二日
赐谕，谨悉一切。
大人福躬康健，甚以为慰，不过听说因为　三先生的事情，
大人为了听不过闲话，精神欠安。媳想这些事
大人不必放在心内难过。　三先生在沪，媳也时常见面，从旁宽解，务乞放心是幸。
对于　大先生身后一切事务，媳应分尽力做的。请
大人以后不要抱歉客气，令媳难安。媳得
大人如此厚待，　大先生如此恩爱，甚么苦都值得了。暑间极愿北上候安。如果有人不拿媳当人看待，那时媳就拿出『害马』皮[脾]气来，绝不会像贤桢的好脾气的，所以甚么都不怕。也请
大人安心，好好保重。现时乞　嘱咐家人，对于　大先生的用具书籍，千万勿令人借失，待媳回平整理好。海婴前几天因天气冷暖不定，有几声咳嗽，看了医生，现在慢慢好起来了。暑假媳一定带他见见
娘娘，他很愿意呢。望多多保重。肃此，敬叩
福安

媳广平谨叩　四月十四晚
海婴随叩

母親大人膝下：敬稟者，奉到十一月五日
賜諭，敬悉。款已送到，甚慰。另外又託李霽野先生
轉託常維鈞先生送上百元，想已送到。以前因匯兌不
通，所以無法寄奉，累
大人焦念，罪甚。以後如能設法，仍當源源寄上，乞
賜收下，以便不時之需。有時媳或託友送上，亦請放心
收下，亦知便妥。現在時局不靖，恐斷絕接濟之路，
甚屬可能，所以如可寄款，[illegible]乞勿客氣，即取下
是幸。至於媳的過活，甚有方法，請
大人放心，不必寄掛，祇要
大人身體康健，即可減媳不在旁侍候之罪矣。媳等
至滬平安，滬上租界平靜，可請勿念。肅此，敬請
福安

媳 廣平 謹叩
海嬰 隨叩
十一月十四晚

五、一九三七年十一月十四日
（25.1cm × 22.8cm）
共一页

释文

母亲大人膝下：敬禀者，奉到十一月五日

赐谕，敬悉款已送到，甚慰，另外又托李霁野先生转托常维钧先生送上百元，想已送到。以前闻汇兑不通，所以无法寄奉，累

大人焦念，罪甚。以后如能设法，仍当源源寄上，乞

赐收下，以便不时之需，有时媳或托友送上，亦请放心收下，示知便妥。现在时局不靖，忽然断绝接济之路，甚属可能，所以如可寄款，乞勿客气，即取下是幸。至于媳的过活，甚有方法，万望

大人放心，不必寄挂，只要

大人身体康健，即可减媳不在旁侍候之罪矣。媳等在沪平安，沪上租界平静，可请勿念。肃此，敬请

福安

媳广平谨叩　十一月十四晚

海婴随叩

六、一九三八年一月五日
（27.5cm×20.8cm）
共一页

母親大人膝下：敬禀者，十二月十一、十二、廿五三次

諭函謹悉。海嬰近來咳嗽略減，惟每至夜裏或半夜則起，氣喘從之，咳嗽必俟服藥覺鬆，始能安睡。現每天喫補藥及魚肝油，又喫咳藥和補肺藥，昨醫生云病較輕減，惟現不能讀書，須在家細心醫治一兩年，始可無礙，幸而發覺尚早，以後隨時當心，必能轉弱為強，乞

大人寬懷為幸。三先生仍在商務，不過換了辦公處，薪水八月起已減半，又許有多捐款，雜用頗不寬動耳。媳等一切粗安。日前邵銘之先生自家從杭州逃至紹興，從紹興逃至山裏，又從山裏逃回杭州，現逃到上海，住至媳同一坊裏，隔五家門面，時常相見。許季茀先生的太太小姐也從紹興逃到上海，明天也搬來霞飛坊裏，住在邵先生的對門，甚熱鬧的。肅請

福安

三先生由李照人先生得知舅舅各部都好，肺和心都好，很健康，勿念。

附函乞轉宋先生。

媳廣平謹叩
海嬰隨叩
一月五日

释 文

母亲大人膝下：敬禀者，十二月十、十二、廿五三次谕函谨悉。海婴近来咳嗽略减，惟每至夜里或半夜则起气喘，继之咳嗽，必俟服药宽松，始能安睡。现每天吃补药及鱼肝油，又吃咳药和补肺药。昨医生云病较轻减，惟现不能读书，须在家细心医治一两年始可无碍。幸而发觉尚早，以后随时当心，必能转弱为强，乞

大人宽怀为幸。　三先生仍在商务，不过换了办公处，薪水八月起即减半，又有许多捐款杂用，颇不宽动耳。媳等一切粗安。日前邵铭之先生合家从杭州逃至绍兴，从绍兴逃至山里，又从山里逃回杭州，现逃到上海，住在媳同一坊里，隔五家门面，时常相见。许季黻先生的太太小姐，也从绍兴逃到上海，明天也搬来霞飞坊里，住在邵先生的对门，甚热闹的。肃请福

安　三先生也去照X光，得知身体各部都好，肺和心都好，很健康，勿念。附函乞转宋先生。

媳广平谨叩　一月五日

海婴随叩

七、一九三八年七月十一日
（24.7cm × 16.2cm）
共三页

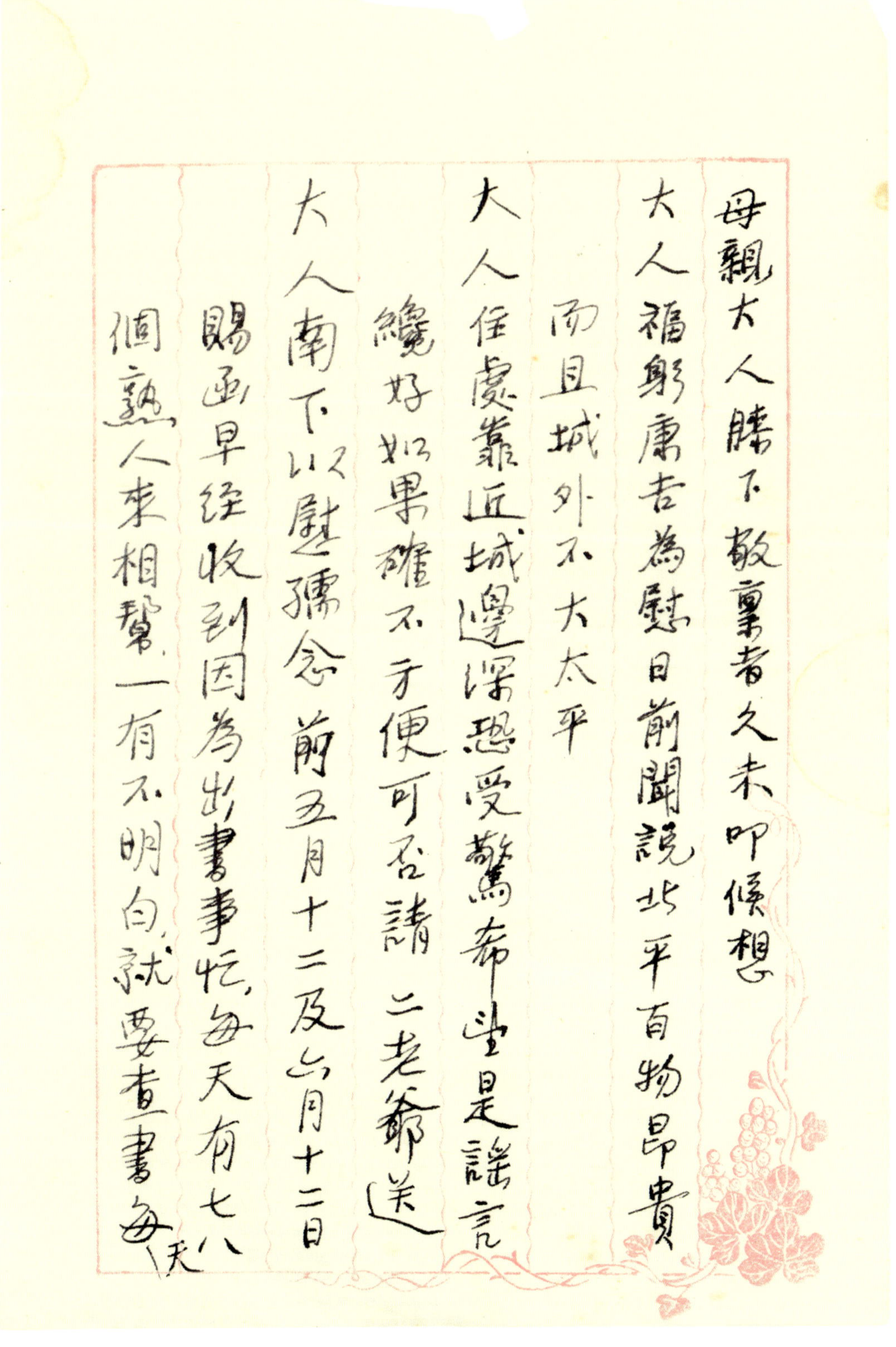
母親大人膝下 敬稟者久未叩候想
大人福躬康吉為慰日前聞說北平百物昂貴
而且城外不大太平
大人住處靠近城邊深恐受驚希望是謠言
纔好如果確不方便可否請 二老爺送
大人南下以慰孫念 前五月十二及六月十二日
賜函早经收到因為出書事忙，每天有七八
個熟人來相幫，一有不明白就要查書每天

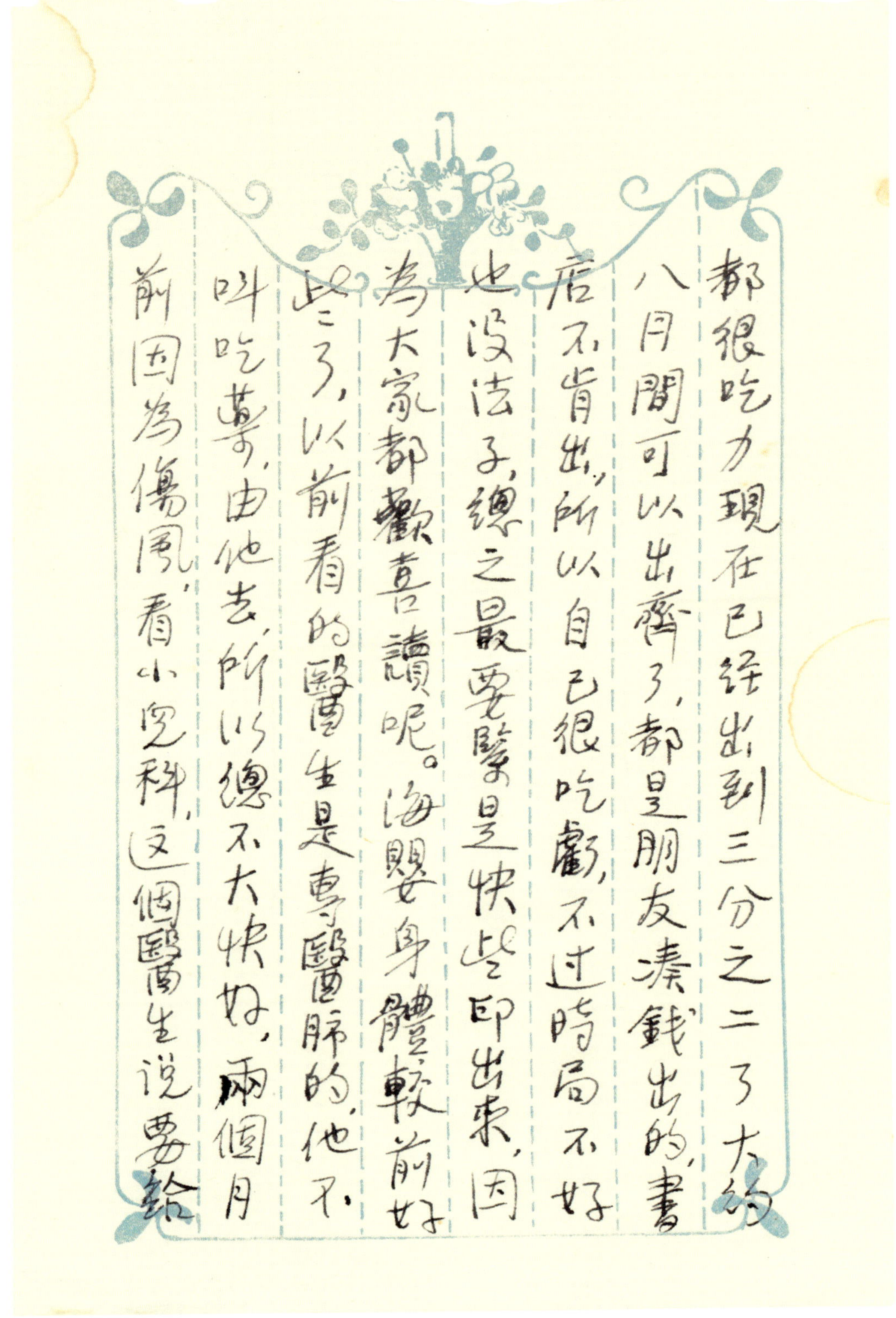
都很吃力，現在已經出到三分之二了，大約
八月間可以出齊了，都是朋友湊錢出的，書
店不肯出，所以自己很吃虧，不過時局不好
也沒法子，總之最要緊是快些印出來，因
為大家都歡喜讀呢。海嬰身體較前好
些了，以前看的醫生是專醫肺的，他不
叫吃藥，由他去，所以總不大快好，兩個月
前因為傷風，看小兒科，這個醫生說要給

他打针總會快好，隔一天去醫院打一次，現在似乎精神好得多，不过太顽皮，不肯休息，所以時常玩得厲害就有點發热，幸而留心打理，總算好些了。

大人福躬近来如何，深以為念。紫佩先生時常見到否，見時乞代名候好為叩。

肅此敬請

福安

媳廣平謹叩

七月十一日

附海嬰近照一張

释 文

母亲大人膝下：敬禀者，久未叩候，想

大人福躬康吉为慰。日前闻说北平百物昂贵，而且城外不大太平，

大人住处靠近城边，深恐受惊，希望是谣言才好。如果确不方便，可否请 二老爷送

大人南下以慰孺念。前五月十二及六月十二日 赐函早经收到，因为出书事忙，每天有七八个熟人来相帮，一有不明白，就要查书，每天都很吃力。现在已经出到三分之二了，大约八月间可以出齐了，都是朋友凑钱出的，书店不肯出，所以自己很吃亏，不过时局不好也没法子，总之最要紧是快些印出来，因为大家都欢喜读呢。海婴身体较前好些了，以前看的医生是专医肺的，他不叫吃药，由他去，所以总不大快好。两个月前因为伤风，看小儿科，这个医生说要给他打针才会快好，隔一天去医院打一次，现在似乎精神好得多，不过太顽皮，不肯休息，所以时常玩得厉害就有点发热，幸而留心打理，总算好些了。

大人福躬近来如何，深以为念。紫佩先生时常见到否？见时乞吒［叱］名候好为叩。肃此，敬请

福安

媳广平谨叩 七月十一日

附海婴近照一张

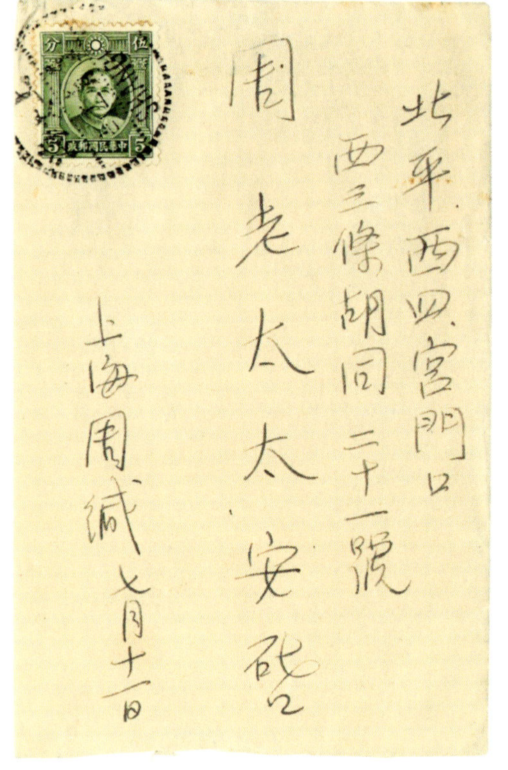

母亲大人膝下敬禀者：奉到
十一月八日信，谨悉一切。二先
生既然答应负担，很是妥当。
现时上海与北平汇兑十分
艰难，从前寄一百元，只要
几角钱，现在要几十元寄费。
现在正在另方设法，但不知
结果如何也。
海婴今年身体较去年
稍好，但这几天又气喘
咳嗽，正在服药中。医
生说最好叫他到香港暖
地方住两三年，就不会气
喘了，但这是不容易做到的，
化钱太多了。
大人身体近想必康吉，一切望
保重为叩。肃此敬请
福安
媳许广平谨叩

娘娘你好
孙海婴叩

八、一九三八年十二月五日
（16.5cm × 36cm）
共一页

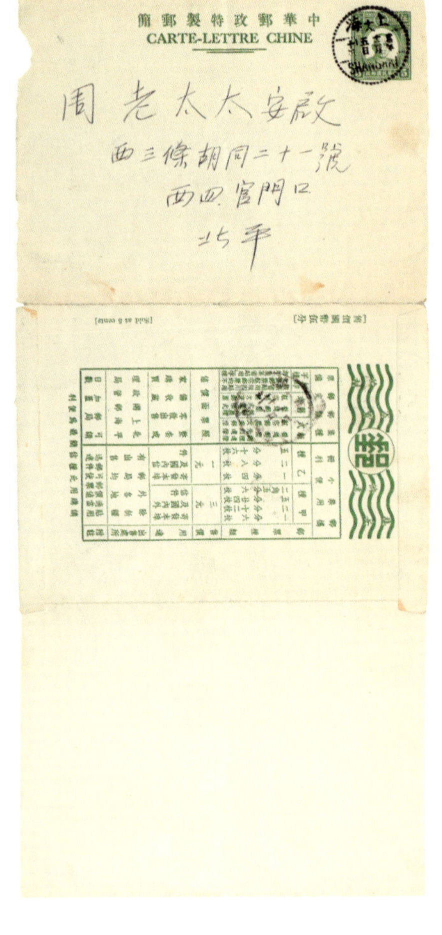

释文

母亲大人膝下：敬禀者，奉到

十一月八日信，谨悉一切。二先生既然答应负担，很是妥当。现时上海与北平汇兑十分艰难，从前寄一百元只要几角钱，现在要几十元寄费。现在正各方设法，但不知结果如何也。

海婴今年身体较去年稍好，但这几天又气喘咳嗽，正在服药中。医生说最好叫他到香港暖地方住两三年，就不会气喘了，但这是不容易做到的，花钱太多了。

大人身体近想必康吉，一切望保重为叩。肃此，敬请

福安

媳许广平谨叩

娘娘你好

孙海婴叩

母親大人膝下，敬稟者，奉到十二月十五日
賜諭，謹悉。
大人前患感冒見痊，不悉近已調理全好否，不勝系念。上月（十二月）七日媳
帶海嬰往醫院割扁桃腺，医生說他愛傷風，割了身体可
以健康些，所以去割了，住二等病房四天，全身麻醉割的，現
在已好了，正在休養中，不過天氣變化，仍會氣喘，医生現叫
他每星期照太陽燈二次，打針一次，最近照了一張相，附呈便
知他身体近狀一般了。媳亦患流行性感冒，近咳嗽稍愈，致
久未奉稟為歉。上海北平间滙兑非常困难，前曾函托
李霽野先生就近設法一下，想已做到一二，目下媳正託
人設法中。上海報載二先生家裏被人暗算，有一用人及
朋友受伤，二先生平安，不知確否，念念。即銘之先生近
患胃出血，今天住医院，如果一兩天没有什麼，就很容易好
的，不过他的胃病長遠了，以後恐怕要多多打理注意保養。
天氣嚴寒，諸乞
保重，專此，叩請
福安

媳廣平謹叩 一月十日
海嬰隨叩

九、一九三九年一月十日
（20.8cm × 18.2cm）
共一页

释文

母亲大人膝下：敬禀者，奉到十二月十五日

赐谕，谨悉。

大人前患感冒见痊，不悉近已调理全好否，不胜系念。上月（十二月）七日媳带海儿往医院割扁桃腺。医生说他爱伤风，割了身体可以健康些，所以去割了，住二等病房四天，全身麻醉割的，现在已好了，正在休养中，不过天气变化，仍会气喘，医生现叫他每星期照太阳灯二次，打针一次，最近照了一张相，附呈便知他身体近状一般了。媳亦患流行性感冒，近咳嗽稍愈，致久未奉禀为歉。上海北平间汇兑非常困难，前曾函托李寄［霁］野先生就近设法一下，想已做到一二，目下媳在托人设法中。上海报载　二先生家里被人暗算，有一用人及朋友受伤，　二先生平安，不知确否？念念。邵铭之先生近患胃出血，今天住医院，如果一两天没有什么，就很容易好的，不过他的胃病长远了，以后恐怕要多多打理，注意保养。天气严寒，诸乞

保重。肃此，叩请

福安

媳广平谨叩　一月十日

海婴随叩

母親大人膝下，敬禀者，一
月十八日　賜諭謹悉。
大人尊體平安，深以為
慰，惟現在天氣仍然
寒冷，一切還乞
保重為叩。　二先生方
面發生事體，南方識與
不識，俱甚懸念，並望
他能夠南來，但恐不易
做到耳。
北平家用，前已託李先
生設法，以後當仍煩勞他，
他和　大先生交情很好，
大人不必客氣，多一位客人
時常來往照料，媳心稍安。
海兒本月六日已讀書，入小
學二年級，割過喉嚨，咳嗽較
少，身体好些了，肅此敬叩
福安
媳廣平叩上
二月十日

一〇、一九三九年二月十日
（16.5cm × 36cm）
共一页

释文

母亲大人膝下：敬禀者，一月十八日 赐谕谨悉。

大人尊体平安，深以为慰。惟现在天气仍然寒冷，一切还乞

保重为叩。 二先生方面发生事体，南方识与不识，俱甚悬念，并望他能够南来，但恐不易做到耳。

北平家用，前已托李先生设法，以后当仍烦劳他。 他和 大先生交情很好，

大人不必客气，多一位客人时常来往照料，媳心稍安。

海儿本月六日已读书，入小学二年级，割过喉咙，咳嗽较少，身体好些了。 肃此，敬叩

福安

媳广平叩上 二月十日

母親大人膝下：敬稟者，奉到四月三七日

賜諭，謹悉

大人身心安吉，私以為慰。海嬰出疹之後，

在家調理一月，現在每天給他吃些牛

肉汁，慢慢好起來了。不過天氣忽冷忽熱，

別人不覺得怎樣，他就容易感冒，讀書

更不敢逼他了。日來替朋友教了幾點

鐘書，收得二十元，現託浙江興業銀行

滙上，奉獻給

大人添買些滋養吃物，略表微意，敬乞

哂納是幸！媳

禎軀粗安，肅此，敬叩

福安

媳許廣平謹叩 四月廿四日

海嬰附筆叩安

一一、一九三九年四月二十四日

（20.8cm × 21.2cm）

共一页

释文

母亲大人膝下：：敬禀者，奉到四月三、七日

赐谕谨悉。

大人身心安吉，私以为慰。海婴出疹之后，在家调理一月，现在每天给他吃些牛肉汁，慢慢好起来了。不过天气忽冷忽热，别人不觉得怎样，他就容易感冒，读书更不敢逼他了。日来替朋友教了几点钟书，收得二十元，现托浙江兴业银行汇上，奉

献给

大人添买些滋养吃物，略表微意，敬乞

哂纳是幸！媳顽躯粗安。肃此，敬叩

福安

媳许广平　谨叩　四月廿四日

海婴附笔叩安

北平，西四宫门口内

西三條胡同二十一號

周老太太安啓

上海許緘　四月廿四日

母親大人膝下：敬稟者，奉到五月四日及六月六日賜諭，謹悉。前寄上二十元，諒
大人如此誇獎，實令媳慚愧無地自容。祇因時局未平定，媳不能親侍
尊前，晨昏定省，每一思及，中心如焚也。
大人對媳優容寬待，無所不至，誠再生父母。周先生雖死，時承
大人慰藉，真是知子莫若母，因此每減輕許多痛苦了。更慚愧的，是因經濟關係，說二先生負擔一部分，不知半年來，是否照常供給也。二先生搬到王小姐的姪女婿等處同住，和媳更隔得遠了。好在他們大小平安，可請勿念為叩。海嬰仍有時發氣喘病，較輕，但每發即十多天，覺好。看暑假後情形再定復讀書與否。他肺似乎好些，其餘也還好的。媳則頭髮已經半白，老衰甚快，真不經風浪也。惟祈
大人善自珍攝，如有何書要買，乞即手諭，當寄奉也。肅叩
福安

媳許廣平叩上
海嬰隨叩
六月廿一日

一二、一九三九年六月二十一日

（16.5cm × 36cm）

共一页

释文

母亲大人膝下：敬禀者，奉到五月四日及六月六日

赐谕谨悉。

前寄上二十元，蒙

大人如此夸奖，实令媳惭愧，无地自容，只因时局未平定，媳不能亲侍

尊前，晨昏定省，每一思及，中心如焚也。

大人对媳优容宽待，无所不至，诚再生父母。　周先生虽死，时承

大人慰藉，真是『知子莫若父』，因此亦减轻许多痛苦了。更惭愧的，是因经济关系，托　二先生负担一部分，不知半年来，是否

照常供给也。　三先生搬到王小姐的侄女婿等处同住，和媳更隔得远了。好在他们大小平安，可请

勿念为叩。海婴仍有时发气喘病，较轻，但每发即十多天才好，看暑假后情形再定规读书与否。他肺似乎好些，其余也还好的。

媳则头发已经半白，老衰甚快，真不经风浪也。惟祈

大人善自珍摄，如有何书要买，乞即　示知，当寄奉也。肃叩

福安

媳许广平叩上　六月廿一日

海婴随叩

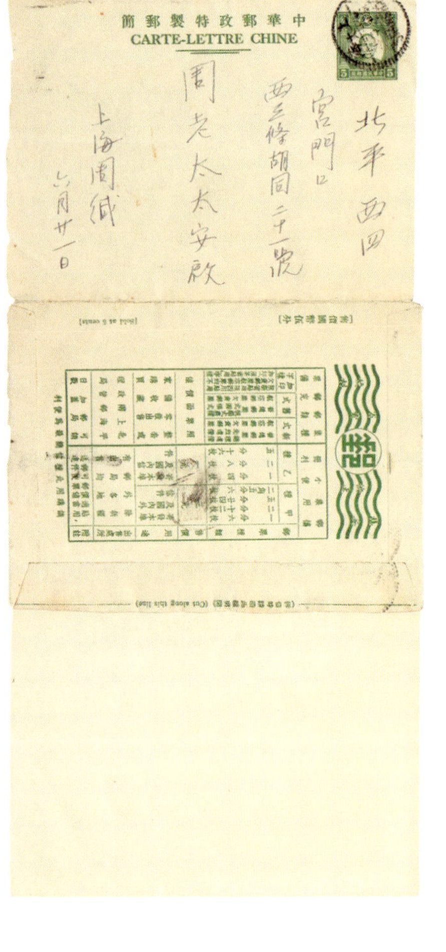

母親大人膝下敬稟者：奉到六月廿六及七月四日賜諭謹悉。承
大人垂愛，念及媳之劳苦，不勝感愧。但海兒多病，一切醫藥及病症忽生，俱由自己主張，無從請教，生活壓迫，收入毫無，俱由自己安羅西掘，幸頑軀粗健，未致倒病在床，堪紓
錦注。髮的顏色好至與身体無關，乞
寬懷為幸。近来上海物價也貴到不能但說，加之海兒体弱，西醫及藥較前漲數倍，魚肝油等補品也幾乎買不起，近来出書的朋友也負担不起，停頓了，一個錢也收不到，因此 李先生的借款，能設法維持多少時都不敢預想，最好請
大人擬商大師母，至好家用一切至每月四十元内撙節支配，蓋以前似間每月用度八十元左右，即足現每月共九十元，而另外買煤等再借款，恐媳仍難負担得起，長此以往，費身也無補矣。不知如何是好，耑此稟悉
大人体恤，故陳下情，伏維
福安

鑒原肅叩
媳許氏上
七月十七日

一三、一九三九年七月十七日
（20.7cm × 27.5cm）
共一页

释文

母亲大人膝下：敬禀者，奉到六月廿六及七月四日
赐谕谨悉。承
大人垂爱，念及媳之劳苦，不胜感愧。但海儿多病，一切延医及病症忽生，俱由自己主张，无从请教，生活压迫，收入毫无，俱由
自己东罗西掘，幸顽躯粗健，未致倒病在床，堪舒
锦注。发的颜色，好在与身体无关，万乞
宽怀为幸。近来上海物价也贵到不能细说，加之海儿体弱，西医及药，较前涨数倍，鱼肝油等补品，也几乎买不起。近来出书
的朋友，也负担不起停顿了，一个钱也收不到。因此　李先生的借款，能设法维持多少时都不敢预想，最好请
大人婉商　大师母，至好家用一切在每月四十元内撙节支配，盖以前似闻每月用度八十元左右即足，现每月共九十元，而另外
买煤等再借款，恐媳仍难负担得起，长此以往，卖身也无补，真不知如何是好耳。素悉
大人体恤，故陈下情。伏维　　鉴谅，肃叩
福安

媳许氏上　七月十七日

母親大人膝下敬稟者：八月八日
賜諭謹悉。前接李君信得知
大人福躬欠安，想近已安好為慰。報載天
津發大水，許多人逃難到平，平中人更
擁擠，想百物也更昂貴，和上海情形，不
相上下了。上海近來紙幣低折，買物甚
不容易，有些貴至好幾倍，食米魚肉也時
常鬧恐慌，而海嬰身体不甚健康，
又不能不給他喫些牛奶補品，就更不易對
付了。七月底（陽歷），他在學堂補暑假功課，不小
心脚擦破一小塊，那知污入血液，大腿浮起
了好幾個汗核，看之医生，說是有血中毒的
危險，赶紧医治，要成血毒入腎臟，為急
性腎臟炎，正小心医理，已見好了，前些
天起颱風，天氣由極之熱，忽轉凉，頓受
了感冒，胃不消化，跟着氣喘起來，這
兩天好些了，但人很瘦，個子却很高大，
字也認識不少，就是寫得不好，暑假後
是小學三年級了，如果不是時常請
假，是很好成績的學生，近來人也大些，
比較聽話，懂道理，自己也会知道
小心飲食了。因為太懂事，時常就替
大人担心事情，有時因為媳的急忙生
氣，他也会急到發熱，這小孩真可愛，
希望快之大局平靜，可以帶他到北
平拜見
大人，隨時希示
大人保重，一切勿煩心為叩。肅此敬請
福安
媳廣平叩上
九月四日

一四、一九三九年九月四日
（16.5cm × 36cm）
共一页

释文

母亲大人膝下：敬禀者，八月八日

赐谕谨悉。前接李君信得知

大人福躬欠安，想近已安好为慰。报载天津发大水，许多人逃难到平，平中人更拥挤，想百物也更昂贵，和上海情形，不相上下了。上海近来纸币低折，买物甚不容易，有些贵至好几倍，食米鱼肉，也时常闹恐慌，而海婴身体不甚健康，又不能不给他吃些牛奶补品，就更不易对付了。七月底（阳历），他在学堂补暑假功课，不小心脚擦破一小块，那［哪］知污入血液，大腿湾起了好几个汗核，看看医生，说是有血中毒的危险，赶紧医治，变成血毒入肾脏，为急性肾脏炎，正小心医理，已见好了。前些天起飓风，天气由极之秋热忽转凉爽，受了感冒，胃不消化，跟着气喘起来，这两天好些了，但人很瘦，个子却很高大，字也认识不小［少］，就是写得不好。暑假后是小学三年级了，如果不是时常请假，是很好成绩的学生。近来人也大些，比较听话，懂道理，自己也会知道小心饮食了。因为太懂事，时常就替大人担心事情，有时因为媳的急忙生活，他也会急到发热。这小孩真可爱，希望快快大局平静，可以带他到北平拜见

大人。现时希求

大人保重，一切勿烦心为叩。肃此敬请

福安

媳广平叩上　九月四日

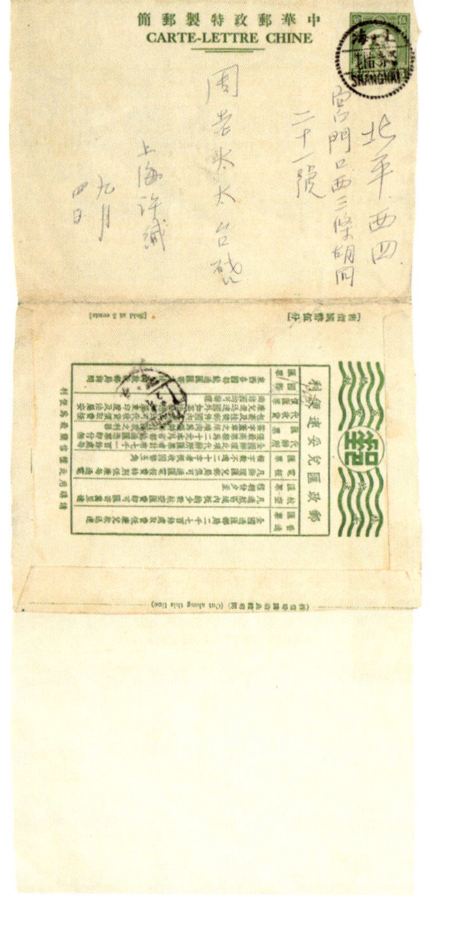

一五、一九四〇年二月九日
（21cm×18cm）
共一页

母親大人膝下敬稟者 一二月兩次
賜諭敬悉。近聞北平白米甚難買到，不
知確否？日來
大人是否仍是早晚喫粥。媳 近得朋友介紹，到
南洋做事，大約過了元宵動身，那面天氣
極好，海嬰身體一定可以更強壯起來，而且
有些收入也可以維持維持生活，因為
大先生平常做人好，許多識與不識的人，
對我們都很有好意，到那面也會遇到
好人的，可請 放心。如有 賜諭，交 李
先生或 三先生轉均可。肅此，敬請
福安
媳許氏上 二月九日

释文

母亲大人膝下：敬禀者，一、二月两次

赐谕敬悉。近闻北平白米甚难买到，不知确否？日来

大人是否仍是早晚吃粥？媳近得朋友介给［绍］，到南洋做事，大约过了元宵动身。那面天气极好，海婴身体一定可以更强壮起

来，而且有些收入，也可以维持维持生活。因为大先生平常做人好，许多识与不识的人，对我们都很有好意，到那面也会遇

到好人的，可请　放心，如有　赐谕，交　李先生或　三先生转均可。肃此，敬请

福安

媳许氏上　二月九日

许广平致陈烟桥（一通）

霧城先生：

遺札内之二封是「烟橋」先生名字，似乎魯迅先生還不知道原本就是一個人，是不是呢？

通信的年代，先生能指示出來嗎？如能示知，不勝感幸！

專此，敬候

台祺

許廣平上

一月卅一日

一九三七年一月三十一日

（25.5cm×16.3cm）

共一页

释　文

雾城先生：

遗札内末二封是『烟桥』先生名字，似乎鲁迅先生还不知道原本就是一个人，是不是呢？通信的年代，先生能　指示出来吗？如能　示知，不胜感幸！

专此，敬候

台祺

许广平上　一月卅一日

许广平致陈子英（一通）

子英先生台鑒：前肅寸緘，想登
記室，久未奉到　賜覆，深以為念。廣平昔隨豫
師，得承
先生教益，深以　古道俠腸，私衷感佩。頃者豫師不幸
棄世，遺下　高堂弱子，甘旨之奉，教養之資，責無
旁貸。而經濟之拮据，為親友所周知，爰不獲已，乞
先生憐其困苦，將以前存浙江興業銀行活期存款壹千
餘元之動用，許逸塵名義之廣平私款，如數　賜下，以
維生活，則真所謂生死人而肉白骨者也。
先生飽經世故，對廣平之急迫陳辭，或宥其無狀乎。
專肅寸箴，並候
回示。敬請
鈞安。

許廣平謹上
三月十六日

一九三七年三月十六日
（27.7cm×20.8cm）
共一页

释文

子英先生台鉴：前肃寸缄，想登

记室，久未奉到　赐复，深以为念。广平昔随豫师，得承

先生　教益，深以　古道侠肠，私衷感佩。顷者豫师不幸弃世，遗下　高堂弱子。甘旨之奉，教养之资，责无旁贷。而经济之拮据，

为亲友所周知，万不获已，乞

先生怜其困苦，将以前用许逸尘名义之浙江兴业银行存款三千余元广平私款，如数　赐下以维生活，则真所谓『生死人而肉白

骨者也』。

先生饱经世故，对广平之急迫陈辞，或　宥其无状乎？

专肃寸缄，并候

回　示。敬请

钧安。

许广平谨上　三月十六日

许广平致许寿裳（三通）

季茀先生台鉴：

五月十七及廿一 赐函谨悉。年谱及 蔡先生函均拜收。先生公务多劳，又萦 周先生事之烦扰，惭感交并，难以言谢。应改之处，谨当如命照办。关于迅师遗著，因 先生等各方努力，似有很好效果，以前即先生对李秉中言，似不大能宽假。昨接开明书店信云："周先生著作事，经有麟托王子壮先生，周先生老友沈士远先生，陈布雷先生分向宣传部负责人及邵力子先生处接洽，现已得到结果：即力子部长与方希孔副部长已下手谕，关于政治上评论有与三民主义不合之处，稍为删改外，其余准出版全集，唯印刷时，须绝对遵照删改之处印刷，一俟印刷稿送审与删改无讹，即通令解禁。邵力子部长并谕：对此一代文豪，决不能有丝毫之摧残，云云。"今天开明书店有些人请邵先生吃饭，茅盾作陪，谈到禁书及迅师著作，邵谓："蔡先生等函已收到，鲁迅是中坚的书，他已大略看过。如近文学与革命，以前虽禁过，但他看没有什么，只要把书名改过，序及后记去掉就可出版，不三不四集则可不要，十月与门外文谈以前是禁过，他看没有什么，可以通过的，他已将此意下手谕，再过几天，当可批下云。"目前据茅盾亲见，如等几天候批再说，如仍不批，再由他或蔡两先生去函部长催其批下。茅先生并说邵先生表示态度甚好，邵先生先不知道是出全集，后接蔡先生信始明白，并谓这当然没有问题，又问全集大约什么人编，茅答大约蔡先生，季茀先生，作人先生，他表示满意。照这情形，第二是邵先生说的"删改"问题，万不得已而删，为了全部，也没有法。关于改，则大应斟酌，因恐与原书本意思相反，好在这个待批下再说。于此又对书店出书进行上似不妨也随时加紧，因这回开明的人颇出力，如批下提出要求，颇难对付，自然着以待商务者覆再说。（但商务竟否覆校好推托，生已掷书未还）胡先生附底稿呈览。又以前迅师之译书如艺术论，文艺政策等，也拟寄南京，请李先生向中宣部一同进行，因此等翻译出，不关碍三民主义，十月可准，其余或也可以也。总之此次能有好结果，俱 先生鼎力向各方设法所致，特表以所闻奉陈。先生定乐闻也。肃此，敬请

钧安

学生 许广平上

五月廿三日

一、一九三七年五月二十三日

（21cm×25.1cm）

共一页

十五年　一九二六年　四十六歲

一月女子師範大学恢復，新校長易培基就職，先生始卸卸職責。

同月教育部僉事恢復，到部任事。

三月，「三一八」慘殺案後，避難入山本醫院，德國醫院，法國醫院等，至五月始回寓。

七月起，逐日往中央公園，與齊宗頤同譯小約翰。

八月底離北京赴厦门，任厦门大学文科教授。

九月彷徨印成。

十二月因不滿于学校，辭職。

十六年　一九二七年　四十七歲

二月至廣州，任中山大学文学系主任兼教務主任。

同月往香港演說，題為：無聲的中國，次日演題：老調子已经唱完。

三月黄花節，往嶺南大学講演，同日遷居白雲樓。

四月至黄浦政治学校講演。

同月十五日，赴中山大学各主任緊急会议，営校被捕学生，無效，辞職。

七月演講于知用中学，及市教育局主持之学術講演会，題目為：魏晋風度及文章与藥及酒之関係。

八月開始編纂唐宋傳奇集。

十月抵上海。八日，寓景雲里廿三號，与許廣平同居。

同月野草印成。

滬上学界，聞先生至，紛紛請往講演。如勞動大学，立達学園，復旦大学，暨南大学，大夏大学，中華大学，光華大学等。

十二月應大学院院長蔡元培之聘，任特約著作員。

同月唐宋傳奇集上册出版。

十七年　一九二八年　四十八歲

二月小約翰印成。

附许广平抄鲁迅先生年谱

（21cm×27.7cm）

共六页

2./

同月為北新月刊譯近代美術史潮論。及語絲編輯。
唐宋傳奇集下冊，[illegible]印成。
五月往江灣實驗中學講演，題曰：老而不死論。
六月思想山水人物譯本出。　奔流創刊號出版。
十一月短評而已集印成。

十八年　一九二九年　四十九歲

一月與王方仁，崔真吾，柔石等合資印刷文藝書籍及木刻藝苑朝花，
簡稱朝花社。
五月壁下譯叢印成。
同月十三，北上省親。並在燕京大學，北京大學，第二師範學院，第一師範學院
等校講演。
六月五日回抵滬上。
同月盧那卡爾斯基作藝術論譯成出版。
九月二十七晨時，生一男。
十月一日，名孩子曰海嬰。
同月為柔石校訂中篇小說二月。
同月盧那卡爾斯基作文藝與批評譯本印成。
十二月往暨南大學講演。

十九年　一九三〇年　五十歲

一月朝花社告終。
同月與友人合編萌芽月刊出版。　開始譯毀滅。
二月自由大同盟開成立會。
三月二日參加左翼作家連盟成立會。
此時浙江省黨部呈請通緝反動文人魯迅。
自由大同盟被嚴壓，先生離寓避難。
同時牙齒腫痛，全行拔去，易以義齒。

四月回寓。与神州国光社订约编译现代文艺丛书。
五月十二日迁入北四川路楼寓。
八月往夏期文艺讲习会讲演。
同月译雅各武莱夫长篇小说十月讫。
九月为贺非校订静静的顿河毕，遇劳发热。
同月十七日至荷兰西菜馆，赴数友发起之先生五十岁纪念会。
十月四、五两日与内山完造同开展览会于北四川路购买组合第一店楼上。
同月译药用植物讫。
十一月修正中国小说史略。

二十年　一九三一年　五十一岁

一月二十日柔石被逮，先生离寓避难。
二月梅斐尔德士敏土之图印成。
同月二十八日，回旧寓。
四月，先生主持左联机关杂志前哨出版。
同月往同文书院讲演题为：流氓与文学。
六月往日人妇女之友会讲演。
七月为增田涉讲解中国小说史略全部毕。
同月往社会科学研究会演讲：上海文艺之一瞥。
八月十七日请内山嘉吉君教授学生木刻术，先生亲为翻译，至二十二日毕。
二十四日为一八艺社木刻部讲演。
十月校嵇康集以涵芬楼景印宋本。
同月毁灭制本成。
十二月与友人合编十字街头旬刊出版。

二十一年　一九三二年　五十二岁

一月二十九日遇战事，在火线中。次日避居内山书店。
二月六日，由内山店友，护送至英租界内山支店暂避。

4.

四月编一九二八及二九年短评，名曰：三闲集。
编一九三〇至三一年杂文，名曰：二心集。
五月自录译著书目。
九月编译新俄小说家二十人集上册讫，名曰：竖琴。
编下册讫，名曰：一天的工作。
十月排比两地书。
十一月九日，因母病赴平。
同月二十二日起，至北京大学，辅仁大学，北平大学女子文理学院，师范大学，
中国大学等校讲演。

二十二年　一九三三年　五十三岁

一月四日蔡元培函邀加入民权保障同盟会。被举为执行委员。
二月十七日蔡元培函邀赴宋庆龄宅，欢迎萧伯纳。
三月自选集出版于天马书店。
同月二十七日移书籍于狄思威路，租屋存放。
四月十一日迁居大陆新邨九号。
五月十三日至德国领事馆，为法西斯蒂暴行递抗议书。
六月二十日杨铨被刺，往万国殡仪馆送殓。时有先生亦将不免之说，或
阻其行，先生不顾，出不带门匙，以示决绝。
七月文学月刊出版，先生为同人之一。
十月先生编序之一个人的受难木刻连环图印成。
同月木刻展览会假千爱里开会。
又短评集伪自由书印成。

二十三年　一九三四年　五十四岁

一月北平笺谱出版。
三月校杂文南腔北调集，同月印成。
五月先生编序之木刻引玉集出版。

5.

八月編譯文創刊號。
同月二十三日，因熟識者被逮，離寓避難。
十月木刻紀程印成。
十二月十四夜脊肉作痛，盜汗。病後大瘦，義齒與齒齦不合。
同月雜文集準風月談出版。

二十四年　一九三五年　五十五歲
一月譯蘇聯班台萊夫童話錶畢。
二月開始譯果戈理死魂靈。
四月十竹齋箋譜第一冊印成。
六月編選新文學大系小說二集並作導言畢，印成。
九月高爾基作俄羅斯的童話譯本印成。
十月編瞿秋白遺著海上述林上卷。
十一月續寫故事新編。
十二月整理死魂靈百圖木刻本，並作序。

二十五年　一九三六　五十六歲
一月肩及脅均大痛。
同月二十日與友協力之海燕半月刊出版。
又校故事新編畢，即出書。
二月開始續譯死魂靈第二部。
三月二日下午驟患氣喘。
四月七日往良友公司為之選定蘇聯版畫。
同月編海上述林下卷。
五月十五日再起病，醫云胃疾。自此發熱未愈。三十一日史沫特黎女士引美國
鄧醫生來診，斷病甚危。
六月從委頓中漸愈，稍能坐立誦讀。可略作數十字。
同月病中答訪問者O.V.論現在我們的文學運動。
又花邊文學印成。

七月先生编印之珂勒惠支版画选集出版。

八月病中见血。

为中流创刊号作小文。

发表答徐懋庸并关于抗日统一战线问题一篇。

十月称体重八十八磅，较八月一日约增二磅。

契诃夫作坏孩子和别的奇闻译本印成。

能偶出看电影，及访友小坐。

同月八日往青年会观第二回全国木刻流动展览会。

十七日出访鹿地亘及内山完造。

十八日未明前疾作，气喘不止，延至十九日上午五时廿五分逝世。

6.

年谱 先生等执笔的极佳，此间见者无不钦佩，先生之前函云云，不过妄陈私意，以备刍荛之询，敬乞 先生 明教也！

近十年的年谱，奉到后，因关于左翼活动等事实，请人订正了一下，同时又觉先生写的太繁琐，不相当。已删去若干次要的，现抄呈，敬乞 先生卓夺。又鲁迅师以前译过「地底旅行」，为英国威男著，西历一九〇三年十二月廿八日浙江潮第十期登载，章回体，共二回。另有科学小说「月界旅行」，为迅师译，亦以三十元卖给别人的，辨言末段云：「为日本井上勤氏译本，凡二十八章，例若杂记，今截长补短，得十四回，初拟译以俗语，复嫌冗繁，因参用文言，以省篇页。……书名「自地球至月球在九十七小时二十分间」意，今易简略之曰月界旅行。

译者识于日本古江户之旅舍。

癸卯新秋」

上述二书，地底旅行为杨霁云先生手抄本见赐，月界旅行则承以原书见借，先收全集以寄还。迅师与杨信中提及，始知之。迅师又云：「曾译过世界史，每千字五角，至今不知道曾否出版。」恐怕难查考。惟上二书，不知应否列入年谱内，乞 先生卓裁是幸！

又再者，

译文新三卷第三期有高尔基年谱，体裁颇与迅师的同，不知 阅及否。

释 文

季茀先生台鉴：

五月十七及廿一　赐谕谨悉。年谱及　蔡先生函亦拜收。　先生公务多劳，又兼周先生事事烦扰，惭感交并，难以言谢。应改之处，谨当如命照办。关于　迅师遗著，因　先生等各方努力，似有很好效果，（以前邵先生对李秉中言，似不大能宽假。）昨接荆有麟信云：『周先生著作事，经有麟托王子壮先生，周先生老友沈士远先生托陈布雷先生分向宣传部各负责人及邵力子先生处接洽，现已得到结果：邵力子部长与方希孔副部长，已下手谕，关于政治小评如有与三民主义不合之处，稍为删改外，其余准出版全集，惟印刷时，须绝对遵照删改之处印刷，一俟印刷稿送审与删改无讹，即通令解禁。邵力子部长并谕：对此一代文豪，决不能有丝毫之摧残，云云。』今天开明书店有些人请邵先生吃饭，茅盾作陪，谈到禁书及　迅师著作，邵谓：『蔡先生等函已收到，鲁迅送中宣的书，他已大略看过，《花边文学》与《准风月谈》，以前虽禁过，但他看没有什么，只要把书名改过，序及后记去掉就可出版，《不三不四集》则可不要，《十月》与《门外文谈》以前虽禁过，他看没有什么，可以通过的。他已将此意下手谕，再过几天，当可批下云。』目前据茅盾意见，姑等几天，候批再说。如仍不批，再由他或夏丏尊先生去函邵部长促其批下。茅先生并说邵先生表示态度甚好，邵先生先不知道是出全集，后接蔡先生信始明白，并谓这当然没有问题，又问：全集大约什么人编，茅答：大约蔡先生、季茀先生、作人先生。他表示满意。照这情形，第二是邵先生说的『删改』问题，万不得已而删。为了全部，也没有法。关于改，则大应斟酌，因恐与原著者意思相反，好在这个待批下再说。于此又对书店出书进行上似不妨也随时加紧，因这回开明的人颇出力，如批下提出要求，颇难对付，自然答以待商务答复再说。若商务竟答复，较好推托，生已挂号寄函　胡先生附底稿呈　览。又以前　迅师之译书如《艺术论》《文艺政策》等，也拟寄南京，托　李先生向　中内二部一同进行。因此等翻译品，不关碍三民主义。十月可准，其余或也可以也。总之，此次能有好结果，俱　先生鼎力向各方设法所致。特急以所闻奉陈。

先生必乐闻也，肃此，敬请

钧安

学生许广平上　五月廿三日

十五年　一九二六年　四十六岁

一月　女子师范大学恢复，新校长易培基就职，先生始卸却职责。

同月教育部佥事恢复，到部任事。

三月，『三一八』惨杀案后，避难入山本医院、德国医院、法国医院等，至五月始回寓。

七月起，逐日往中央公园，与齐宗颐同译《小约翰》。

八月底离北京赴厦门，任厦门大学文科教授。

九月《彷徨》印成。

十二月因不满于学校，辞职。

十六年　一九二七年　四十七岁

二月在广州，任中山大学文学系主任兼教务主任。

同月往港演说，题为：《无声的中国》，次日演题：《老调子已经唱完》。

三月黄花节，往岭南大学讲演，同日移居白云楼。

四月至黄埔政治学校讲演。

同月十五日，赴中山大学各主任紧急会议，营救被捕学生，无效，辞职。

七月演讲于知用中学，及市教育局主持之学术讲演会，题目为：《读书杂谈》《魏晋风度及文章与药及酒之关系》。

八月开始编纂《唐宋传奇集》。

十月抵上海。八日，寓景云里廿三号，与许广平同居。

同月《野草》印成。

沪上学界，闻先生至，纷纷请往讲演。如劳动大学、立达学园、复旦大学、暨南大学、大夏大学、中华大学、光华大学等。

十二月膺大学院院长蔡元培之聘，任特约著作员。

同月《唐宋传奇集》上册出版。

十七年　一九二八年　四十八岁

二月《小约翰》印成。

同月为《北新》月刊译《近代美术史潮论》。及《语丝》编辑。

五月往江湾实验中学讲演，题曰：《老而不死论》。

《唐宋传奇集》下册，印成。

六月《思想·山水·人物》译本出。《奔流》创刊号出版。

十一月短评《而已集》印成。

十八年　一九二九年　四十九岁

一月与王方仁、崔真吾、柔石等合资印刷文艺书籍及木刻《艺苑朝花》，简称朝花社。

五月《壁下译丛》印成。

同月十三，北上省亲。并应燕京大学、北京大学、第二师范学院、第一师范学院等校讲演。

六月五日回抵沪上。

同月卢那卡尔斯基作《艺术论》译成出版。

九月二十七晨时，生一男。

十月一日，名孩子曰海婴。

同月为柔石校订中篇小说《二月》。

同月卢那卡尔斯基作《文艺与批评》译本印成。

十二月往暨南大学讲演。

十九年　一九三〇年　五十岁

一月朝花社告终。

同月与友人合编《萌芽》月刊出版。开始译《毁灭》。

二月自由大同盟开成立会。

三月二日参加左翼作家连［联］盟成立会。

此时浙江省党部呈请通缉反动文人鲁迅。

自由大同盟被严压，先生离寓避难。

同时牙齿肿痛，全行拔去，易以义齿。

四月回寓。与神州国光社订约编译《现代文艺丛书》。

五月十二日迁入北四川路楼寓。

八月往夏期文艺讲习会讲演。

同月译雅各武莱夫长篇小说《十月》讫。

九月为贺非校订《静静的顿河》毕，过劳发热。

同月十七日至荷兰西菜馆，赴数友发起之先生五十岁纪念会。

十月四、五两日与内山完造同开展览会于北四川路购买组合第一店楼上。

同月译《药用植物》讫。

十一月修正《中国小说史略》。

二十年　一九三一年　五十一岁

一月二十日柔石被逮，先生离寓避难。

二月梅斐尔德『士敏土之图』印成。

同月二十八日，回旧寓。

四月，先生主持左联机关杂志《前哨》出版。

同月往同文书院讲演，题为：《流氓与文学》。

六月往日人妇女之友会讲演。

七月为增田涉讲解《中国小说史略》全部毕。

同月往社会科学研究会演讲：《上海文艺之一瞥》。

八月十七日请内山嘉吉君教授学生木刻术，先生亲为翻译，至二十二日毕。

二十四日为一八艺社木刻部讲演。

十月校《嵇康集》以涵芬楼景印宋本。

同月《毁灭》制本成。

十二月与友人合编《十字街头》旬刊出版。

二十一年　一九三二年　五十二岁

一月二十九日遇战事，在火线中。次日避居内山书店。

二月六日，由内山店友，护送至英租界内山支店暂避。

四月编一九二八及二九年短评，名曰：《三闲集》。

编一九三〇至三一年杂文，名曰：《二心集》。

五月自录译著书目。

九月编译新俄小说家二十人集上册讫，名曰：《竖琴》。

编下册讫，名曰：《一天的工作》。

十月排比《两地书》。

十一月九日，因母病赴平。

同月二十二日起，在北京大学、辅仁大学、北平大学女子文理学院、师范大学、中国大学等校讲演。

二十二年　一九三三年　五十三岁

一月四日蔡元培函邀加入民权保障同盟会。被举为执行委员。

二月十七蔡元培函邀赴宋庆龄宅，欢迎萧伯纳。

三月自选集出版于天马书店。

同月二十七日移书籍于狄思威路，税屋存放。

四月十一日迁居大陆新村九号。

五月十三日至德国领事馆，为法西斯蒂暴行递抗议书。

六月二十日杨铨被刺，往万国殡仪馆送殓。时有先生亦将不免之说，或阻其行，先生不顾，出不带门匙，以示决绝。

七月《文学》月刊出版，先生为同人之一。

十月先生编序之《一个人的受难》木刻连环图印成。

同月木刻展览会假千爱里开会。

又短评集《伪自由书》印成。

二十三年　一九三四年　五十四岁

一月《北平笺谱》出版。

三月校杂文《南腔北调集》，同月印成。

五月先生编序之木刻《引玉集》出版。

八月编《译文》创刊号。

同月二十三日，因熟识者被逮，离寓避难。

十月《木刻纪程》印成。

十二月十四夜脊肉作痛，盗汗。病后大瘦，义齿与齿龈不合。

同月短评集《准风月谈》出版。

二十四年　一九三五年　五十五岁

一月译苏联班台莱夫童话《表》毕。

二月开始译果戈理《死魂灵》。

四月《十竹斋笺谱》第一册印成。

六月编选《新文学大系》小说二集并作导言毕，印成。

九月高尔基作《俄罗斯的童话》译本印成。

十月编瞿秋白遗著《海上述林》上卷。

十一月续写《故事新编》。

十二月整理《死魂灵百图》木刻本，并作序。

二十五年　一九三六　五十六岁

一月肩及胁均大痛。

同月二十日与友协办之《海燕》半月刊出版。

又校《故事新编》毕，即出书。

二月开始续译《死魂灵》第二部。

三月二日下午骤患气喘。

四月七日往良友公司为之选定苏联版画。

同月编《海上述林》下卷。

五月十五日再起病，医云胃疾。自后发热未愈。三十一日史沫特黎女士引美国邓医生来诊，断病甚危。

六月从委顿中渐愈，稍能坐立诵读。可略作数十字。

同月病中答访问者O.V.《论现在我们的文学运动》。

又《花边文学》印成。

七月先生编印之《珂勒惠支版画选集》出版。

八月痰中见血。

为《中流》创刊号作小文。

发表《答徐懋庸关于抗日统一战线问题》一篇。

十月称体重八十八磅，较八月一日约增二磅。

契诃夫作《坏孩子和别的奇闻》译本印成。

能偶出看电影，及访友小坐。

同月八日往青年会观第二回全国木刻流动展览会。

十七日出访鹿地亘及内山完造。

十八未明前疾作，气喘不止，延至十九日上午五时廿五分逝世。

年谱　先生等执笔的极佳，此间见者无不欣佩，生之前函云云，不过妄陈私意，以备刍荛之询。万乞　先生　明教也！近十年的年谱，奉到后，因关于左翼活动等事实，请人订正了一下，同时又觉生写的太繁琐，不相当。已删去若干次要的，现抄呈，万乞　先生卓夺。又　迅师以前译过《地底旅行》，为英国威男著。西历一九〇三年十二月廿八日《浙江潮》第十期登载，章回体，共二回。另有科学小说《月界旅行》（亦章回体），为迅师译而以三十元卖给别人的，弁言末段云：为日本井上勤氏译本，凡二十八章，例若杂记，今截长补短，得十四回，初拟译以俗语，……复嫌冗繁，因参用文言，以省篇页。……书名原属『自地球至月球在九十七小时二十分间』意，今亦简略之曰《月界旅行》。

癸卯新秋　　译者识于日本古江户之旅舍。

上述二书，《地底旅行》为杨霁云先生手抄原书赐下，《月界旅行》则承以原书见借，允收全集后寄还。二书迅师与杨信中提及故知之。迅师又云：『曾译过《世界史》，每千字五角，至今不知道曾否出版。恐极难查考。』惟上二书，不知应否列入年谱内，乞　先生卓裁是幸！

《译文》新三卷第三期有普式庚年谱，体裁颇与迅师的同，不知　阅及否？

又禀。

季茀先生道鉴：（上略）

关于北平方面生活费问题，重劳 先生远道操心，闻之不胜愧悚。此事说来甚长，好在以前经过 先生是最关切而又是周先生交游中最亲切友好，更是生之师长、父执。人穷则呼天，而天高难问；痛则呼父母，生祇得奉以同宗奉 先生如生身父母矣。生虽粗疏，然亦名门闺秀，略知礼义，对于 周先生之所以委身相侍，非为名，非为利，不过欲助 周先生於微，而一切牺牲，不畏於宗属含垢忍辱，自问无愧，所稍得安慰者，以 太师母过去函札譬挚谆之抚慰自 周先生逝世于今，整三周年又半了，这几年来苦心孤诣，一切屏除嗜好，全不使北平方面有丝毫断于接济，计 周先生廿五年十月死去，十一月起北新每月送平方百元，沪方二百元，刚足开销，计共九個月。七七芦沟桥事起，北新即断绝接济，没有一文钱收入，而沪上生活除生及海婴二人，还与三先生夫妇三女及女佣同住，他们每月房租伙食，不过交生四十元，以四十元养五六口人，其须津贴可知，其时生之不充裕可想。其时。 二先生安居北平，按写文章，动辄以卫老世家嫂已须照料，不克南下为辞，而生则每月一文不入，仍照常供给北平每月生活百元，沪上生活，无人负责，更无论矣。而 二先生则闻讯至平有职业，因之去年元月曾去函告以生困顿无着，请其照料太师母生活，他不回信，祇口头、回 太师母云：要

上海信笺公司出品
上海美术活页稿纸（20×25）

1.

二、一九四〇年四月一日
（23.5cm × 27cm）
共六页

他全部负担不可，负担一半吧。经由　太师母来函磋商结果谓二先生每月能负担五十元，她们家用，最省八十元足够，因之生托李霁野先生，每月垫付四十元，因上海到收款没有一定，能得李先生答应，以免中断，待有款陆续拨还，省得　太师母等每月焦待，以为比较妥善，行之已一年余矣。中间修房子，向　李先生特支出二十元，也已取去，此事有　李先生可证，非生推诿。有时向某先生探询亦云：二先生确有收入，即向上海询问亦云：二先生家有保镖，文坛上为一重要人物，其子当日文教授，每月也有六七百元，实际北平文艺月刊，也把他文章花边围起，甚是看重其，非日藏拙未遑，可知恐更忙于奔走也。是非得失，国人共见，非生片言可证。　三先生仍在商务，每月薪金约共二百元，除上海开销（去年阴历一月，从生处搬出）有时仍寄款八道湾马将，又隔些时候，再有寄出，或二百，或三百，与　太师母，今天特访　三先生，承他告以如此，并谓久未得　太师母信，有时去信问要不要钱，回信则云现在有，不必寄云，似此果确，则所谓日乔峰又力薄能鲜，亦不的确，而信中云云，祇不过曲为两子恕，不为生稍留余地耳。　先生试平情观察，生向以为　太夫人明白，不忍高年重受打击，故不自诉，每奉禀时，即除以生活不必急，生当尽力，即讨饭也奉养，今生即讨饭，谁知谁诉生非人子，连儿媳也不看待，以前梦梦，今始知太过戆直矣。不然何至于以日损害

上海美術活頁稿紙（20×25）

上海信箋公司出品

2.

3

豫才生前之闻达，影响海婴将来之出路已相悯嫌，周先生闻
达，於其刚死時，已被 二先生暴露得够了，再损害些，有何要紧。
至於海婴出路，真是笑话，无論两亲如何，不是他總是周氏血肉，
難道為了争空頭的遺產，会把海婴出族，或不齒於人類嗎？意料
不到平日最之敬仰的 高年，也把我母子如此看待，豈真没有
明白人嗎？稍爱 周先生的，不应把他的親屬有此打擊。 先生
先生，此苦祇有向 先生訴矣！三年餘以來，生為了周先生死去，
内心悲愤，白日勉为歡笑，清夜暗自垂淚，鬢已半白，垂二老矣，然
仍力争上流，不敢稍有辱没 周先生父，而今則最了解他最爱
他的母親，逕說生子匝歲以來，承景宋兩次寄贈四十元，不致啼
饑号寒矣！（寄去四十元，是两次听說老人家病，寄去请她买食
物。生活费另有 二先生管，不料好意成罪了。） 先生就上面說
观察，四十元即能不啼饑号寒，已得以度过一年嗎？不是的，还有
二先生每月五十元，有時更送米煤，还有 三先生不時的二三
百，还有信给 三先生說有钱不要寄，然而為什么又說生老婦
風燭残年，不足深惜，然不忍再視豫才後嗣重增纷紛，贻笑中外。
好像要 先生相信，生应负饿死老人家之责，迫死她的生侍我
二十餘年的人呢！至此 先生或会恍然大悟其中奥妙矣。
年秋，因海婴不時患喘，医生嘱往热带療治，沪上友朋也自歡生
母子悲惨生活，因之分头去南洋各房介绍職業，以便轉地療养

上海信箋公司出品

上海美術活頁稿紙(20×25)

去臘底，從羅[illegible]來信，囑往彼方報館任職，正籌備行裝及護照，旋又二三百元，忽然來電不令去而中止，然因之上海已收教書聘約也退去，又花了行裝費，但同時也寄了四百元往 李雲野托其分月交西三條（向她們說借與，省得口舌，求無厭也）更寫信 二先生，一然之為她們設想一謂因經濟困難，攜子往南洋謀生，北平 太師母大師母等安全，請其就近照料，意以為倘有不測，請他相助之意，並未有回信，後生取消南行，即去函 太師母，三月九日，接太師母諭，謂至三月份的生活費已交給我了，已知生不南去，即此一天有這一函給 先生了。 周先生清貧，沒有遺產，人所共知，祇有北平的人們不信，所謂至滬方面有相當收入，這乃是由南來親友探詢所得。究竟收入如何呢？除了北新周先生死後擔負的九個月，戰後分文未得。虧空了一整年餘，到七七周年，全集始付印，計自七七以後中間虧空照北平每月送百元，一年多則已千餘元，上海二百元，亦已二千餘元，共即三千六百，這是從廿六年算到廿七年七七的開銷。廿七年八月至年底五個月，北平共五百元，上海共一千元，再去年廿八年一月至年底，北平每月四十元，全年四百八十元，再加修房二十元，寄太師母四十元，共五百四十元，今年一月至三月共百二十元，上海方面普以二百元計，廿八年至今年三月共三千元，總計除了北新九個月， 周先生死後共三年〇半，實有二年〇九個月，南

上海信箋公司出品

上海美術活頁稿紙（20×25）

4.

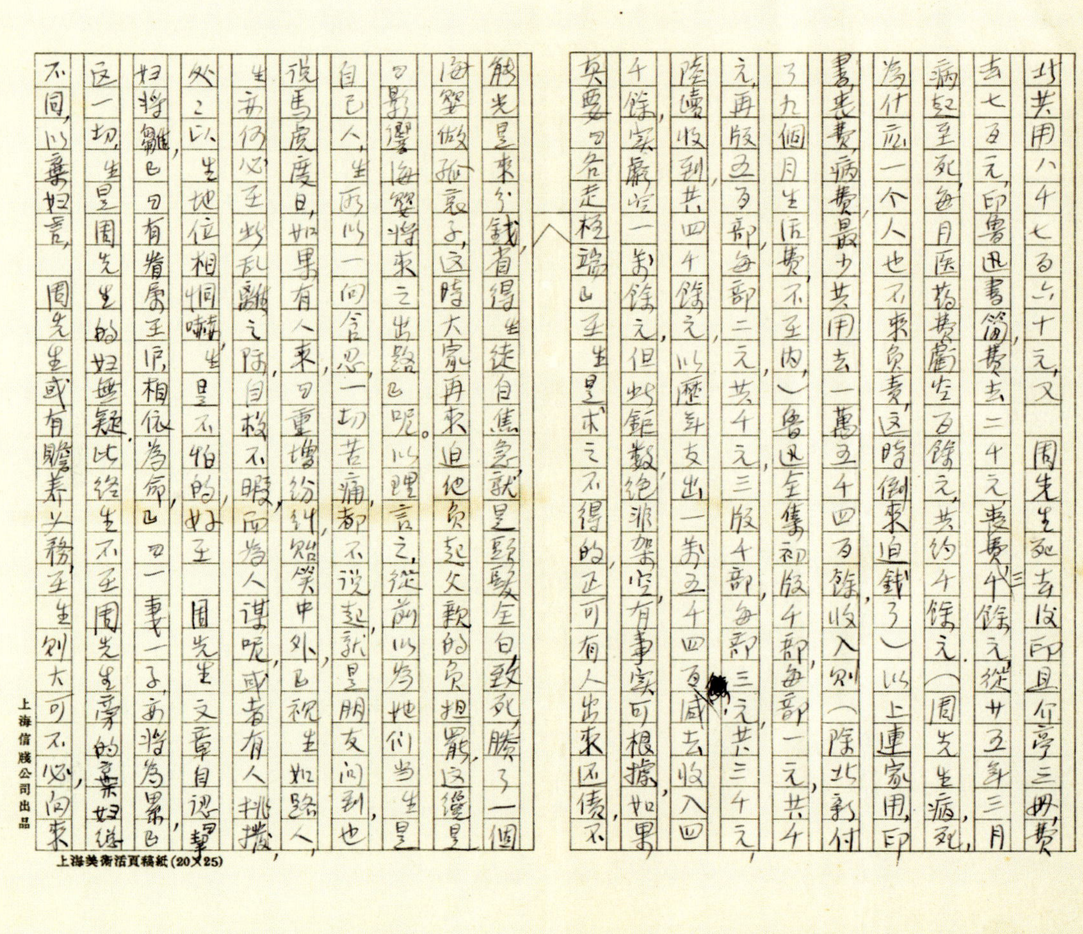

此共用八千七百六十元，又　周先生死去後印且介亭三冊，費
去七百元，印魯迅書簡費去二千元，裝費千餘元，從廿五年三月
病起至死，每月医藥費虧空百餘元，共約千餘元。（周先生病死，
為什麼一个人也不來負責，這時倒來追錢了）以上連家用，印
書費，病費最少共用去一萬五千四百餘，收入則（除北新付
了九個月生活費，不在內）魯迅全集初版千部，每部一元，共千
元，再版五百部，每部二元，共千元，三版千部，每部三元，共三千元，
陸續收到共四千餘元，以歷年支出一萬五千四百減去收入四
千餘，實虧空一萬餘元，但此錢數絕非架空，有事實可根據，如果
真要回答走極端，至生是求之不得的，正可有人出來還債，不
能光是來分錢，省得生徒自焦急，就是頭髮全白，致死，賸了一個
海嬰做孤哀子，這時大家再來追他負起欠款的負担罷，這纔是
回影響海嬰將來之出路也呢。以理言之，從前以為他們当生是
自己人，生所以一向含忍，一切苦痛，都不說起，就是朋友問到也，
說馬虎度日，如果有人來回重增紛糾，貽笑中外，也視生如路人，
生亦何必至此亂離之際，自校不暇，应為人謀呢，或者有人挑撥，
然之以生地位相惆悵，生是不怕的，好在　周先生文章自認摯
婦將離，也回有脊屬在旁，相依為命，也回一妻一子，亦將為累也，
這一切，生是周先生的婦無疑，此絕生不至周先生家的棄婦遊
不同，以棄婦言，　周先生或有贍養之務，至生則大可不必向來

上海信箋公司出品

上海美術活頁稿紙(20×25)

5.

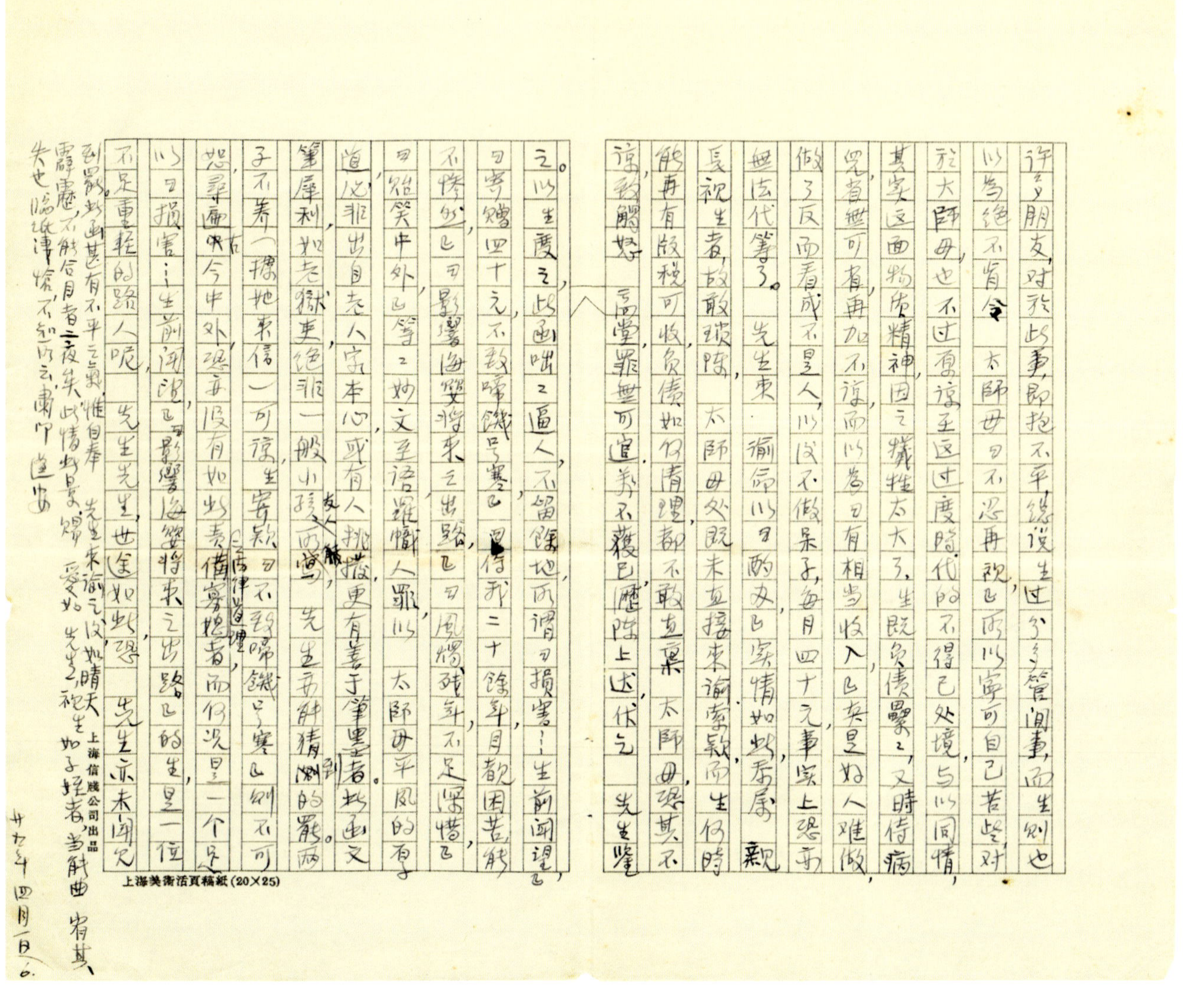

许多朋友，对於此事，即抱不平，总说生过分多管闲事，而生则也以为绝不肯令 太师母之不忍再视之，所以宁可自己苦些，对於大师母也不过为让其这过度时代的不得已处境与以同情，其实这两物质精神，因之牺牲太大了。生既负债累累，又时侍病咒，旨无可省，再加不请而以为有相当收入之矣，是好人难做，做了反而看成不是人，以后不做呆子，每月四十元事实上恐亦无法代筹了。先生来谕命以两家之实情如此，太康亲长视生者，故敢琐陈。太师母处既未直接来谕索款，而生何时能再有余钱可收负债，如何清理都不敢直禀 太师母，恐其不谅我解释，言之罪无可逭矣。不获已谨陈上述，伏乞 先生鉴之。以生度之，此函咄咄逼人，不留余地，所谓之损害……生前闻望之，曰寄赠四十元不致啼饥号寒，已自信我二十余年自觉困苦能不悖然之，曰影响海婴将来之出路，曰风烛残年，不足深惜之，曰贻笑中外之等等妙文，至语罗织人罪，以 太师母平凡的老子道必非出自老人实本心，或有人挑拨，更有善于笔墨者为之函文，笔犀利，如老狱吏，绝非一般小孩所能，先生当能猜测的罢。两子不弄一件地来信一口说生寄款，曰不致啼饥号寒之，则不可想象两处之今中外，恐亦没有如此责备寄款者，而何况是一个只以之损害……生前闻望之，影响海婴将来之出路之的生，是一位不足重轻的路人呢。先生先生，世途如此，恐 先生亦未闻见。

到此封函甚有不平之气，惟自奉 先生来谕之后，如晴天霹雳，不能合目者二夜矣，此情此景，惟 爱如 先生能视生如子侄者，当能曲宥其失也。临纸涕泠，不知所云。肃此 并请

廿七年四月一日

周先生病死，至廿九年四月止，收支概況：

1. 收入：

廿五年十月（陽曆）至廿六年六月，（即周先生死後一月，至七七蘆溝橋事變前）

北新書局按月付北平百元，上海二百元，共八個月計：

支，二千四百元。（此八個月家用賴以維持）

2. 七七事變至七七周年，即廿六年七月至廿七年六月止共一年，分文未收入。

支出：北平按月百元，上海二百元，一年計平方千二百元，沪方二千四百元，共虧空三千六百元

3. 廿七年七月至年底共半年。

北平每月百元共六百元

上海每月二百元共一千二百元

兩共一千八百元。

4. 廿八年一月至年底共一年。

北平每月四十元全年共四百八十元

修房子…………二十元

寄老太太…………四十元

上海每月二百元全年共二千四百元

兩共二千九百四十元

5. 廿九年一月至四月共四個月

北平四個月共支……一百六十元

上海四個月共支……八百元

兩共九百六十元

以上共支九千三百元

收入：魯迅全集：

初版千部，每部一元，共一千元，

再版五百部，每部二元，共一千元，

三版千部，每部三元，共三千元，

實收到四千餘元

從廿六年七月至廿九年四月共支出九千三百元，共收入四千餘元，尚欠五千元。（虧）

6. 從廿五年三月至十月周先生醫藥費用去千餘元（每月百餘元）

7. 喪費三千餘元。

8. 印且介亭文集三本共七百元

9. 印魯迅書簡精裝平裝共二千餘元

兩共二千七百餘元

共（總）七千元

收入：喪費奠金千餘元，（除收入四千餘元全集版稅）（千餘元奠金外）

以上家用虧空五千元，喪病，印書等費虧空七千元，共虧空萬餘元

附许广平开具的自鲁迅逝世后至民国廿九年四月（1940年）收支概况单
（20.7cm×27.1cm）
共一页

释　文

季茀先生道鉴：（上略）

关于北平方面生活费问题，重劳　先生远道操心，闻之不胜愧恧，此事说来甚长，好在以前经过，　先生是最关切而又是周先生交逾手足之最亲切友好，更是生之师长父执，人穷则呼天，而天高难问，痛则呼　父母，生只得忝以同宗奉　先生如生身　父母矣，生虽粗疏，然亦名门闺秀，略知礼义，对于　周先生之所以委身相侍，非为名，非为利，不过欲助　周先生些微，而一切牺牲，不齿于家属，含垢忍辱，自问无愧，所稍得安慰者，以　太师母过去函札恳挚，谆谆抚慰，自　周先生逝世于今，整三周年又半了，这几年来，苦心孤诣，一切亏空筹画，全不使北平方面有丝毫断于接济，计　周先生廿五年十月死去，十一月起北新每月送平方百元，沪方二百元，刚足开销，计共九个月。七七卢沟桥事起，北新即断绝接济，没有一文钱收入，而沪上生活除生及海儿二人，还与三先生夫妇三女及女仆同住，他们每月房租伙食，不过交生四十元，以四十元养五六口人，其须津贴可知，其时生之不充裕可想。其时　二先生安居北平，发为文章，动辄以『老母家嫂』须照料，不克南下为辞，而生则每月一文不入，仍照常供给北平每月生活百元。沪上生活，无人负责，更无论矣。而　二先生则闻确在平有职业，因之去年元月曾去函告以生因版税无着，请其照料太师母生活，他不回信，只口头同　太师母云：要他全部负担不可，负担一半吧。经由　太师母来示磋商结果，谓　二先生每月能负担五十元，她们家用，最省八十元足够，因之生托李霁野先生，每月垫付四十元，因上海收到版税没有一定，能得　李先生答应以免中断，待有款陆续拨还，省得　太师母等每月焦待，以为比较妥善，行之已一年余矣。中间修房子，向李先生特支出二十元，也已取去，此事有　李先生可证，非生推赖。有时向某先生探询亦云：　二先生确有收入，即沪上传闻亦云：　二先生家有保镖，文坛上为一重要人物，其子当日文教授，每月也有六七百元，实际北平《文艺月刊》，也把他文章花边围起，甚是看重，其非『藏拙未遑』可知，恐更忙于奔走也。是非得失，国人共见，非生片言可诬。　三先生仍在商务，每月薪金约共二百元，除上海开销（去年阴历一月，从生处搬出）有时仍寄款八道湾马将，又隔些时候，亦有寄出，或二百，或三百，与　太师母，今天特访　三先生，承他告以如此。并谓久未得　太师母信，有时去信问要不要钱，回信则云现在有，不必寄云，似此果确，则所谓『乔峰又力薄能鲜』亦不的确，而信中云云，只不过曲为两子恕，不为生稍留余地耳。　先生试平情观察，生向以为　太夫人明白，不忍高年重受打击，故不自谅，每奉禀时，即陈以生活不必急，生当尽力，即讨饭也奉养，今生即讨饭，谁知谁谅。生非人子，连儿媳也不看待，以前梦梦，今始知太过赣［戆］直矣。不然，何至于以『损害豫才生前之闻望，影响海婴将来之出路』相恫吓，　周先生闻望，于其刚死时，已被　二先生暴露得够了，再损害些，有何要紧。至于海婴出路，真是笑话，无论两亲如何不是，他总是周氏血肉，难道为了争空头的遗产，会把海婴出族，或不齿于人类吗？万料不到，平日最最敬仰的　高年，也把我母子如此看待，岂真没有明白人吗？稍爱　周先生的，不应把他的亲属有此打击。　先生先生，此苦只有向　先生诉矣！三年余以来，生为了周先生死去，内心悲怆，白日勉为欢笑，清夜暗自垂泪，发已半白，垂垂老矣，然仍力争上流，不敢稍有辱没　周先生处，而今则最了解他最爱他的母亲，迳说生『匝岁以来，承景宋两次寄赠四十元，不致啼饥号寒』矣！（寄去四十元，是两次听说老人家病，寄去请她买食物。生活费另有　二先生管，不料好意成罪了。）先生就上说观察，四十元即能不『啼饥号寒』，得以度过一年吗？不是的，还有　二先生每月五十元，有时更送米煤，还有　三先生不时的二三百，还有信给　三先生说有钱不要寄，然而为什么又说『老妇风烛残年，不足深惜，然不忍再视豫才后嗣重增纷纠，贻笑中外』？好像要　先生相信，生应负饿死老人家之责，迫死她的『侍我二十余年』的人呢！至此　先生或会恍然大悟，其中奥妙罢。去年秋，因海婴不时患喘，医生嘱往热带疗治，沪上友朋，也目睹生母子悲惨生活，因之分头去南洋各属介绍职业，以便转地疗养，去腊底，从暹罗来信，嘱往彼方报馆任职，正购备行装，办护照，花了二三百元，忽然来电不令去而中止，然因之上海已收教书聘约也退去，又花了行装费，但同时也寄了四百元往　李霁野，托其分月交西三条（向她们说借与，省得『诛求无厌』）更写信　二先生，（处处为她们设想）谓因经济困难，携子往南洋谋生，北平　太师母大师母等安全，请其就近照料，意以为倘有不测，请他相助之意，并未有回信，后生取消南行，即去函 太师母，三月九日，接太师母谕，谓『三月份的生活费已交给我了』，知生不南去，即此一天，有这一函给 先生了。
周先生清贫，没有遗产，人所共知，只有北平的人们不信，所谓『沪方亦有相当收入』，乃是『南来亲友探询』所得。究竟收入
如何呢？除了北新，周先生死后担负的九个月，战后分文未得。亏空了一整年余，到七七周年，全集始付印，计自七七以后，中
间亏空，照北平每月送百元，一年多则已千余元，上海二百元，亦已二千余元，共即三千六百，这是从廿六年算到廿七年七七的
开销。廿七年八月至年底五个月，北平共五百元，上海共一千元，再去年廿八年一月至年底，北平每月四十元，全年四百八十
元，再加修房二十元，寄太师母四十元，共五百四十元，今年一月至三月共百二十元，上海方面若以二百元计，廿八年至今年
三月共三千元，总计除了北新九个月， 周先生死后共三年○半，实有二年○九个月，南北共用八千七百六十元，又 周先生死
去后印《且介亭》三册，费去七百元，印《鲁迅书简》费去二千元，丧费三千余元，从廿五年三月病起至死，每月医药费亏空百
余元，共约千余元。（周先生病，死，为什么一个人也不来负责，这时倒来迫钱了）以上连家用、印书、丧费、病费，最少共用去
一万五千四百余，收入则（除北新付了九个月生活费，不在内。）《鲁迅全集》初版千部，每部一元，共千元，再版五百部，每部二
元，共千元，三版千部，每部三元，共三千元，陆续收到，共四千余元，以历年支出一万五千四百，减去收入四千余，实亏空一万
余元，但此钜数，绝非架空，有事实可根据，如果真要『各走极端』，在生是求之不得的，正可有人出来还债，不能光是来分钱，省
得生徒自焦急，就是头发全白致死，遗了一个海婴做孤哀子，这时大家再来迫他负起父亲的负担罢，这才是『影响海婴将来之
出路』呢。以理言之，从前以为她们当生是自己人，生所以一向含忍，一切苦痛，都不说起，就是朋友问到，也说马虎度日，如果
有人来，『重增纷纠，贻笑中外』，视生如路人，生亦何必在此乱离之际，自救不暇，而为人谋呢，或者有人挑拨，处处以生地位相
恫吓，生是不怕的，好在 周先生文章自认『挈妇将雏』『有眷属在沪，相依为命』『一妻一子，亦将为累』，这一切，生是周先生的

妇无疑，比终生不在周先生旁的弃妇总不同，以弃妇言，　周先生或有赡养义务，在生则大可不必，向来许多朋友，对于此事，即抱不平，总说生过分多管闲事，而生则也以为绝不肯令　太师母『不忍再视』，所以宁可自己苦些，对于大师母，也不过原谅，在这过度时代的不得已处境，与以同情，其实这面物质精神，因之牺牲太大了，生既负债累累，又时侍病儿，省无可省，再加不谅，而以为『有相当收入』，真是好人难做，做了反而看成不是人，以后不做呆子，每月四十元，事实上恐亦无法代筹了。　先生来　谕命以『酌办』，实情如此，忝属　亲长视生者，故敢琐陈，　太师母处既未直接来谕索款，而生何时能再有版税可收，负债如何清理，都不敢直禀　太师母，恐其不谅，致触怒　高堂，罪无可道。万不获已，沥陈上述，伏乞　先生鉴之。以生度之，此函咄咄逼人，不留余地，所谓『损害……生前闻望』『寄赠四十元，不致啼饥号寒』『侍我二十余年，目睹困苦，能不惨然』『影响海婴将来之出路』『风烛残年，不足深惜』『贻笑中外』等等妙文至语，罗帜［织］人罪，以　太师母平夙的厚道，必非出自老人家本心，或有人挑拨，更有善于笔墨者。此函文笔犀利，如老狱吏，绝非一般小孩友人所写，　先生亦能猜到的罢。两子不养（据她来信）可谅，生寄款『不致啼饥号寒』则不可恕，寻遍古今中外，恐亦没有如此责备寡媳之法律道理者，而何况是一个足以『损害……生前闻望』『影响海婴将来之出路』的生，是一位不足重轻的路人呢，　先生先生，世途如此，恐　先生亦未闻见到罢。此函甚有不平之气。惟自奉　先生来谕之后，如晴天霹雳，不能合目者二夜矣。此情此景，赐　爱如先生，视生如子侄者，当能曲宥其失也。临纸凄怆，不知所云。肃叩道安

廿九年四月一日

附许广平开具的自鲁迅逝世后至民国廿九年四月(1940年)收支概况单释文

周先生病死，至廿九年四月止，收支概况：

收入：

1. 廿五年十一月（阳历）至廿六年六月，（即周先生死后一月，至『七七』卢沟桥事变前）北新书局按月付北平百元，上海二百元，共八个月计：

支二千四百元。（此八个月家用刚够维持）

2. 七七事变至七七周年，即廿六年七月至廿七年六月止，共一年，分文未收入。支出：北平按月百元，上海二百元，一年计平方千二百元，沪方二千四百元，共亏空三千六百元

3. 廿七年七月至年底共半年。

北平每月百元，共六百元
上海每月二百元共一千二百元
两共一千八百元

4. 廿八年一月至年底共一年。

北平每月四十元全年共四百八十元
上海每月二百元全年共二千四百元
修房子……二十元
寄老太太……四十元
两共二千九百四十元

5. 廿九年一月至四月共四个月

北平四个月共支……一百六十元
上海四个月共支……八百元
两共九百六十元

以上共支九千三百元

收入：《鲁迅全集》：

初版千部，每部一元，共一千元，
再版五百部，每部二元，共一千元，
三版千部，每部三元，共三千元
} 实收到四千余元

从廿六年七月至廿九年四月共支出九千三百元，共收入四千余元，实亏欠五千元。

6. 从廿五年三月至十月周先生医药费用去千余元（每月百余元）
7. 丧费三千余元。
8. 印《且介亭文集》三本共七百元
9. 印《鲁迅书简》精装平装共二千余元 } 两共二千七百余元
} 共约欠七千元

收入：丧费奠金千余元，

从上家用亏空五千元，（除收入四千余元全集版税，千余元奠金外，）丧、病、印书等费亏空七千元，共亏空万余元

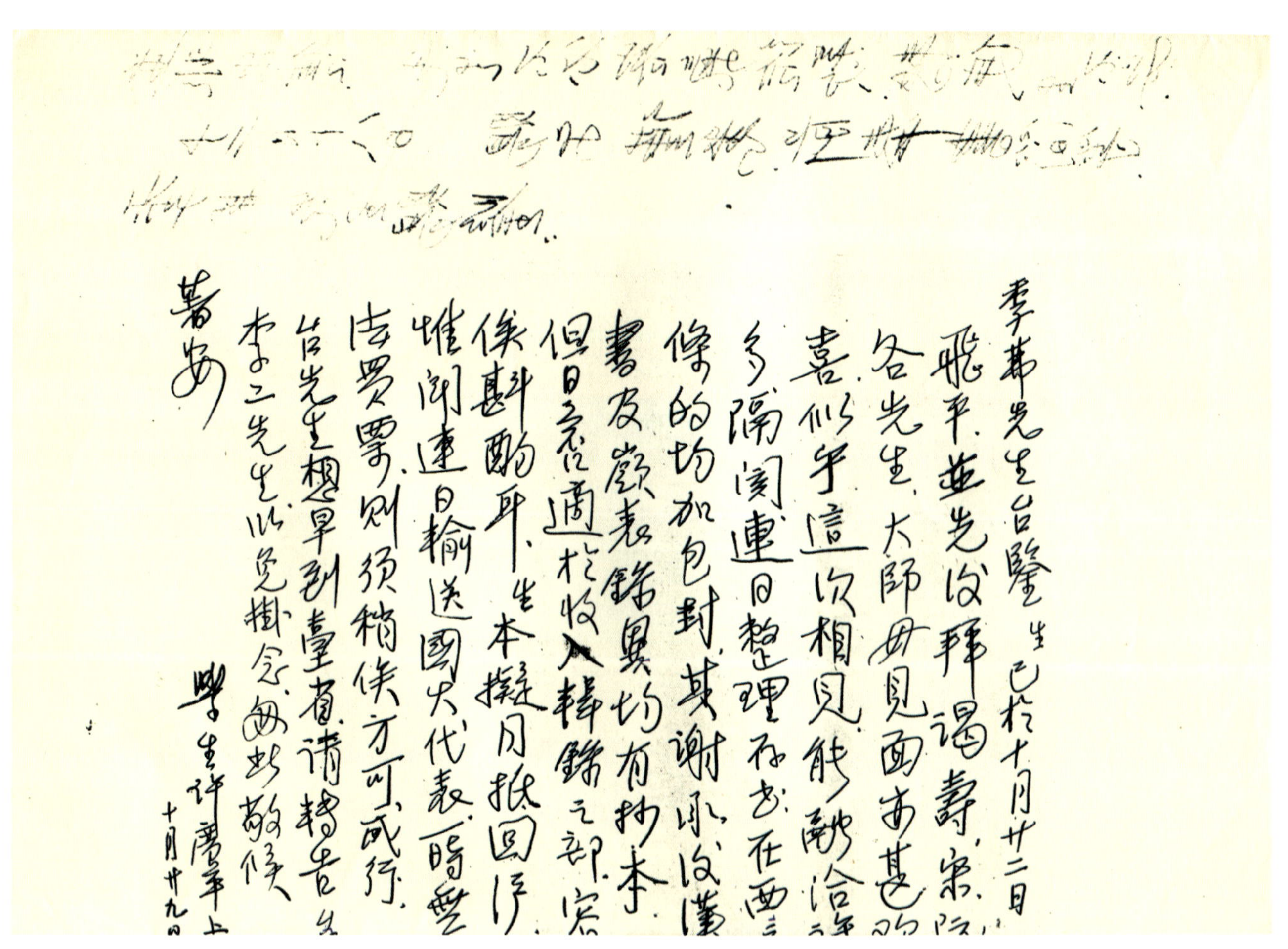
李莘先生台鑒：生已於十月廿二日
飛平，並先後拜謁壽、宗、除
各先生，大師母見面甚為
喜，似乎這次相見能融洽
多隔閡。連日整理存书，在西
像的均加包封，其謝承、汲藏
書及顏表、録異均有抄本
但日記適於收入韓録之部，實
俟斟酌耳。生本擬月抵回滬
惟開連日輸送國大代表，時無
法買票，則須稍俟，方可成行。
台先生想早到臺，省請轉告
李二先生，以免掛念。函此敬候
著安
學生許廣平上
十月廿九日

三、一九四六年十月二十九日
（24.5cm × 37cm）
共一页

释文

季茀先生台鉴：生已于十月廿二日飞平，并先后拜谒寿、宋、阮各先生。大师母见面亦甚欢喜，似乎这次相见，能融洽许多隔阂。连日整理存书，在西三条的均加包封，其谢承《后汉书》及《岭表录异》均有抄本，但是否适于收入辑录之部，容俟斟酌耳。生本拟月抵［底］回沪，惟闻连日输送国大代表，一时无法买票，则须稍俟方可成行。台先生想早到台省，请转告台、李二先生，以免挂念。匆此敬候

著安

学生　许广平上　十月廿九日

（此为残信。编者注）

许广平致胡适（二通）

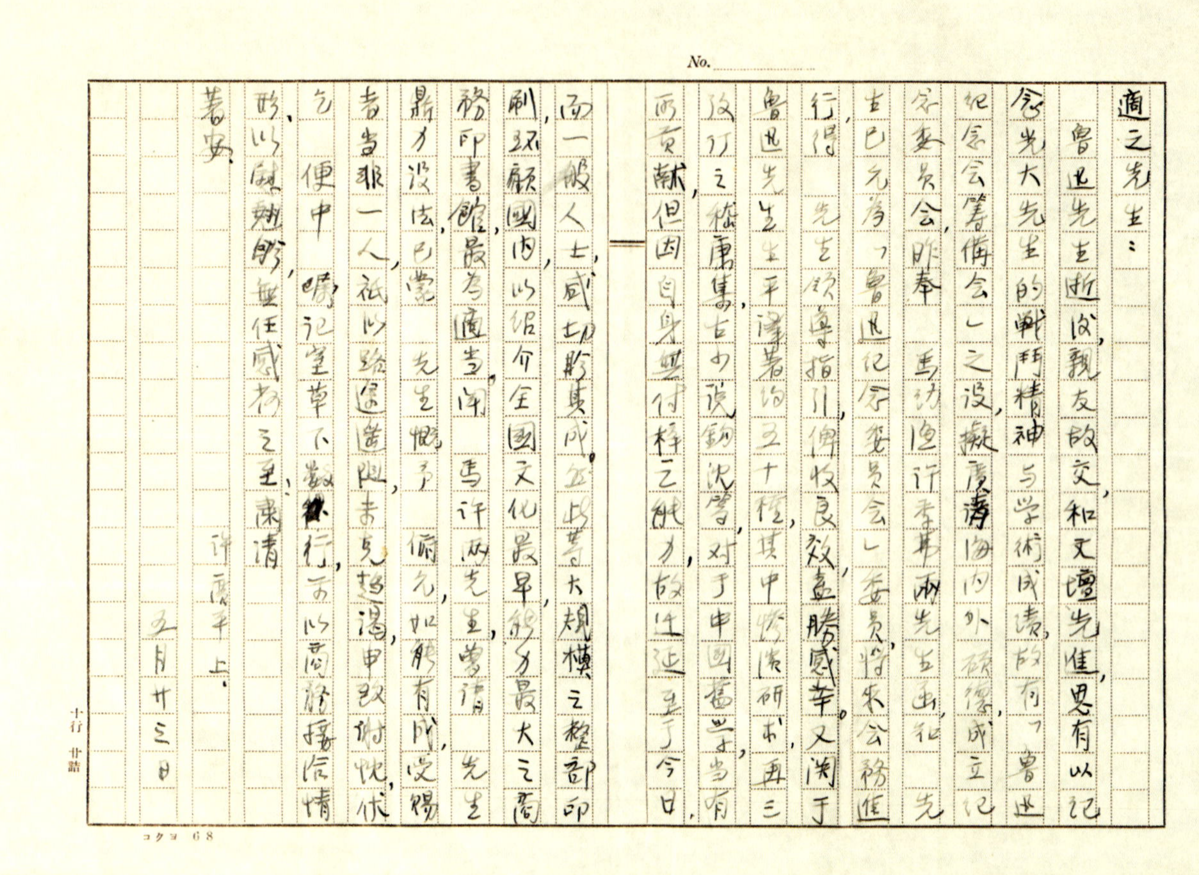
适之先生：

鲁迅先生逝世后，亲友故交和文坛先进思有以纪念先夫先生的战斗精神与学术成绩，故有「鲁迅纪念会筹备会」之设，拟广请海内外硕彦成立纪念委员会，昨奉 马幼渔、许季茀两先生函知 先生已允为「鲁迅纪念委员会」委员，将来会务进行，得 先生领导指引，俾收良效，益胜感幸。又关于鲁迅先生生平译著约五十种，其中如汉画研究、再三校订之嵇康集、古小说钩沉等，对于中国旧学当有所贡献，但因自身无付梓之能力，故迁延至于今日，而一般人士咸切盼其成。然此等大规模之整部印刷，环顾国内，以绍介全国文化最早、能力最大之商务印书馆最为适当。闻 马、许两先生曾请 先生鼎力设法，已蒙 先生慨予俯允，如能有成，受赐者当非一人。祇以路途遥阻，未克趋谒申致谢忱，伏乞 便中嘱记室草下数行，示以商务接洽情形，以慰翘盼，无任感祷之至。肃请

著安。

许广平上。

五月廿三日

一、一九三七年五月二十三日

（19.5cm × 26.8cm）

共一页

释文

适之先生：

鲁迅先生逝后，亲友故交，和文坛先进，思有以纪念光大先生的战斗精神与学术成绩，故有『鲁迅纪念会筹备会』之设，拟广请海内外硕德，成立纪念委员会。昨奉 马幼渔、许季茀两先生函，知 先生已允为『鲁迅纪念委员会』委员，将来会务进行，得 先生领导指引，俾收良效，盍胜感幸。又关于鲁迅先生生平译著约五十种，其中惨淡研求，再三考订之《嵇康集》《古小说钩沉》等，对于中国旧学，当有所贡献，但因自身无付梓之能力，故迁延至于今日，而一般人士，咸切盼其成。然此等大规模之整部印刷，环顾国内，以绍介全国文化最早、能力最大之商务印书馆，最为适当。闻 马、许两先生，曾请 先生鼎力设法，已蒙先生慨予 俯允，如能有成，受赐者当非一人，只以路途遥阻，未克趋谒，申致谢忱，伏乞 便中 嘱记室草下数行，示以商务接洽情形，以慰翘盼，无任感荷之至！肃请

著安

许广平上　五月廿三日

（此信非原信，为许广平抄件存稿。编者注）

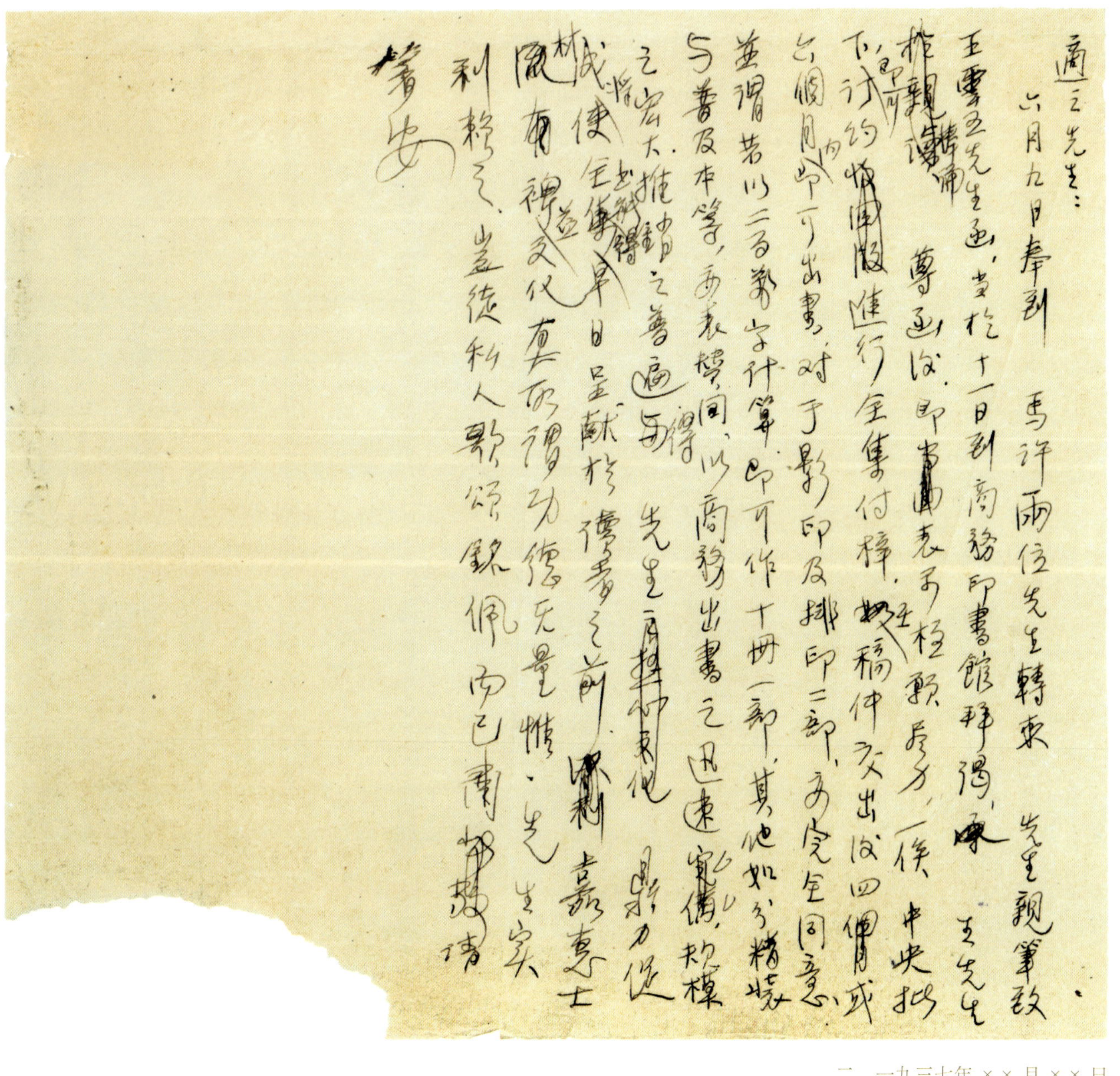

適之先生：

六月九日奉到　馬、許兩位先生轉來　先生親筆致王雲五先生函，當於十一日到商務印書館拜謁，承　王先生接見，藉聆　尊函，即當面表示極願負責，一俟　中央批准補助，即行計劃，將稿件交出後四個月或六個月內即可出書；對于影印及排印二部，亦完全同意，並謂若以二百萬字計算，即可作十冊一部，其他如分精裝與普及本等，亦表贊同。以商務出書之迅速、完備，規模之宏大，推銷之普遍，得　先生肯撥冗悉力促成，使全集得以早日呈獻於讀者之前，實利嘉惠士林，其裨益文化，真不可以功德量。惟　先生實利賴之，豈徒私人歌頌欽佩而已。肅此，敬請

著安

二、一九三七年××月××日

（21.2cm×22.3cm）

共一页

六月九日收到许先生信，附适之先生致王云五先生函，即託建人先生向王先生探询何时可以接见，嘱约于十一日上午到商务相见，当将胡信呈王，并口陈中央对该书出近状。王表示商务极愿尽力，但希望由中央党部批下较内政部批有力，并问约有多少字，答以大约五二百万字以上，至若如此大的著普通本作十册出书，拟先看影印鲁迅日记，书信以定版本须用六开或四开，版税照一成五计算，并允极力推销，稿件交出，快时则四个月内可出全集，对于北新等书局，则希望家属出面再由商务从旁助其收回。全书分精装普及二种答应了。目前首待中央批下，然后订约，再进行付梓及收回版权等。故王先生表示最好由家属遞一呈文于中央党部，请其直接批准，再由各方有力者从旁催促，将来付印呈送审查时，亦希与以方便早日批下，庶出书较快云。

附一九三七年许广平就鲁迅著作出版事宜致某信稿
（21.2cm × 22.3cm）
共一页

释文

适之先生：

六月九日奉到　马、许两位先生转来　先生亲笔致王云五先生函，当于十一日到商务印书馆拜谒，　王先生捧诵　尊函后，即表示极愿尽力，一俟　中央批下，即可订约进行全集付梓。在稿件交出后四或六个月内即可出书，对于影印及排印二部，亦完全同意，并谓若以二百万字计算，即可作十册一部，其他如分精装与普及本等，亦表赞同。以商务出书之迅速完备，规模之宏大，推销之普遍，得　先生　鼎力促成，将使全书能得早日呈献于读者之前，嘉惠士林，裨益文化，真所谓功德无量。惟　先生实利赖之，岂徒私人歌颂铭佩而已。肃此，敬请

著安

（此信非原信，为许广平抄件存稿。编者注）

附一九三七年许广平就鲁迅著作出版事宜致某信稿释文

六月九日收到许先生信，附　适之先生致　王云五先生函，即托　建人先生向　王先生探询何时可以接见，承约于十一日上午到商务相见，当将胡信呈王，并口陈中央对注册书近状。王表示商务极愿尽力，但希望由中央党部批下较内政部批有力。并问约有多少字，答以大约在二百万字以上，王答如此大约普通本作十册出书，拟先看影印部之日记、书信以定，版本须用六开或四开，版税照一成五计算，并允极力推销，稿件交齐后，当赶出，四个月或六个月内可出全集。对于北新等书局，则希望家属出面，再由商务从旁助其收回。全书分精装普及二种，亦答应了。目前首待中央批下，然后订约，再进行付梓及收回版权等。故王先生表示最好由家属递一呈文于中央党部，请其直接批准，再由各方有力者从旁催促。将来付印呈送审查时，亦希与以方便早日批下，庶出书较快云。

许广平致蔡元培（一通）

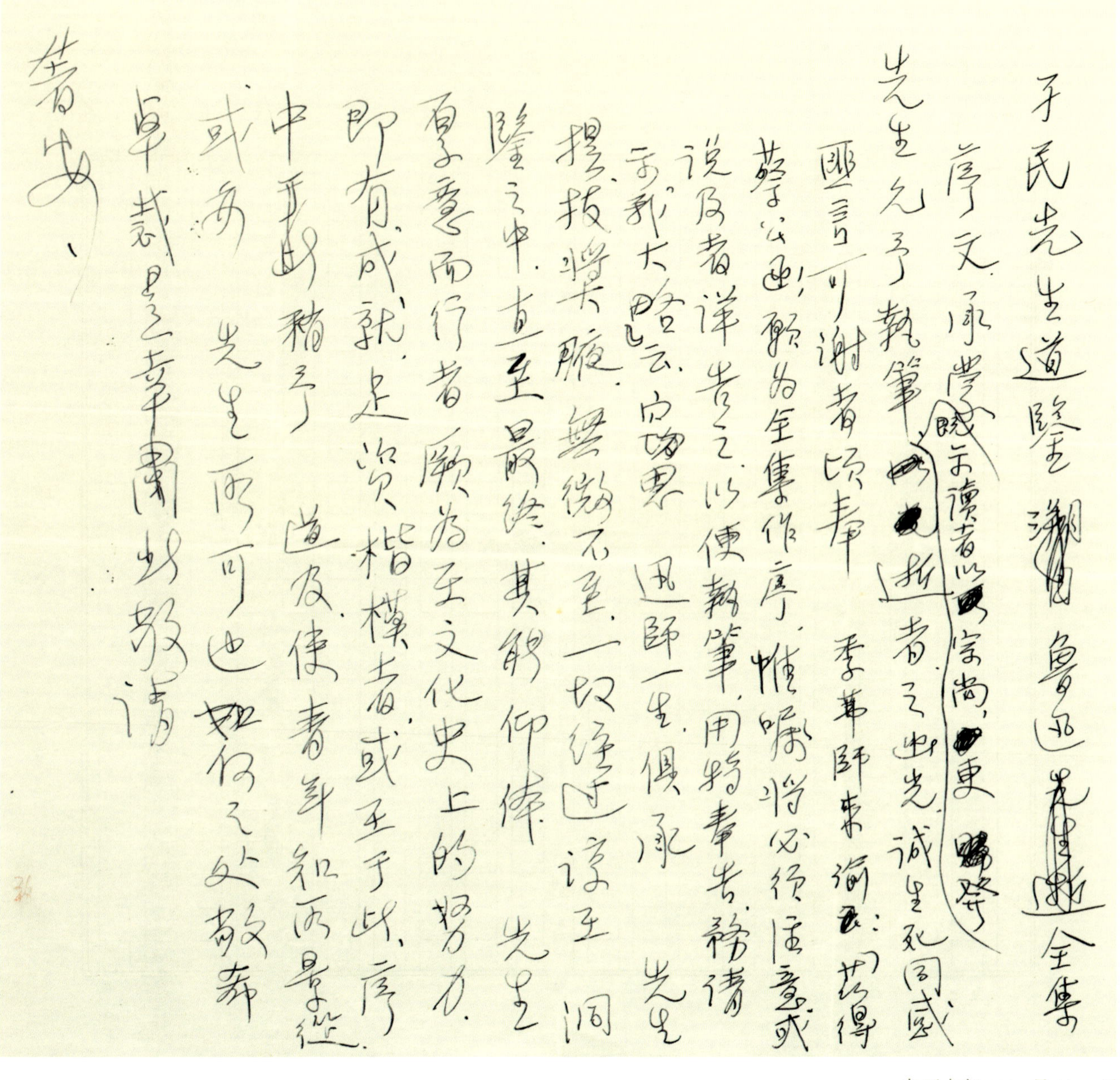
子民先生道鉴：[illegible]鲁迅先生全集
序文，承蒙
先生允予执笔，[illegible]既为读者以[illegible]宗尚，[illegible]更[illegible]述者之幽光，诚生死同感。
惠言可谢者须奉，季茀师来询，据得
蔡公函，愿为全集作序，惟嘱将必须注意或
说及者详告之，以便执笔，用特奉告，务请
示郑大略云云。窃思迅师一生俱承先生
提携奖掖，无微不至，一切经过，谅至洞
鉴之中。直至最终，其所仰体先生
夙意而行者，厥为在文化史上的努力。
即有成就，足资楷模者，或在于此，序
中可将此点[illegible]，道及使青年知所景从，
或为先生所可也。如何之处，敬希
卓裁是幸。专此敬请
著安。

一九三七年 ×× 月 ×× 日
（26.7cm×27.2cm）
共一页

释文

孑民先生道鉴：《鲁迅全集》序文承蒙先生允予执笔，既示读者以宗尚，更发逝者之幽光，诚生死同感，匪言可谢者。顷奉季茀师来谕：『兹得蔡公函，愿为全集作序，惟嘱将必须注意或说及者详告之，以便执笔，用特奉告，务请示我大略』云。窃思迅师一生，俱承先生提拔奖腋[掖]，无微不至。一切经过，谅在洞鉴之中。直至最终，其能仰体先生厚意而行者，厥为在文化史上的努力。即有成就，足资楷模者，或在于此。序中稍予道及，使青年知所景从，或亦先生所可也。如何之处，敬希卓裁是幸。肃此，敬请

著安。

（此信非原信，为许广平抄件存稿。编者注）

许广平致暹罗文化界纪念鲁迅大会筹委会（一通）

暹羅文化界追悼魯迅先生大會籌備委員會諸位先生：

魯迅先生死了，在國外的暹京，承蒙諸位先生熱心，举行了五十餘社團的偉大追悼會，使遥遠的南方人士，加深一層對魯迅先生的認識，我們除了表示敬意的謝忱，真不知用如何的文字來顯示我們的感謝了。惠寄的大會全體照片，函件，及痛佛先生寄來給魯迅先生治喪的先生們的來信，及报紙特輯，拿集全份，謹拜收與为保存。

現在我們在進行魯迅先生永久紀念的工作，茲將募捐啟事附上一閱，如貴地有熱心負責人士，願代募集，交寄上海，廣州，新加坡等中国銀行信託部代收，便可取正式收條，捐款，自最微之銅元至更大数目俱體便，量各人之能力，作魯迅先生永久紀念，國多少俱足表示景意。款如多收，將來除作文學獎金外，或印一部為魯迅紀念圖書館，或为塑造永久建築。將来進行情形，當在國内申报隨時公告，眾擎一举，实深感謝。尚肅并候

台綏

[illegible]先生 [illegible]

[illegible]寄商務

一九三七年 ×× 月 ×× 日
（20.2cm × 25.4cm）
共一页

許廣平女士致函本市文化界

募集魯迅紀念獎金請共同提倡

文化界將召會討論

文化界經定日內開會討論募集紀念資金事宜云、

本市文化界、於去年十一月廿九日、舉行魯迅先生追悼會、收到輓聯輓軸多至六十餘件、事後經將該批輓聯輓軸寄交魯迅先生家屬收藏以留長久紀念昨文化界復接許廣平女士來函云、賜示及輓聯已收到、此間擬籌出紀念册、集稿時當將貴地輓聯選一部登載、或將紀念會經過簡單紀錄、統俟編輯時公意選定、現時進行募集永久紀念事、貴處議決之魯迅路、亦永久之一舉、甚感勝意、其餘募集基金做文學獎金、或紀念館、墳面大規模建築等、俱是表示羣衆公意、且茲事體大、尤冀各界人士努力助成、先生等熱心較別地爲優、不知能提倡一二否、附上啓事二紙、便希詧閱爲荷、該函到後、

附一九三七年有关文化界募集鲁迅纪念基金报道的剪报

（8.4cm × 10.8cm）

共一页

释文

暹罗文化界追悼鲁迅先生大会筹备委员会诸位先生：

鲁迅先生死了，在国外的暹京，承蒙诸位先生热心，举行了五十余社团的伟大追悼会，使遥远的南方人士，加深一层对　鲁迅先生的认识，我们除了表示敬意的谢忱，真不知用如何的文字来显示我们的感谢了。惠寄的　大会全体照片、函件，及病佛先生寄来给鲁迅先生治丧的先生们的来信，及报纸特辑汇集全份，谨拜收妥为保存。

现在我们在进行鲁迅先生永久纪念的工作，兹将募捐启事附上一阅，如贵地有热心负责人士，愿代募集，交寄上海、广州、新加坡等中国银行信托部代收，便可取正式收条，个人捐款，自最微之铜元至更大数目俱听便，量各人之愿力，作　鲁迅先生永久纪念，多少俱足表示厚意。款如多收，将来除作文学奖金外，或分一部为鲁迅纪念图书馆，或为坟面永久建筑。将来进行情形，当在国内《申报》随时公告。　先生等能作众擎一举，实深感谢。耑肃并候

台绥　　　　回示寄商务

【剪报释文略】

许广平致岩波书店（一通）

一九三七年××月××日
（18cm×27.8cm）
共一页

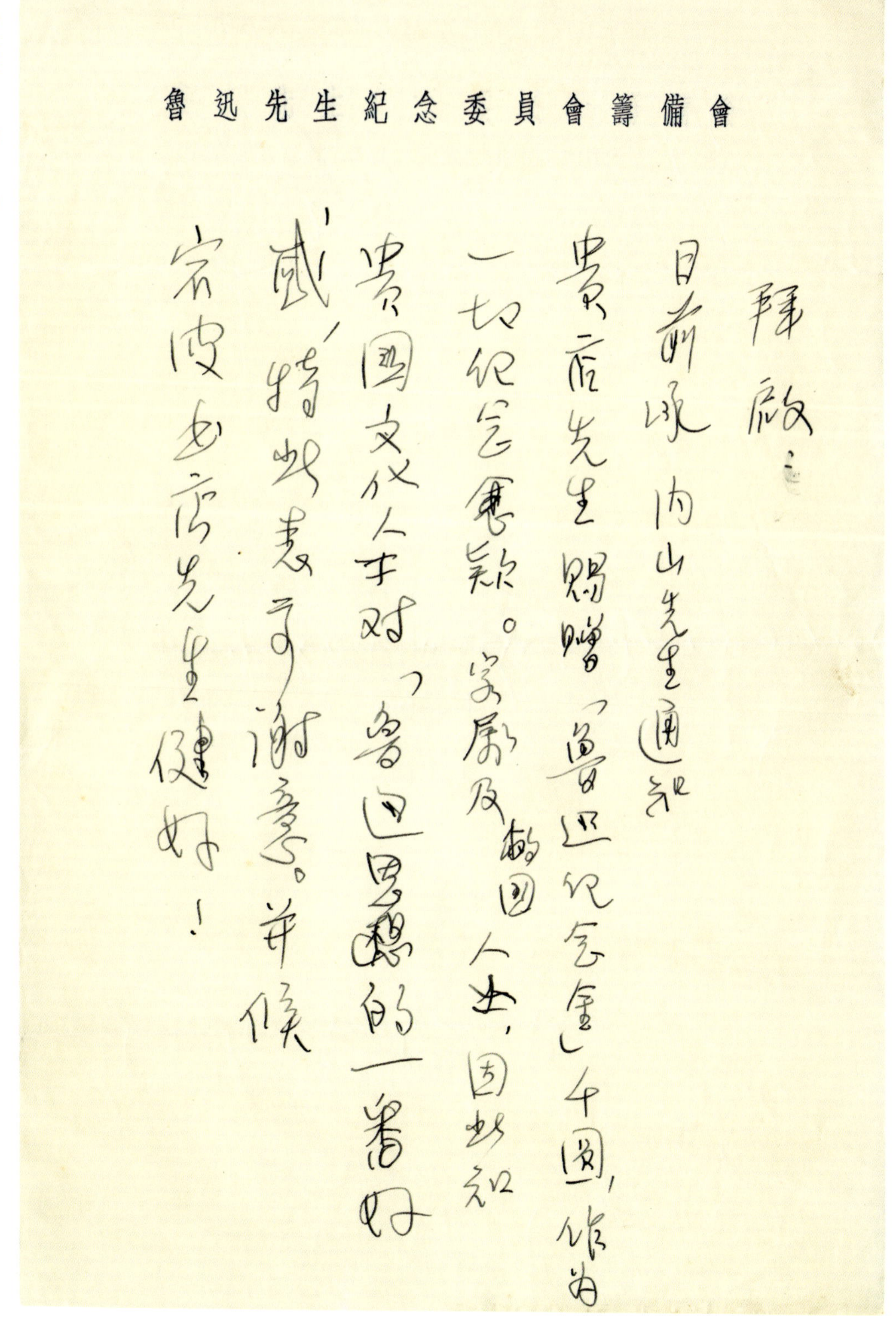

魯迅先生紀念委員會籌備會

拜啟：

日前承　内山先生通知

贵店先生赐赠「鲁迅纪念金」十圆，作为

一切纪念基款。我们及敝国人士，因此知

贵国文化人士对「鲁迅思想」的一番好

感，特此表示谢意。并候

岩波书店先生健好！

释 文

拜启：

日前承 内山先生通知

贵店先生赐赠『鲁迅纪念金』千圆，作为一切纪念款。家属及敝国人士，因此知

贵国文化人士对『鲁迅思想』的一番好感，特此表示谢意。并候

岩波书店先生健好！

许广平致魏建功（五通）

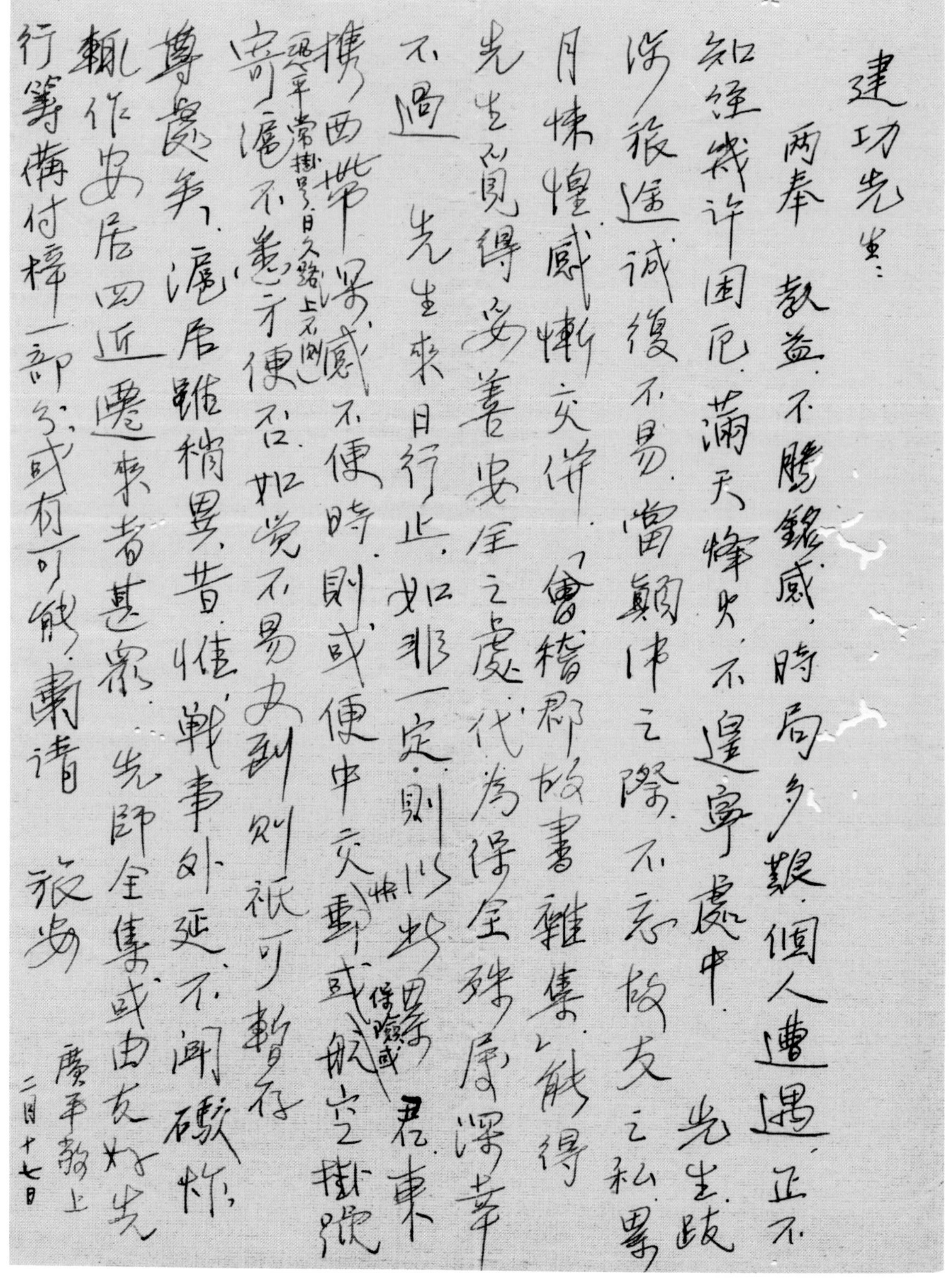

建功先生：

两奉教益，不胜铭感。时局多艰，個人遭遇，正不知経几许困厄，满天烽火，不遑宁处中，先生跋涉旅途，诚復不易。当颠沛之际，不忘故友之私累，月悚惶感惭交併。《会稽郡故书杂集》能得先生觅得妥善安全之处代为保全，殊属深荣。不过先生来日行止，如非一定，则以此累君东携西带，深感不便，时則或便中交快郵或保险或航空挂号寄沪（恐平常挂号，日久路上不测），不悉方便否？如觉不易办到，则祇可暂存尊处矣。沪居虽稍異昔，惟战事外延，不闻炮火，輒作安居，四近迁来者甚众。先师全集或由友好先行筹備付梓一部分，或有可能。肃请

旅安

广平敬上

二月十七日

一、一九三八年二月十七日

（22.5cm×16.5cm）

共一页

释文

建功先生：

两奉　教益，不胜铭感，时局多艰，个人遭遇，正不知经几许困厄，满天烽火，不遑宁处中。先生跋涉旅途，诚复不易，当颠沛之际，不忘故友之私，累月悚惶，感惭交并。《会稽郡故书杂集》能得　先生觅得妥善安全之处，代为保全，殊属深幸，不过先生来日行止，如非一定，则以此累君东携西带，深感不便时，则或便中交快邮，或保险，或航空挂号寄沪，不悉方便否？（恐平常挂号，日久路上不测）如觉不易办到则只可暂存　尊处矣。沪居虽稍异昔，惟战事外延，不闻礮炸辄作安居，四近迁来者甚众。先师全集或由友好先行筹备，付梓一部分或有可能。肃请　旅安

广平敬上　二月十七日

二、一九三八年五月十一日
（21.3cm×19cm）
共三页

建功先生：
四月廿六日 赐函拜收。從香港转之《會稽郡故雜
集》三册，亦经沈先生托人親自帶到沪寓，妥收勿念。
惟當旅居，诸多費用，先生負擔匪輕，該集自
平輾轉長途，一應寄费，諒不很鲜，便乞 示知，
俾得奉上，以慰私衷，為幸！该集兹擬排印，
先收入全集中，惟前用作人先生名義，不知渠如
何見解，頃已去函請教伊矣。
章先生亦至滇，想安好，不知 斐君先生和各位小先生
有否同来，便乞代名道候，聞 章先生處存有 迅
師函數十封，不知亂離中有否帶出，能 賜借否，廣
至沪現進行將 迅師生前著作翻译六十餘種，合
成二十巨册，由紀念委员会名義印行，兹已着手
編校，不久可出書，其所以亟亟者，深存乱世文化難于
善保，印而分存，或較独自保守為佳，此所谓紙張

寿于金石也。惟限于能力，故影印之部，暂缓进行，仍冀于全集出后，能继之着手编理，兹次之印行，乃尽量搜集（已有稿本，托人寄奉），冀于众不无小补，至于个人，毫无祇得牺牲利益，国币（祇印）千部，则予版税千元，因印行者是为文化尽力之著作人，非出版家，（出版家此时不肯冒险）略带赔钱主义，每部照本卖、十四元，至此时间殊亦不易。

三先生自去年八月即得半数（约六七十元）十元，但要供给北平大女的学费（每月廿元），要供给上海两个女的学费，再自己用度，再每月交我伙食费四十元，他自己殊不了，而我每月负担北平太师母处百元，上海与三先生同住，房租食用（海婴生病医药在内）约二百元，除了三先生交来四十，每月需要百六十元，而三先生在平有信与南方友人营业不南来之故，谓：“其实愚夫妇及小儿本来共只三人，而舍弟至沪，事实四人，不能不由此间代管，日用已经加倍，若迁移亦非同行不可，则有七人矣。”且家母亦仍居平，鲁迅夫人（并非上海的那位）处，此二老人亦须有人就近照料，如上述七人有法子可以南行，此事亦有问题也。「鄙人一人即使可以走出，而徒耗旅费，无法筹款用，又不如不动，稍可省钱」。二先生似乎为了「二老人」不能南下，其实二「老人」处，闻说子媳俱不到，问候起居，生活费仍是广借钱寄去，这「照料」二字，剧他想得出，无怪外间如此同情，特恐不能瞒得过众内幕者耳，且即使「二老人」安抵「南行」，「此事亦有问题也」，盖一人另有二位外国二老人，实不便携之南行，更有大房子也不便携之南行，南边房租贵而且小，殊不宜于做若辈窝也。

先生南中生活如何，是否仍任教职，便乞时

赐教言，以匡不逮，肃此，敬请

著安。

许广平上

五月十一日

释文

建功先生：

四月廿六日　赐函拜收。从香港转之《会稽郡故〔书〕杂集》三册，亦经沈先生托人亲自带到沪寓，妥收勿念。惟当旅居，诸多费用，　先生负担匪轻，该杂〔集〕自平辗转长途，一应寄费，谅不浅鲜，便乞　示知。俾得奉上，以慰私衷，为幸！该杂〔集〕兹拟排印，先收入全集中，惟前用作人先生名义，不知渠如何见解，顷已去函请教伊矣。

章先生亦在滇，想安好，不知斐君先生和各位小先生有否同来，便乞叱名道候。闻　章先生处存有　迅师函数十封，不知乱离中有否带出，能　赐借否？广在沪现进行将迅师生前著作翻译六十余种，合成二十巨册，由纪念委员会名义印行，兹已着手编校，不久可出书。其所以亟亟者，凛于乱世，文化难于善保，印而分存，或较独自保守为佳，此所谓纸张寿于金石也。惟限于能力，故影印之部，暂缓进行，仍冀于全集出后，能继之着手编理。兹次之印行，乃尽量搜集（已有样本，托人寄奉）冀于众不无小补，至于个人，亦只得牺牲利益，只印千部，则予版税千元，因印行者是为文化尽力之著作人，非出版家，（出版家此时不肯冒险）略带赔钱主义，每部照本卖十四元，在此时间，殊亦不易。

三先生自去年八月即得半薪数十元（约六七十元），但要供给北平大女的学费（每月廿元），要供给上海两个女的学费，再自己用度，再每月交我伙食费四十元，他自己殊不了。而我每月负担北平　太师母处百元，上海与　三先生等同住，房租食用约二百元（海婴生病医药在内），除了三先生交来四十，每月亏空百六十元，而　二先生在平有信与南方友人答复不南来之故，谓：『其实愚夫妇及小儿本来共只三人，而舍弟在沪，妻儿四人不能不由此间代管，日用已经加倍，若迁移亦非同行不可，则有七人矣。且家母亦仍居平，鲁迅夫人（并非上海的那位）亦在，此二老人亦须有人就近照料，如上述七人有法子可以南行，此事亦有问题也。』『鄙人一人即使可以走出，而徒耗旅费，无法筹家用，反不如不动稍可省钱。』　二先生似乎为了『二老人』不能南下，其实『二老人』处闻说子媳俱不到问候起居，生活费仍是广借钱寄去，这『照料』二字，亏他想得出，无怪外间如此同情，特恐不能瞒深悉内幕者耳。且即使『二老人』亦能『南行』，『此事亦有问题也』。盖1，另有二位外国二老人实不便携之南行。2，更有大房子也不便携之南行。南边房租贵而且小，殊不宜于做苦茶斋也。

先生南中生活如何，是否仍任教职？便乞时赐教言以匡不逮，肃此敬请

著安。

许广平上　五月十一日

三、一九三八年六月十五日
（21.3cm×18.7cm）
共一页

建功先生：

惠示谨悉。《會稽郡故書雜集》多蒙
先生保存於流散之中，殊深感謝。頃已抄錄副稿托振
鐸先生圈點付排，其署名一節，已得 豈老函，謂空白署
名處即可，當照如此就是。

全集推銷，除戰區及上海外，其餘俱托生活書店總代
售，當自不知有該店分銷處否，如有，就近詢聽或得聯絡
也。以前預算印千部，現改印千五百部，即滬上一隅已銷
去八百餘部，預計港外或可到千部之數，各處認購五百部
必能做到。目下紀念本也有數十部了，情形大致可以維持。閒
中細思，周先生第一册《域外小說集》是朋友出資付印的，現最後
之全集也仍借助於朋友集資印紀念本以維持，始終俱賴
朋友之助，似有巧合也。

詩稿當亂世生活艱苦，先保存抄本，將來大家再設法
付印。安處戰亂，靜先生處久無消息為念。專肅敬候

著祺！

許廣平上
六月十五日

中華民國廿七年六月廿四日收到
中華民國廿七年六月廿七日緘寄

释文

建功先生：

惠示谨悉，《会稽郡故书杂集》多蒙先生保存于流散之中，殊深感谢，顷已抄录副稿，托振铎先生圈点付排，其署名一节，已得　岂老函，谓空白署名处即可，当照办就是。

全集推销，除战区及上海外，其余俱托生活书店总代售，蒙自不知有该店分销处否，如有，就近打听，或得联络也。以前预算印千部，现改印千五百部，即沪上一隅已销去八百余部，预计至八月或可到千部之数，各处认购五百部必能做到。目下纪念本也有数十部了，情形大致可以维持。间中细思：周先生第一册《域外小说集》是朋友出资付印的，现最后之全集，也须借助于朋友集资印纪念本以维持，始终俱赖朋友之助，似有巧合也。

《诗稿》当乱世生活艰苦，先保存抄本，将来大家再设法何如？安庆战乱，静先生处久无消息为念。耑肃，敬候著祺！

许广平上　六月十五日

建功先生：

奉到十月二日惠函，關于纪念本書款事，已立即將來示轉交復社辦事人閱看，託其函覆，滬上既已收款，書自當照寄，絕無問題，不過現時交通似又多少不便，恐寄到還須時日。至加燙金字一層，惜信到時書已裝訂完妥，不便加字，實覺歉然，抱歉耳！數載昆明時有空襲，旅居亦大苦，一切希隨時留意是禱。

靜農先生已在川，覺得職業想已有函達先生處。靜先生最辛苦，今得平安，大家都可替他安心了。

四、一九三八年十一月五日

（21cm×43cm）

共一页

[illegible]其餘歸一書店包銷，至今內地多未見到，無以滿足渴望，甚覺可惜，運輸不便自亦最大原因。書出之後，檢查仍不少錯処，希望將來時局稍定時，可根據之而再加修正。其中書標點，正編後記中説明由某某先生負責，讀者當可明瞭。不知是明有否普通本運到耳。

滬上粗安，海嬰身体亦較前進步，日前照X光，知肺部好的，不過秋間天氣變化，仍時發氣喘病，但總較去歲輕減。医囑到香港住二三年可愈，然不易做到，祇隨時當心起居便是。肅此，敬候

著安

許廣平上 十一月五日

附函乞便轉 川島先生為感。

寒家偶失慎，幸火旋即熄滅，一切無損，報章誇大，或傳及遠，乞勿覺念。又及。

释　文

建功先生：

奉到十月二日　惠函，关于纪念本书款事，已立即将来　示转交复社办事人阅看，托其函覆，沪上既已收款，书自当照寄，绝无问题，不过现时交通，似又多少不便，恐寄到还须时日。至加烫金字一层，惜信到时书已装订完妥，不便加字，实觉万分抱歉耳！

报载昆明时有空袭，旅居亦大苦，一切希随时留意是荷。

静农先生已在川觅得职业，想已有函达先生处，静先生最辛苦，今得平安，大家都可替他安心了。

书简本属奉赠，区区万万乞勿再提起，转令惭愧是幸。

全集出书之后，深得读者爱护，已销去约三千部，不过外埠除沦陷区，其余归一书局包销，至今内地多未见到，无以满足渴望，甚觉可惜，运输不便，自亦最大原因。书出之后，检查仍不少错处，希望将来时局稍定时，可根据之而再加修正。其古书标点，在编后记中说明由某某先生负责，读者当可明瞭，不知昆明有否普通本运到耳。

沪上粗安，海儿身体亦较前进步，日前照X光，知肺部好的，不过秋间，天气变化，仍时发气喘病，但总较去岁轻减，医嘱到香港住二三年可愈，然不易做到，只随时当心起居便是。肃此，敬候著安。

许广平上

十一月五日

附函乞便转　川岛先生为感。

寒家偶失慎于火，旋即熄灭，一切无损，报章夸大或传及远，乞勿妥愚。又及。

五、一九三九年一月二十五日
（20.5cm × 26.7cm）
共二页

版税私印单行本的，至今就计不到多少了，总之私一切到的书店的态度一样，又兼去夏经一次障碍，书被损坏不少，香港生活据说也欠了数千元，所以复社就等于寿终之状态，或近于流留，现时是负责人作推卸，大有找不到对象之势。至于纪念本，季先生记香港生活代理的负责人是王季深（纪元），但是他早已到了重庆，香港换了一位叫潘君毅的，地址是九龙弥敦道四十九号B三楼。 先生不妨去信向潘君一询（如书尚无消息），但潘可推诿王季深不负责，上海复社负责人情形又如此，而广又无身负纪念会重责，真觉此次为事上当，由连累朋友，在这一方面真是惭愧无及。至另一方面，说单书出了，将来无论如何变乱，总祗要于几部中找到一部，即可以之重印，或修改，也是不快中之一慰就是了，不过 先生们的几部总要有交代的，即由广这面随时设法督促便是。

回想近二三年，蛰居上海，念着是除过蒙 周先生老友推屋乌之爱，多所指导提挈，使广无依靠，如盲人瞎马乱闯的人，得了许多振奋。时常想有所努力，每一念及，不啻领了一粒再生丸的功效，但人事的牵缠，个人力量的微弱，终致没有很充裕的时间，整理或回忆一些十多年来关于周先生的一切，以贡献于知好之前，是万分惭愧的。即如写那篇生活文时，适因担任了一个义务的中小学校长之职，被许多威胁，硬迫辞避，难至 季茀师母处，而那时复为海儿患急性肾脏炎，尚未全愈之际，承曹先生之命，而急就于忙中草成的许多草率，还祈 先生 指教，以便将来改正是幸。

近阅宇宙风，见有伏园先生三週纪念的演讲，及半月刊于上海周先生生活部分多所删削，致未窥全貌，微闻伏园先生曾谈及拟纪念款用完之事，这是不甚确实的，纪念款共收到四千左右，有一千借了给复社印全集，至今未还，有些是用于保存遗物（保险）及出纪念集等等，另外又出了鲁迅书简，部已这样地整出不少，将来纪念事业举行，一定要由广负责归齐的。他这说广都有借死人发财之嫌，无以对周先生一生清白，及朋友信托，闻之甚觉不安不已。 先生能就近得其演讲全部否？如能搜到，以留作每年纪念中的文件，不胜感荷。匆此，敬候

著祺。

许广平 上

一月廿五日。

释文

建功先生：

去岁十二月十日　赐札敬悉。久疏音候，偶从同寓李先生处得沈先生暨罗先生近况，知在努力文化，甚可感慰。纪念本久未送到，殊出意外，业已多方托人设法解决，亦曾去函香港负责方面，并将　贵友般含道地址开出去了。至于香港纪念会方面，现似确没有人负责，且看最近努力，结果如何，如仍无确讯，务请再行　示知，当再设法。关于此事，说来话长。其先是胡愈之在沪，想由作者办一出版事业，不事榨取读者，以便利穷苦的人们，出了《西行漫记》及续记，销路很好，共有数千元流动金，又兼社友二十余人，每人出五十元，亦有千余元；然后计划出钜著以立基本，于是千方百计托蔡先生把已向商务订了总约的全集（商务战时绝不肯出书）改由复社出版，他对我说：将来情形，不知到［道］怎样的，也许难得有全部著作收集出版的一天。因为无论那［哪］一种环境，对著作者的意见总许有一部分不同意的吧。在这乱离时候，赶紧出来，也足鼓励国人锐气，也是保存文化之一重要工作，至于售价，因购买力弱，定价特低，所以在上海卖预约，初版每部只八元，香港方面以及外埠，全归生活书店包销。这一来，为了他的话也有一部分真理，大家商量之下同意了。而且每部初版我们只收到一元的版税，实是破天荒的为读书界牺牲。我是想到　鲁迅生前的为读者设想，以及想到唯一的是先把书出起来，以免仅存在我的一些材料，或致不幸而催［摧］毁，所以不计及其余的情形了。又因复社只有几千元本钱，是不能印这钜著的能力的，也是胡愈之的好计划，另有精装本甲乙二种是作纪念款捐助送书的，用鲁迅纪念会名义，是拿它压倒一切书贩们的反对，便利复社进行。结果初版是成功的，普通本千部，马上卖光，除了沪上八元—十元的每部，卖去几百部，其余呢，由复社包运至港，由港生活包销。这里就有花头出了，香港生活以读者预约的名义，以最廉价的每部十一二元本钱包下来，但是适武汗［汉］广州撤退，内地运输困难，生活这就难中取易，就在香港卖港币发一通财，多余的运到南洋，卖外汇，又发一通财，真是财源广进，头头是路，却是苦了我们自己，也更辜负了为读者设想的人们的苦心。其后再印了千五百部（鉴于初版的被书贾营利），版税力争之下，第二次五百部也不过每部二元，第三次千部每部三元，近又印了单行本十种，却是实在呢，三版以后的版税和单行本的，至今就讨不到多少了，总之和一切别的书店的态度一样，又兼去夏经一次障碍，书被损坏不少，香港生活据说也欠了数千元，所以复社就等于寿终状态，或近于弥留，现时是负责人你推我躲，大有找不到对象之势。至于纪念本，原先是托香港生活代运的，负责人是王季源（纪元），但是他早已到了重庆，香港换了一位叫潘君毅的，地址是：九龙弥顿道四十九号B三楼，先生不妨去信向潘君一询（如书尚无消息）。但潘可推给王季源，不负责，上海复社负责人情形又如此，而广又孑身肩负纪念会重责，真觉此次办事上当，连累朋友，在这一方面真是悔愧无及。在另一方面，总算书出了，将来无论如何变乱，总只要千余部中找到一部，即可以之重印或修改，也是不快中之一慰就是了，不过先生们的几部总要有交代的，即由广这面随时设法督促便是。

回想近二三年，蛰居上海，乏善足陈，过蒙　周先生老友推屋乌之爱，多所指导提挈，使百无依崇，如盲人瞎马乱闯的人，得了许多振奋，时常想有所努力，每一念及，不啻服了一粒再生丸的功效，但人事的繁复，个人力量的微弱，终致没有很充裕的时间，整理或回忆一些十多年来关于周先生的一切，以贡献于知好之前，是万分惭疚的。即如写那篇生活文时，正是因担任了一个义务的中小校长之职，被许多威胁，硬迫避难至季茀师母处，而那时复当海儿患急性肾脏炎尚未全［痊］愈之际，应曹先生之命，而急于百忙中草成的，许多草率，还祈　先生指教，以便将来改正是幸。

近阅《宇宙风》，见有伏园先生王昆明三周［年］纪念的演讲，后半关于上海周先生生活部分，多所删削，致未窥全豹。微闻伏园先生曾谈及广因艰窘把纪念款用完之事，这是不甚确实的，纪念款共收到四千左右，有一千借了给复社印全集，至今未还，有些是用在保存遗物（保险）及出鲁迅纪念集等，另外又出了《鲁迅书简》等，都已这样地垫出不少，将来纪念事业举行，一定要由广负责归齐的。他这好意的一说，广却有借死人发财之嫌，无以对周先生一生清洁及朋友信托，闻之甚觉辗转不宁，不知先生能就近得其演讲全部否？如能搜到，以留作每年纪念中的文件，不胜感荷。匆此，敬候

著祺

许广平上　一月廿五日

许广平致周作人（一通）

岂明先生：

赐函谨悉。前承 先生见借会稽郡故书雜集由 马先生转交与魏建功先生，当由他保存至昆明，全集集稿时，始电请航寄至沪，现保存在生处，如 先生何时需寄回，示知当设法也。

全集已出书，因是几位朋友帮助，靠了收预约款付印。但因不景气之故，售价未敢提高，而纸张印工等等费去甚钜，约二万金，除预约所得，初版尚欠约八千元，生收得版税千元。现另再版，当未出书，版税不知何时可有，即有亦不会多。（初版千部，每部版税二元）大先生生时，靠版税生活，但因他自己境遇之故，不便露面多交际，故常常饿肚皮做事，大病亦不肯住医院，免多收费，其所以死，经济也有关係。死后，生新想出全集，颇为敷衍，版税倒按月付与北平老太太及上海生处，但自去年八月起，平沪即同时停付，此二年余之生活（大先生死后丧葬费三千余元，及医药费共欠五千余元）困苦，生即不言，谅在 先生洞鉴中，不得已从纪念金中借取九百元，先后寄平，听说将作用罄，近即无法而沪上生处，海婴身弱多病，常在调理中，又 大先生遗书甚多，不能不留为保存（家中傢俱尚无着落），上海复寸金寸土，屋租奇昂，生所费更多。伺统计年余费用，全由纪念金款借取，自以为将来全集出后，可陆续筹还，现全集出来，所得之款，全部还去，仍欠二千余元，目下两地生活，绝无办法。生与海婴即使行乞度日，然 太师母等春秋甚高，岂能如此，又岂 先生等所忍坐视（拟即为太师母等设法）？中夜彷徨无计，故特具陈经过，先生怜而计之，幸甚幸甚！肃此，敬候

著安

生许广平上

十月一日

一九三八年十月一日

（21cm×18.2cm）

共一页

释文

岂明先生：

赐函谨悉。前承　先生见借《会稽郡故书杂集》，由　马先生转交与魏建功先生，当由他保存至昆明，全集集稿时，始电请航寄至沪，现保存在生处，如　先生何时需寄回，　示知当设法也。

全集已出书，因是几位朋友帮助，靠收预约款付印。但因不景气之故，售价未敢提高，而纸张印工等等费去甚巨，约二万金，除预约所得，初版尚欠约八千元，生收得版税千元。现虽再版，尚未出书。版税不知何时可有，即有亦不会多。（初版千部，每部版税一元）大先生生时，靠版税生活，但因他自己境遇之故，不便露面多交涉，故常常饿肚皮做事，大病亦不敢住医院，免多花费，其所以死，经济也有关系。死后北新想出全集，颇为敷衍。版税倒按月付与北平老太太及上海生处，但自去年八月起，平沪即同时停付，此二年余之生活困苦（大先生死后丧葬费三千余元，及医药等共欠五千余元）生即不言，谅在　先生洞鉴中。不得已，从纪念金中借取九百元，先后寄平，听说将次用罄，近即无法。而沪上生处，海婴身弱多病，常在调理中，又　大先生遗书甚多，不能不妥为保存。上海复寸金寸土，屋租奇昂，生活费更高，统计年余费用（以前欠债尚无着落），全由纪念金款借取，自以为将来全集出后可陆续筹还，现全集出来所得之款，全部还去，仍欠二千余元。目下两地生活，绝无善法，生与海儿即使行乞度日，然　太师母等春秋甚高，岂能堪此，又岂　先生等所忍坐视。中夜彷徨无计，故特具陈经过，乞　先生怜而计之，按月为　太师母等设法，幸甚，幸甚！肃此，敬候

著安

生许广平上　十月一日

许广平致中国银行（三通）

一、一九四〇年九月十四日
（27.9cm × 18cm）
共一页

魯迅先生紀念委員會籌備會

逕啟者，魯迅先生紀念委員會籌備會，前嘗
貴銀行代收捐款，無任感荷，頃因急用，故請
照可能比例數，剋日付下，是所厚幸，此致
中國銀行執事先生台鑒

許廣平，
九月十四日

释文

迳启者：鲁迅先生纪念委员会筹备会，前蒙贵银行代收捐款，无任感荷，顷因急用，敬请照可能比例数，刻日付下，是所厚幸。

此致

中国银行执事先生台鉴

许广平 启　九月十四日

二、一九四〇年十月二十二日
（28.2cm × 18cm）
共一页

敬启者前鲁迅先生纪念委员会捐款承蒙
贵行代收已历多时无任感荷现因时局关系所有
鲁迅书籍物品拟设法整理妥存纪念事业关于
出版著作，仍在陆续进行一切仍需款项在
贵行余存之款敬祈
掃数结清以便应用不胜感
荷之至又敝会对于
贵行过去给予的热忱助力万分感激特此致谢此致
中国银行台鉴

鲁迅先生纪念委员会
许广平启
廿九年拾月廿二日

附一：一九四〇年十月二十二日上海中国银行致许广平函
（28.2cm × 18cm）
共一页

逕復者接准
大函聆悉一是查敝代
貴會所收捐款截至最近止共計叁百肆拾
柒元伍角伍分又救國公債票面弍拾元請
台端携帶原印鑑（魯迅先生紀念委員會籌
備會篆文圖章及許廣平篆文私章）來行領
取可也相應函復即希
洽照爲荷此致
許廣平先生

上海中國銀行啓

廿九年十月廿二日

上海中國銀行用箋

逕復者：接准 大函，聆悉一是。查敝代
贵会所收捐款，截至最近止，共计三百四十七元五角五分，又救国公债、
票面二拾元，请
台端携带原印鉴（鲁迅先生纪念委员会筹备会篆文图章及
许广平篆文私章）来行领取可也。相应函復，即希 洽照
为荷。此致
许广平先生

上海中国银行启
廿九年十月廿二日

附二：许广平抄一九四〇年十月二十二日上海中国银行函稿
（28.2cm×18cm）
共一页

释文

敬启者：前鲁迅先生纪念委员会捐款承蒙

贵行代收，已历多时，无任感荷。现因时局关系，所有鲁迅书籍物品拟设法整理，妥存纪念事业。关于出版著作，仍在陆续进行，

一切仍需款项。在

贵行余存之款，敬祈扫数结清，以便应用，不胜感荷之至。又敝会对于

贵行过去给予的热忱助力万分感激，特此致谢。此致

中国银行台鉴

鲁迅先生纪念委员会　许广平启

廿九年拾月廿二日

附一：一九四〇年十月二十二日上海中国银行致许广平函释文

许广平先生

台端携带原印鉴（鲁迅先生纪念委员会筹备会篆文图章及许广平篆文私章）来行领取可也。相应函复，即希　洽照为荷。此致

贵会所收捐款，截至最近止共计叁百肆拾柒元伍角伍分，又救国公债票面贰拾元，请

迳复者：接准　大函，聆悉一是。查敝代

上海中国银行启　廿九年十月廿二日

【附二释文同附一，略】

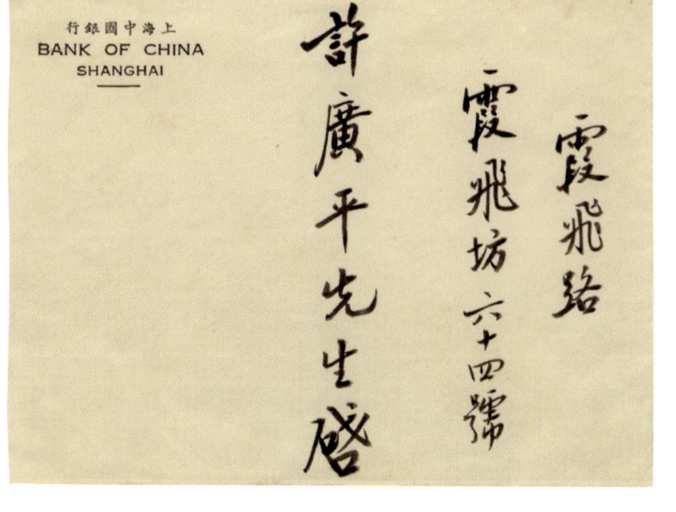

三、一九××年十一月二十四日
（28.2cm×18cm）
共一页

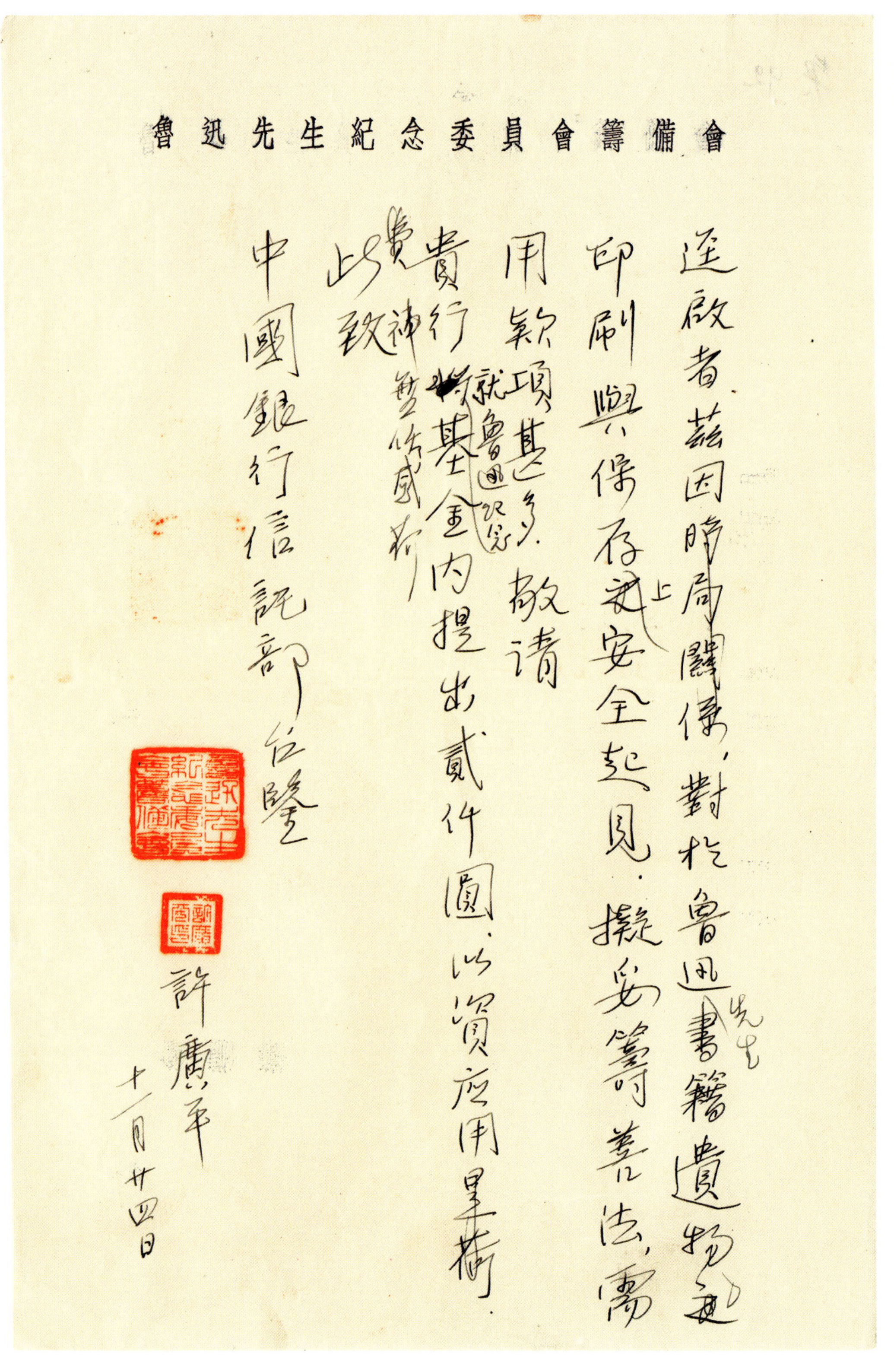

魯迅先生紀念委員會籌備會

逕啟者，茲因時局關係，對於魯迅先生書籍遺物並
印刷與保存上安全起見，擬妥籌善法，需
用款項甚多，敬請
貴行就魯迅紀念基金內提出貳仟圓，以資應用，是荷。
費神無任感荷
此致
中國銀行信託部台鑒

許廣平
十一月廿四日

释文

迳启者：兹因时局关系，对于鲁迅先生书籍遗物印刷与保存上安全起见，拟妥筹善法，需用款项甚多，敬请

贵行就鲁迅纪念基金内提出贰千圆，以资应用。费神无任感荷。

此致

中国银行信托部台鉴

许广平　十一月廿四日

许广平致朱安（七通）

一、一九四四年八月三十一日
（27.7cm × 16cm）
共四页

朱女士：

日前看到報紙登載「魯迅先生在平家屬擬將其藏書出售，且有攜帶目錄向人接洽」的消息，此事究竟詳細情形如何，料想起來，如果確實，一定是因為你生活困難，不得已纔如此做。魯迅先生生前努力教育文化工作，他死了之後，中外人士都可惜他，紀念他，所以他在上海留下来的書籍、衣服、什物，我總極力保存，不願有些微損失，我想你也一定贊成這意思。至于你的生活，魯迅先生死後六七年间，我已经照他生前一樣設法維持，從沒有一天间斷，直至前年（卅一年）春天之後，我因為自己生了一场大病，後来又滙

B-1000
9.1.30

免不便，商店、銀行、郵局都不能滙款，熟託的朋友又不在平，因此一時斷了接濟，但是並未忘記你，時常向三先生打听，後来説收到你信，知道你近况，我自己並託三先生到處设法滙款也做不到，這真是没奈何的事，魯迅先生直系親属没有幾人，你年纪又那么大了，我还比较年轻，可以多挨些苦，我願意自己更苦些，尽可能辦到的照顧你，一定设尽方法筹款滙寄，你一個月最省要多少錢纔能維持呢？请實在告訴我，雖則我这里生活負担比你重得多，你衹自己，我们是二人，你住的是自己房子，我们要租賃，你旁边有作人二叔，他有地位，有财力，也比我们旁边建人三叔清貧自顧不暇好得多，作人二叔以前我接济不及時他肯接济了，现在我想也可以请求他先借助一下，以后我们再设法筹还。我也已经去信给他了，就望你千萬不要賣書，好好保存他的東西给大家做個紀念，也是我们对鲁迅先生死后应尽的責任。请你收到此信快快回音，详细告诉我你的意見和生活最低限度所需，我要尽我最大的力量照料你，请你相信我的诚意。海婴今年十五（算足）歲了，人很诚实忠厚，時常问起你，祇要交通再便利些，我们总想来看望你的。其实想北上的心是总有的，鲁迅先生生前不用说了，死了不久，母親八十歲做寿，我们都预備好了，臨時因海嬰生病了取消。去年母親逝世，自然也应當去，就因事出意外，馬上籌不出旅費，所以没有

成行，總之，你一個人的孤寂，我們時常想到的，望你好好自己保重，趕快回我一音，即候

近好

許廣平

八月三十一日

總B-1000
9.1.30

释文

朱女士：

日前看到报纸，登载『鲁迅先生在平家属拟将其藏书出售，且有携带目录，向人接洽』的消息。此事究竟详细情形如何，料想起来，如果确实，一定是因为你生活困难，不得已才如此做。鲁迅先生生前努力教育文化工作，他死了之后，中外人士都可惜他，纪念他，所以他在上海留下来的书籍、衣服、什物，我总极力保存，不愿有些微损失，我想你也一定赞成这意思。至于你的生活，鲁迅先生死后六七年间，我已经照他生前一样设法维持，从没有一天间断，直至前年（卅一年）春天之后，我因为自己生了一场大病，后来又汇兑不便，商店、银行、邮局都不能汇款，熟托的朋友又不在平，因此一时断了接济。但是并未忘记你，时常向三先生打听，后来说收到你信，知道你近况，我自己并托三先生到处设法汇款，也做不到，这真是没奈何的事。鲁迅先生直系亲属没有几人，你年纪又那么大了，我还比较年轻，可以多挨些苦。我愿意自己更苦些，尽可能办到的照顾你，一定设

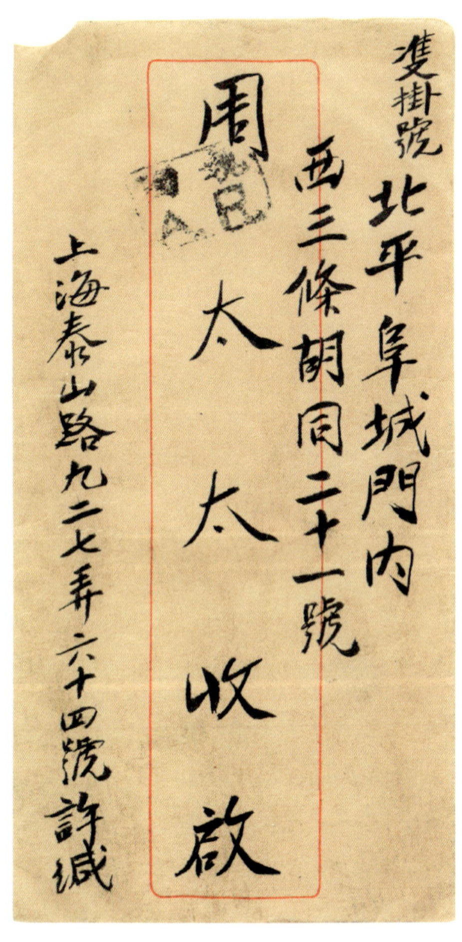

尽方法筹款汇寄。你一个月最省要多少钱才能维持呢？请实在告诉我。虽则我这里生活负担比你重得多：你只自己，我们是二人；你住的是自己房子，我们要租赁；你旁边有作人二叔叔，他有地位，有财力，也比我们旁边建人三叔清贫自顾不暇好得多。作人二叔以前我接济不及时他肯接济了，现在我想也可以请求他先借助一下，以后我们再设法筹还。我也已经去信给他了，就望你千万不要卖书，好好保存他的东西给大家做个纪念，也是我们对鲁迅先生死后应尽的责任。请你收到此信快快回音，详细告诉我你的意见和生活最低限度所需，我要尽我最大的力量照料你，请你相信我的诚意。海婴今年算是十五岁了，人很诚实忠厚，时常问起你，只要交通再便利些，我们总想来看望你的。其实想北上的心是总有的，鲁迅先生生前不用说了，死了不久，母亲八十岁做寿，我们都预备好了，临时因海婴生病了取消。去年母亲逝世，自然也应当去，就因事出意外，马上筹不出旅费，所以没有成行。总之，你一个人的孤寂，我们时常想到的。望你好好自己保重，赶快回我一音。即候

近好

许广平　八月三十一日

朱女士：

前收给海婴信，都已收到。你的生活为难，我们是知道的，而且祇要筹得到，有方法汇寄，总想尽方法的，以前知道寄款不易，在胜利前先托人带上钜款，也是此意。上星期曾托朱蕙陈先生持上法币两万元，今天又托上海银行汇出法币两万元，共四万元，顷又托人汇去指五万元，共指九万元，来信说不肯随便接收外界捐助，（三批筹借不易，皆当田数目）
你能够如此顾全大局「宁自苦，不愿苟取」，深感钦佩，我这些年来一切生活，不肯随便，亦是如此，总之你的生活，我当尽力设法，望自坚定，社会要救助的人很多，我们不应叫人费心，至于报上说有人想捐一笔款买下藏书，仿照任公办法放图书馆内，我们不赞成的，大先生作品，藏书，什物送人，也不赞成，想你也不会赞成的，如有有人说友，谢绝好了，我们都好，勿念，

祝

好

许广平 一月十八

二、一九四六年一月十八日
（16.5cm×21.5cm）
共一页

朱女士：

前后给海婴信，都已收到。你的生活为难，我们是知道，而且祇要筹得到，有方法汇寄，总想尽方法的。以前知道寄款不易，在胜利前先托人带上钜款，也是此意。上星期曾托来薰阁陈先生持上法币两万元，今天又托上海银行汇出两万元，共四万元。顷又托人汇去拾伍万元，共拾九万元。（筹借不易，望省用数月）来信说，不肯随便接收外界捐助，你能够如此，俾坚白廉介，全大局「宁自苦，不愿苟取」，深感钦佩。我这些年来一切生活，不肯随便，要是如此，总之你的生活，我当尽力设法，千万不要望自坚定，社会要救助的人很多，我们不应以人费心，至于报上说有人想捐一笔款买下藏书，仍保存（大先生物品，我们作为送人也不赞成）的，想设法救图书馆，而我们不赞成的，想你也不会赞成的。如果有人说及，谢绝好了。我们都好，勿念

祝好

许广平

附一：一九四六年一月十八日许广平致朱安信稿
（20.8cm × 24cm）
共一页

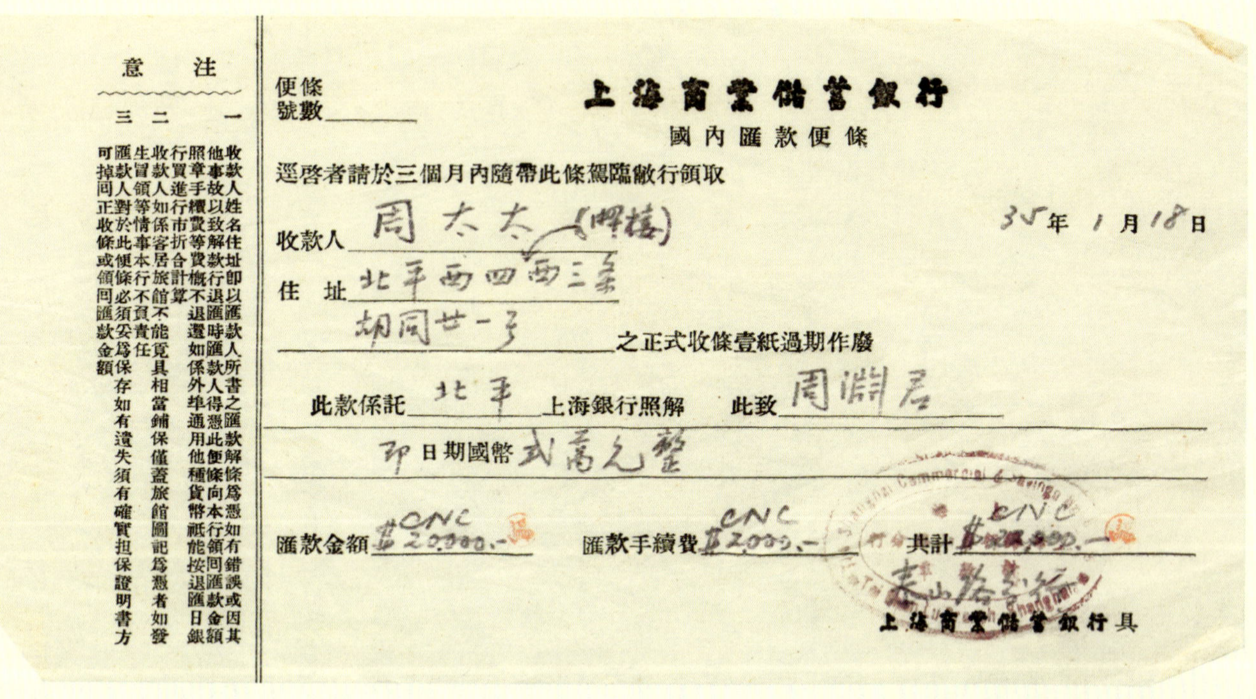

注意

一 收款人姓名住址即以匯款人所書之匯款解條為憑如有錯誤或因其他事故以致解款行退匯時匯款人得憑此便條向本行領回匯款金額照章手續費等費概不退還如係外埠通用他種貨幣祗能按退匯日銀行買進行市折合計算

二 收款人如係客居旅館不能覓具相當鋪保僅蓋旅館圖記為憑者如發生冒領等情事本行不負責任

三 匯款人對於此便條必須妥為保存如有遺失須有確實担保證明書方可掉回正收條或領回匯款金額

上海商業儲蓄銀行

國內匯款便條

便條號數

逕啓者請於三個月內隨帶此條駕臨敝行領取

35年 1月18日

收款人 周太太（押櫃）

住址 北平西四西三条胡同廿一号

之正式收條壹紙過期作廢

此款係託 北平 上海銀行照解 此致 周湖居

印日期國幣 弍萬元整

匯款金額 CNC $20,000.–　匯款手續費 CNC $2,000.–　共計 CNC $22,000.–

上海商業儲蓄銀行具

附二：一九四六年一月十八日许广平汇给朱安的汇款便条

（10.5cm × 20cm）

共一页

世界日報 卅四·十二·十九

爲魯迅先生的遺族和藏書盡一點力吧

·海生·

對於魯迅先生，誰都承認他是中國的大文豪，大思想家，文化鬥士，青年們的導師。雖然他已經死去了九年，却還在受着千千萬萬的人們的崇敬。

可是，他的夫人——一位白髮蕭蕭的老太太，現在仍舊住在北平（住址是西四牌樓宮門口西三條廿一號），度着極清苦的生活。今年夏天，我受一位朋友的請託，送一筆款子到她那裏去，和她見了一面。那時，她正患着病，咯血，是因爲每天吃雜糧而營養不足的緣故。她很傷感地訴述着苦況，並且說：「想死又死不掉！」這樣凄慘的話。

關於魯迅先生生前的藏書，仍舊由她保存着。她一度曾有出賣的意思，後經友人的勸阻作罷。可是她對我表示，在實在沒有辦法的時候，也祇有出賣了完事。

這是一件想不到的事情！像魯迅先生這樣一位一代的文豪死後，他的遺族竟度着這樣凄涼的日子！我們既認爲他是我們青年的導師，我們也正踏着他的足印向前邁進，我們就忍心看着他的遺族在生活壓榨下，痛苦掙扎地受着折磨嗎？我們能不爲保存魯迅先生生前，費了多少心血而收藏的書籍，盡一點力嗎？

一位文化的鬥士，爲了國家民族，毀壞了自己的健康，致遭死神的吞噬，他的豐功偉績，是千古不朽的。然而却沒有人顧念到他的度着艱苦生活的遺族，更沒有一點的撫慰和援助，這可以說是公平嗎？

所以，我要向大家呼籲請求，我們應該救濟這位孤苦無依的魯迅夫人。我們沒有忘記魯迅先生，也不要忘記他還有「求生不得，求死不能」的遺族在世。

編者按：文中提及之魯迅夫人，係周樹人先生之元配。至於現居上海，撫樹人先生遺孤海嬰之許廣平女士，則係另一魯迅夫人，聞生活亦極窮苦云。

◇◇◇

附三：一九四五年十二月十九日北平《世界日报》“明珠”版有关朱安的报道

（7cm × 12.5cm）

共一页

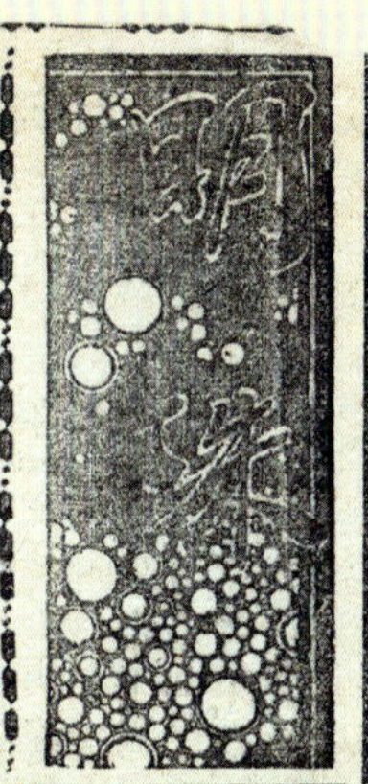

響應援助魯迅遺族

·朽木·

編者先生：

十二月十九日「明珠」，載海生君「爲魯迅先生的遺族和藏書盡一點力吧」，我極表同感，并且第一個表示讚成！我們無論如何要幫助魯迅的遺族，現在正是我們作這件事的時候。

迅翁逝世九週于茲，我們未嘗公開地開過紀念會，或舉行任何紀念儀式，甚至都不敢提魯迅二字。平心說，敵人并不見得可怕，因爲他們也時常提及魯迅，倒是敵人的叭兒們最是了不起——我們實在感到痛心，而也感顯示出迅翁的偉大。

今年——這個可慶的勝利，光復年——十月十九日迅翁九週祭，我們可談紀念一下了吧！然而仍未能，眞使我們感到絕大的痛心。好像魯迅已與中國沒有干係了。雖然亦有一些報張副刊上爭載紀念文，或是轉載紀念文，但也都是雜零狗碎，然而那青年的熱心是使人深爲感動的。不過，在大叫紀念魯迅的時候，也該正視一下雖然魯迅偉大，他給我們留下實貴的教訓，但也要看看他的遺族，那樣的可憐的遺族：孤單的夫人同着迅翁的心愛的藏書，渡着淒苦的歲月，并且喊着：「想死又死不掉！」的痛心語。我們還一般敬愛迅翁的青年，就沒有一點感觸麼！

教育部特派員這次奉命北來接收一切文化教育機關，情形大致也差不多了。而最奇怪的，他竟沒有記起這一件事：中國最大作家的遺族，無人照管，渡着苦難的日子。其實老實來說吧，沈公也曾是迅翁的知交之一，就因爲這一點私人關係，也不該忘記了吧！這我并不是說，眷夫人向沈公求布施，不，不，我一點那樣的意思也沒有。我是說，未嘗不可以藉了這個機會，去代表政府向她慰問一番，她也許是一個無知無識的婦人，但只憑藉了她（當然還有迅翁的先太夫人）而將許多珍貴的文獻給保留住了，沒有散失，也沒有叫敵寇搶去，這不是我們國家的光彩麼！其他至于與建魯迅紀念館，倒還是後事。

去多上海盛傳迅翁遺族欲出售翁生前藏書，那時眞使我們捏齊一把汗；後來幸而風平浪靜。于是有遠在滬濱給帶款來者，而且亦有賣掉珍愛的藏書而捐與迅翁的遺族的，眞是可歌可泣，稱之爲文化界之戰士并不過譽！

最後，讓我呼喊．我們援助魯迅的遺族要「有一分熱，發一分光」！

朽木拜啓。

◇ ◇ ◇

瘦

弓也長

相聲裏頭，有這麼一段：

「康熙爺有一天問劉墉：什麼最肥，什麼最瘦？劉墉的回答是：夏天最肥，秋天最瘦。」

如果這段話是眞的，劉墉，這位被諡稱的「劉羅鍋」，倒眞是一位了不起的文藝家的哲學家了。

說實話，秋天的確是瘦的，尤其是今年的收復區的秋天。

今年秋天，敵人降服了；收復區裏的人，也個個都瘦了。

漢奸是由於所謂「懷刑之懼」，百姓是由於所謂「失業之苦」。

然而還要聲明一下：百姓在八一五之前，並沒有肥過，像漢奸在八一五之前，並沒有瘦過一樣。雖說敵人的某博士，曾證明「混合麵」含有多種的營養，能生多大的熱量，但那土赭色而帶異香的「倉底」，在百姓無奈地塡進胃袋之後，到腸子裏頭是什麼也不被吸收的也。

日閥自殺總紀錄

——截至近衛文麿爲止

·止聊·

正如國際戰犯總檢察官季南所說：一個人不管他是已經被拘或即將遭逮捕，除非他的良心已經深感犯罪，實在沒有畏懼逃避的必要。然而日本投降以後，麥帥的戰犯名單還沒有完全宣佈，這些日本的黷武者，就已經默認他們的罪行，躲避他們的責任，接二連三地「自殺報國」了。日前近衛文麿也走上了這條末路，日本首相幣原就近衛自殺發表談話說：「近衛之自殺，可能使其變爲日本之烈士，倘彼苟延其生命，則醫名將永遠消滅矣。」那無疑就是說，自殺是聰明的方法，是英雄的行爲，是首相所讚許的。這種「英雄」的自殺風氣，以陸相阿南開端，九月裏盛極一時，十月以後自殺人數稍疏下來，現在近衛也步入這批陰鬼的隊伍，排在最後，但是誰又能說就是他壓隊呢？

日本這批找到了「歸宿」的「喪家之犬」有多少呢？平日做了些什麼自己良心都受譴責而至於毀滅了自己的罪行呢？下面讓大家看一個簡略的統計：

自殺日期	姓名	曾任職務
八月十四日	阿南惟幾	陸相。
八月十五日	寺本	陸軍航空總監。（寺本殉命之翌日，即由該部軍官秘密埋葬，故直至九月二十五日始被發表。）
八月十六日	大西瀧治郎	軍令部次長。
九月十二日	杉山元	前林內閣陸相，一九三八年曾任華北日軍司令，其部隊曾擔任攻擊衡陽，爲一道地「法西流寇」。（與其妻同時自殺。）
九月十二日	森上校	日本大本營聯絡參謀官。
九月十二日	橋本岩一	第一防衛司令部司令。（於司令室內開槍射入心臟自殺。）
九月十四日	後宮	前代理陸軍參謀總長。
九月十四日	小泉親彥	前東條內閣時之厚生大臣。
九月十四日	橋田邦彥	前東條內閣之文部大臣。（服毒自殺。）
九月十四日	吉本貞一	前陸軍代理參謀總長。（先行剖腹而後以手槍向頭部轟斃。）
九月十七日	篠塚義男	最高軍事參議官。（以武士刀在寓所刺喉自殺。）
九月十七日	廣知	暹羅境內日本第十八區駐軍副參謀長。
十月七日	增田	日本前駐馬紹爾羣島之香蕉特島司令官。
十一月廿日	本莊繁	發動「九一八」事變，引起中日戰爭，一九三〇——一九三五年任關東軍總司令。
十二月十六	近衛文麿	曾任首相，對華主戰之有力者，曾企圖勾誘汪精衛掀起中國內訌，爲萬惡之「戰爭軍閥」。

除上表外，尙有自殺未遂者二人，一個是東條英機，一個是松岡洋右，今後不知還有多少要步上後塵呢？

附四：一九四五年十二月二十六日北平《世界日报》刊登的朽木《响应援助鲁迅遗族》一文

（19.5cm × 21.5cm）

共一页

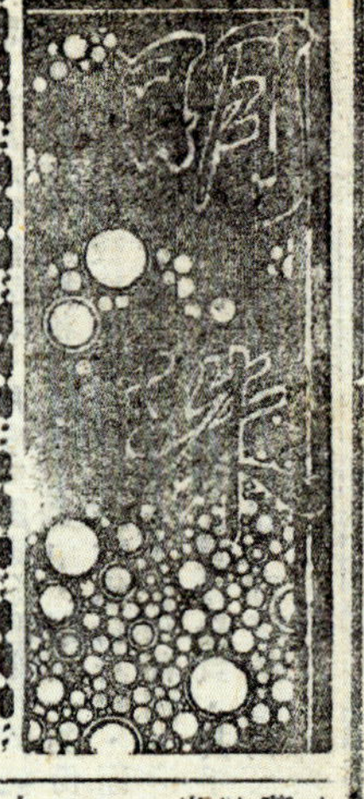

訪問魯迅夫人

弓也長

十二月十九日，本刊發表了海生先生的「爲魯迅先生的遺族和藏書盡一點力吧」，引起了不會忘掉魯迅先生的人們的注意。二十三日，收到朽木先生響應的信，我們就用「響應援助魯迅遺族」作標題，刊載在二十六日的「明珠」上。二十六日，收到因雲先生的來信，並附法幣四百元，囑轉交魯迅先生的遺族。二十七日，又收到朽木先生的來信，提議以「明珠」爲中心，「發起一捐款運動，作爲實物援助」。廿七日，更收到海生先生的「再訪魯迅夫人」，說在這幾天之內，曾有兩位生客探望過魯迅夫人，一位是「民强報」的記者朱南郭先生，一位是「朝鮮劇人藝術協會」的理事長徐廷弼先生，他們二位除了對夫人表示慰問以外，更分別地送了點款子，但夫人並沒有收受。二十八日，我給海生先生打電話，請他陪我同去訪問魯迅夫人，這一方面是想代表讀者向夫人致慰，一方面是要把因雲先生函囑轉交的款子送去。當天下午，海生先生實在太忙，所以就約定在二十九日下午，一同去訪問魯迅夫人。

二十九日是一個晴天，然而冷得很。下午四點半，同海生先生在西單的一家咖啡館見面，隨後就雇了兩輛三輪車　在暮色蒼茫中，到宮門口西三條的周宅。是一個座北朝南的黑門，在那條小胡同的緊西頭。院裏好像至少還有兩家，魯迅夫人就住在那三間北房。一進房門，正遇上魯迅夫人吃飯，她顫巍巍地站起來，海生先生就把我介紹給魯迅夫人。

不夠營養的晚餐

一盞昏黃的電燈，先讓我看清楚的是桌子上的飯食。有多半個小米麵的窩頭擺在那裏，一碗白菜湯，湯裏有小手指粗的白麵做的短麵條（有人管這叫「撥魚」），另外是一碟蝦油小黃瓜，碟子邊還放着兩個同是蝦油醃的尖辣椒，一碟醃白菜，一碟霉豆腐。這就是魯迅夫人當天的晚　——沒有肉也沒有油，沒有一個老年人足夠的營養！

夫人的個子很矮，一身黑色的棉褲襖，在短棉襖上罩着藍布褂，褂外是一件黑布面的羊皮背心。頭髮已經着白，梳着一個小頭，面色黃黃的；但兩隻眼，在說話的時候，却還帶有一閃一閃的光芒。

感謝同情的關切

我先說明了來意，魯迅夫人連說了好幾個「不敢當」，並叫我代她向一切同情關切魯迅先生和她本人的人們道謝。以後，我就把因雲先生的那封信和所附的法幣四百元拿出來。夫人把信接過去，到房外找同院的一位先生給看了看，回來說可惜沒有姓，同時好像也不是真名。對那四百元，却始終不肯拿。只說盛意是可感的，但錢却不能收，因爲生活一向是靠着上海的許先生（按即許景宋女士）給她帶錢，沒有上海方面的同意，另外的資助是不好接取的。據說，由於前幾天朱徐兩位先生的好意，夫人已經給上海寫信去了。

沈衆士曾有資助

魯迅夫人又說，最近曾收到沈衆士先生送來的一筆款子，是國幣五萬元。這筆錢，本來是上海的許先生要託沈先生帶的，但沈先生當時並沒有拿那筆錢，只說到北平一定給魯迅夫人送一點款子去；結果　錢是送到了，然而並不是許先生託帶的，而是沈先生自己跟幾位老朋友湊起來送的。

夫人住的三間北房，東裏間是睡覺的地方，西裏間就是魯迅先生藏書的地方，中間的一間是所謂「起居間」，即吃飯會客及閑坐的所在。在中間那一間房子的後面，還有一個小套間，據說那就是當年魯迅先生家居時的工作和讀書的地方。屋裏，靠東壁擺一張書桌，桌前一把籐椅；北壁上有兩個大玻璃窗，窗外是一個空院，院裏種些果樹什麼的。夫人說，這間屋子還保持原來的樣子，一點也沒有動，一切都跟魯迅先生生前的布置一樣。我看了看，不禁想起：就是在那養間之內的北窗下，魯迅先生的爲人類的筆墨的辛勞。

海嬰今年十七歲

夫人今年六十七歲，比魯迅先生大兩歲。海嬰，魯迅先生的遺孤，據說已經十七歲了。夫人說的是紹興話，略帶一點所謂京腔；我是靠了海生先生的翻譯，才能完全聽懂的。

同魯迅夫人，談了大約有一個鐘頭。夫人談到交通的不便，談到物價的飛騰……。她說：「八年了，老百姓受得也儘夠了，然而現在，見到的還是不大太平！」說完了，冷酷地笑了笑，接着又有幾聲咳嗽。夫人說，這些天身體總不大好，常常喘，可是血已經不吐了。想到夫人的身體，想到夫人的年紀，再想到那沒有足夠的營養的飯食，我好像沒有話可以說了。

六點多鐘，同海生先生向夫人告別。夫人送到房門，還不斷地叫我代她向一切關切魯迅先生和她本人的人們道謝。在寒風凛冽中，走着黑暗的西三條，天邊好像有一顆大星在閃眼。海生先生沒有言語，我也沈默着。

然而這樣的一個訪問，還算是已經對魯迅先生和他的孤苦的遺族，盡了我們應盡的義務了嗎？

因雲先生來信

弓也長先生：

魯迅先生逝世了，但先生的遺族却貧困得要賣先生的藏書，並到了喊「想死又死不掉」的地步！

朋友們，青年們！請你們不要想到蘇聯的高爾基，請你們不要想到……如何如何！如果你眞那樣想，未免就太幼稚，悲哀而近於滑稽了！

青年的朋友們！想一想魯迅先生對於我們的熱情與期待！我們爲了要紀念先生，報答先生，安慰先生，希望我們拿出所有的力量，來履行我們的義務！

附法幣四百元，祈轉交魯迅先生的遺族。

因雲。

十一月廿一日。

因雲先生：法幣四百元，魯迅夫人不肯收。該款如何處置，請示知。

弓也長拜。

朽木先生來信

編者先生：

關于迅翁遺族稿被刊出，其實我內心尚隱隱有如此一點意思，即以「明珠」爲中心，發起一捐款運動，作爲實物援助。但未悉尊意如何。……匆匆不一，並頌：

文安。

朽木拜啓。

十二月廿六日。

附五：一九四五年十二月三十一日北平《世界日报》刊载的弓也长《访问鲁迅夫人》一文

（19.4cm × 18cm）

共一页

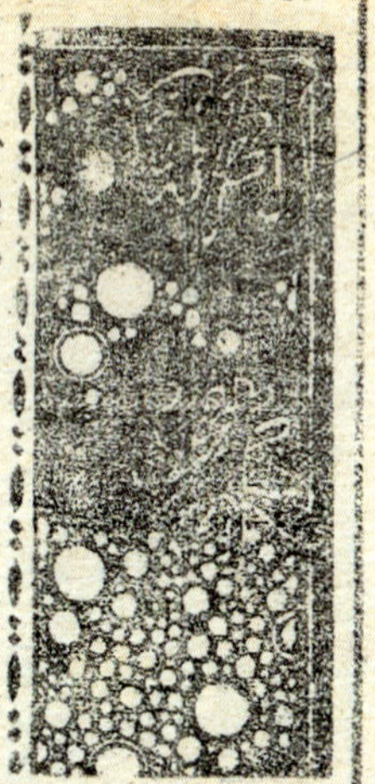

火熱的人情

弓也長

無論怎麼說，我們總覺得世間還有的是火熱熱的人情！

在對於魯迅先生的遺族和遺書的問題上，使我們更感到那胸胸的溫暖！

昨年年尾，備從海生、朽木，因爲讀先生的好意，我們做了一件應該做的事——訪問了魯迅夫人。寫了一篇訊陋的訪問記，那意思，與其說是代什麼人呼籲，不如說是想把這樣的一個問題，更清詳地揭示出來。在我們，則有等待讀者們的指點，而爲人意竭地服役的決意的。

果然，跟着，我們就收到了許多的反應，許多對於這個問題的反應，當然，這許多的反應也給了我們許多的欣喜，但這欣喜卻是毫無個私的。

在來信和來稿之中，都一致地贊同發集一筆款子，作爲魯迅夫人的生活費和魯迅遺孤的教育費。關於款子的籌措，更有人提出種種具體而確有可能的辦法。至於對遺書之類，則主張最好能由國家的機關負起保存的責任，仿過去用於梁任公的遺書的方式。倘能像待歐陽那樣，當然是更好的。

談到捐款的收受一點，上海的許景宋先生的意見，當然是應該聽取的！——魯迅夫人不是表示過，沒有上海方面的同意，她不好接受援助嗎？據朽木先生來信說，他已經給許先生寫信去了；而同時，魯迅夫人這方面，聽說也有信寄到上海去。想來不久，大概會都有下文的。

之外，又有人提議出版完本的魯迅全集，和找一個年長的女孩子來侍伴年近七十的魯迅夫人；這兩點，我們覺得，也許還須要再行商榷；尤其是前者，因爲那限於在保有於遺族手中的版權，是很有關係的。然而同樣地，由此也可以看出大家對於這個問題的苦感和焦思也。

八號那天，我們又收到一「朝鮮人藝術協會」徐廷弼先生送來的法幣四千元；附信說，希望「爲魯迅先生的偉大性和教其遺族，發起一個廣範圍的運動」；而徐先生，則要與他的同志們，以朝鮮青年的立場，參加這個運動，則在「中韓國交和文化之交流」上，「盡一點微意」；那四千元，就是要「作該運動的一部基本」的。對於徐先生這一位朝鮮的同志，以及爲他的同志的朝鮮青年們，我們應該先表示感謝；至於那四千元，適同以前因雲先生叫我們轉交，而魯迅夫人沒有收的法幣四百元，已由我們在九號，作爲活期存款存在金城銀行的西城辦事處了（存摺一七三三九號），意思是想再等待等待發展的下文。

以下，在今天以及明天後天，我們想把收到的有關這一個問題的來信和來稿，擇要地發表。這將是一個值得珍貴的記錄，一個深蘊着火熱熱的人情的值得珍貴的記錄！

天冷得很，我們且讓守着這一團胸胸的溫暖吧！

× × ×

對魯迅遺族……希能發起捐款運動

已另函徵求許廣平同意

·朽木·

弓也長先生：

今閱年末日「明珠」，見大作「訪魯迅夫人」，感佩莫名。只因爲有幾封信，略提及關于迅翁的遺族問題，想不到竟勞動大駕，並約同海生先生一同去訪問迅翁夫人，佩服，佩服！但以此又使我多增加了一點見識，即一個副刊的編者不僅只會看一看稿子，編一編文章便算，而還得兼作其他一切可作的事情。但祈不要誤會我說這話是在譏諷先生，因爲有許多殘章副刊不僅不刊此類文字，甚至對「魯迅」二字均避之若浼，亦很可嘆耳！

先生在那文中使我多知道了一些事情，其實那也正是其他廣大的讀者們所極欲知道的。先生在那文末後說：「然而這樣的一個訪問，還錄的一篇拙劣的記述，就能算是已經對魯迅先生和他的孤苦的遺族，盡了我們應盡的義務了嗎？」我想，除了自謙的字眼以外，應修正爲：「我們只弄弄文字，略提及了迅翁的遺族，就算是已經對迅翁和他的孤苦的遺族，盡了我們應盡的義務了嗎？」這麼一來，範圍就廣大得多了——然而我也就不能不先將要自己放進去。

據海生先生說，曾有過兩位生客訪問過迅翁夫人，今又讀因雲先生信，知曾託先生轉交夫人法幣四百元。我們應承認這些都是血淚的捐助，雖然夫人並未收下。據先生文中說，係未得許廣平先生同意，不好接受任何人的款項。這其實是人情上當然的一種步驟，是無可怪的。前我在給先生第三信後，又給上海許先生寄去一封航空信，是提及北方青年對迅翁家族的關心，并略略有點徵求她的同意，使允許我們能發起一捐款運動——尤其對北平的迅翁遺族。同時，對她的近況亦略有論及。今見先生的大文刊出，我確認這個運動——即對迅翁遺族捐款的發起運動，已應在廣泛地展開着，當然我希望能在最近期內得到實現。「明珠」是不能逃出這個責任的。至于我呢，絕對無條件地擁護先生的指示，願盡我能盡的力量來幫助完成這件偉大的事情！草草奉此，餘不一一，並致

敬禮！

朽木。

關於魯迅的遺族與遺書

上

朱學郭

本月十九日讀「明珠」海生先生的「爲魯迅先生的遺族和遺書盡一點力吧」一文後，我以「民強報」記者的名義去訪問過一次魯迅夫人。去是終有一個辦法的，原打算得魯迅夫人同意後，便發動一個捐款運動，預計可得相當成數，作爲她的生活費，而請遺族將遺書捐贈北平圖書館，仿梁啓超先生遺書之例闢專室陳列，永供後人瞻仰閱讀。倘若數目能再大一些，能將房屋器具都購置下來，照魯迅先生生前那樣的佈置作文章時的樣式陳列，像德國對歌德的辦法，讓它成爲國家的紀念館，那就更好了。

會到魯迅夫人後，我的原計劃並未開口，因爲我覺得魯迅夫人是個可敬愛的人物，她的生活雖困難，還沒到絕無辦法。她不肯輕受援助，遺書也不會失散在她的手裏，住的房屋是自有，在她生前當然還要住下去。

◇　◇　◇

附六：一九四六年一月北平《世界日报》有关鲁迅先生遗族和遗书的报道

（18.5cm × 18.5cm）

共一页

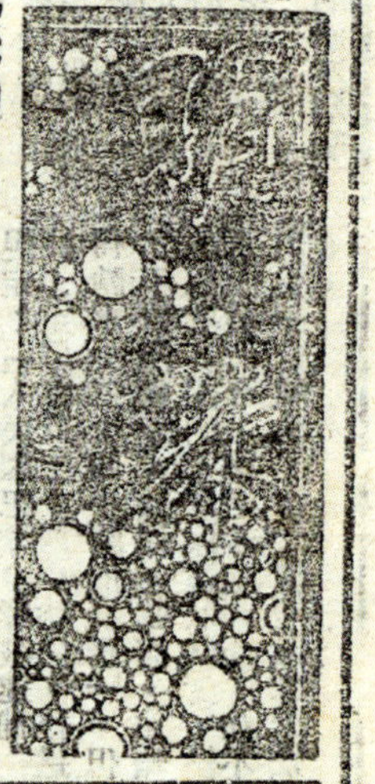

依然是關於……魯迅先生的問題

弓也長

關於魯迅先生的遺族和遺書的問題，自經本刊不斷地發表並討論以來，已引起廣大的讀者們的注意，是事實。不過，這個問題的關鍵，也就是我們所要等待的下文，則在於上海方面的許景宋先生的意見。朽木先生，這個問題的最早的發起者，據他來信告訴我們，已經給許先生寫信去了，我們想：許先生不久一定會有回信來的，所以就一直地等待着，等待着。

在這個等待的期間，我們收到了葛孝先，楊晉祥，元變，朱英，王永寄，張鐵夫，宋寶，聶適園，徐昭文諸位先生的來信或來稿，並左海，吳青，陪懷平三位先生的寄款。由此可見，這個問題依然在繼續地發展着，並沒有因爲等待而解消。

截到今天爲止，由第一個寄款者的因襲先生算起，我們先後收到的寄款有：

因襲先生的四百元，徐廷弼先生的四千元，左海先生的一千元，吳青先生的二百元，陪懷平先生的二百元：一共是法幣五千八百元。還五千八百元，都由我們存在金城銀行的西城儲蓄處了。（存摺是一七三三九號。）

朽木的來信

二十三日，我們又收到朽木先生的來信，原信是這樣的：

弓也長兄：今日收到許廣平先生來函，內稱不希望我們那樣做。今幷將原函奉附，以便參攷。我自然感覺一點微微的失望，蓋我們前曾以：至低，許先生亦會允許我們對平市遺族予以幫助也。但許先生既不願意，當亦無法。不過我自始至終覺得我們都是善意的，亦像你所說，都是「毫無偏私的」，綠我們如此做，乃由於對迅翁之崇敬。爲迅翁逝世八周年祭日，我曾爲文稱，不要忘記平市迅翁之故居，也就是說，將來要爲迅翁建紀念館與圖書館時，不只上海，還有北平，同樣更重要的北平的故居。而平市遺族係翁生前藏書之保管人，我們因爲關切翁生前藏書，自然也就關心到宅的保管人，這不是很自然麼？

關于許先生，我相信她之不願意我們如此舉動，亦或自有其苦心，我相信其內心亦仍是善良的。而且亦或以爲我們如此做，亦未嘗不與翁之遺囑有相抵觸處。不過我們儘可不必因此而失望，竊以爲其他可做的事情還多，正如許先生所謂「各方待救較個人爲重」。事實上，倒是更大的事情較更小的事情爲重耳，未審尊意云何？匆此不一，順頌文祺。

朽木上。

一月廿二日。

景宋的意見

至於所附的許先生的信，是：

朽木先生：兩蒙惠教，殷殷垂念魯迅家屬生活，無任感荷。平方生活，當竭盡微力；倘勞社會賢達如先生們者費心，實不敢當，因勝利之後，各方待救較個人爲重者實多。藉此布覆，並候台綏。

許廣平啓。

一月十八日。

如此，則這個問題，尤其是關於遺族的生活那一部份，恐怕也眞要如朽木先生所說，「許先生既不願意，當亦無法」了吧？那麼，由我們收存的五千八百元，要怎樣地處置呢？這，好像是應該徵詢寄款者的意見之後，才能決定的。所以希望：寄款的五位先生，能早日地給我們指示。

論到遺書，乃及出版全集，建立魯迅紀念館等問題，在現在，似乎也只有擱在這裏了。昨天，我們收到朽木先生的來稿，雖然說的都是關於羅曼羅蘭的事，但想來，好像也未嘗不可作我們的對於上述的問題的參考。所以就把那來稿，發表在這篇文字的後面。

朽木先生的信上說：「我們儘可不必因此而失望，竊以爲其他可做的事情還多，正如許先生所謂『各方待救較個人爲重』、事實上，倒是更大的事情較更小的事情爲重耳，未審尊意云何？」那麼，對於一切注意魯迅先生的遺族和遺書這問題的讀者們，我們也應該一問：「未審尊意云何」吧？

羅曼羅蘭友人會

——已於本月初在巴黎組成

·珊珊·

本月二十日，在國際文藝沙龍舉行座談會中，遇到法國駐北平的領事余撒華氏。余氏是「明珠」的忠實讀者，對於魯迅遺族的捐款等問題，先表示了極其同情的熱忱。以後就說到，在巴黎，對羅曼羅蘭，已於本月初成立了一個叫作「羅曼羅蘭友人會」的組織。這個會，是以羅氏的女公子爲中心的，將從事於羅氏著作全集的出版，和羅氏著作原稿並書札的搜集整理。同時，更想在最近的將來，成立一個羅曼羅蘭專館。現在呢，則正爲羅氏的遺族發起捐款的運動。至於紀念專館的地址，也許要設在羅氏久住的瑞士。

聽了余氏的話，不禁地使我想到我們的魯迅先生乃及他的遺族；那麼，「魯迅友人會」之類的組織，在現在，諒也有其必要吧？我把它作爲一個問題地提出來，給大家參攷。

隽語一束

·賀信·

鐵網的友誼好像健康，失去時才覺得它的可貴。——哥爾頓。

人做的壞事，死後還會活着；但好事，却和他們的枯骨一起埋葬了。——莎士比亞。

附七：一九四六年一月二十七日北平《世界日报》有关社会各界人士关心资助鲁迅先生夫人许广平的报道

（19.6cm × 17cm）

共一页

释文

朱女士：

前后给海婴信，都已收到。你的生活为难，我们是知道的，而且只要筹得到，有方法汇寄，总想尽方法的。以前知道寄款不易，在胜利前先托人带上巨款，也是此意。上星期曾托来薰阁陈先生转上法币两万元，今天又托上海银行汇出法币两万元，共四万元，顷又托人汇去拾五万元，三批共拾九万元（筹借不易，望省用数月）。来信说不肯随便接收外界捐助，你能够如此顾全大局，『宁自苦，不愿苟取』，深感钦佩。我这些年来一切生活，不肯随便，亦是如此。总之你的生活，我当尽力设法，望自坚定。社会要救助的人很多，我们不应叫人费心，至于报上说有人想捐一笔款买下藏书，仿梁任公办法放图书馆内，我们不赞成的。大先生作品、藏书、什物送人，也不赞成，想你也不会赞成的。如果有人说及，谢绝好了。我们都好，勿念。

祝好

许广平　一月十八

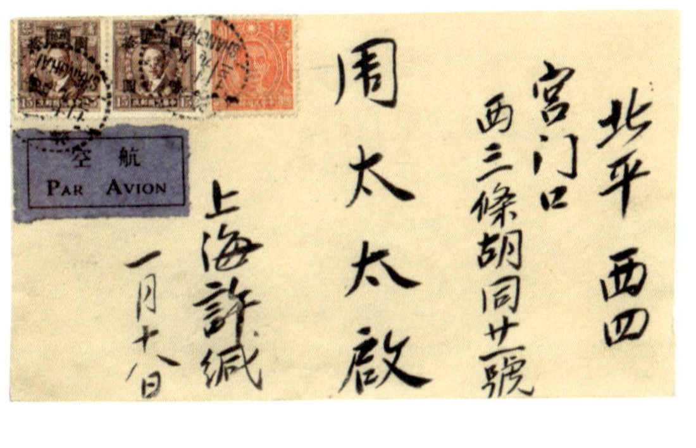

【附一信稿释文略】

【附二便条释文略】

【附三至附七剪报释文略】

三、一九四六年七月二十四日
（24.6cm×13.2cm）
共一页

朱女士：

来信收到，所说你有脚疾，想已痊好，你的生活我总挂念着，就因时局不定，物价高涨，收入毫无，手中拮据，故久未得款，昨向友人借来十万，先分寄五万，于七月二十日托交通银行汇去，收到暂应目前，一俟有法可筹，当再寄出。海婴因体弱多病，上课时常请假，故成绩不佳，暑假要补国、英、算三样功课，每天上午去校，又因学校离家远，很不便，附近无好的，也只得如此，倘暑假补课及格，可望秋季开学读高中，照他年龄，好多人入大学了，他却如此担搁，乃贫病所误，没法可想的。即候

近好

许广平 七月廿四

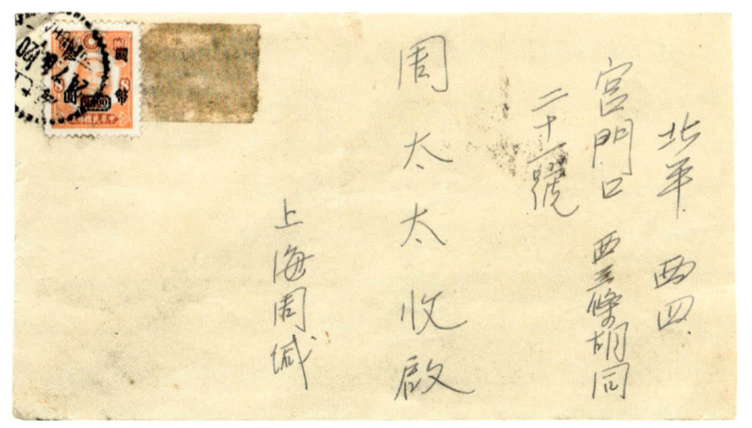

释文

朱女士：

来信收到。听说你有脚疾，想已痊好。你的生活，我总挂念着，就因时局不定，物价高涨，收入毫无，手中拮据，故久未得款。昨向友人借来十万，先分寄五万，于七月二十日托交通银行汇去，收到暂应目前，一俟有法可筹，当再寄出。海儿因体弱多病，上课时常请假，故成绩不佳。暑假要补国、英、算三样功课，每天上午去校。又因学校离家远，很不便，附近无好的，也只得如此。倘暑假补课及格，可望秋季开学读高中。照他年龄，好多人入大学了，他却如此担搁，乃贫病所误，没法可想的。即候

近好

许广平　七月廿四

四、一九四六年十月七日
（27.5cm × 16cm）
共一页

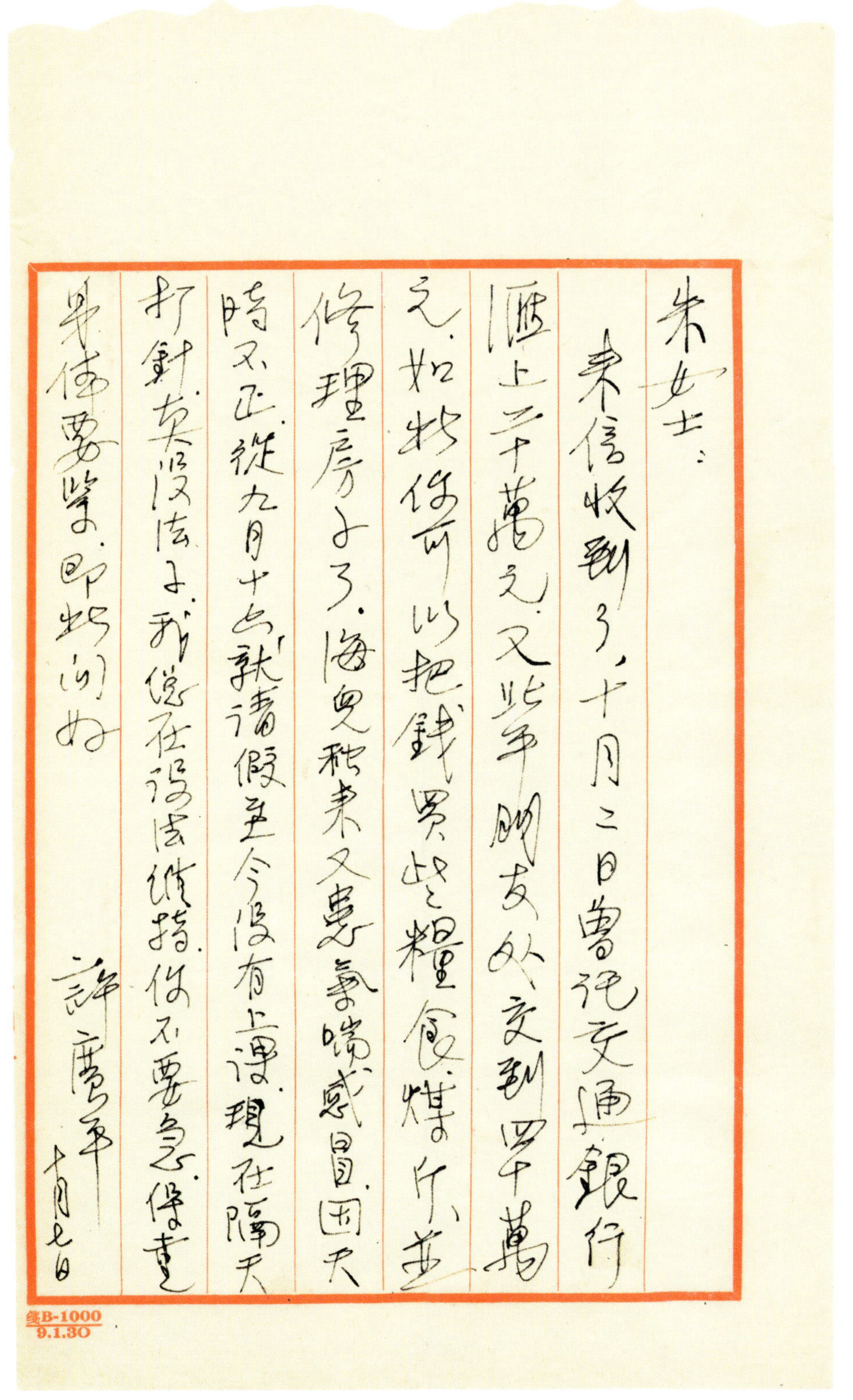

朱女士：

來信收到了，十月二日曾託交通銀行匯上二十萬元，又北平朋友處交到四十萬元，如此你可以把錢買些糧食、煤斤，並修理房子了。海嬰秋來又患氣喘、感冒，因天時不正，從九月十六就請假至今沒有上課，現在隔天打針，也沒法子。我總在設法維持，你不要急，保重身体要緊。即此問好

許廣平

十月七日

释文

朱女士：

来信收到了，十月二日曾托交通银行汇上二十万元，又北平朋友处交到四十万元。如此你可以把钱买些粮食、煤斤，并修理房子了。海儿秋来又患气喘感冒，因天时不正，从九月十六就请假至今没有上课。现在隔天打针，真没法子。我总在设法维持，你不要急，保重身体要紧。即此问好

许广平　十月七日

五、一九四七年一月十三日
（21.5cm×11.5cm）
共一页

朱女士：

你十二月廿四來信早收到了，一直在忙，沒有寫回信。現托交通銀行匯上肆拾萬元，又劉女士處五十萬元，已請其全部交給你。想先收到這款，如過年有餘，作將來用。因恐一時匯款不便，故先匯出。有書兩本，托人帶至家裏，收到後，一本送院先生，一本送紫佩先生。因托帶不易，故未多帶。上海嬰到港一直生病，住校照應無人，花錢太多，醫藥費甚大，又不易買，外匯寄去，現已於本月十三日平安回滬，如身體好，下半年讀書，否則暑假後再讀。我仍忙碌，為生活也沒法子。匆匆問好

許氏

一月十三日

释文

朱女士：

你十一月廿四来信早收到了，一直在忙，没有写回信。现托交通银行汇上肆拾万元，又刘女士处五十万元，已请其全部交你，想先收到。这款如过年有余，作将来用，因恐一时汇款不便，故先汇出。有书两本，托人带至家里，收到后，一本送阮先生，一本送紫佩先生，因托带不易，故未多带上。海婴到港一直生病，住校照应无人，花钱太多，医药费甚大，又不易买外汇寄去，现已于本月三日平安回沪。如身体好，下半年读书，否则暑假后再读。我仍忙碌，为生活也没法子。匆匆问好

许氏　一月十三日

六、一九四七年一月十九日
（27.7cm × 16cm）
共一页

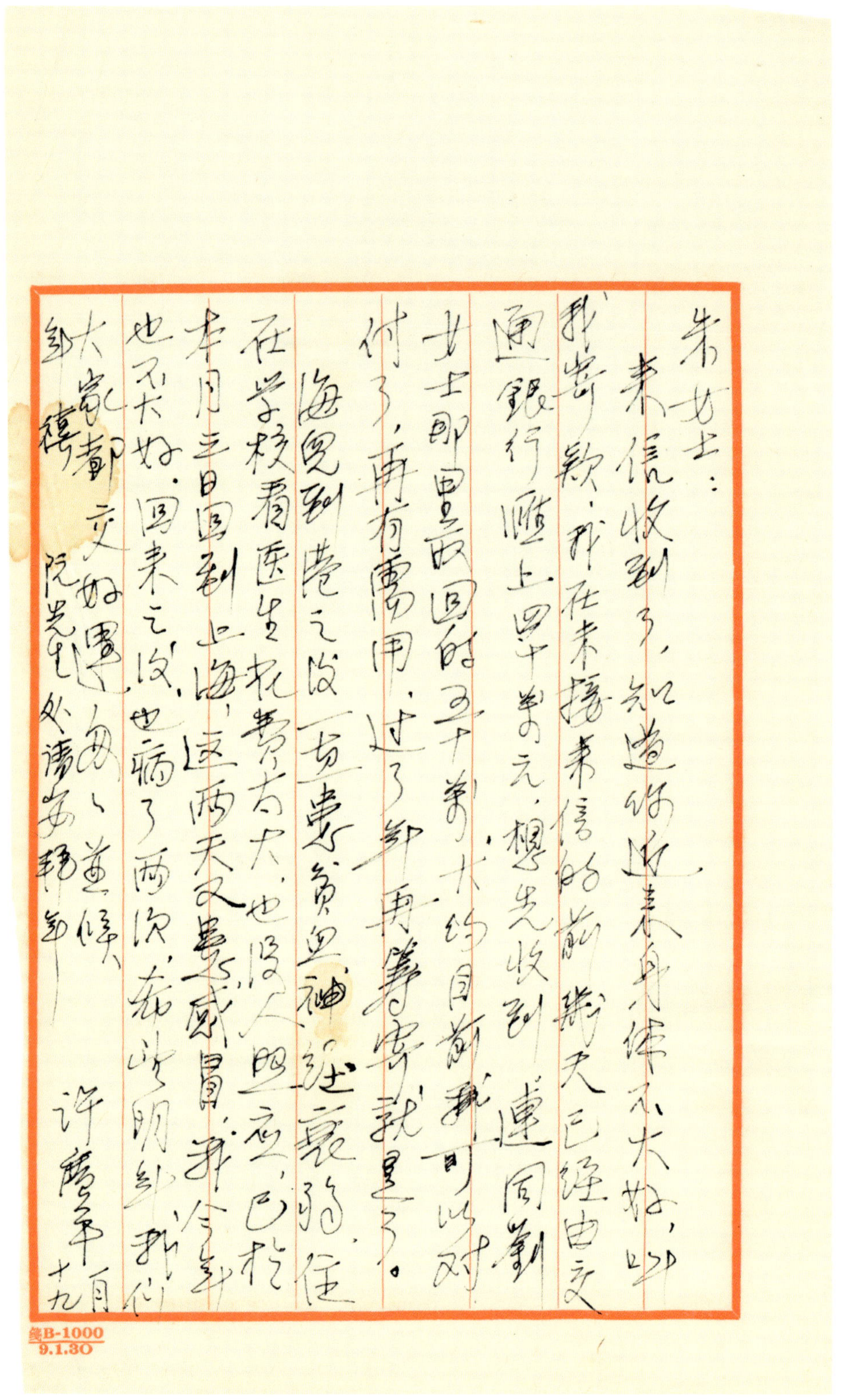
朱女士：

来信收到了，知道你近来身体不大好，以我寄款，我在未接来信的前几天已经由交通银行汇上四十万元，想先收到。连同刘女士那里寄回的五十万，大约目前我可以对付了，再有需用，过了新年再筹寄就是了。海婴到港之后一直患贫血神经衰弱，住在学校看医生，花费太大，也没人照应，已于本月三日回到上海，这两天又患感冒，我今年也不大好，回来之后，也病了两次，希望明年我们大家都交好运。匆匆，并候

新禧

阮先生处请安拜年

许广平　一月十九

笺B-1000
9.1.30

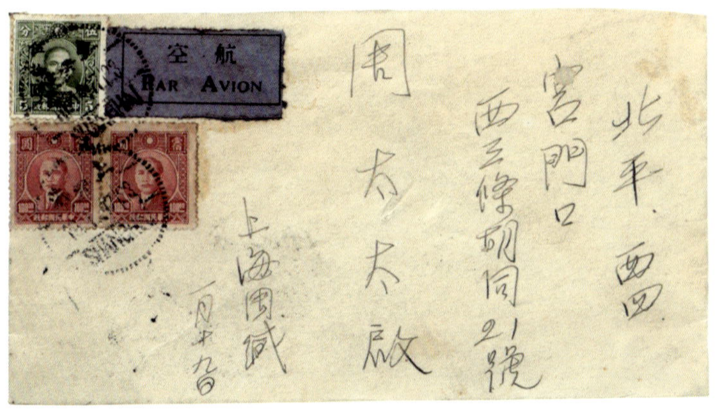

释 文

朱女士：

来信收到了，知道你近来身体不大好，叫我寄款。我在未接来信的前几天已经由交通银行汇上四十万元，想先收到，连同刘女士那里取回的五十万，大约目前可以对付了，再有需用，过了年再筹寄就是了。

海儿到港之后一直患贫血，神经衰弱；住在学校看医生花费太大，也没人照应，已于本月三日回到上海；这两天又患感冒。我今年也不大好，回来之后，也病了两次。希望明年我们大家都交好运。匆匆并候

年禧

阮先生处请安拜年

许广平　一月十九

七、一九四七年三月三日
（28.7cm×16.5cm）
共二页

朱女士：

今天收到三月一日来信，知你患心脏病颇厉害，马上借到壹佰万元已托银行电汇至平，你一面医理一面陆续做些衣服，冲冲也好，但千万不要心急，年纪大了，有病自然不舒服，也许吉人天相，天气暖了，就逐渐会好起来。海婴也在生病，照了X光，验血，是初期肺病，现天天打针，所以我一时也抽不出身来

缘B-1000
9.1.30

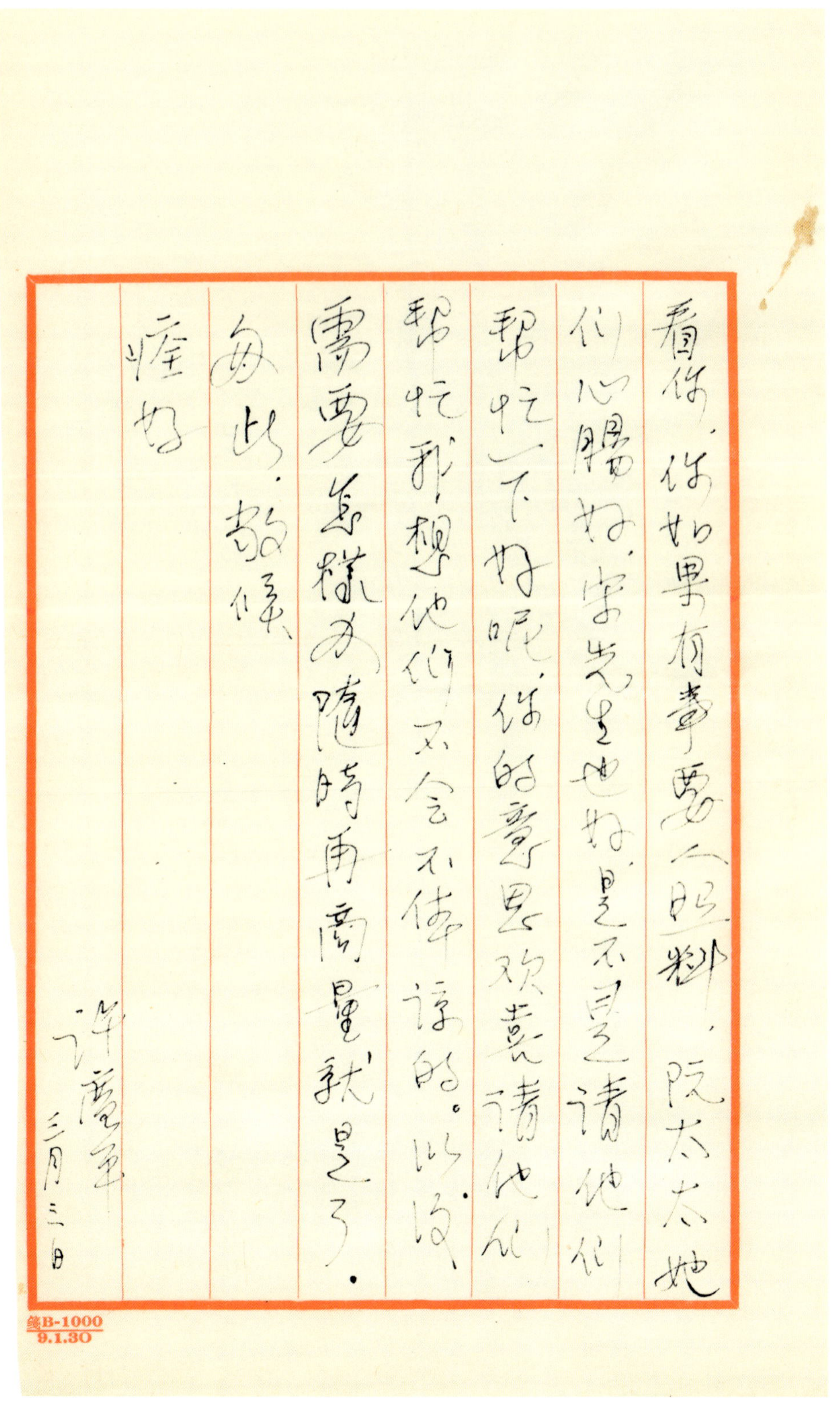

看你，你如果有事要人照料，阮太太她们心肠好，宋先生也好，是不是请他们帮忙一下好呢，你的意思欢喜请他们帮忙，我想他们不会不体谅的。所以需要怎样，尽随时再商量就是了。

匆此，敬候

痊好

许广平

三月三日

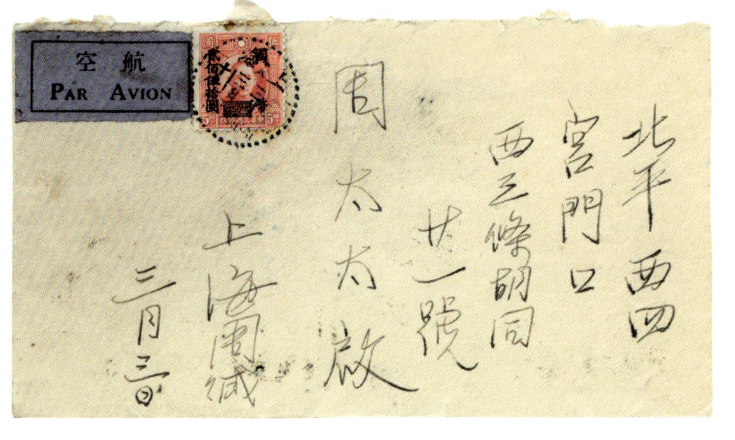

释 文

朱女士：

今天收到三月一日来信，知你患心脏病颇厉害，马上借到壹佰万元，已托银行电汇至平。你一面医理，一面陆续做些衣服冲冲也好。但千万不要心急，年纪大了，有病自然不舒服，也许吉人天相，天气暖了，逐渐会好起来。海儿也在生病，照了X光，验血，是初期肺病。现天天打针，所以我一时也抽不出身来看你。你如果有事要人照料，阮太太她们心肠好，宋先生也好，是不是请他们帮忙一下好呢？你的意思欢喜请他们帮忙，我想他们不会不体谅的。以后需要怎样办，随时再商量就是了。

匆此，敬候

痊好

许广平　三月三日

许广平致吴昱恒、徐盈（一通）

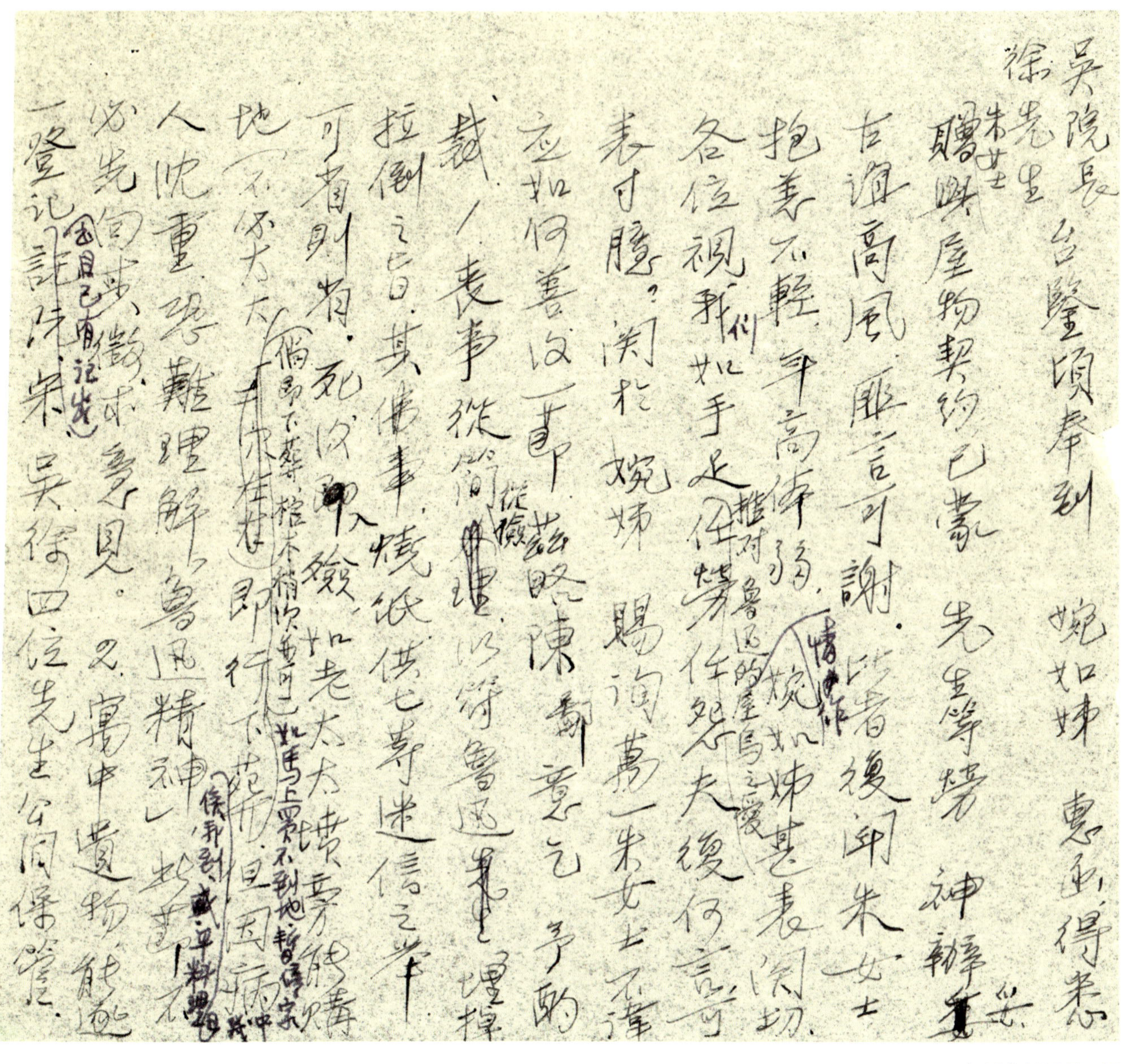

吴院长
徐先生 台鉴：顷奉到婉如姊惠函，得悉
朱女士赠与屋物契约已蒙先生等劳神办妥，
古谊高风，匪言可谢。昨者復闻朱女士
抱恙不轻，年高体弱，婉如姊甚表关切，
各位视朱如手足，任劳任怨，更复何言可
表寸臆？关于婉姊赐询万一朱女士不讳
应如何善后一节，兹略陈鄙意，以为[illegible]
裁：人丧事从简，以符鲁迅先生[illegible]
拉倒之旨，其佛事、烧纸、供七等迷信之举
可省则省，死后即入殓，如老太太[illegible]
地（不必大大）[illegible]即行下葬[illegible]
人沉重，恐难理解鲁迅精神[illegible]
必先向其征求意见。又寓中遗物，能逐
一登记，请陈、宋、吴、徐四位先生公同保管。

一九四七年四月一日
（21.5cm × 23cm）
共二页

更請 院府在隣居戚友誼上，多負安全照料之責。3、房屋（北屋五间及東屋全间）由院、宋、吴、徐四位先生（隨時加察，勿使屋漏損物）會同於出殯後鎖起，待有家屬北上再行处理善後。至於醫藥身後之需，除先後寄去三百五十萬元外，自當儘力籌款續寄，惟以生活高漲，病儿在旁須加醫理，書業凋零，籌款不易，喪礼稍亂之有無，即有人批評，亦請 諸位先生多予解釋，說明我们力所能及靡於生死兩盡其道 先生等明達，當能 諒其不得已也。肅此敬候

台綏

四月一日

释文

吴院长、徐先生台鉴：顷奉到　婉如姊　惠函，得悉徐先生、朱女士赠与屋物契约已蒙　先生等劳　神办妥，古谊高风，匪言可谢。比者复闻朱女士抱恙不轻，年高体弱，　婉如姊甚表关切。各位视我们如手足，推对鲁迅的情作屋乌之爱，任劳任怨，夫复何言，可表寸臆？关于　婉姊　赐询，万一朱女士不讳，应如何善后一节，兹略陈鄙意，乞　予酌裁：1. 丧事从简从俭，以符鲁迅『埋掉拉倒之旨』，其佛事、烧纸、供七等迷信之举，可省则省。死后入殓，如老太太坟旁能购地（不必太大），即行下葬。倘即下葬，棺木稍次亦可。如马上买不到地，暂停家中几日，俟我到平料理日机。但因病人沉重，恐难理解『鲁迅精神』，此节不必先向其征求意见。2. 寓中遗物，能逐一登记（书目已有记出），托阮、宋、吴、徐四位先生公同保管。更请　阮府在邻居戚谊上，多负安全照料之责。3. 房屋（北屋五间及东屋全间）由阮、宋、吴、徐四位先生会同于出殡后锁起，待有家人北上再行处理善后。至于医药身后之需，除先后寄去三百五十万元外，自当尽力筹款续寄。惟以生活高涨，病儿在旁，须加医理，书业凋零，筹款不易，丧礼称家之有无即有人批评，亦请　诸位先生多予解释。总期我们力所能及，庶于生死，两尽其道。　先生等明达，当能　谅其不得已也。肃此，敬候

台绥

四月一日

（此信非原信，为许广平抄件存稿。编者注）

许广平致阮文同（一通）

文同先生：

别来以来，忙于公务，未克走访，近始获悉 府上阖家迁沪，关于 先生吞居西三条以往情况，我不愿多所叙述，惟于 府上搬出后，曾会同文物局点交什物时，北屋西房书籍，一九四六年回北京时曾就加收拾包装查核，甚至沪上带运木箱八只，亦经整理一过，及至先生南下，朱氏病故，一切统在 先生家眷照顾中，其间曾一度经作人家小来行搬取条具，幸经谢刘二位，出面拦留，即由法院加封保存，乃 先生家眷从后门出前门，启封借住，后院更盖屋延请外客居住，其中情况，我不愿多所细说，不过所有损失，在保存鲁迅遗物上，都在其次，我可不加追问，惟有经我收拾过的书籍，又经我无论如何困难仍为朱氏生活设法，不同再行出售的藏书，而朱氏死后，亦未闻有人盗去，则以 府上家居住在内期间，而在这封锁房屋之后，封条为 府上家人所揭破，房钥为 府上随时可以开启的情况中，八只木箱中，有二箱（全取去一部分，将包纸拆去，在书面写了字的）失书过半，岂不有人借出阅览，未行归还，或有另外原因，自然首先请教于 府上，虽则请教，而逾期那 先生并未在京，故一切可谓全不了然，但若失物不可复得，望令保存遗物，或一缺陷言

中央人民政府政务院

1—10,000. 14寸×10寸

一九五〇年六月十四日

（25.5cm × 36cm）

共一页半

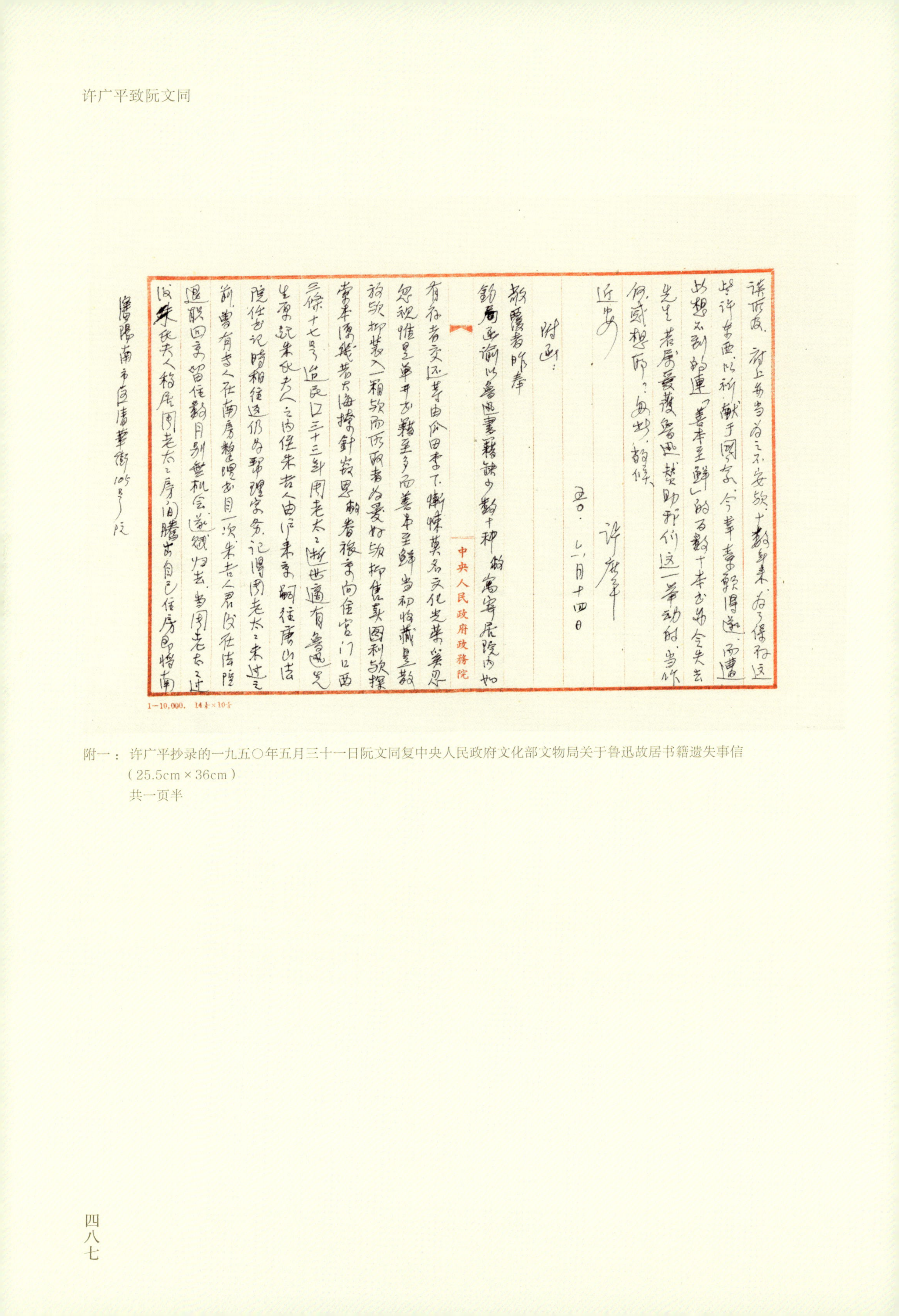

附一：许广平抄录的一九五〇年五月三十一日阮文同复中央人民政府文化部文物局关于鲁迅故居书籍遗失事信

（25.5cm × 36cm）

共一页半

房书籍等件搬入而将空闲之南房出租与王庚生者约
年许王迁东城房租无着仍在三十四年夏初将敝寓房
东将房出卖我家另觅西四大院胡同住房数椽以
备腾房乃朱氏夫人坚持留住因伊之南房实在不敷
展布朱氏夫人并将西南角之耳房及小西房让给敝寓
嘛其困顿勉为之留王庚生每月房租六十元我初住
一百元以后随时增涨曾托宋紫佩君作中证立租摺三
十五年秋许广平先生来京与朱氏夫人接洽一切关
问朱氏夫人出售日文书籍曾见沪报文同忙于衣食不
但鲁迅先生之藏书未曾翻过即其书目亦未见着隔案

中央人民政府政务院

朱氏夫人病故由敝 寓报告许先生会同委托之谢太太等
商得鲁明夫人同意殡葬于西直门外保福寺墓地嗣后
我家房租按月送交和平门外西报章胡同七号即许先
生委托之谢太太处至第三月谢太太谓许先生有信不令收
取仍将本月房租退还固辞不许议将是项房租作为碑楼
之费房捐基地税为有我家情缴当朱氏夫人安葬后有鲁
明夫人带领夫役搬取向所买给周老太太之用俱我家并无
私取未免左右作难只得通知谢太太等到场争论终日搬出
搬进而其结果一场凌乱仍行恢复去秋我家交房候许先生派
人接收责任 垂问仅晰覆陈用备参证别无其知均见情
有关随时向书摊书肆探查该书籍有所获耳自勇羨之见未必有当统乞
查照不胜感激之至谨陈
中央人民政府文化部文物局钧鉴

阮文同谨具 一九五〇年五月
卅一日

1—10,000. 14字×10字

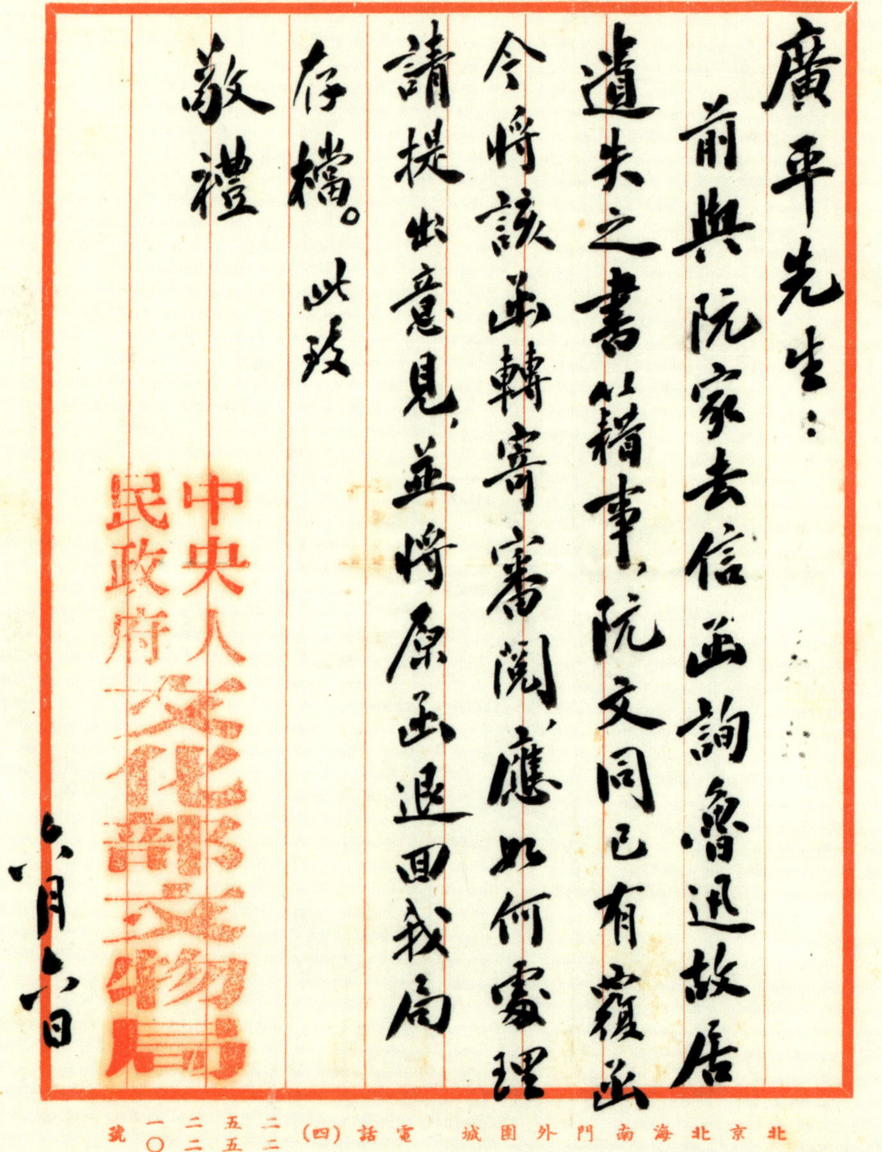
中央人民政府文化部文物局

廣平先生：

前與阮家去信函詢魯迅故居遺失之書籍事，阮文同已有覆函，今將該函轉寄審閲，應如何處理，請提出意見，並將原函退回我局存檔。此致

敬禮

中央人民政府文化部文物局

六月六日

北京北海南門外團城　電話（四）二二五二　二五二〇一號

物字1214號　50年6月6日

附二：一九五〇年六月六日中央人民政府文化部文物局就鲁迅故居书籍遗失事致许广平函
（26.5cm×18.3cm）
共一页

許先生

昨奉 大翰敬承種切惟與事實不無異同之處略舉一二以

昭[illegible]北平[illegible]法院原祇在前門貼一封條直至 尊府接管之

後始行揭去當初後門不肯貼封是何作用由謝太太等到場

主持法院有案可稽 尊書謂從後門直至前門啟封借住係

與實際不符又謂後院盡房係鉛板隔牆時可以裝拆當初得

朱氏夫人同意即上次 先生來京亦無異詞並不越分想免

深諭其他什物若有不符當朱氏夫人過後謝太太拉去八洋車

隔數日又拉回我家不悉底蘊還請去問謝太太至短少書籍

寒家無是書亦無人來借過祇以住居出入其間落到嫌疑之

中乃檢點再三終無踪影清夜捫心徒嗟束手好在事實勝於雄辯

公道是在人心舊日四鄰均在儘可博訪周諮慨念魯迅先生歷四十

年之艱苦卑絕成就偉績良非容易而今出此缺失誠屬遺恨深

感不安者也尚祈 諒詧不勝厚幸之至謹覆順頌

政綏

阮文同手啟 七月四日

附三：一九五〇年七月四日阮文同回复许广平关于鲁迅故居书籍遗失事原信

（25.8cm × 36.3cm）

共一页

许先生：

昨奉大翰，敬承一一，惟与事实不无异同之处，兹举一二以昭正确：即如西院原纸在前门贴一封条，直至尊府接管之后始行揭去，当初後门不肯贴封，是何作用，由谢太太等到场主持，法院有案可稽。尊函谓从後门直至前门启封，借住係与实际不符。又谓後院盖房係铅板，随时可以装拆，当初得朱氏夫人同意，即上次先生来京，亦无异词，并不越分越理，谓其他什物若有不符，当朱氏夫人过後，谢太太拉去八洋车满数日，又拉回我家不愿，旋蕴还请去问谢太太，至钱少书籍实无是，且亦无人来借过。我以往居出入其间，落到嫌疑之中，乃极良再三，终无踪影，情极抑心，徒嗟束手，好在事实胜于雄辩，公道自在人心，旧日四邻均在，俱可持询，因追忆念鲁迅先生历四十年之艰苦卓绝，成就伟绩，良非容易，而今出此缺失，诚属遗恨，深感不安者也。

尚祈 谅察，不胜厚幸之至。谨覆，顺颂

政绥

阮文同手启 七月四日

（下不识，其子住在北屋，之後因楼屋堆物，虽经同意，但未同意其借住他人——山西地主逃来京的——（保定）。谢太太曾来去，煤米是其给她的，什物经其知即令其退还，故原信云拉回了，此函撇清得很，看来无法追究的了。）

一九五〇、七、四、

附四：许广平抄录的一九五〇年七月四日阮文同回复其关于鲁迅故居书籍遗失事信

（25.8cm × 36.3cm）

共一页

阮太太：

读了阮先生关于许先生书有下列各项须加以说明

(一)藏书室和书箱加封情形：藏书室和书箱是朱夫人逝世第二天由徐、宋先生和我三人共同贴封条的。当时没又将衣箱搬进藏书室里重新由咱们三人加封。法院来封门时书箱和其他一切物事均逐件加封，书箱里的书籍因为是许先生先一年来京亲自整理的，不仅咱们三人加封时未动，法院也没动

(二)我借家具及退回经过：我在咱们三人共同重封藏书室后提议借用藏书室外的藤椅四个、茶几、木凳各两个、红漆铁桶各一个、铺板一付，共装四洋车，四月卅日130斤。数了三袋连人装一洋车家具是借的，因为日本人(周作人太太)也要拉东西，又送回去并不是八洋车，年终我又遵许先生意派人拉来一些煤和煤球，据说所拉的是由徐指定的。

(三)法院封门情形：法院因为我阻挡日本人拉东西，诉讼终结未封门时是前后门都要加封，可是一面因要借重徐来看管徐那时声明前后门都封不能负责任，后门不封徐的学生在东住能负责任东西决不能缺少，所以才没封。这是法院尊重徐坚决的主张，我无要议法院之长亦在北京，徐那能推说不知由他人主持的

(四)后门加锁：这是在法院加封以后因后门未封，故特买一

附五：许广平抄录的一九五〇年七月十日常瑞麟为鲁迅故居书籍遗失事给阮太太的信
(25.8cm × 36.3cm)
共二页

洋鎖叫木匠釘的，鑰匙交給您，因為您的學生在裏面住，為的照顧周到，完全是您負責任的表現，至於藏書室等的鑰匙，您當時交給我，過時不久有人通知我說，房門（藏書室亦在內）全開着，書房除張亦易住，所以同劉先生去將通書房那間屋安加鎖，僅留您學生住那間通後院的門未鎖，但不久再去又都開着啦，您說開開瞧瞧，免得潮濕，因您有完全負責任的話，所以不便問您鑰匙那裏來的，只有告訴您瞧完了再鎖上。

（五）外人借住：在解放以前有一次我來看您的時候，有一些不是府上的人在那裏居住，我想這種事實，四鄰當然明瞭的，外人來住，您沒通知任何一個人，當然由您個人負責，而且您屢次表示完全負責任，不能少東西，尤其您當時向法院負責任的。現在您是不是應該設法向各方面查一查究，以明真相。

本以上種種事實，院長當時不在場，所說當然不能完全符合，您是不能逃避責任的，您起頭為親戚幫忙，最後還是要為親戚着力，總是要給他查個水落石出，究竟那裏去了，拿回來拿不回來，那是另一問題，好在現代的作風是很要坦白的，不多談，此致

敬禮，順頌

府上均吉

常瑞麟 五〇、七、一〇。

中央人民政府文化部文物局

廣平先生：

來函敬悉，據承向王副局長的指示，您給院給先的函已代發了，至於原院先生給您的來函，茲隨信附還，請查收，專此

此致

敬禮

七月廿四日

北京北海南門外團城　電話（四）二三五五二二一〇號

附六：一九五〇年七月二十四日中央人民政府文化部文物局致许广平函

（26.5cm × 18.3cm）

共一页

释文

文同先生：

到京以来，忙于公务，未克走访，近始获悉　府上阖家迁沈。关于　先生乔居西三条以往情况，我不愿多所叙述。惟于　府上搬出后，曾会同文物局点交什物时，北屋西房书籍，一九四六年回北京时曾亲加收拾，包装查检，甚至沪上带返木箱八只，亦经整理一过。及至　先生南下，朱氏病故，一切统在　先生家眷照顾中。其间曾一度经作人家小来行搬取家具，幸经谢刘二位，出面扣留，即由法院加封保存，乃　先生家眷从后门直至前门，启封借住，后院亦盖屋延请外客居住，其中情况，我不愿多所细说。不过所有损失，在保存鲁迅遗物上，都在其次，我可不加追问。惟有经我收拾过的书籍，又经我无论如何困难仍为朱氏生活设法，不闻再行出售的藏书，而朱氏死后，亦未闻有人盗书，则以　府上居住在内期间，而在这封锁房屋之后，封条为府上家人所揭破，房锁为府上随时可以开启的情况中，八只木箱中，有一箱失书过半（有取去一部分，将包纸拆去，在书面写了字的），是否有人借出阅览，未行归还，或有另外原因，自然首先请教于　府上。虽则请教，而那时期　先生并未在北京，故一切可说全不了然，但若失物不可复得，坐令保存遗物，成一缺陷，言谈所及，　府上亦当为之不安欤？十数年来，为了保存这些许东西，以祈献于国家，今幸素愿得遂，而遭此想不到的连『善本至鲜』的百数十本书亦令失去。　先生若属爱护鲁迅，赞助我们这一举动的，当作何感想耶？匆此，敬候

近安

许广平　五〇，六月十四日

附一：许广平抄录的一九五〇年五月三十一日阮文同复中央人民政府文化部文物局关于鲁迅故居书籍遗失事信释文

附函：

敬复者，昨奉

钧局函，谕以鲁迅书籍缺少数十种，敝寓寄居院内，如有存者交还等由。瓜田李下，惭悚莫名。文化光荣，奚忍忽视，惟是单开书籍至多而善本至鲜，当初收藏是散放欤？抑装入一箱欤？而所取者为爱好欤？抑售卖图利欤？探索本源，几若大海捞针。窃思敝眷旅京，向住宫门口西三条十七号，迨民国三十三年周老太太逝世，适有鲁迅先生原配朱氏夫人之内侄朱吉人由沪来京，嗣往唐山法院任书记，时相往返，仍为帮理家务。记得周老太太未过〔世〕之前，曾有专人在南房整理书目一次。朱吉人君后在法院退职回京，留住数月，别无机会，遂赋归去。当周老太太过〔世〕后，朱氏夫人移居周老太太房间，腾出自己住房，即将南房书籍等件搬入，而将空闲之南房出租与王庚生者。约年许，王迁东城，房租无着。约在三十四年夏初，敝寓房东将房出卖，我家另觅西四大院胡同住房数椽，以备腾房，乃朱氏夫人坚挽留住，因伊之南房实在不敷展布，朱氏夫人并将西南角之耳房及小西房让给敝寓，怜其困顿，勉为之留。王庚生每月房租六十元，我初住一百元，以后随时增涨，曾挽宋紫佩君作中证立租折。三十五年秋，许广平先生亦来京与朱氏夫人接洽一切，嗣闻朱氏夫人出售日文书籍曾见沪报。文同忙于衣食，不但鲁迅先生之藏书未曾翻过，即其书目亦未见着。隔宗朱氏夫人病故，由敝寓报告许先生，会同委托之谢太太等，商得启明夫人同意，殓葬于西直门外保福寺墓地。嗣后我家房租按月送交和平门外西报章胡同七号，即许先生委托之谢太太处。至第三月，谢太太谓许先生有信不令收取，仍将本月房租退还，固辞不许，议将是项房租作为碎修之费，房捐基地税亦有〔由〕我家清缴。当朱氏夫人安葬后，有启明夫人带领夫役搬取向所买给周老太太之用具，我家并无权职，未免左右作难，只得通知谢太太等到场。争论终日，搬出搬进，而其结果，一场凌乱，仍行恢复。去秋我家交房系许先生派人接收，重荷垂问，缕晰复陈，用备参证，别无真知灼见，惟有随时向书摊书肄〔肆〕探查线索，冀有所获耳。刍荛之见，未必有当，统乞荃照，不胜感汾之至。谨陈

中央人民政府文化部文物局钧鉴

阮文同谨具　一九五〇年五月卅一日

沈阳南市区清华街105号阮

附二：一九五〇年六月六日中央人民政府文化部文物局就鲁迅故居书籍遗失事致许广平函释文

广平先生：

前与阮家去信，函询鲁迅故居遗失之书籍事，阮文同已有复函，今将该函转寄审阅，应如何处理，请提出意见，并将原函退回我局存档。此致

敬礼

中央人民政府文化部文物局　六月六日

附三：一九五〇年七月四日阮文同回复许广平关于鲁迅故居书籍遗失事原信释文

许先生

昨奉　大翰，敬承种切。惟与事实不无异同之处，略举一二，以昭正确。即如法院，原只在前门贴一封条，直至　尊府接管之后，始行揭去。当初后门不肯贴封，是何作用，由谢太太等到场主持，法院有案可稽。　尊书谓从后门直至前门启封借住，系与实际不符。又谓后院盖房，系铅板篷，随时可以装拆。当初得朱氏夫人同意，即上次　先生来京，亦无异词，并不越分，恕免深论。其他什物，若有不符，当朱氏夫人过〔世〕后，谢太太拉去八洋车，隔数日又拉回。我家不悉底蕴，还请去问谢太太。至短少书籍，寒家无是书，亦无人来借过，只以住居出入其间，落到嫌疑之中，乃检点再三，终无迹象。清夜扪心，徒嗟束手。好在事实胜于雄辩，公道是在人心，旧日四邻均在，尽可博访周谘。慨念鲁迅先生历四十年之艰苦卓绝，成就伟绩，良非容易。而今出此缺失，诚属遗恨，深感不安者也。尚祈　谅察，不胜厚幸之至。谨复，顺颂

政绥

阮文同手启　七月四日

附四：许广平抄录的一九五〇年七月四日阮文同回复其关于鲁迅故居书籍遗失事信释文

许先生：

昨奉　大翰，敬承种切。惟与事实不无异同之处，略举一二，以昭正确。即如法院，原只在前门贴一封条，直至　尊府接管之后，始行揭去。当初后门不肯贴封，是何作用，由谢太太等到场主持，法院有案可稽。　尊书谓从后门直至前门启封借住，系与实际不符。又谓后院盖房，系铅板篷，随时可以装折。当初得朱氏夫人同意，即上次　先生来京，亦无异词，并不越分，恕免深论。其他什物，若有不符，当朱氏夫人过〔世〕后，谢太太拉去八洋车，隔数日又拉回。我家不悉底蕴，还请去问谢太太。至短少书籍，寒家无是书，亦无人来借过，只以住居出入其间，落到嫌疑之中，乃检点再三，终无迹象。清夜扪心，徒嗟束手。好在事实胜于雄辩，公道是在人心，旧日四邻均在，尽可博访周谘。慨念鲁迅先生历四十年之艰苦卓绝，成就伟绩，良非容易。而今出此缺失，诚属遗恨，深感不安者也。尚祈　谅察，不胜厚幸之至。谨复，顺颂

政绥

阮文同手启　七月四日

（1. 不认其子住在北屋。2. 后园搭屋堆物虽经同意，但未同意其借住他人——山西地主逃来京的——3. 谢太太曾车去煤米是卖给她的，家具什物经告知即令其退还，故原信云『拉回』。此函撇清得很，看来无从追究的了。）

一九五〇，七，四

附五：许广平抄录的一九五〇年七月十日常瑞麟为鲁迅故居书籍遗失事给阮太太的信释文

阮太太：

读了阮先生复许先生书，有下列各项须加以说明：

（一）藏书室和书籍加封情形：藏书室和书籍是朱氏夫人逝世第二天由您、宋先生和我三人共同贴封条的，出殡后又将衣箱搬进藏书室里，重新由咱们三人加封。法院来封门时，书籍和其他一切物事均逐件加封。书籍里的书籍，因为是许先生先一年来京亲自整理的，不仅咱们三人加封时未动，法院也没动。

（二）我借家具及送回经过：我在咱们三人共同重封藏书室后，提议借用藏书室外的藤椅四个，茶几、木凳各两个，缸坛、铁桶各一个，铺板一付，共装四洋车。买米130斤，面2/3袋，连人装一洋车。家具是借的，因为日本人（周作人太太）也要拉东西，又送回去，并不是八洋车。年终我又凭许先生出让条子，派人拉来一些煤和煤球，据说所拉的是由您指定的。

（三）法院封门情形：法院因为我阻挡日本人拉东西，诉讼终结未封门时，是前后门都要加封，可是一面还要借重您来看管。您那时声明，前后门都封，不能负责任。后门不封，您的学生在东住，能负责任，东西决不能缺少，所以才没封，这是法院尊重您坚决的主张，我无异议。法院院长还在北京，您那［哪］能推说不知，由他人主持的？

（四）后门加锁：这是在法院加封以后，因后门未封，故特买一洋锁，叫木匠钉的。钥匙交给您，因为您的学生在里面住，为的照顾周到，完全是您负责任的表现。至于藏书室等的钥匙，您当时交给我过，时不久有人通知我说，房门（藏书室亦在内）全开着，书房陈设亦易位，所以同刘先生去将通书房那间屋亦加锁，仅留您学生住那间。通后院的门未锁，但不久再去，又都开着啦。您说开开晾晾，免得潮湿，因您有完全负责任的话，所以不便问您钥匙那［哪］里来的，只有告诉您晾完了再锁上。

（五）外人借住：在解放以前，有一次我来看您的时候，有一些不是府上的人在那里居住。我想这种事实，四邻当能明瞭的。外人来住，您没通知任何一个人，当然由您个人负责，而且您屡次声言『完全负责任，不能少东西』，尤其您当时向法院负责任的。现在少了，是不是应该设法向关系方面查一查，究以明真相？

本以上种种事实（阮先生当时不在场，所说当然不能完全符合），您是不能逃避责任的。您起头为亲戚帮忙，最后还是要为亲戚尽力，总是要给他查个水落石出，究竟那［哪］里去了，拿回来拿不回来那是另一问题。好在现代的作风，是须要坦白的。不多谈。此致，敬礼。顺颂

府上均吉

常瑞麟　五〇，七，一〇

附六：一九五〇年七月二十四日中央人民政府文化部文物局致许广平函释文

广平先生：

来函敬悉，据我局王副局长的指示，您给阮绍先的函已代发了。至于原阮先生给您的来函，兹随信附还，请查收为荷。

此致

敬礼

中央人民政府文化部文物局办公室　七月廿四日

许广平致王士菁（十九通）

一、一九五〇年七月六日
（27.8cm×20.4cm）
共二页

中央人民政府政務院用箋

士菁同志：

六月十四日函已转到。你们如此热诚整理有关研究鲁迅文件，深觉惭感之至。这是我的心愿，而力有未逮，深信得你们的大力，必能有成的。

我所写的文字，一直没有整理，或有散失，亦不足惜。若有关鲁迅的一鳞一爪东在搜求之列，也不反对，但此来一直没有时间於自己手头对照来信补充，若允许稍迟时日，以便查检一下，不知是否太久延了。其实一直没有写回信，就是准备查复的，现觉拖得太久了，特先奉复。

许季茀先生文稿的整理，我想没有不同意的，但有一件，以前许先生自己作主，别人不会说什么话，现自他死後他的两位宝贝公子，是否同意，尤其版权问题，我不敢随便作答。

您的鲁迅传，据我所闻，确觉门也太多，这在延安，也很难得，有此必要，可以理解的，现在讲也不难，是否可重加

一九五〇年　月　日

中央人民政府政务院用笺

酬劳，请 卓夺。

「鲁迅年谱」好多人都在着手写，但最宜注意的是引别人文字，容易与事实不符，这点非特别注意不可，至有利条件是 您和雪峰兄近便相见，较了解鲁迅，或不妨与之一商。鲁迅书简，我们搜集的那里逐年都有，其他散见一二，亦大致如此。至于日记原稿已运京，抄本在我寓霞飞坊二楼靠西书橱内或有抄本或在其他地方，因久不在沪，除非自己回去找寻。另外，若属必需，或托雪兄到我家去一趟。在七月二十日前，海婴还未离沪，或可帮同找寻。我真抱歉，未能好好地帮助您，但以后如有征询，当据所知以告。匆此 敬致

敬礼！

许广平

一九五〇年七月六日

释 文

士菁同志：

六月十四日函已转到。你们如此热诚整理有关研究鲁迅文件，深觉惭感之至。这是我的心愿而力有未逮，深信得你们的大力，必能有成的。

我所写的文字，一直没有整理，或有散失，亦不足惜。若有关鲁迅的一鳞一爪亦在搜求之列，也不反对，但比来一直没有时间从自己手头对照 来信补允［充］，若允许稍迟时日，以便查检一下，不知是否太久延了。其实一直没写回信，就是准备查复的。现觉拖得太久了，特先奉复。

许季茀先生文稿的整理，我想没有不同意的。但有一件，以前许先生自己作主，别人不会说什么话，现自他死后，他的两位『宝贝』公子，是否同意，尤其版权问题，我不敢随便作答。

您的《鲁迅传》，据我所闻，确觉引书太多。这在延安，书很难得，有此必要，可以理解的，现在购书不难，是否可重加斟酌，请 卓夺。

《鲁迅年谱》好多人都在着手写，但最宜注意的是引别人文字，容易与事实不符。这点非特别注意不可。至有利条件是您和雪峰兄近便相见，较了解鲁迅，或不妨与之一商。《鲁迅书简》，我们搜集的，那里几乎都有，其他散见一二，亦大致如此。至于日记原稿已运京，抄本在我寓霞飞坊二楼靠西书柜内，『或有抄本』或在其他地方，因久不在沪，除非自己回去找寻之外，若属必需，或托雪兄到我家去一趟，在七月二十日前，海婴还未离沪，或可帮同找寻。我真抱歉，未能好好地帮助您，但望以后如有征询，当据所知以告。匆此，敬致

敬礼！

许广平 一九五〇年七月六日

上海四川北路新乡路一号
新华书店编辑部
王士菁先生
北京许缄

二、一九五〇年八月十日
（28.2cm×20.7cm）
共一页

中央人民政府政务院用笺

士菁先生：

海婴带来您的惠书，还是拖到现在才草覆数行，我时常惭愧，就是写回信这一点精神也学不到"鲁迅风"，其他更不必说了。

有些补充文稿，正记人物，已如尊意。您的两点意见都很对，书中人的名字有些确可写示，但仍以寻人注似较妥。鲁迅与托派论争一文，当时是会作的，故删去之，现在自有不安，究竟加注声明，以存原来情况好呢，还是修改或删去，二都可以的，我没甚么成见。

关于注释鲁迅著作，要专门有一定时间才好，我有信去给文物局唐弢先生，提议将鲁迅出版社改变专人管理，将收入做纪念、出版、研究事业，如此集纳人才，从事研讨，或较业余为有成就，但不知此想是否太远离事实了。

拙著劳动出版，烦康焕先生之处实太多了，特先致谢。

我明天到安东转往朝鲜慰劳，同行廿余人，祇不过随从大夥学习罢了，约计八月下旬回京。匆此，谨致

敬礼！

许广平

一九五〇年八月十日

释文

士菁先生：

海婴带来　您的　惠书，还是拖到现在才草复数行。我时常惭愧，就是写回信这一点精神也学不到『鲁迅风』，其他更不必说了。

有些补充文稿，正托人抄，抄好当寄呈。您的两点意见都很对，青年们的名字，有些确可写出，但仍以旁人注似较妥。《鲁迅与抗日战争》一文，当时是合作的，故如此云云，现在自有不妥。究竟加注声明，以保原来情况好呢，还是修改或删去一二，都可以的，我没什么成见。

关于注释鲁迅著作，要专门有一定时间才好。我有信去给文物局唐弢先生，提议将鲁迅出版社考虑专人管理，将收入做纪念、出版、研究事业。如此集纳人才，从事研讨，或较业余为有成就，但不知此想是否太远离事实了。

拙著若能出版，则麻烦先生之处实在太多了，特先致谢。

我明天到东北转往朝鲜慰劳，同行廿余人，只不过随从大伙学习罢了，约计八月下旬回京。匆此，谨致

敬礼！

许广平　一九五〇年八月十日

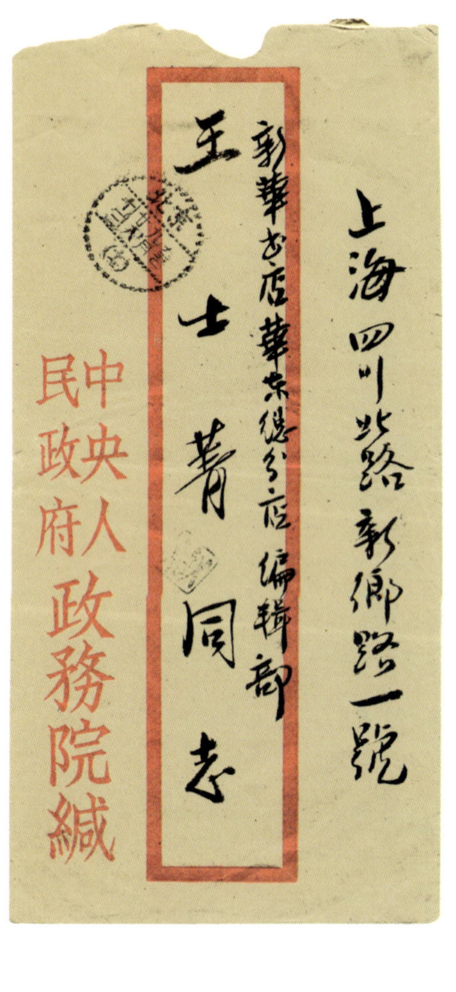

三、一九五〇年九月十一日
（22.7cm×17.8cm）
共一页

士菁同志：

很對不起，海婴带来的信和您随后寄来的信，因为没有停下三数日的时间，所以一直没能把整理示稿件奉寄。除了如实地说明其延之外，没有更好的请求原谅的理由了。但我还希望在短期间能够再一下。

九月五日来信的一段译文是不错的理由，特奉告，并附上原条。此致

敬禮！

广平　九·十一

释文

士菁同志：

很对不起，海婴带来的信和您随后寄来的信，因为没有停下三数小时的时间，所以一直没能够整理出稿件奉寄。除了如实地说明真况之外，没有更好的请求原谅的理由了。但我还希望短期间能努力一下。

九月七日　来信的一段译文是不错的。现特奉告，并附上原条。此致

敬礼！

广平　九，十一

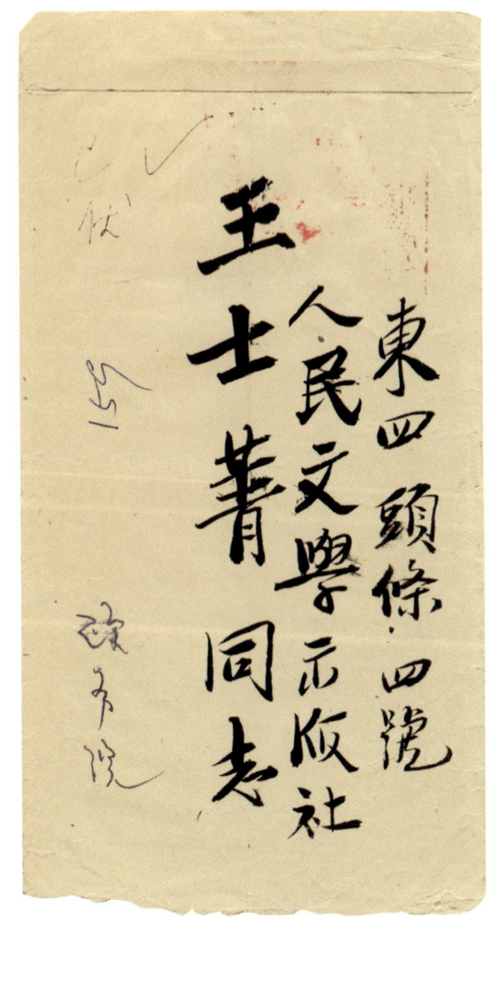

四、一九五〇年九月十二日
（28.2cm×20.7cm）
共一页

中央人民政府政務院用箋

士菁先生：

今天寄了一封快信，是关于翻译那几句话并没有错，想先登览。七月九日（又廿八日）信和转来的信件，现在答复如下：

一、关于拙著文字，现身边所有共得四十篇，已另行挂号寄上。这内一篇寄来目录中已有，但寄上的稍有改字、里面全是关于鲁迅的回忆或周年纪念文字，颇有雷同之嫌，大可不必全行编入，先生既然需要，祇好奉寄，以凭选择。其中殊无足取，不过刊物的稿子只有一份，无论入选与否，至盼用完赐还，因有些文章连到别人文章，须加保存。至于来函所云，有些文章须加注或删改，我都同意，完全请商之冯先生为核。至何处出版，我无成见，海燕书店俞鸿模老板亦是老友，得其照应，感谢之至。

鲁迅作品注释，此学至要，早有此心，但须了解而又能撇开一切职业而生计不使为难，始能有成。私意首应由于鲁迅出版社之整顿，然后以社党事业，不知曾与冯先生等谈及否？

寿裳师母住（旧西爱咸斯路）和平邨十八号三楼（陶宅内）

此致
敬礼！

广平
一九五〇年九月十二日

释文

士菁先生：

今天寄了一封快信，是关于翻译那几句话并没有错，想先登览。七月九日海婴带来的信件（又廿八日信亦拜收），现在答复如下：

一、关于拙著文字，现身边所有共得四十篇，（内一篇寄来目录中已有见及，但寄上的稍有改字。）已另行挂号寄上。这里面全是关于鲁迅的回忆，或周年纪念文字，颇有应景之嫌，殊无足取，大可不必全行编入，不过 先生既然需要，只好奉寄，以资选择，其中刊物的稿子，只有一份，无论入选与否，至盼用完 赐还，因有些牵连到别人文章，愿加保存。至于来函所云，有些文章须加注或删改，我都同意，完全请商之冯兄为荷。至何处出版，亦无成见。海燕书店余［俞］老板，亦是老友，得其照雇［顾］，感谢之至！

鲁迅作品注释，诚属至要，早有此心，但须了解而又能撇开一切职叶［业］而生计不使为难，始能有成。私意首属望于鲁迅出版社之整顿，然后以社营事叶［业］，不知曾与冯兄等谈及否？

寿裳师母住（旧）西爱咸斯路和平村十六号三楼（陶宅内）。

谨致　敬礼！

广平　一九五〇年九月十二日

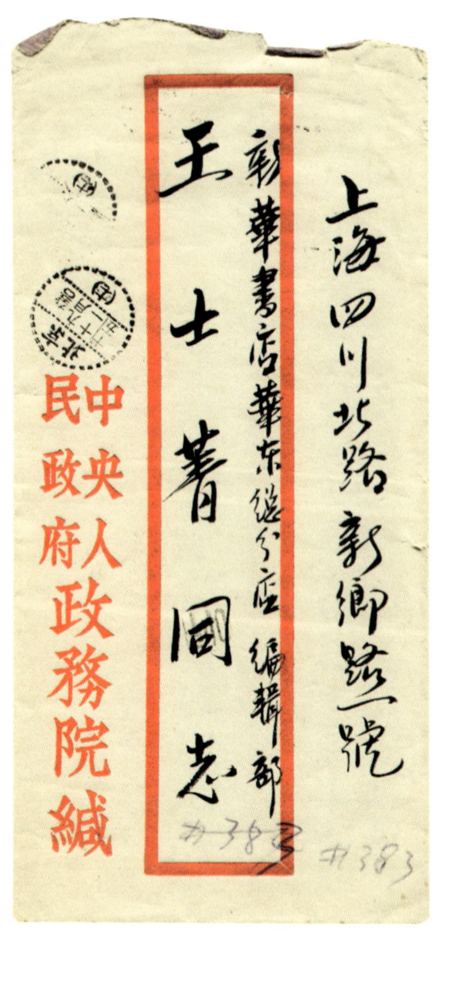

五、一九五〇年九月二十七日
（28.2cm×20.7cm）
共一页

中央人民政府政務院用箋

士菁先生：

手书拜悉，惟稿改正错字，杨晦先生能援助，感感。

编排次序，来稿所说甚妥，序文我想最好不要我写了，先生代所有的“关于鲁迅与青年们”，不知是否似文艺阵地刊出的？若不是的话，亦以文阵的较妥，附在萧红的回忆鲁迅，似有删改，内容人各补充亦可，萧红写的他们已在补入了。

雪峰兄甚忙，尚未见及，此间出版会放照胡愈之说及胡乔木之意，鲁迅著作读者买不到，应急所选线本来注解印售，此事拟托雪峰兄，要我先与之谈，这事如进行，似在京较妥，但恐他抽不出身来的。

我的字不好，照片也没什么可看的，“手迹”“照片”，故请赦免罢，一笑！

唐弢已见过，大陆新邨房子闭住改变格式，要复元始能布置，想在十月中旬了。日记要誊，我回上海，找他们不经手，找不到的，书可奉送，请便条到霞飞坊六十四号向邵继昌去取。

敬礼！

许广平
九·廿七

文稿不必另抄，请在稿上改正好了，报纸剪下背没有别人纪念文字的，请代保留，其余即不必了，我这里没人手，致多烦先生，甚歉！

释文

士菁先生：

手书拜悉。拙稿改正错字、标点等，　先生能拨冗万感。编排次序，来稿所说甚妥，序文我想最好不要我写了。　先生处所有的一篇《鲁迅与青年们》，不知是否从《文艺阵地》剪出，若不是的话，应以『文阵』的较妥。附在萧红的『回忆鲁迅』似有删改，内容人名补出，亦可。萧红写的，他们已在补入了。雪兄甚忙，尚未及见。此间出版会议晤胡愈之，说及胡乔木兄意。鲁迅著作，读者买不到，应廉价选几本来注解印售。此事拟托雪兄，要我先与之谈。这事如进行，似在京较妥，但恐他抽不出身来的。

我的字不好，照片也没什么可看的，『手迹、照片』，敬请赦免罢。一笑！

唐弢已见过。大陆新村房子闻经改变格式，要复元始能布置，恐在十月中旬了。日记要等我回上海找，他们不经手，找不到的。书可奉送，请凭条到霞飞坊六十四号向邵维昌去取。敬礼！

许广平　九，廿七日

文稿不必另抄，请在稿上改正好了。报纸剪下背后有别人纪念文字的，请代保留，其余即不必了。我这里没人手，致多烦先生，甚歉！

六、一九五一年四月九日
（21.1cm×9cm）
共一页

中央人民政府政务院便笺

士菁同志：

描稿太使您麻烦了，真是不安之至！应该换充的已换好了，只是鲁迅的写作生活，太长久了，我也记不清是登在那里的？

鲁迅的日记，是否可附印在鲁迅日记之后，以代说明一二？

要不请商之雪峰。匆候

撰安

广平

四月九日

释文

士菁同志：

拙稿太使您麻烦了，真是不安之至！应该填充的已填好了，只是《鲁迅的写作〔和〕生活》太长久了，我也记不清是登在那「哪」里的？

《鲁迅的日记》，是否可附印在《鲁迅日记》之后，以代说明一二？

妥否请商之雪兄。匆候

撰安

广平　四月九日

七、一九五一年四月十六日
（21.1cm×9cm）
共一页

中央人民政府政务院便笺

士菁同志：

「在大热天——摹写以表敬意」，因手头没有那些书，可否向图书馆或唐弢先生处一查。我记得似乎是灰色封面，上方横条图案，以碑帖摹写，若查不出来，怕会有误时，则请将这三句：「在大热天——以表敬意」删去就好了。大约这封面的总不出他们两人。

二、我的底稿，可能有文章（写明）登载什么地方，若劳校而写出，但手头没有底稿，记不清了，请您定吧：什么地方出版，我都同意。谢谢您！祝好

广平 十六日

释文

士菁同志：

『在大热天……摹写以至成书』，因手头没有那些书，可否向图书馆或唐弢先生处一查。我记得似乎是灰色封面，上方横条图案，从碑帖摹出。若查不出书，怕会有误时，则请将这三句：『在大热天……以至成书』删去就好了。大约被写封面的总不出他们两人。

二、我的底稿，可能写明文章登载什么地方，若剪报亦写出，但手头没有底稿，记不清了。请　您定吧：什么地方出版，我都同意。谢谢您　祝好

广平　十六日

八、一九五一年五月二十一日
（27.8cm×20.4cm）
共一页

中央人民政府政務院用箋

士菁先生：

惠函及書五册已收到，勿念。

拙著得以出版，已属荣幸，这乃先生辛苦予以协助所致。因与研究鲁迅有关，故不敢推却，若其他文字，並不成熟，且已过時，是否「可以已乎」？

近来生活，转向事務，未分执筆，恐难有收获，浪費印工，於读者未必有益。

反令先生又忙碌一陣，無不安当，謹致

敬礼！

附函請便转致謝謝！

广平

一九五一年五月廿一日

释文

士菁先生：

惠函及书五册已收到，勿念。

拙著得以出版，已属万幸。这乃　先生辛苦，予以协助所致。因与研究鲁迅有关，故不敢推却。若其他文字，并不成熟，且已过时，是否『可以已乎』？近来生活，转向事务，亦不执笔，恐难有收获，浪费印工，于读者未必有益，反令　先生又忙碌一阵，亦不妥当。谨致

敬礼！附函请便转致，谢谢！

广平　一九五一年五月廿一日

九、一九五一年五月二十二日
（27.8cm×20.4cm）
共一页

中央人民政府政务院用笺

士菁同志：

北京文物局点记上海方面运来鲁迅书籍，觉并就鲁迅日记每年末附书帐对照一下，但日记印本须六月始出齐，他们急待整理，要求将日记抄本给他们一份，以前那秘杨霁云先生共同抄过，有四份底本，我的京寓里找不到，未知编刊社可能有存的，至少杨先生那里存一份，可否即设法寄一份来，急盼之至！陆续收到寄来朝花夕拾、毁灭、南腔北调三种书各五本，请通知书店一声为感。匆致

敬礼！

日记京稿如已印完，请寄回票，谢谢！

广平

一九五一年五月廿二日

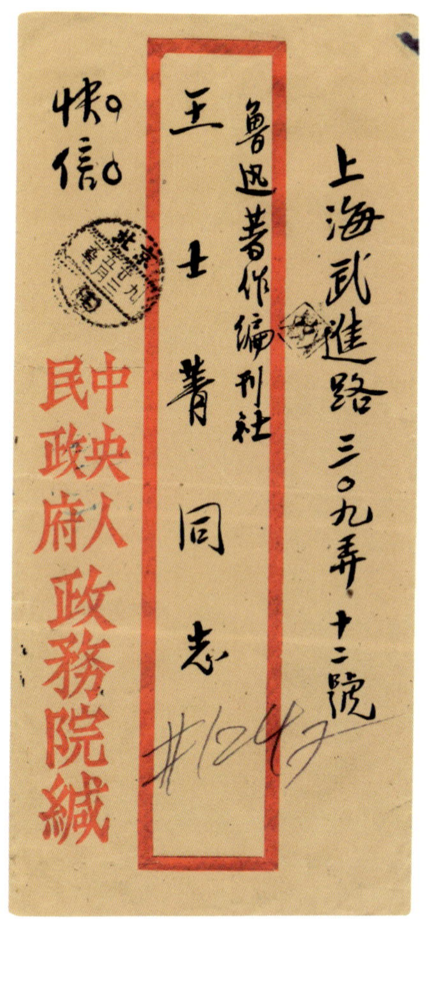

释文

士菁同志：

北京文物局点记上海方面运来鲁迅书籍，觉应就鲁迅日记每年末附书帐对照一下，但日记印本须六月始出齐，他们急待整理，要求将日记抄本给他们一份，以前我和杨霁云先生共同抄过，有四份底本，我的京寓里找不到，编刊社可能有存的，至少杨先生那里存一份，可否即设法寄一份来？急盼之至！日记原稿如已印完，请雪兄带回京，谢谢！

陆续收到《朝花夕拾》《毁灭》《南腔北调〔集〕》三种书，各五本，请通知书店一声为感。匆致

敬礼！

许广平　一九五一年五月廿二日

一〇、一九五一年五月三十日
（28cm×20.6cm）
共一页

中央人民政府政務院用箋

士菁先生：

惠函及日记抄本已收到，抄本即转文物局。日记原稿既未即送，雪峰又已来，则不必急。

全集单行本，陆续收到每种五册，便中当转告郭華仁老、雪峰每々见过，他们甚忙，版税不必急，以前对于版税，我们会斤々计较，那是因为一些出版家实在吸血自肥，使人反感，至于国家出版，则我们愿意贡献的，自不应谈什么"决定"，已将此意向雪峰提及了。

沈延武处，已有回信，他近在上海，你们若有便人往访，先得梗概，必要时再托人往苏州一次，当面领教，或更有效，因他（祖锡先生）高龄，要自己写出，或不容易，若探访笔记，或收效更速，请酌虑并转告杨霁云先生，并附函一阅，杨先生信已收，稍缓再奉复，亦乞转达为荷。匆致

敬礼！

广平

一九五一年五月卅日

廣平先生：

來信收到，關於魯迅的事，爸爸在有時候談過，他們七個人（連魯迅先生在内）住在日本同一房間，另外爸爸和章太炎先生很好的，大概有魯迅先生的資料，我已寫信到蘇州叫他回憶一下魯迅先生在日本和浙江紹興的事蹟，寄來了資料就寄上，怕你久等沒有回信，因此先寫回信，有了資料即寄上不誤　匆匆　致

敬礼

延成上
廿四日

來信寄上海延安中路816號農林部畜產處沈延成收便。

~~18821~~
2：
6308

附沈延成致许广平信
（20.6cm × 28cm）
共一页

释文

士菁先生：

惠函及日记抄本已收到，抄本即转文物局。日记原稿既未印完，雪兄又已来，则不必急。全集单行本，陆续收到。每种五册，便中望转告新华分店。雪兄匆匆见过，他亦甚忙。版税不必急，以前对出版店家，我们会斤斤计较，那是因为一些出版家实在吸血自肥，引人反感。至于国家出版，则我们愿意贡献的，自不应谈什么『决定』，已将此意向雪兄提及了。

沈延成处已有回信。他近在上海，你们若有便人往访，先得梗概，必要时再托人往苏州一次，当面领教，或更有效。因他（祖绵先生）高龄，要自己写出，或不容易。若探访，笔记，或收效更速。请考虑，并转告杨霁云先生一声，并附函一阅。杨先生信已收，稍缓再奉复，亦乞转达为荷。匆致

敬礼！

广平　一九五一年五月卅日

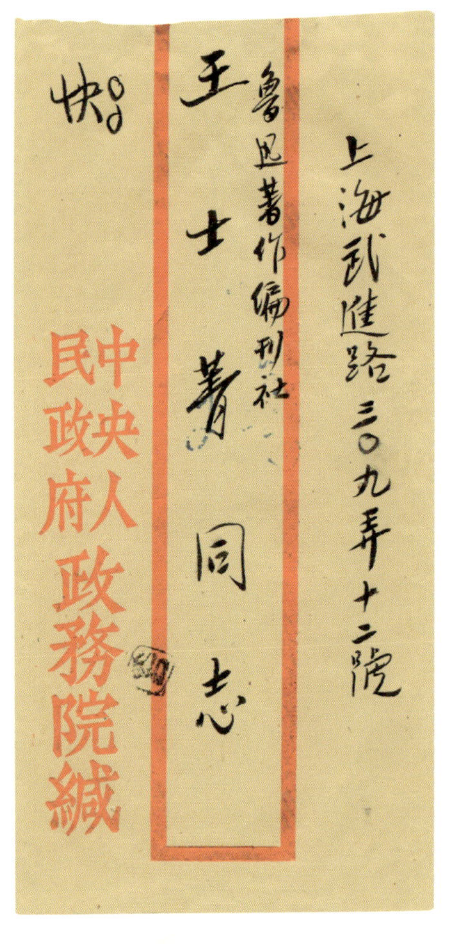

附沈延成致许广平信释文

广平先生：

来信收到。关于鲁迅的事，爸爸在有时候谈过，他们七个人（连鲁迅先生在内）住在日本同一房间，另外爸爸和章太炎先生很好的，大概有鲁迅先生的资料，我已写信到苏州叫他回忆一下鲁迅先生在日本和浙江绍兴的事迹，寄来了资料就寄上，怕你久等没有回信，因此先写回信，有了资料即寄上，不误。匆匆致

敬礼

延成上　廿四早

来信寄上海延安中路816号农林部高产处沈延成收可也。

一一、一九五一年六月二十七日
（28.1cm×20.1cm）
共二页

中央人民政府政務院用箋

士菁同志：

六月十九的信收到了，汇款昨亦遞到，附上收据，便中请转为荷！

昨看到一本「鲁迅传」，是新少年传记丛书之一，钟子芒著，太平洋出版社出的，该社书内没有地址，无从通讯，不知是否在上海出版。其中根据事实，简单明了，给少年读，可说不致有害，但微有失实之处，是关于我的事情，书中说我在敌伪时代，曾经绍兴口的叛徒捉到监牢里」，这是不对的，逮捕我的是日本人，关在日本宪兵队总部，这是一。二、说我现在「担任了中央人民政府文化部的工作」，也不对，我现在的工作岗位是：中央人民政府政务院副秘书长」。这些都是小错误，不过为了对读者忠实，则能设法通知（用编刊社名义）一下似乎较妥，因此我想到：编刊社将来最好附设一审查有关鲁迅的著作，以免讹传，而杜坏分子的颠倒是非。（目前还没有，但周作人的著作是要批判地看……）

又想到一件事，鲁迅前为内山写一条幅（"廿年居上海……"）我曾借抄一次，后托王宝良（内山书店的友人）还，他扣留起来了，此件似不

一九五　年　月　日

中央人民政府政務院用牋

应由他中饱，可否由编刊社或广陵用纪念館名义，函通过当明艺斋王子澄（系他侄父）向他借来陈列。因这條幅有鲁迅親手指模，代图章，是唯一留下的指模，值得纪念的。

另外收到楊雲云先生二次来信，「控诉」常州住宅要住伤兵的事，后又来信取消。無论如何，他对住伤兵是有埋怨的，他不了解志愿军为保家牺牲生命的精神，自己情绪颇有波动，不知社内有無学習机会，我以为他具有很浓厚的旧知识分子作风，同时对鲁迅著作的理解还是不够，对鲁迅的牺牲自我精神未能体会，便生硬地引鲁迅語句用来，是不能令人同意的。共产党的真理是教育，用实际的思想行动一致来团结群众，楊先生的思想还有距离，我希望你们对他多加帮助，这是否过分要求？

麻烦您太多了，听说不久您们可能北上，深盼面谈。此致

敬礼！

许广平

一九五一年八月廿七日

中央人民政府政務院便箋

茲收到

王士菁同志轉來十種單行本版

稅計共一千三百六十九萬六千元無

誤，此致

華東人民出版社

許廣平

五、六、廿七日

中央人民政府政務院便箋

新少年讀物社出 魯迅傳 鍾子芒著 太平洋出版社

P.42 「她在敵偽時代，曾經給憲兵隊的特務捉到監牢裏，受盡酷刑，可是她堅決不屈。她和魯迅的朋友們把《魯迅全集》整理出版，現在她還繼續在做關於魯迅著作整理的事，並且擔任了中央人民政府文化部的工作，她一直照着魯迅的意思做，頭髮已經花白了，還在學習，這種精神真是使人欽佩呢

附此信便条、版税收条

（28.1cm × 20.1cm）

各一页

释文

士菁同志：

六月十九的信收到了，汇款昨亦递到，附上收据，便中请转为荷！

昨看到一本《鲁迅传》，是『新少年传记丛书』之一，钟子芒著，太平洋出版社出的。该社书内没有地址，无从通讯，不知是否在上海出版。其中根据事实，简单明了，给少年读，可说不致有害，但微有失实之处，是关于我的事情。书中说我『在敌伪时代，曾经给卖国的叛徒捉到监牢里』，这是不对的。来捉我的是日本人，关在日本宪兵队总部。这是一。二、说我现在『担任了中央人民政府文化部份的工作』，亦不对。我现在的工作岗位是：中央人民政府政务院副秘书长。这些都是小错误，不过为了对读者忠实，则能设法通知（用编刊社名义）一下似乎较妥。因此感想到：编刊社将来最好能设一审查有关鲁迅的著作，以免讹传，而杜坏分子的颠倒是非。（目前还没有，但周作人的著作是要批判地看）。

又想到一件事，鲁迅前为内山写一条幅（廿年居上海，……）我曾借抄一次，后托王宝良（内山店夥友）还，他扣留起来了。此件似不应由他中饱，可否由编刊社或唐弢用纪念馆名义，通过光明书店王子澄（知他住处）向他借来陈列。因这条幅有鲁迅亲手指模代图章，是唯一留下的指模，值得纪念的。

另外收到杨霁云先生二次来信『控诉』常州住宅要住伤兵的事，后又来信取消。无论如何，他对住伤兵是有恐惧的。他不了解志愿军为国保家牺牲生命的精神，自己情绪颇有波动，不知社内有无学习机会。我以为他具有很浓厚的旧知识分子作风，同时对鲁迅著作的理解还是不多。对鲁迅的牺牲自我精神未能体会，仅生硬地引鲁迅语句用出来，是不能令我同意的。共产党的真理，是教育，用实际的思想行动一致来团结群众。杨先生的思想方面，还有距离。我希望你们对他多加帮助。这是否过分要求？

麻烦您太多了。听说不久您们可能北上，馀盼面谈。此致

敬礼！

许广平　一九五一年六月廿七日

附此信便条、版税收条释文

新少年传记丛书　鲁迅传　钟子芒著　太平洋出版社

P.42『她在敌伪时代，曾经给卖国的叛徒捉到监牢里，受尽酷刑，可是她坚强不屈。她和鲁迅的朋友们把《鲁迅全集》整理出版，现在她还继续在做关于鲁迅著作整理的事，并且担任了中央人民政府文化部份的工作，她一直是照着鲁迅的意思做，头发已经花白了，还在学习，这种精神真正使人钦佩呢。』

兹收到

王士菁同志转来十种单行本，版税计共一千三百六十九万六千元无误。此致

华东人民出版社

许广平　五一，六，廿七日

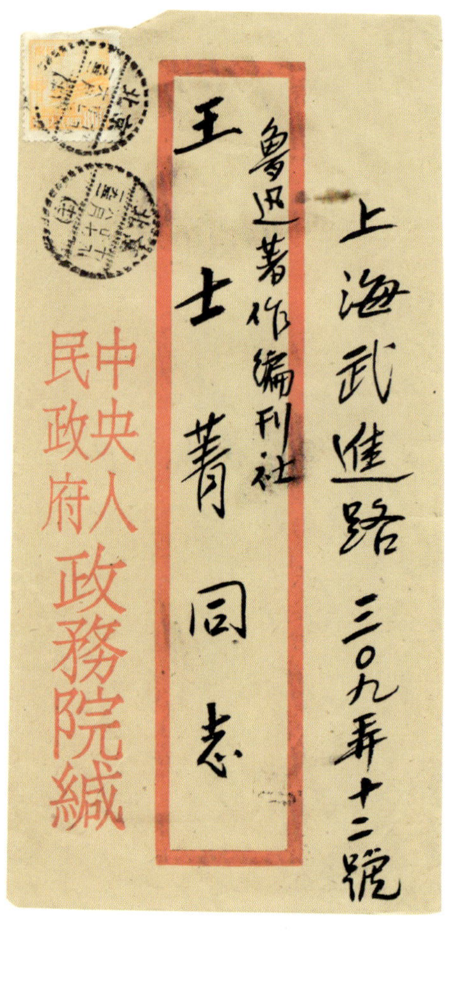

一二、一九五二年七月二十八日
（28cm×20.5cm）
共一页

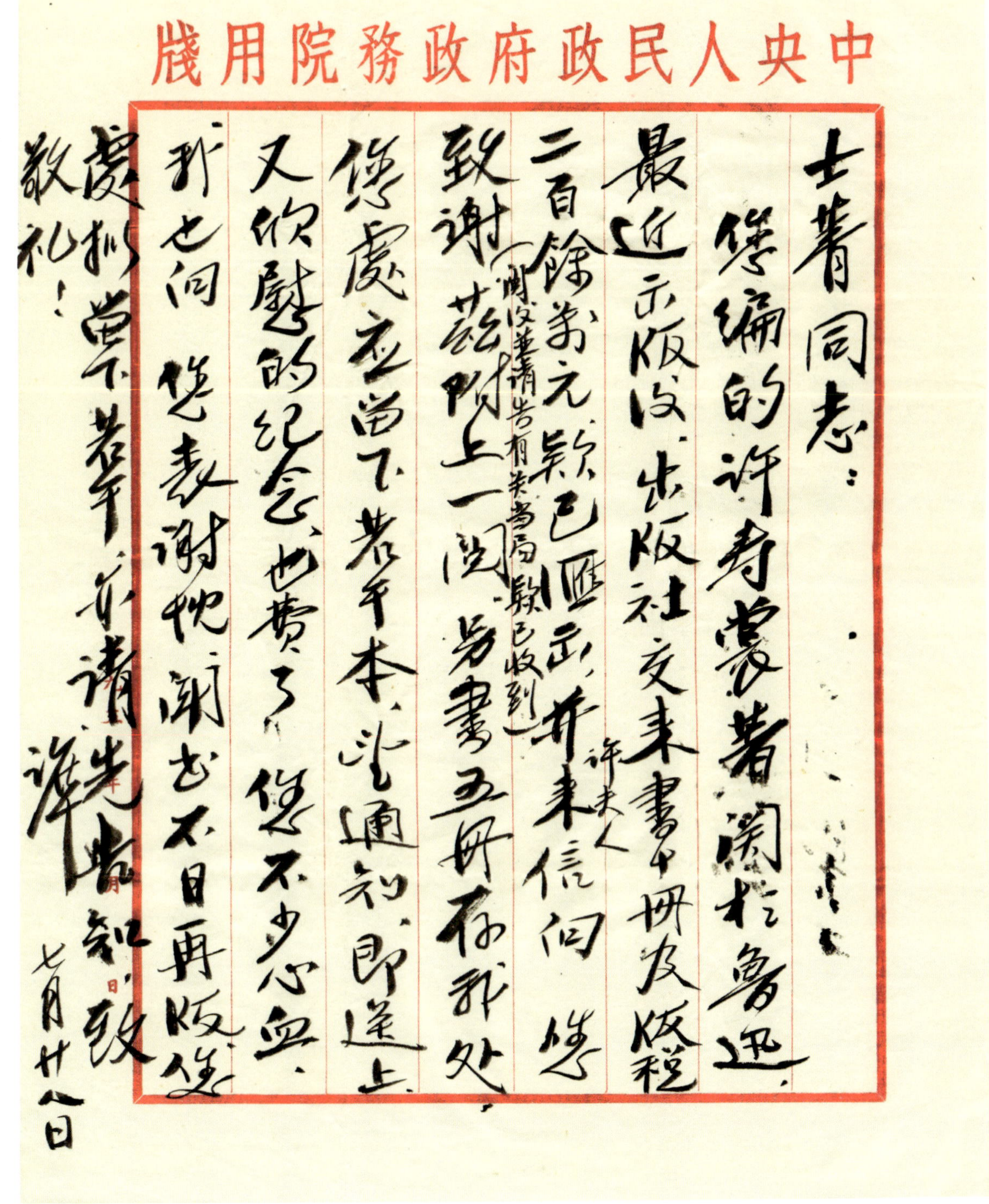

中央人民政府政務院用箋

士菁同志：

您编的许寿裳著《关于鲁迅》，最近再版后，出版社交来书十册及版税二百余万元，款已汇去，并许夫人来信向您致谢（附收条，请告有关当局款已收到）。兹附上一阅。另书五册存我处，您处应留下若干本，望通知，即送上。又《欣慰的纪念》，也费了您不少心血，我也向您表谢忱。闻也不日再版，您处拟留若干本，亦请先告知。致

敬礼！

许

七月廿八日

附一九五二年七月二十三日陶善敦致许广平信
（21.2cm×17.2cm）
共一页

許先生：

書及匯款均已收到，這次先夫遺著能夠出版，得許先生幫助甚多，十分感謝，並請代向王士菁先生致謝意。

此間有五冊書已夠，所以其餘五冊可不必再寄來，存在許先生處可也。

我們身体均健康，一切安好，可勿念。此請

近安

陶善敦 七月廿三日

释文

士菁同志：

您编的许寿裳著《关于鲁迅》，最近出版后，出版社交来书十册及版税二百余万元，款已汇出，并许夫人来信向 您致谢（阅后并请告有关当局款已收到），兹附上一阅。另书五册存我处，您处应留下若干本，望通知，即送上。又《欣慰的纪念》，也费了您不少心血，我也向 您表谢忱。闻书不日再版，您处拟留下若干，亦请先告知。致

敬礼！

许广平 七月廿八日

附一九五二年七月二十三日陶善敦致许广平信释文

许先生：

书及汇款均已收到，这次先夫遗著能够出版，得　许先生帮助甚多，十分感谢，并请代向王士菁先生致谢意。

此间有五册书已够，所以其余五册可不必再寄来，存在　许先生处可也。

我们身体均健康，一切安好，可勿念。此请近安

陶善敦　七月廿三日

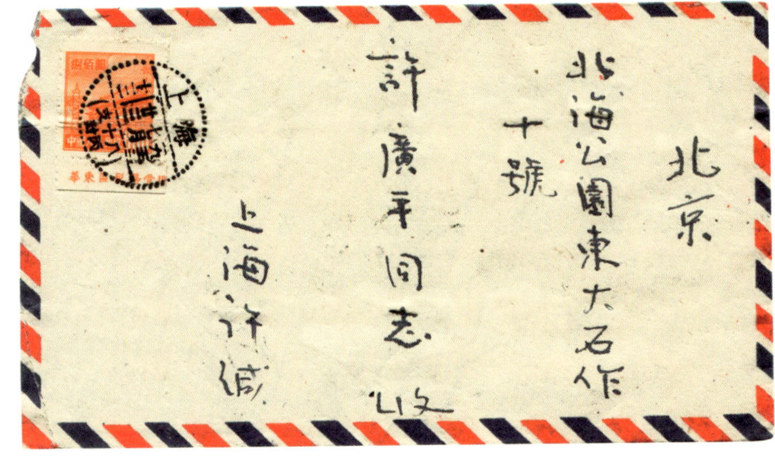

一三、一九五二年八月十六日
（28cm × 20.6cm）
共一页

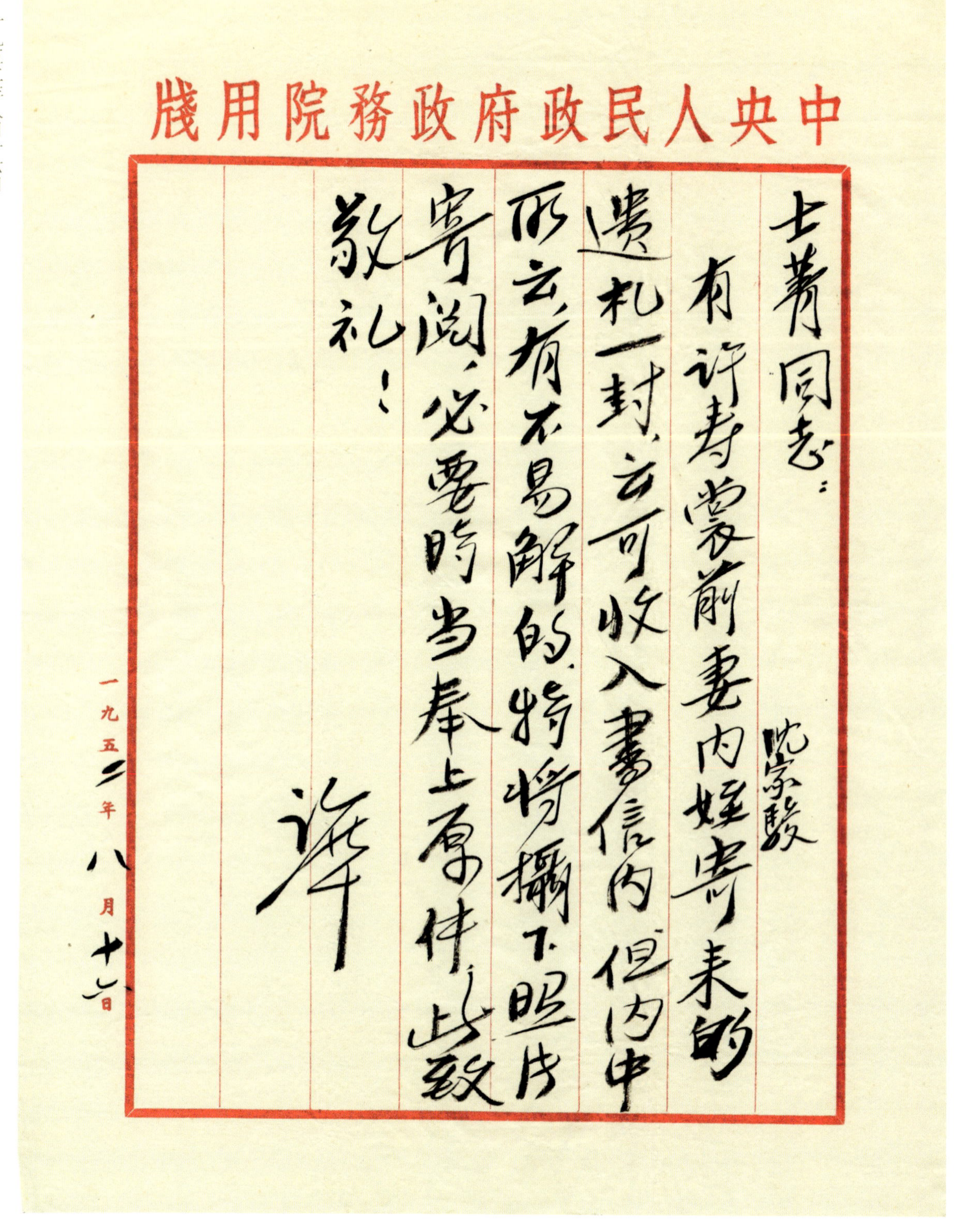

中央人民政府政務院用箋

士菁同志：

有许寿裳前妻内姪寄来的遗札一封，云可收入书信内，但内中所云，有不易解的，特将摄下照片寄阅，必要时当奉上原件也。此致

敬礼！

沈家骏

许

一九五二年八月十六日

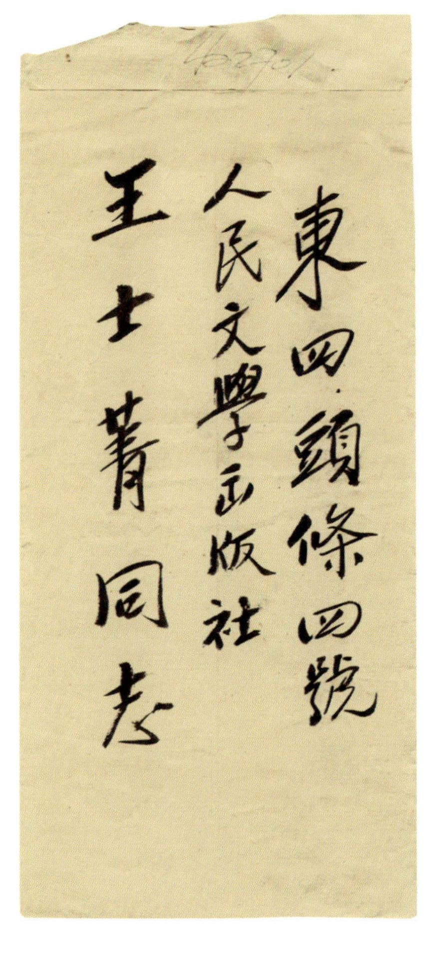

释文

士菁同志：

有许寿裳前妻内侄（沈家骏）寄来的遗札一封，云可收入书信内，但内中所云，有不易解的，特将摄下照片寄阅，必要时当奉上原件。此致敬礼！

许广平　一九五二年八月十六日

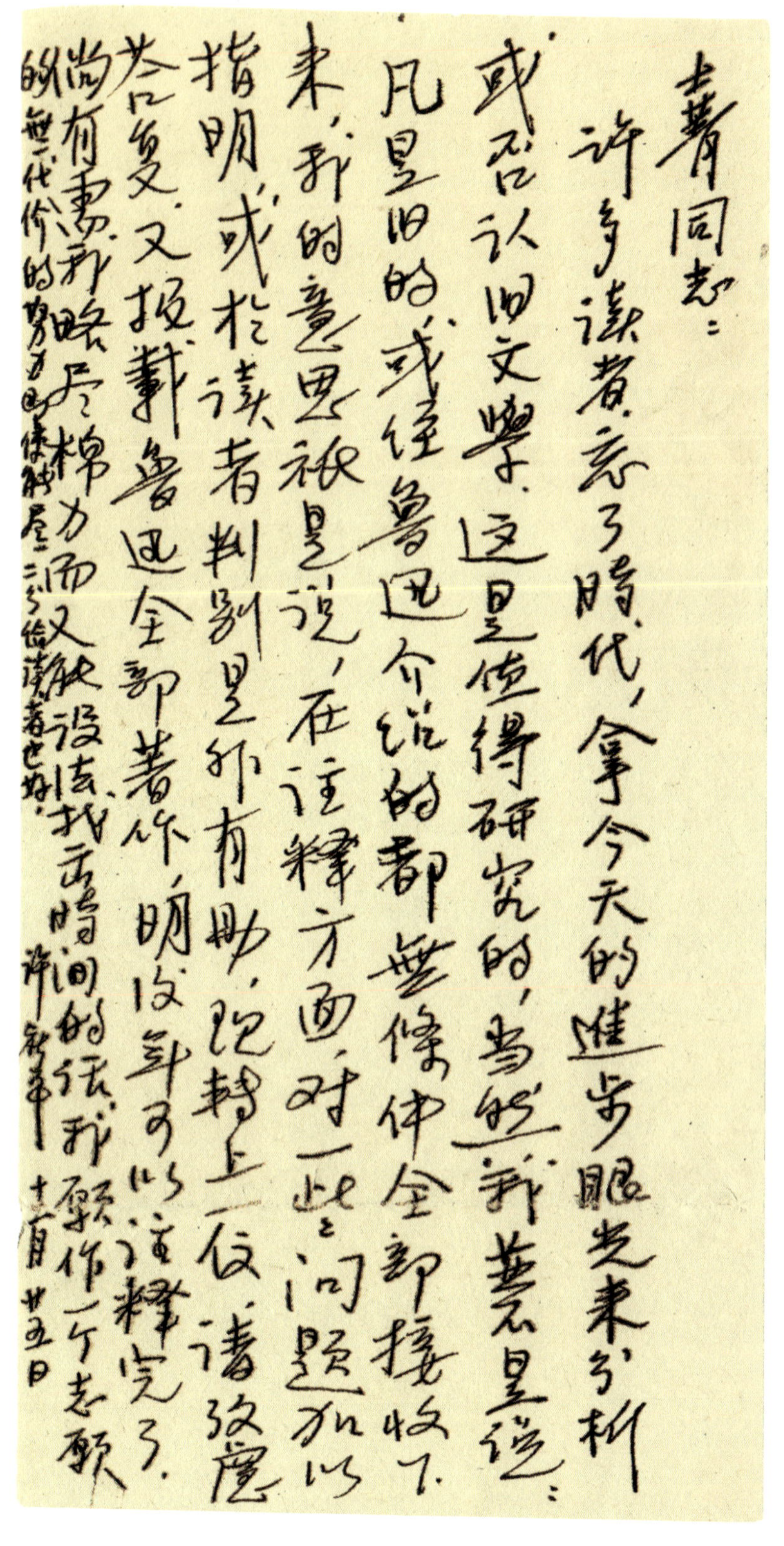

青同志：

许多读者忘了时代，拿今天的进步眼光来分析或否认旧文学，这是值得研究的，而我并不是说：凡是旧的或经鲁迅介绍的都无条件全部接收下来，我的意思只是说，在注释方面，对一些问题加以指明，或于读者判别是非有助。把转上一段，请致答复。又提议鲁迅全部著作，明后年可以注释完了。尚有需要，我愿尽棉力，而又能设法找出时间的话，我愿作一个志愿的无代价的努力，希望能转达，像我是一个读者也好。

许广平　十二月廿五日

一四、一九五二年十二月二十五日
（17.7cm×8.8cm）
共一页

附读者李彬致许广平明信片
（17.7cm × 8.8cm）
共一页

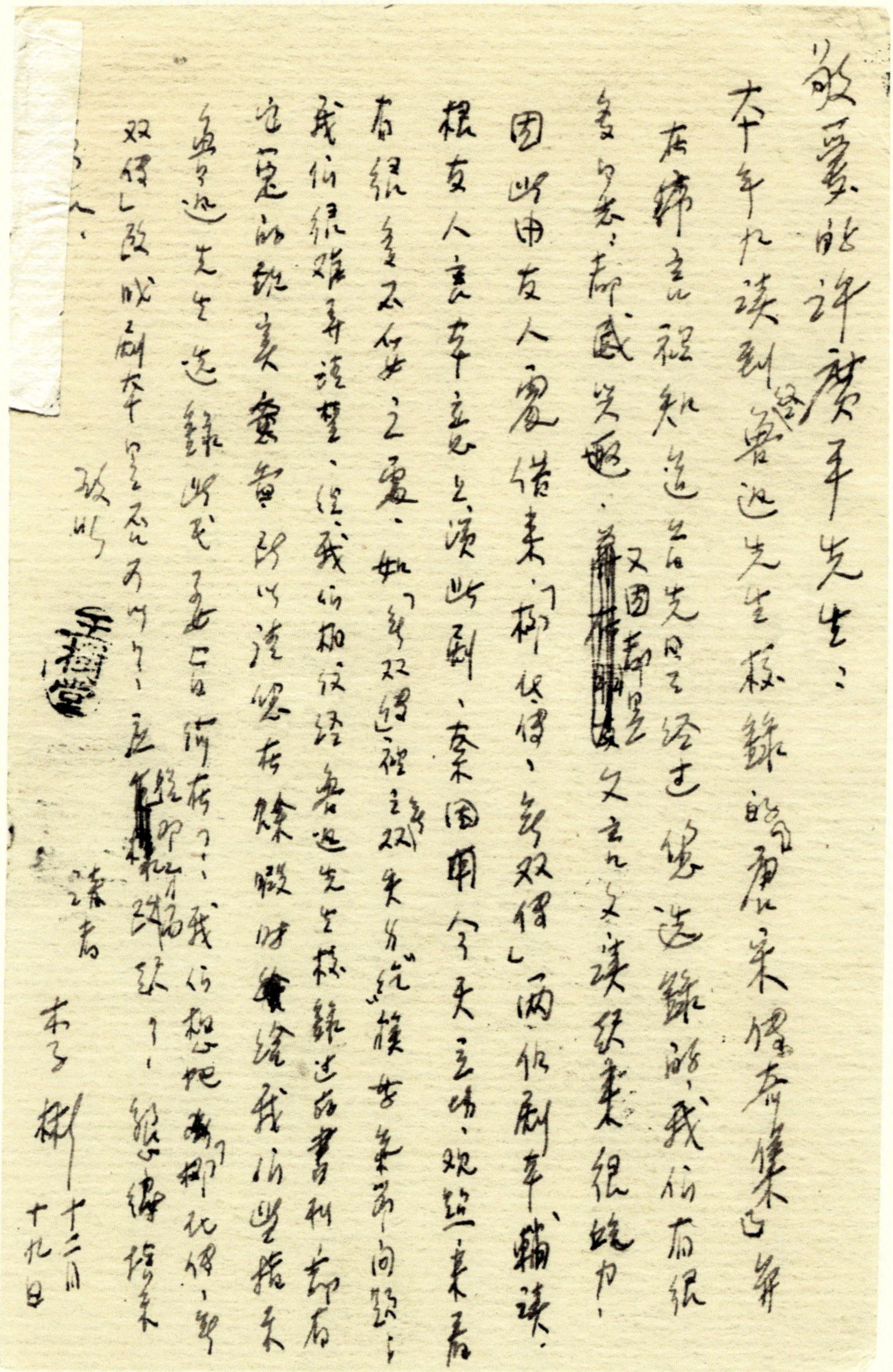

释文

士菁同志：

许多读者，忘了时代，拿今天的进步眼光来分析或否认旧文学，这是值得研究的。当然，我并不是说：凡是旧的，或经鲁迅介绍的都无条件全部接收下来。我的意思只是说，在注释方面，对一些问题加以指明，或于读者判别是非有助。现转上一信，请考虑答复。又报载鲁迅全部著作，明后年可以注释完了。倘有需我略尽棉［绵］力而又能设法找出时间的话，我愿作一个志愿的无代价的努力，即使能尽一二分给读者也好。

许广平　十一月廿五日

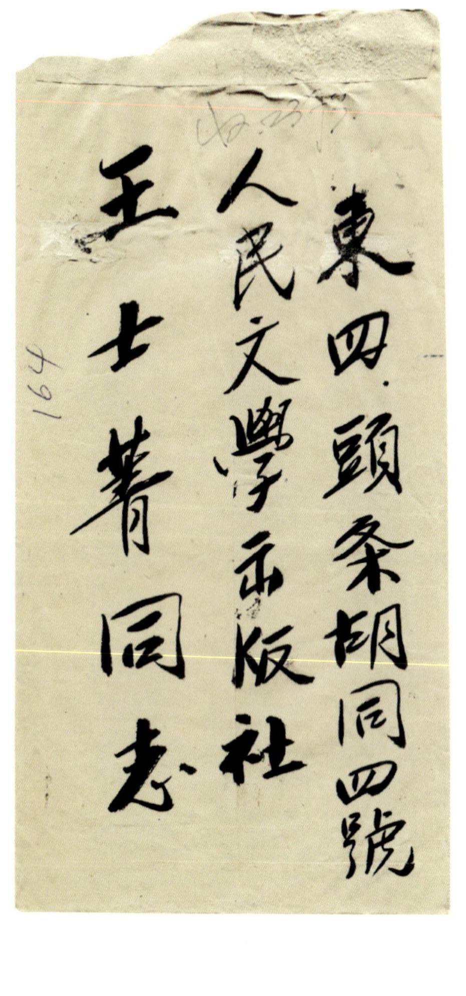

附读者李彬致许广平明信片释文

敬爱的许广平先生：

本年九［月］读到经鲁迅先生校录的《唐宋传奇集》，并在序言里知道首先是经过您选录的，我们有很多同志，都感兴趣。又因都是文言文，读起来很吃力，因此由友人处借来《柳氏传》《无双传》两个剧本辅读。根友人言本意上演此剧，系因用今天立场、观点来看，有很多不妥之处，如《无双传》里之无双失身、『纥』族等气节问题，我们很难弄清楚，但我们相信经鲁迅先生校录过的书刊，都有它一定的现实意图，所以请您在余暇时给我们些指示。鲁迅先生选录此书要旨何在？我们想把《柳氏传》《无双传》改成剧本是否可以？应从那［哪］方面改起？恳得指示。

致以

敬礼

读者　李彬　十二月十九日

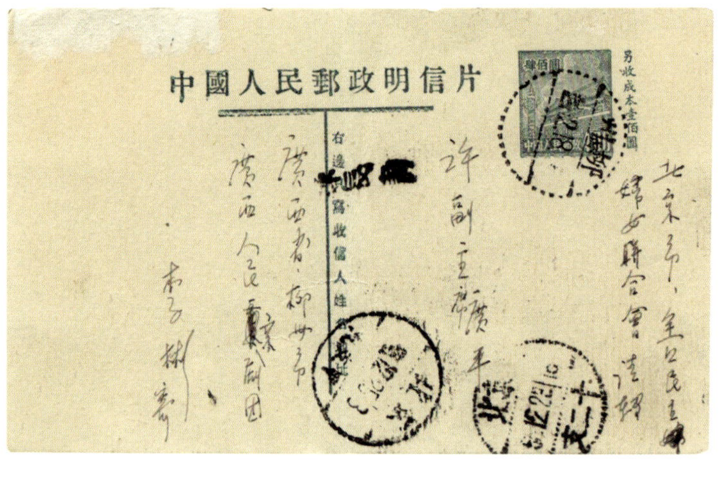

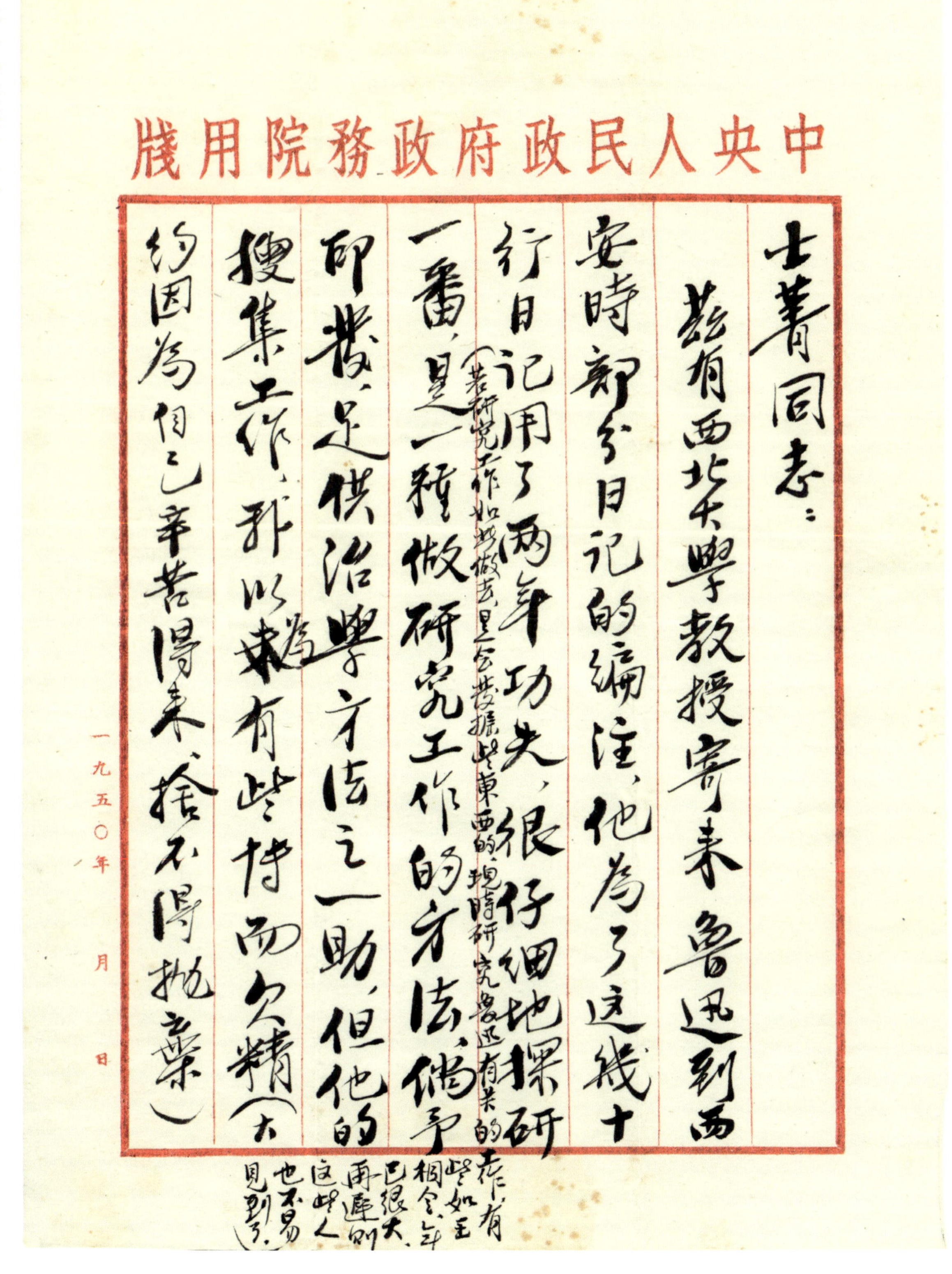

中央人民政府政務院用箋

士菁同志：

茲有西北大學教授寄來魯迅到西安時部分日記的編注，他為了這幾十行日記用了兩年功夫，很仔細地探研一番，是一種做研究工作的方法，備予印發，足供治學方法之一助，但他的搜集工作，所以有些時而欠精（大約因為自己辛苦得來，捨不得拋棄）

（若研究工作如此做去，是會發掘些東西的，現時研究魯迅有關的工作，有些如王[illegible][illegible]年已很大，再遲則這些人也不易見到了）

一九五〇年 月 日

一五、一九五三年三月十一日
（28.4cm×20.5cm）
共二页

中央人民政府政务院用笺

若如以印发则有些人如书中提及的蒋廷黻、胡适、傅铜等人物，如何？到现在，是否有去留取舍的必要？附录鲁迅在西安讲稿，经本人校过，很可为中国小说史提纲之助，也有些作者（鲁迅）意见，但因提到胡适二次，应否以人废言，请与雪峰商酌，若不能用，请代寄回西大、单同志，是鲁迅研究迷，向来广搜鲁著作、鲁编一册，画付亦惜而不精，那刊其不付印的，致

敬礼！

许广平

一九五三年三月十一日

附西北大学教授致许广平信
(28.4cm×20.5cm)
共二页

景宋先生：久未奉候，敬念良深！
我現在正是研究魯迅先生的作品、傳記，最近把魯迅先生西來講學的事蹟整理了一下，寫成日記註，又把講稿附錄，我很高興！有幾位同志覺得有付印的必要，如果出版書店以為印刷量小不印，打算私人出版。特寄上請您細看一下，對錯誤或不必要的註釋指出改正！如以為可以付印的話，請寫一短序何如？這裡的印刷將不麤略，您有什麼意見也請指出！

西安勞建印刷廠印製

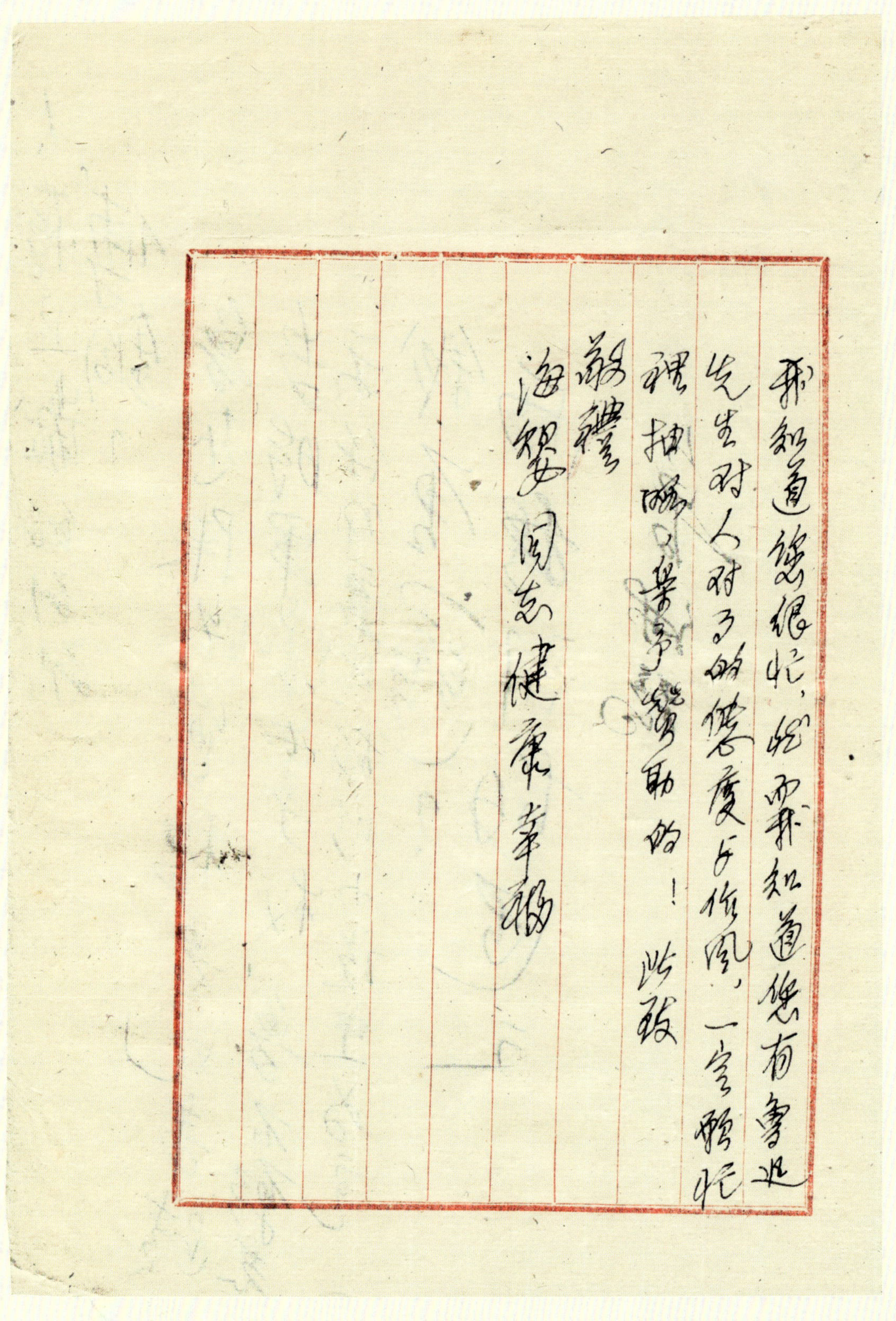

我知道您很忙，然而我知道您有鲁迅先生对人对事的態度与作風，一定願忙裡抽暇，樂予幫助的！ 此致

敬禮

海婴同志健康幸福

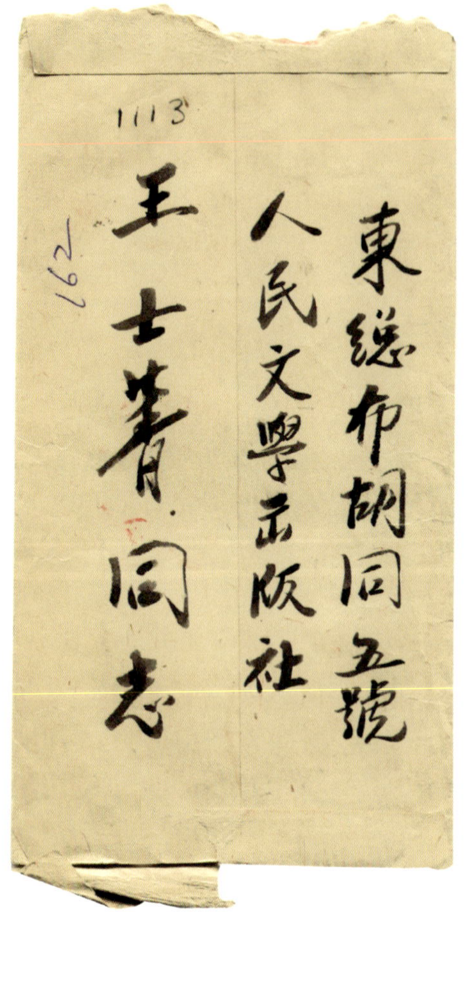

释文

士菁同志：

兹有西北大学教授寄来鲁迅到西安时部分日记的编注，他为了这几十行日记用了两年功夫，很仔细地探研一番，是一种做研究工作的方法。（若研究工作如此做去，是会发掘些东西的。现时研究鲁迅有关的工作，有些如王桐令［龄］，年已很大，再迟则这些人也不易见到了。）倘予印发，足供治学方法之一助。但他的搜集工作，我以为有些博而欠精（大约因为自己辛苦得来，舍不得抛弃）。若加以印发，则有些人如书中提及的蒋廷黻、胡适、傅铜等人物，如何分别考虑，是否有去留取舍的必要，附录鲁迅在西安讲稿，经本人校正过，很可为中国小说史提纲之助。也有些作者（鲁迅）意见，但因提到胡适二次，应否以人废言，请与雪兄商酌。若不能用，请代寄回西大。单同志是鲁迅研究迷，向来广搜鲁著作，曾编一册画传，亦博而不精，我劝其不付印的。致敬礼！

许广平　一九五三年三月十一日

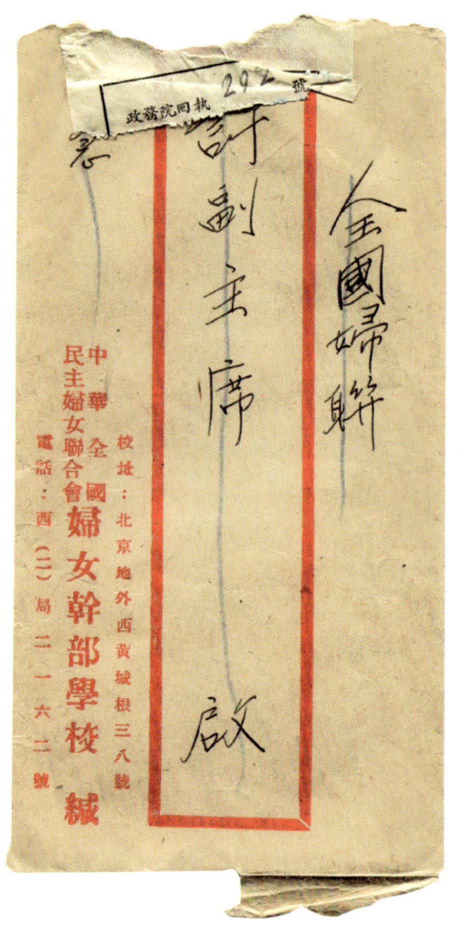

附西北大学教授致许广平信释文

景宋先生：久未奉候，敬念良深！

我现在还是研读鲁迅先生的作品与传记，最近，把鲁迅先生西来讲学的事迹整理了一下，写成日记注，又把讲稿附录，我很高兴！有几位同志也觉得有刊印的必要，如果公营书店以为印刷量小不印，打算私人出版。特寄上请您细看一下，对错误或不必要的注释指出改正！如以为可以刊印的话，请寄一篇序何如？这里的印刷恐不够好，您有什〔么〕意见也请提出！我知道您很忙，然而我知道您有鲁迅先生对人对事的态度与作风，一定愿忙里抽暇，荣予赞助的！此致

敬礼

海婴同志健康幸福

一六、一九五三年三月十五日
（23.4cm×10.7cm）
共一页

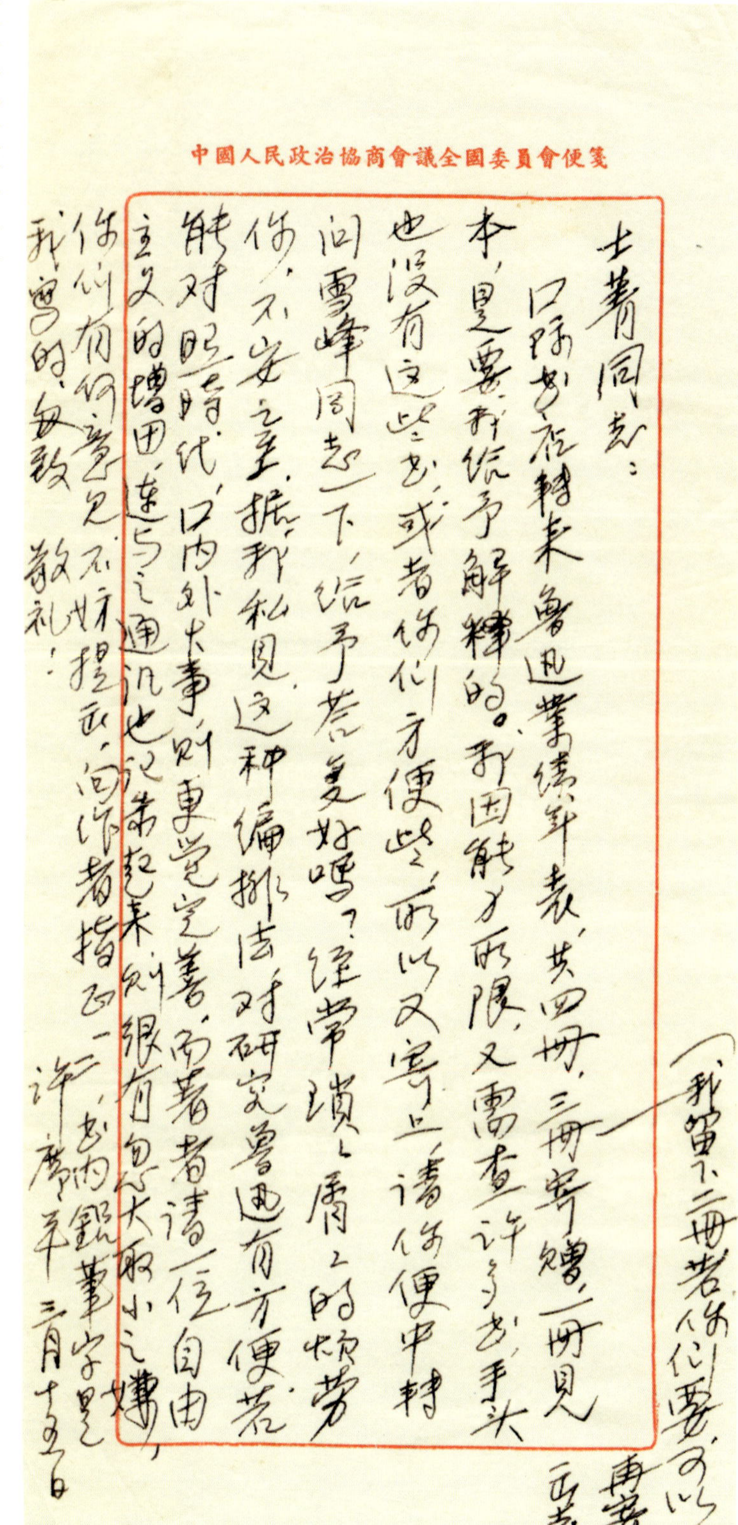

中國人民政治協商會議全國委員會便箋

士菁同志：

日昨收到你转来鲁迅業績年表，共四册，三册寄赠，一册见本，是要我给予解释的。我因能力所限，又需查许多书，手头也没有这些书，或者你们方便些，所以又寄上，请你便中转问雪峰同志一下，给予答复好吗？经常琐琐屑屑的烦劳你，不安之至。据我私见，这种编排法对研究鲁迅有方便，若能对照时代，以内外大事，则更觉完善。而著者请一位自由主义的增田，连与之通讯也记录起来，则很有舍大取小之嫌，你们有何意见？不妨提出，向作者指正一二。书内错字颇多，我写的，匆致

敬礼！

许广平 三月十五日

（我留下二册，若你们要，可以再寄还。）

廣平先生：

久仰大名，但是我沒得到一個機會見過您，也沒有和您通過信，當然在您是不認識我的。這次我冒昧地給您寫信去，先要請您原諒。

我是一個魯迅先生作品的愛讀者，幾年來，關於魯迅先生的業績，很想把它有系統地整理一下，編排一個年表，最近由於增田先生的幫助，已經完成了。就是魯迅研究資料魯迅業績年表这本小冊子。

因為魯迅先生的業績太広範，而自己的力量浅薄，难免有許多遺漏或錯誤的地方，而且其中，我还有些不清楚的地方（在打着"見本"藍印的那本小冊子裡，P124，P130畫有紅線·問号的地方），因此將这本小冊子寄上，請您斧正並且賜教。

我知道您是很忙的，这樣給您添麻煩，我覺得不安得很。請您特別原諒才好。

志賀正年 謹上 二月二十二日

No.

附《鲁迅业绩年表》著者给许广平的信

(23.4cm × 10.7cm)

共一页

释文

士菁同志：

国际书店转来《鲁迅业绩年表》，共四册。三册（我留下一册，若你们要，可以再寄出去）寄赠，一册见本，是要我给予解释的。我因能力所限，又需查许多书，手头也没有这些书，或者你们方便些，所以又寄上，请你便中转问雪峰同志一下，给予答复好吗？经常琐琐屑屑的烦劳你，不安之至。据我私见，这种编排法，对研究鲁迅有方便，若能对照时代，国内外大事，则更觉完善。而著者请一位自由主义的增田，连与之通讯也记录起来，则很有忽大取小之嫌，你们有何意见，不妨提出，向作者指正一二。书内铅笔字是我写的。匆致　敬礼！

许广平　三月十五日

附《鲁迅业绩年表》著者给许广平的信释文

广平先生：

久仰大名，但是我没得到一个机会见过您，也没有和您通过信，当然在您是不认识我的。这次我冒昧地给您写信去，先要请您原谅。我是一个鲁迅先生作品的爱读者，几年来，关于鲁迅先生的业绩，很想把它有系统地整理一下，编排一个年表，最近由于增田先生的帮助，已经完成了。就是《鲁迅研究资料·鲁迅业绩年表》这本小册子。

因为鲁迅先生的业绩太广范［泛］，而自己的力量浅薄，难免有许多遗漏或错误的地方，而且其中，我还有些不清楚的地方（在打着『见本』盖印的那本小册子里，P124,P130画有红线·问号的地方），因此将这本小册子寄上，请您斧正并且赐教。

我知道您是很忙的，这样给您添麻烦，我觉得不安得很。请您特别原谅才好。

志贺正年　谨上　二月二十二日

一七、一九五三年三月三十日
（28.4cm×20.6cm）
共一页

中央人民政府政务院用笺

士菁同志：

有不认识的许玉洲来信说有鲁迅书简，我当即回信有二办法，一、为寄来借照相，再寄还，一、为代照相，还款。近又接一信，则不止一封信，而且还要代为搜寻旧书，这非我时间精力所许了。据来信所云，全是伏园兄弟之物，伏园近在京城，可否向他一询许玉洲是什么人，可否由伏园索回，借给我们拍照，即不然，向他了解一下这许玉洲是什么人，总是好的。我自己不知如何处理好，特将二信送上，请予考虑作覆何如。致

敬礼！

广平

一九五三年三月卅日

释文

士菁同志：

有不认识的许玉洲来信说有鲁迅书简，我当即回信有二办法。1. 为寄来借照相，再寄还。2. 为代照相，还款。近又接一信，则不止一封信，而且还要代为搜寻旧书。这非我时间精力所许可。据来信所云：全是伏园兄弟之物。伏园近在京城，可否向他一询许玉洲是什么人，可否由伏园索回，借给我们拍照。即不然，向他了解一下这许玉洲是什么人总是好的。我自己不知如何处理好，特将二信送上，请 予考虑作复何如？致

敬礼！

许广平　一九五三年三月卅日

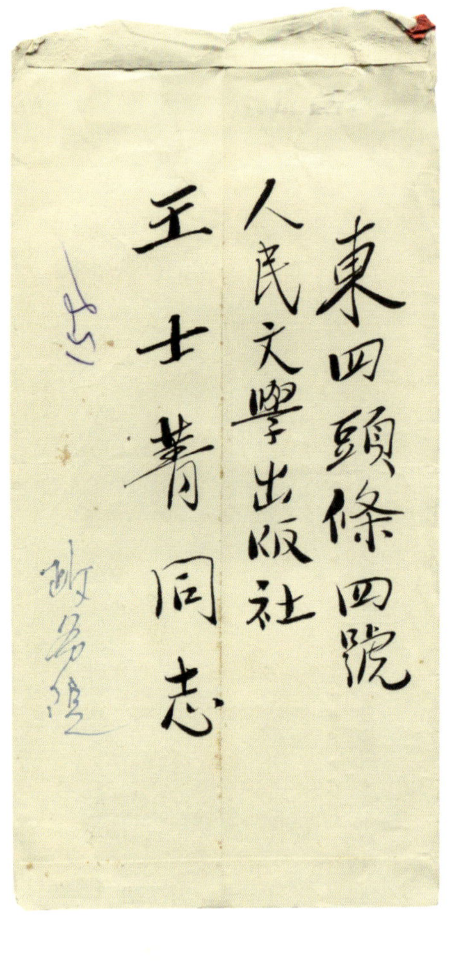

一八、一九五三年五月十日
（28.3cm×20.2cm）
共一页

中央人民政府政务院秘书厅用笺

士菁同志：

昨天人民文学出版社要我给信去添印《欣慰的纪念》照片，特附函，请转人民文学出版社美术科为荷！

又今天遇见章川岛，问起他所存鲁迅书信，据云：早已捐送北京图书馆，现存善本室。如此是借不出的了。此致

敬礼！

许广平

一九五三年五月十日

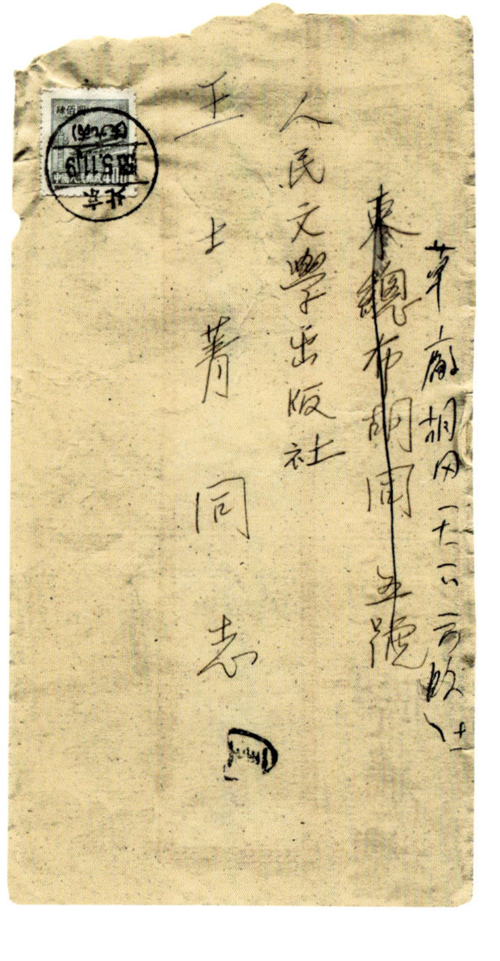

释 文

士菁同志：

昨天人民文学出版社要介绍信去添印《欣慰的纪念》照片，特附函，请转人民文学出版社美术科为荷！

又今天遇见章川岛，问起他所存鲁迅著作。据云：早已捐送北京图书馆，现存善本处。如此是借不出的了。此致

敬礼！

许广平 一九五三年五月十日

一九、一九六六年六月十一日
（21.2cm×15.3cm）
共一页

全国人民代表大会常务委員会办公厅便箋

士青同志：

有转业军人楼曦写了一本关于鲁迅的风趣、风度、风格共稿一册，另二篇是为了卅年纪念鲁迅写的，其中那一厚本原稿，作者是在延安住过，而且对旧文学及各方面都有涉及。有些地方——如谈及方志敏同志——举了是别的地方没有的，想请你看看是否可以作为出版之用，或请他再加工一下，（有些地方我露起角来）至于纪念卅年的单篇稿，我看似还不够，以上各稿如不能用，请托人回信寄还给作者，多麻烦你了，此致

敬礼。

许广平　六月十一日

又现当文化大革命时候，是否应暂停发表，另想回信

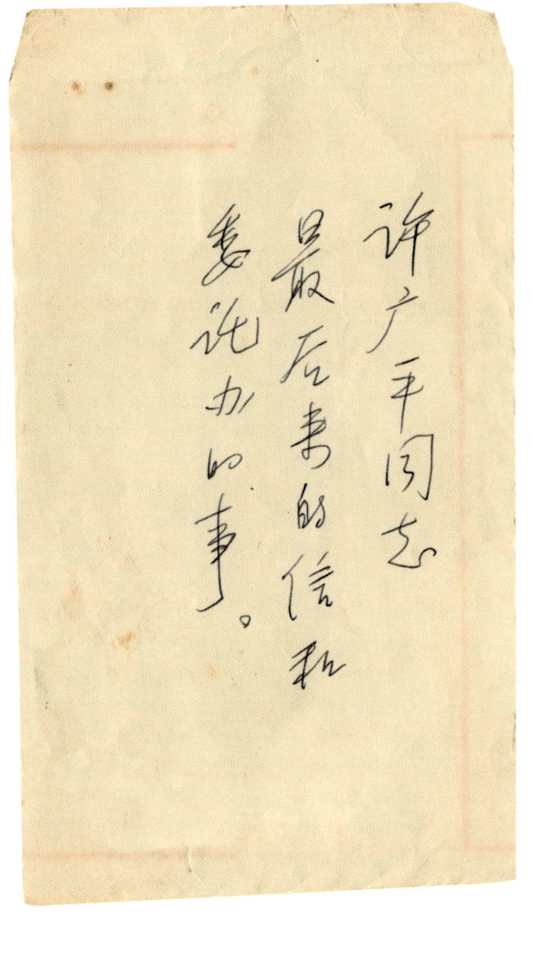

释文

士青［菁］同志：

有转叶［业］军人楼曦写了一本关于鲁迅的风趣、风度、风格共稿一册，另二篇是为了卅年纪念鲁迅写的。其中那一厚本原稿，似作者是在延安住过，而且对旧文学及各方面都有涉及。有些地方——如谈及方志敏同志——等多是别的地方没有的，想请 你看看是否可以作为出版之用，或请他再加工一下，（有些地方我叠起角来了）至于纪念卅年的单独出，我看似还不够。以上各稿如不能用，请托人回信寄还给作者，多麻烦你了。此致敬礼。

许广平 六月十一日

又现当文化大革命时候，是否应暂停考虑，亦应回信。

许广平致阮绍先（一通）

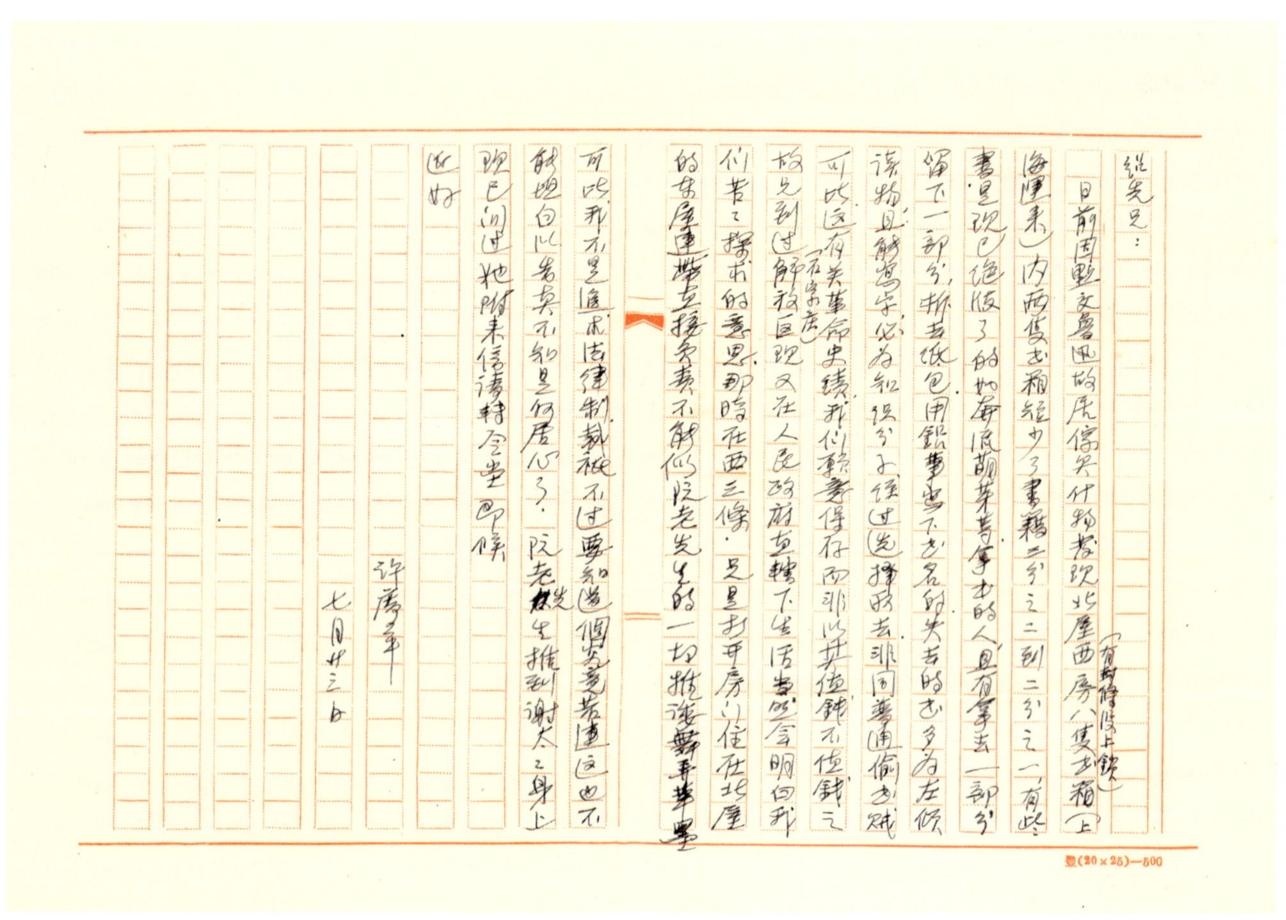

纪先生：

日前因整理鲁迅故居傢具什物，发现北屋西房八隻书箱（上有封条，并上锁，海运来），内两隻书箱短少了书籍三分之二到二分之一，有些书是现已绝版了的，如海底萌芽等等。拿书的人且有拿去一部分留下一部分，拆去纸包，用铅笔写下书名的，失去的书多为左倾读物，且能写字，必为知识分子，经过选择拿去，非同普通偷书贼可比。这有关革命史迹，我们尽量保存，而非以其值钱不值钱之故。先生到过解放区（不在家居），现又在人民政府直辖下生活，当然会明白我们苦苦探求的意思。那时在西三条，只是打开房门住在北屋的朱姓屋连带直接负责，不能似阮老先生的一切推诿舞弄笔墨。所以，我不是追求法律制裁，不过要知道個究竟，若连这也不能坦白，则着实不知是何居心了。阮老先生推到谢太太身上，现已问过她，附来信请转念，望即候

近好

许广平

七月廿三日

一九五〇年七月二十三日

（25.5cm × 36cm）

共一页

释 文

绍先兄：

日前因点交鲁迅故居家具什物，发现北屋西房（有封条没上锁）八只书箱（上海运来）内两只书箱短少了书籍三分之二到二分之一，有些书是现已绝版了的，如《奔流》《萌芽》等。拿书的人，且有拿去一部分留下一部分，拆去纸包，用铅笔写下书名的。失去的书多为左倾读物，且能写字，必为知识分子经过选择取去，非同普通偷书贼可比。这有关革命史绩，我们愿意保存而非以其值钱不值钱之故。兄到过解放区（石家庄），现又在人民政府直辖下生活，当然会明白我们苦苦探求的意思。那时在西三条，兄是打开房门住在北屋的，东屋连带直接负责，不能似阮老先生的一切推诿舞弄笔墨可比。我不是追求法律制裁，只不过要知道个究竟，若连这也不能坦白以告，真不知是何居心了。阮老先生推到谢太太身上，现已问过她，附来信请转令堂。

即候

近好

许广平　七月廿三日

（此信非原信，为许广平抄件底稿。编者注）

许广平致文物局（一通）

一九五〇年八月二日
（28.4cm×20.7cm）
共一页

中央人民政府政務院用牋

華东軍政委员会文化部：

接到物字1648号函，为拟筹设上海鲁迅纪念館，征询意见，并附筹设纪念館计划草案。对于这一计划，本部完全同意，愿尽力[illegible]。献示在沪鲁迅生前用品、以资陈列，惟所存书，並不在大陆新邨九号内，私意以为运捐北京鲁迅故居为宜：一则其中整部的书有已在北京的，可以合在一起来；二则北方天气乾燥，对书籍也较易保存。至于大陆新邨寓所房屋整理，如有需要，我部可以派员亲自布置，届时请先期告知，以便酌量工作情况，向上级要求批准给假，即行南下。

此复

中央人民政府文化部文物局

一九五〇年八月二日

释文

接到物字1648号函为华东军政委员会文化部拟筹设上海鲁迅纪念馆征询意见，并附筹设纪念馆计划草案。广平对于这一计划，个人完全同意，并愿努力献出在沪鲁迅生前用品，以资陈列。惟所存书，在其生前并不在大陆新村九号内，故私意以为运捐北京鲁迅故居似较适宜，一则其中整部的书已有部分早即运京的，如此可以合一起来；二则北方天气干燥，对藏书较易保存。至于大陆新村，房屋若整理好了，需要我回沪亲自布置时，请先期告知，以便酌量工作情况，适时向上级要求批准给假，即行南下。此复

中央人民政府文化部文物局。

一九五〇年八月三日　发出

（此信非原信，为许广平抄件底稿。编者注）

许广平致郑振铎（一通）

中央人民政府政務院用牋

振铎先生：

我曾于一九四六年回北京一次，对八隻木箱书籍，曾亲自整理，尤其期刊如《奔流》《萌芽》等有鲁迅亲笔签字、亲自包札的，我总设法加上一层包裹，但这次来书，有失去一部分而随便以铅笔在书上写上字的，可见偷书者是知识分子，且是有计划的。朱氏生前自我回家之后，未断接济，无须卖书，死后米煤每生[illegible]封足有[illegible]证明不必卖书，即有亲友[illegible]朱氏[illegible]

[illegible]

之责，当然首先应被查问，但阮氏同一片[illegible]

多年前事，稽检以来情景，态度欠佳，她到一信，说明[illegible]若先生以为不妨寄还，即请记人投入邮筒，此信用[illegible]个人名义，对文物为无碍，意在表明文物为前此非随便

[illegible]

而费事[illegible]，此致

敬礼！

一九四九年　月　日

一九五〇年××月××日
（27.8cm×20.6cm）
共一页

释文

振铎先生：

我曾于一九四六年回北京一次，对八只木箱书籍，曾亲自整理，尤其期刊如《奔流》《萌芽》等有鲁迅亲笔签字，亲自包札［扎］的，我总设法加上一层包裹。但这次点书，有失去一部分而随便以铅笔在书上写字（与我经手时不同）的，可见偷书者是知识分子，是有计划的。朱氏生前自我一九四六年回京之后，未断接济，无须卖书，死后米煤，封［丰］足有余，亦证明不必卖书。且朱氏死后，揭北房封条内居住的是阮氏家人，监守之责，当然首先应被查问，但阮文同一片答复，远溯多年前事，藉以掩脱后来情景，态度欠佳，姑拟一信，说明一二，但对于书的归还，恐仍未必如愿。若 先生以为不妨寄出，即请托人投入邮筒。此信用我个人名义，对文物局无碍，意在表明文物局前函，非随便而发耳。此致

敬礼！

（此信非原信，为许广平抄件底稿。编者注）

许广平致内山完造（一通）

一九五〇年九月五日
（29.5cm×21cm）
共一页

中央人民政府政務院用箋

内山先生：

許久没有通信，忽然昨從李文清先生那里特别[到]您的大札及倉石武四郎教授的信函和待填的書契，

我因服務於公家，所以比較在上海時的生活較有紀律，現在海嬰在京，正預備入学或做事，他長久失学身体並不算太堅强，現在還是差不多的。

对于翻譯魯迅著作以介绍给日本人民閲讀的這種热诚，和先生多年对故友的耿耿之情，我是一向知道而且銘感的。為了不致於翻譯時选材的方面可能的照顧周到，我听说東京有一個专门翻譯中國書籍的文学团体，其中有島田和鹿地亘先生等在内，如果先生能廣為徵求他們意見，則此[illegible]倉石武四郎教授[illegible]豈不更加周到？自[illegible]，[illegible]著作更[illegible]能則取捨之間，務以得島田、鹿地兩先生的意見，似較合魯迅先生意志，不知先生以為何如？先此布復，併候 回音。謹候，請
秋安

倉石教授处乞代致意，不另复[illegible]了。

許廣平
九月五日

[illegible]另函復[illegible]

我想若[illegible]武[illegible]教授[illegible]之合作更妙

附一：一九五〇年内山完造致许广平信
（24.8cm × 17.4cm）
共二页

No. 1

許廣平女士玉案下：

一九四七年，突然地，我遭上海市政府警察局硬加以国民政府顛覆陰謀團々長的名義，三十三人為一團，被強制的送回了國，這是您已經知道的事。幸而能無事的回了國，為達成多年的志願—使日本人民对中国有正確的認識，企劃了遊說全日本。得到朋友們的幫助，終於完成了初志。講演回数約千次，聽衆多是青年的男女，人数実已超過三十萬。並在其間，盡力於中日貿易促進會及日本中国友好協會的創立。現在仍舊為貫徹此目的，名符其実地継續東奔西走着。我相信和平日本的建設，沒有中国的援助是决

No. 2.

不能成功的，所以我决不停息地极力唱导着和中国的友好。刻下有一计画，依照别纸所记，托我求您应诺，翻译者是东京大学的教授仓石武四郎先生，出版为日本最大最有权威的岩波书店，並且在形式上是编入網罗世界最高水准古典的岩波文库中，約十册（鲁迅選集已刊）以日本文的出版来说，誠然是最高的出版，盼望能得到您的答應。

聞前年一度向您請求时，您曾寄下了答應的書函。但未收到，事後才得知，原来當时検查之際，版权関係的書類全部遭検查官破棄了，所以只接到書信，未能得到答應的書類。這次因為没有検查，不至再有不幸，此点請安心。切望您能捺印承認，契約的履行我負全責实行。

内山完造 於东京

许景宋女士：

未承雅教，忽上芜函，虽有内山完造先生介绍，未免有点唐突，不过因弟于一九二九夏，曾在北京拜访鲁迅先生于西三条，请过些天教，自以为还算在有缘之列，因冒昧。在京都大学教讲授中国语文学二十年，从去年起，转任东京大学教授，兹有东京岩波书店很想将他们岩波文库里的增田涉君译鲁迅选集，及中国小说史略扩成一部较大的鲁迅选集，求弟及竹内好君主持翻译。窃想鄙邦近来对于鲁迅先生著作非常注意，除竹内君的「鲁迅」以外，还有三四本关于鲁迅先生的书。读者们都很想知道他的全貌，但翻译全集一事，按鄙邦目下文化界的情形，似未容易成功，故暂把小说（选自呐喊、彷徨、故事新编中）野草、朝花夕拾、两地书、随笔（选自华盖集等集中）并中国小说史略，约成八本或十本，务请先生将翻译权让给岩波书店为荷。书店拟定的条件是：

（一）奉送每部定价百分之五，以表谢意。但按那翻译外国文学的习惯，表面上当作无偿（without any fee）为便。

（二）其款出版后即交内山完造先生代收。

（三）如有其他事情，都请内山先生当代理人。

（四）先生那里不好再让别的日本人或书店翻译。

先生如以沟通文化为念，慨为允许，不胜感盼之至。此布，并颂

时安。

弟仓石武四郎再拜

五月十八日

再者，明天偶有李文清学士学成回国之便，就托他把这封信并承认翻译之英文证明书带去，务请

先生在证明书的末一行上签字寄回，不胜感谢。又白。

附二：许广平抄一九五〇年五月十八日仓石武四郎致信

（26.7cm×19.2cm）

共一页

释文

内山先生：

许久没有通信，昨忽然从李文清先生那里转到您的 大札及 仓石武四郎教授的信函和待填的书契。

我因服务于公家，所以比在上海时的生活较有纪律。现在海婴在京，正预备入学或做事。他长久失学，身体并不算太坚强，现在还是差不多的。

对于翻译鲁迅著作以介绍给日本人民阅读的这种热诚，和 先生多年对故友的耿耿之情，我是一向知道而且铭感的。为了不致于翻译时选材的方面可能的照顾不周到，我听说东京有一个专门翻译中国书籍的文学团体，其中有岛田和鹿地亘先生等在内，如果 先生能广为征求他们意见，则更可助仓石武四郎教授，岂不更照顾周到？自然我以为若翻译杂文则取舍之间，务以较能了解鲁迅思想如岛田、鹿地两先生（我想若武教授与之合作必更好）的意见，似较合鲁迅生平意志，不知 先生以为何如？先此布复，伫候 回音，谨请

秋安。仓石教授处乞代致意。

另函复武

许广平　九月五日

（此非原信，为许广平抄件底稿。编者注）

附一：一九五〇年内山完造致许广平信释文

许广平女士玉案下：

一九四七年，突然地，我遭上海市政府警察局硬加以国民政府颠覆阴谋团团长的名义，三十三人为一团，被强制的送回了国，这是您已经知道的事。幸而能无事的回了国，为达成多年的志愿——使日本人民对中国有正确的认识，企划了游说全日本。得到朋友们的帮助，终于完成了初志。讲演回数约及千次，听众多是青年的男女，人数实已超过三十万。并在其间，尽力于中日贸易促进会及日本中国友好协会的创立。现在仍旧为贯彻此目的，名符其实地继续东奔西走着。我相信和平日本的建设，没有中国的援助是决不能成功的，所以我决不停息地极力唱［倡］导着和中国的友好。

刻下有一计画，依照别纸所记，托我求您应诺，翻译者是东京大学的教授仓石武四郎先生，出版为日本最大最有权威的岩波书店，并且在形式上是编入网罗世界最高水准古典的岩波文库中，约十册。（《鲁迅选集》已刊）以日本文的出版来说，诚然是最高的出版，盼望能得到您的答应。

闻前年一度向您请求时，您曾寄下了答应的书函。但未收到，事后才得知，原来当时检查之际，版权关系的书类全部遭检察官破弃了，所以只接到书信，未能得到答应的书类。这次因为没有检查，不至再有不幸，此点请安心。切望您能捺印承认，契约的履行我负全责实行。

内山完造于东京

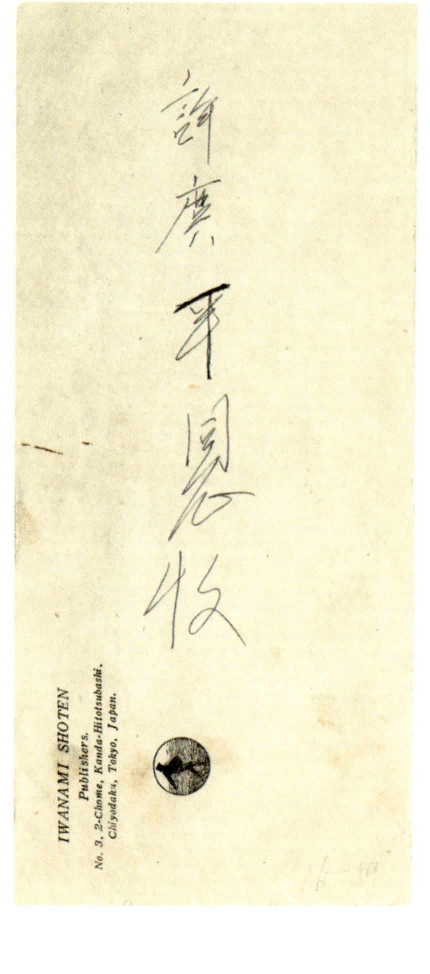

附二：许广平抄一九五〇年五月十八日仓石武四郎致信释文

许景宋女士：

未承　雅教，忽上芜函，虽有内山完造先生介绍，未免有点唐突，不过因弟于一九二九夏，曾在北京拜访　鲁迅先生于西三条，请过半天教，自以为还算在有缘之列。回国后，在京都大学讲授中国语文学二十年，从去年起，转任东京大学教授。兹有东京岩波书店很愿将他们岩波文库里的增田涉石译《鲁迅选集》，及《中国小说史略》，扩成一部较大的《鲁迅选集》，求弟及竹内好君主持翻译。窃想鄙邦近来对于　鲁迅先生著作，非常注意，除竹内君的《鲁迅》以外，还有三四本关于鲁迅先生的专书，读者们都很想知道他的全貌，但翻译全集一事，按鄙邦目下文化界的情形，似未容易成功，故暂把小说（选自《呐喊》《彷徨》《故事新编》中）《野草》《朝花夕拾》《两地书》、随笔（选自《华盖集》等中）并《中国小说史略》印成八本或十本，务请先生将翻译权让给岩波书店为荷。书店拟定的条件是：

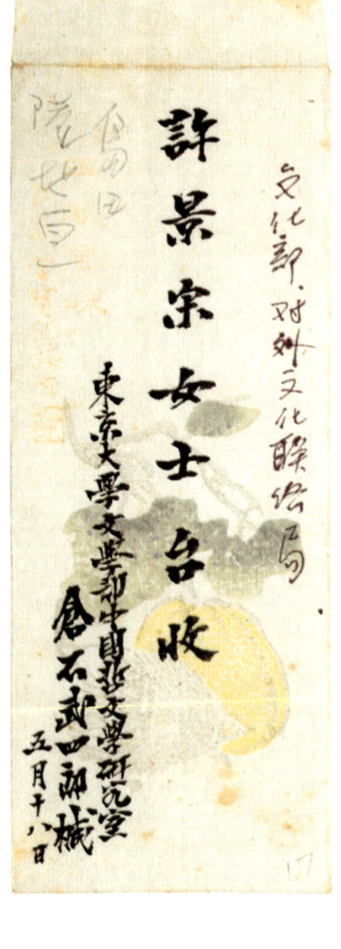

電話三.一一六四

敬愛的魯迅夫人：

這封信是家兄李文清由日本帶來見到時請通知我（是有岩波書店的信）

師範大學新生樓七号李文琦上

未送給您

（一）奉送每部定价百分之五，以表谢意。但按那翻译外国文学的习惯，表面上当作无偿（without any fee）为便。

（二）其款出版后即交内山完造先生代收。

（三）如有其他事情都请内山先生当代理人。

（四）先生那里不妨再让别的日本人或书店翻译。

先生如以沟通文化为念慨为允许，不胜感盼之至。此布，并颂

时安。

弟仓石武四郎再拜

五月十八日

再者：明天偶有李文清学士学成回国之便，就托他把这封信并承认翻译之英文证明书带走，务请先生在证明书的末一行上签字寄回，不堪感谢。又白。

许广平致杨宇（一通）

一九五七年三月五日
（26.1cm×18.4cm）
共一页

广平先生：

好多年前曾由巴金先生把鲁迅先生给我的一封信（连信封）转给您，因为是自己保存了多年的东西，所以当时说明：如该件不能还我，则希望得到一张照片，后来人事蹉跎，始终没有接到回信。最近检视过去一些师友的信函，又想起了这件事，不知您可否便中查查，并给我一封回信，以了却我的一点心愿。回信请寄新文艺出版社，此致

敬礼

康嗣群 五七、二、廿三

新文艺出版社

地址：上海（20）康平路一五五號
電話：77074 電報掛號：22738

杨宇同志：

康同志要得到鲁迅给他的回信拍一张照片给他，这是可以理会的，如能做到，望立接照来信地址寄去。其他别人来信，望你馆考虑如何向收信人交代：如登报请求捐献，如须要照片的，要来信开明地址，因年久有些地址不详或者迁去，未必全能一一处理，只好借广告代为解决如何，请予酌夺，致敬礼！

谦 57.3.5日

付给康信，阅后请交来人寄出。又及。

释文

杨宇同志：康同志望得到鲁迅给他的回信拍一张照片给他，这是可以理会的。如能做到，望直接照来信地址寄去。其他别人来信，望你馆考虑如何向收信人交代：如登报请求捐献，如须要照片的，望来信开明地址，因年久有些地址不详，或者逝去，未必全能一一处理，只好借广告代为解决，如何请予酌夺。致敬礼！

许广平

57.3.5日

付给康信，阅后请交来人寄出。又及。

附康嗣群致许广平信释文

广平先生：好多年前曾由巴金先生把鲁迅先生给我的一封信（连信封）转给您，因为是自己保存了多年的东西，所以当时说明：如原件不能还我，则希望得到一张照片，后来人事蹉跎，始终没有接到回信。最近检视过去一些师友的信函，又想起了这件事，不知您可否便中查查，并给我一封回信，以了却我的一点心愿。回信请寄新文艺出版社，此致

敬礼

康嗣群启　一九五七，二，廿三

许广平致毛居青（五通）

毛君青同志：

您寄给我的两封信和鲁迅年谱稿，我都收到了。

你对我的《鲁迅回忆录》提了许多宝贵的意见，我非常感谢。现在我正在修改这篇稿子，准备将你提出的意见和指出的谬误之处明收进去和订正过来。

鲁迅年谱稿，你费了很多力量，搜集了不少资料，我想要我来提意见，恐怕也不会太多了。不过现在因为手头有别的工作，而且您那篇稿也比较长，所以估计得费一些时间才能看完，特此函告。

此致

敬礼

許廣平

十二月二日

一、一九六〇年十二月二日

（25cm×18.8cm）

共一页

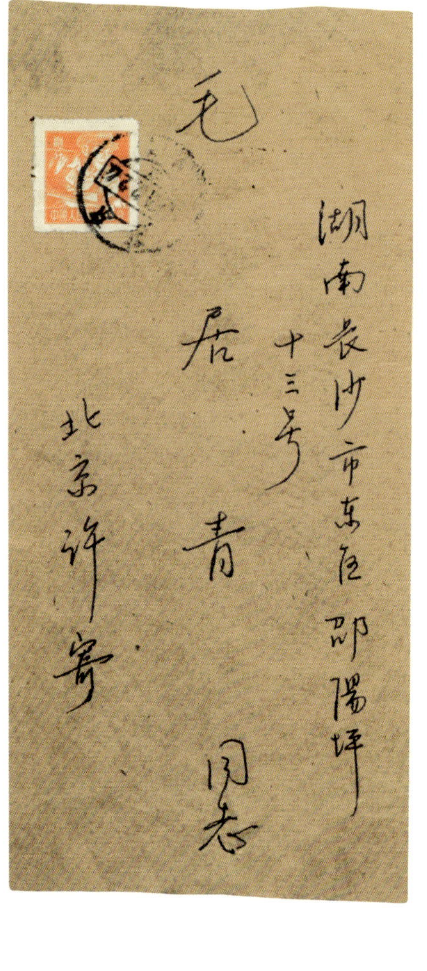

释文

毛居青同志：

您寄给我的两封信和《鲁迅年谱》稿，我都收到了。

你对我的《鲁迅回忆录》提了许多宝贵的意见，我非常感谢。现在我正在修改这篇稿子，准备将你提出的意见和指出的误植之处吸收进去和订正过来。

《鲁迅年谱》稿，您费了很多力量，搜集了不少资料，我想要我来提意见，恐怕也不会太多了。不过现在因为手头有别的工作，而且您的尊稿也比较长，所以估计得费一些时间才能看完，特此函告。

此致

敬礼

许广平　十二月二日

二、一九六一年一月十四日
（26.5cm×20.3cm）
共四页

毛磊青同志：

感谢你对我的"鲁迅回忆录"一书的关心，前后寄来的两封信，都收到了，有些意见，我已经作了修改，有些意见，因为种种原因，我就只好有割爱了。

现在谈谈我在读了你的"鲁迅年谱稿"之后的印象。

首先，感到作者广事搜集资料，态度认真，因而内容比较充实。

其次，谈几点不成熟的意见，供作者考虑：

(1) 选用的材料，有的稍嫌繁琐，对鲁迅思想没有什么决定影响的，似乎可以不录。（如在第一册中我打"×"的几个地方）

(2) 记载某年某月发表什么作品，就某些重要作品

第 1 頁

来说，这样作很有必要，但如要把鲁迅的大部作品甚或全部作品都写列上去，恐怕会使读者感到轻重倒置，主次不分了。

(3)和鲁迅同时代的名人，中外大事，与鲁迅本人的活动似乎应该分别处理，否则会使读者感到混淆不清。如果要写的话，是否可採用下列表格形式：

年月日	鲁迅事迹（或著作的发表）	中外大事记

同时，在年谱里，应该使鲁迅的活动与当时中外大事取得紧密连系，互相说明，不要使他们互不相干，尤其不要使他们互相矛盾。比如叙述袁世凯称帝时期，如果不注意到鲁迅当时“终日不处忧患中”的心情，

第 2 页

只说他如何努力来抄录古书，这对读者的教育意義就要减少。总之，鲁迅年谱稿的材料，应该仅量注意选用有政治意义、有教育意义，对读者有影响的材料，不能什么都要列上去。

(4) 鲁迅年谱稿，似应以鲁迅为主，其余周围的人可以略而不提，即使要提，也不宜给予特殊注意。如稿内对许广平的叙述，我感到可以改为精简，不必特别写出，因为在当时，都是极其平常的事情。如果一经这样写出，就会觉得太郑重了。

(5) 鲁迅在仙台的学医笔记，并非在逝世之后于绍兴发现，而是在鲁迅生前就发现的，特此声告。

我对该稿的印象和意见，粗为上述。另

第3頁

外；前次北京大学中文系鲁迅文学社有些同志因了和我接洽时，我曾向他们表示：我手边有一部"鲁迅年谱稿"，你也虚心向别人征求意见，你们是否可以浏览一下，他们表示乐于拜读，并答应在读完之后，如有意见一定奉告，现在他们的意见也寄到了，我同意这些意见，把它一块给你寄来，请你参考。

最后，你的这部大稿是为"七一"献礼的作品，恐怕要及早定稿，而我在此后又有别的任务，因此，我看第三部份就不要再寄我看了，因为这会耽误你很多时间的。

此致

敬礼

許廣平 一月十四日

"鲁迅年谱稿"(二册)挂号寄上，请查收。

第 4 頁

释　文

毛居青同志：

感谢你对我的《鲁迅回忆录》一书的关心，前后寄来的两封信，都收到了，有些意见，我已经作了修改，有些意见，因为种种原因，我就只有割爱了。

现在谈谈我在读了你的《鲁迅年谱》稿之后的印象。

首先，感到作者广事搜集资料，态度认真，因而内容比较充实。

其次，谈几点不成熟的意见，供作者考虑：

（1）选用的材料，有的稍嫌繁琐，对鲁迅思想没有什么决定影响者，似乎可以不录。（如在第一册中我打『×』的几个地方）

（2）记载某年某月发表什么作品，就某些重要作品来说，这样作［做］很有必要，但如要把鲁迅的大部份［分］作品甚或全部作品都罗列上去，恐怕会使读者感到轻重倒置、主次不分了。

（3）和鲁迅同时代的名人、中外大事，与鲁迅本人的活动似乎应该分别处理，否则会使读者感到混淆不清。如果要写的话，是否可采用下列表格形式：

年月日	鲁迅事迹（或著作的发表）	中外大事记

同时，在年谱里，应该使鲁迅的活动与当时中外大事取得紧密连［联］系，互相说明，不要使他们互不相干，尤其不要使他们互相矛盾。比如叙述到袁世凯称帝时期，如果不注意到鲁迅当时『无日不处忧患中』的悲愤心情，只说他如何努力来抄录古书，这对读者的教育意义就要减少。总之，《鲁迅年谱》稿的材料，应该尽量注意选用有政治意义、有教育意义、对读者有影响的材料，不能什么都罗列上去。

（4）《鲁迅年谱》稿似乎应以鲁迅为主，其余周围的人可以略而不提，即使要提，也不宜给予特殊注意。如稿内对许广平的叙述，我感到可以考虑精简，不必特别写出，因为有些事情在当时，都是极其平常的事情。如果一经这样写出，就会觉得太郑重了。

（5）鲁迅在仙台的学医笔记，并非在解放之后于绍兴发现，而是在鲁迅生前就发现的，特此奉告。

我对尊稿的印象和意见，粗如上述。另外，前次北京大学中文系鲁迅文学社有些同志因事和我接洽时，我曾向他们表示：我手边有一部《鲁迅年谱》稿，作者虚心向别人征求意见，你们是否可以浏览一下，他们表示乐于拜读，并答应在读完之后，如有意见一定奉告，现在他们的意见也寄到了，我同意这些意见，把它一块给你寄来，请你参考。

最后，你的这部大稿是为『七一』献礼的作品，恐怕要及早定稿，而我在以后又有别的任务。因此，我看第三部份［分］就不要再寄我看了，因为这会耽误你很多时间的。

此致

敬礼

许广平　一月十四日

《鲁迅年谱》稿（二册）挂号寄上，请查收。

三、一九六一年××月××日
（26.5cm×18.5cm）
共六页

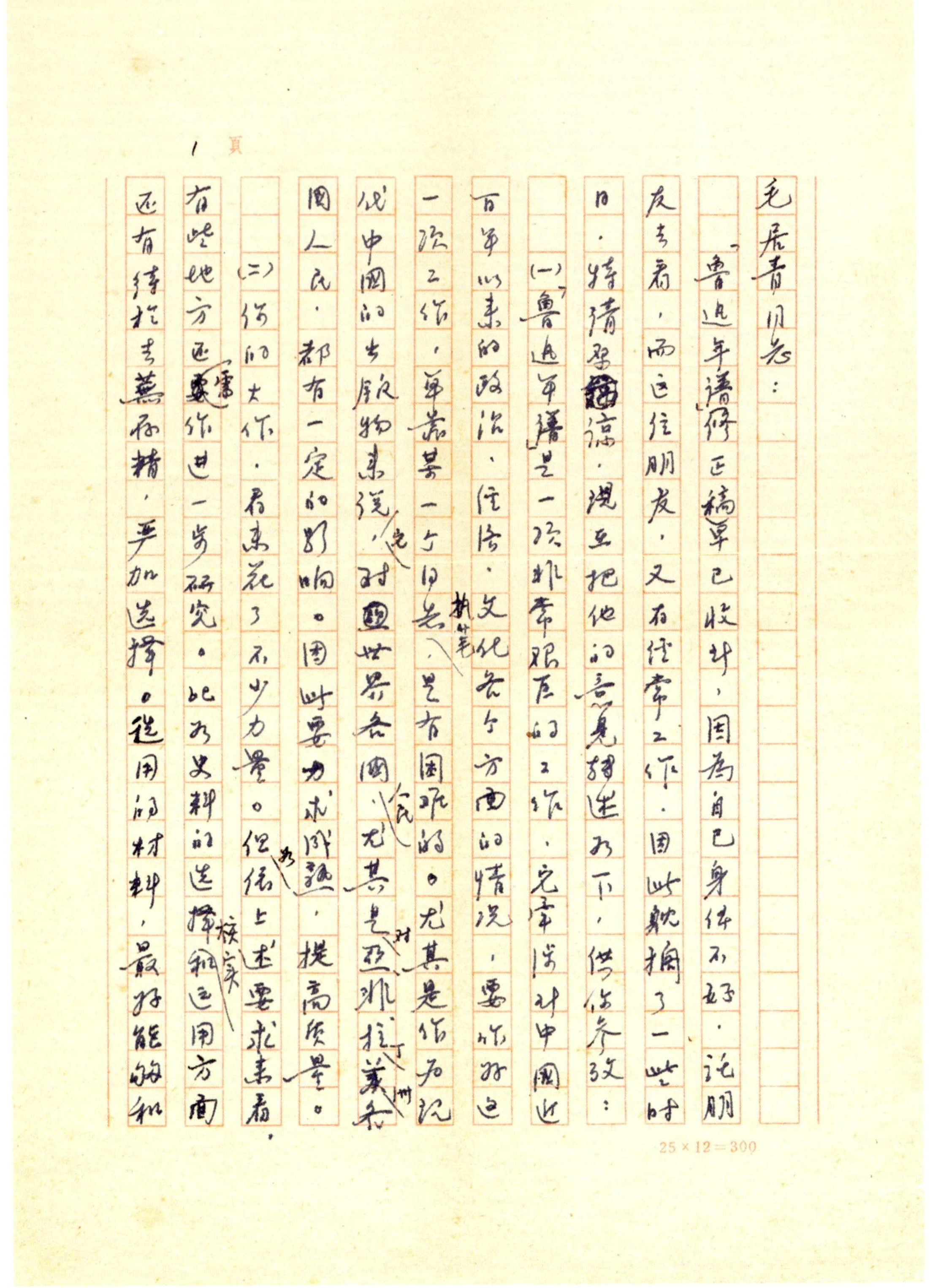

1 页

毛居青同志：

《鲁迅年谱》修正稿草已收到，因为自己身体不好，请朋友去看，而这位朋友，又有经常工作，因此就搁了一些时日。特请原谅。现在把他的意见抄述如下，供你参考：

（一）《鲁迅年谱》是一项非常艰巨的工作，它牵涉到中国近百年以来的政治、经济、文化各个方面的情况，要作好这一项工作，单靠某一个同志执笔是有困难的。尤其是作为现代中国的出版物来说，它对全世界各国人民，尤其是亚非拉丁美洲各国人民，都有一定的影响。因此要力求准确，提高质量。

（二）你们的工作，看来花了不少力量。但依上述要求来看，有些地方还需作进一步研究。比如史料的选择核实和运用方面，还有待于去芜存精，严加选择。选用的材料，最好能够和

25×12=300

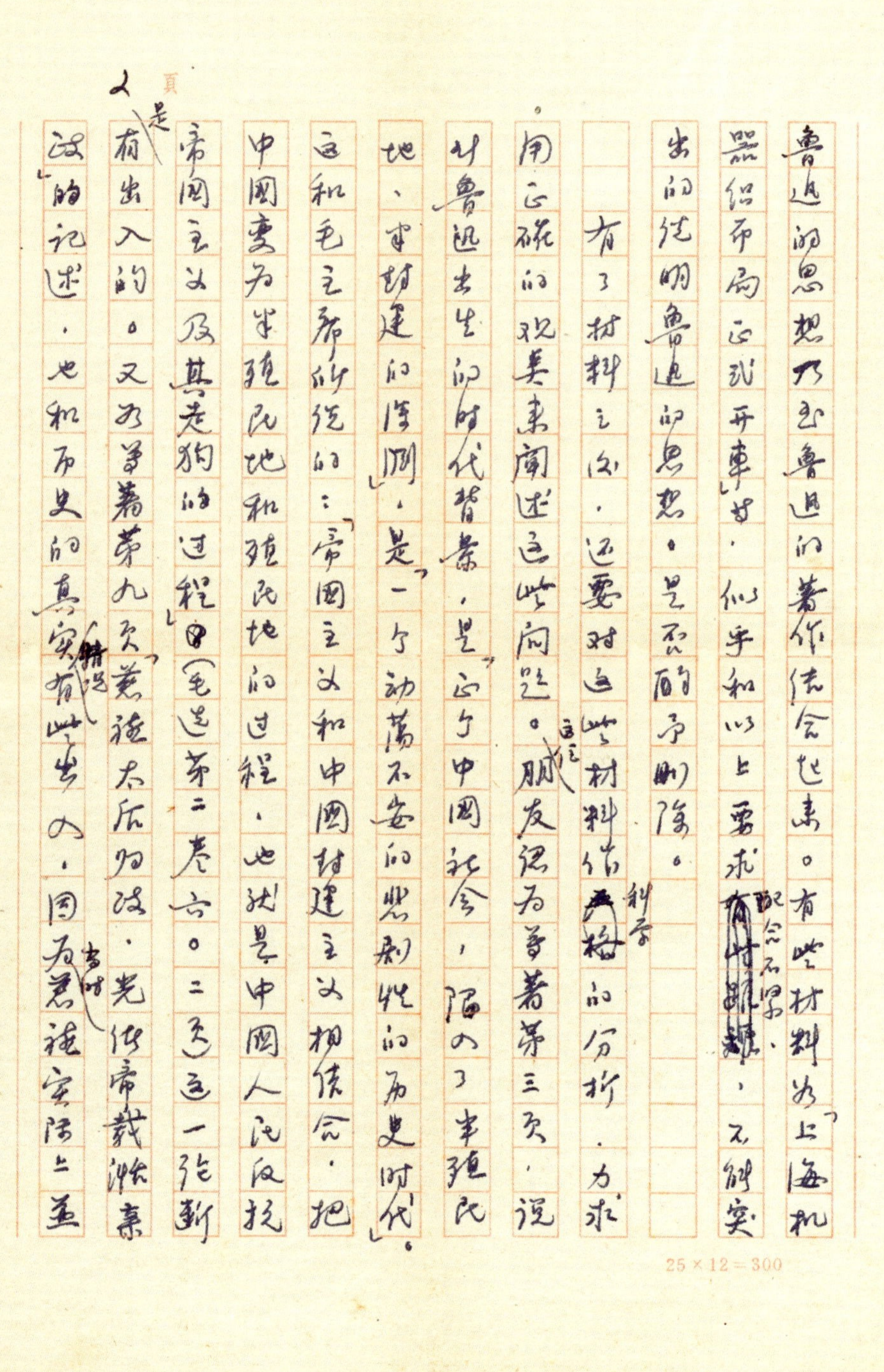
鲁迅的思想乃至鲁迅的著作结合起来。有些材料如“上海机器织布局正式开车时”，似乎和以上要求配合不紧，不能突出的说明鲁迅的思想。是否酌予删除。

有了材料之后，还要对这些材料作科学的分析，力求用正确的观点来阐述这些问题。比如说，原著第三页，说到鲁迅出生的时代背景，是这个中国社会，陷入了半殖民地、半封建的深渊，是一个动荡不安的悲剧性的历史时代。这和毛主席所说的：“帝国主义和中国封建主义相结合，把中国变为半殖民地和殖民地的过程，也就是中国人民反抗帝国主义及其走狗的过程”（毛选第二卷六〇二页）这一论断是有出入的。又如原著第九页“慈禧太后归政，光绪帝载湉亲政”的记述，也和历史的真实情况有些出入，因为慈禧实际上并

25×12=300

3 页

没有归纳，当然也并没有真正的认识。而当时的所谓归纳和认识，只是一种表面现象，不是事情的本质。作为一种历史科学来讲，这种论断，就要力求深刻和准确。

联系到鲁迅来讲：有些材料，如果对读者没有多大教育意义，就可以从略。有些教育意义很大，就应当突出。如单著第5页，讲到鲁迅的父亲时，周建人先生的话说他因为家庭的情况不好，他的父亲的心情也不快，他常饮酒，有时发脾气，如遇生气时，会把筷子掉，或把碗摔碎……这些话，记得是周建人先生为反对欧阳凡海的某种观点时所发表的材料，如果把它断章取义地引在这里，就会对读者没有多大帮助。再如讲到鲁迅的祖父，单著引周建人先生的话说：他的喜欢骂人出名，见人常常

25×12=300

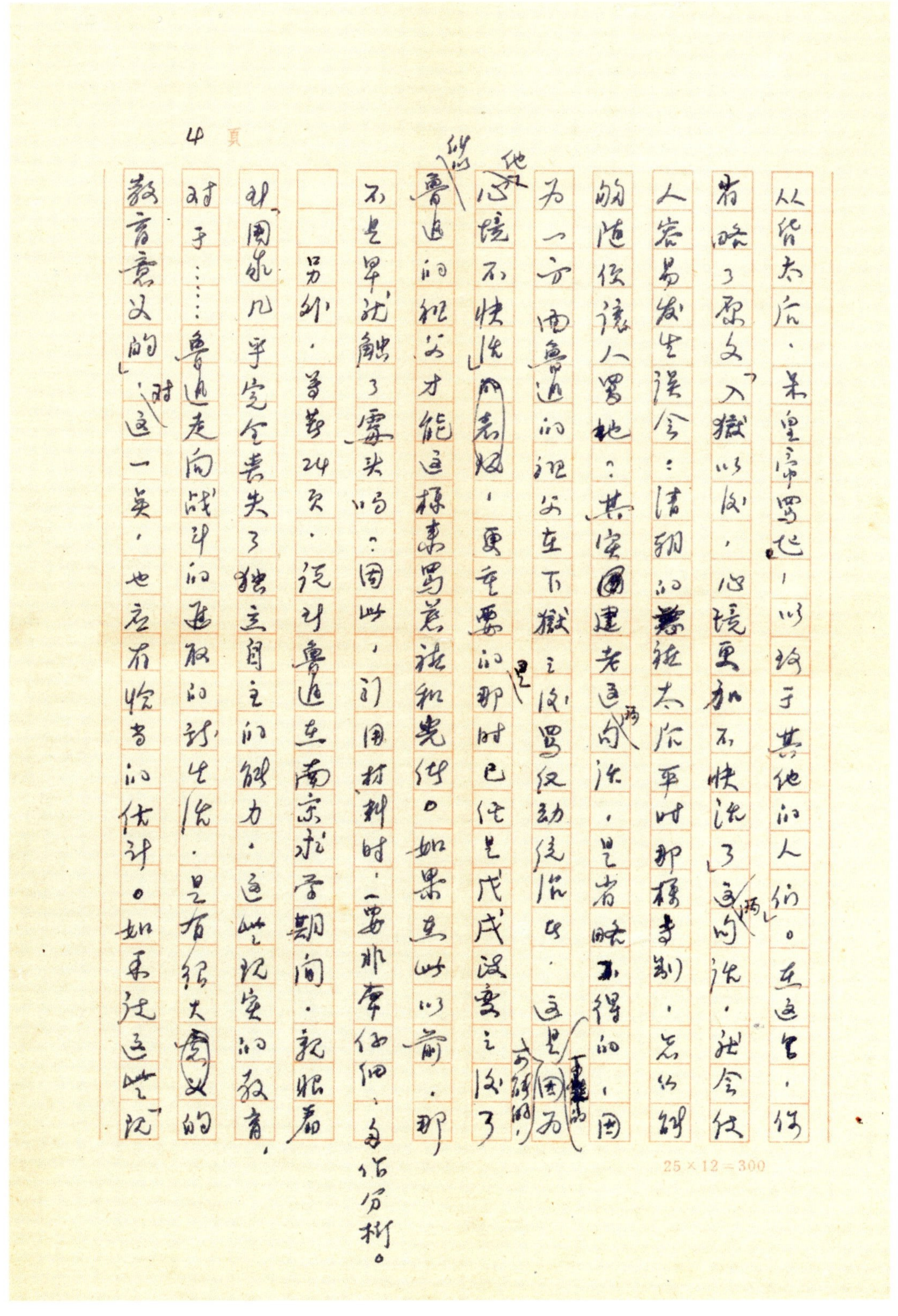

4 页

从皆太后、米皇帝骂也，以致于其他的人们。在这里，作者省略了原文"入狱以后，心境更加不快活了"这句话，社会给人容易发生误会：清朝的太后平时那样专制，怎么能够随便让人骂她？其实封建老远的话，是省略不得的，因为一方面鲁迅的祖父在下狱之后骂权动使作如此，这是因为心境不快活的表现，更重要的是那时已经是戊戌政变之后了，鲁迅的祖父才能这样来骂慈禧和光绪。如果在此以前，那不是早就触了霉头吗？因此，引用材料时，一要非常仔细，多作分析。

另外，第24页，说到鲁迅在南京求学期间，就很看到国民几乎完全丧失了独立自主的能力，这些现实的教育，对于……鲁迅走向战斗的道路的计生活，是有很大意义的教育意义的"，对这一点，也应有作者的估计。如果注这些现

25×12=300

实对鲁迅有些教育意义的作，那也只是一种反面教育，不能说是有积大教育意义的。

还有，关于某些尚有争论的问题，你说出发表自己的看法，就应该充分列举证明和理由。比如关于鲁迅那首《自题小像》（灵台无计逃神矢）诗的写作年代，你断定是一九〇一年，那就不妨多加解释，充分的申述，以便读人作进一步探索这一问题。

关于我的生年，我记得是一八八九年，即戊戌政变的那一年，说明下面，供你参考。以上意见，仅供参考。我总觉得：你要搞好一门学术艺术，非要花毕生的精力不可，尤其像鲁迅年谱这样重要的著作，更应如此。不过你既然已经有了这样好的基础，我相信经过不断的努力提高，对

5 頁

25×12=300

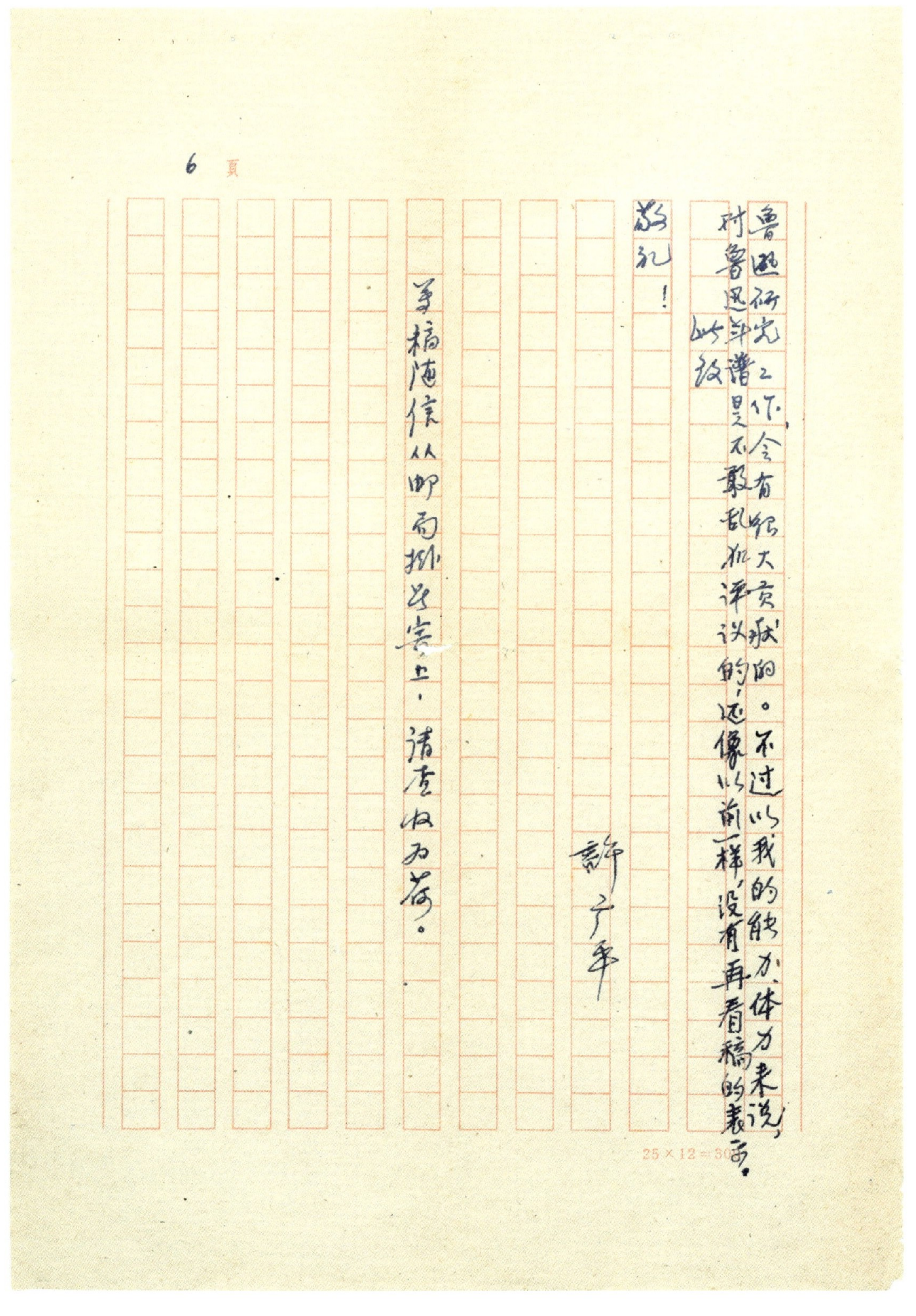

6 頁

鲁迅研究工作，会有很大贡献的。不过以我的能力、体力来说，对鲁迅年谱是不敢乱加评议的，还像以前一样，没有再看稿的表示。

此致

敬礼！

许广平

草稿随信从邮局挂号寄上，请查收为荷。

25×12＝300

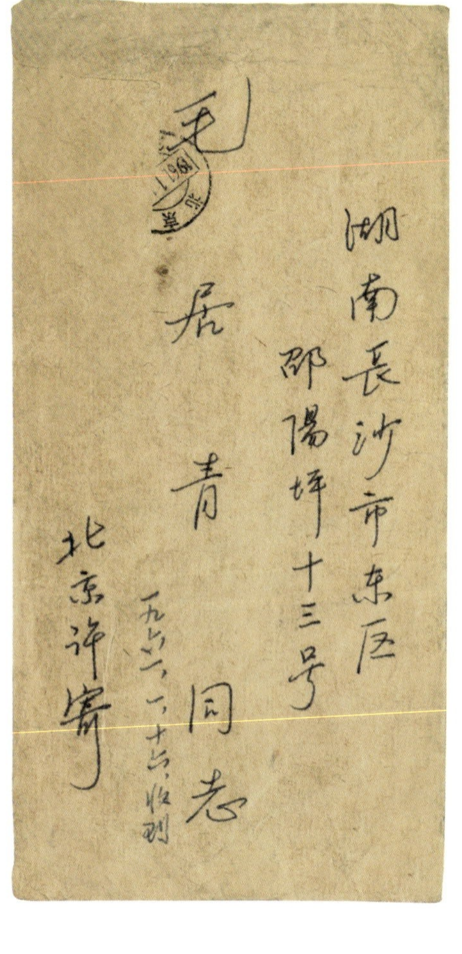

释文

毛居青同志：

《鲁迅年谱》（修正稿）早已收到，因为自己身体不好，托朋友去看，而这位朋友，又有经常工作，因此耽搁了一些时日，特请原谅。现在把他的意见转述如下，供你参考：

（一）《鲁迅年谱》是一项非常艰巨的工作，它牵涉到中国近百年以来的政治、经济、文化各个方面的情况，要作［做］好这一项工作，单靠某一个同志执笔，是有困难的。尤其是作为现代中国的出版物来说，它对世界各国人民，尤其是对亚、非、拉丁美洲各国人民，都有一定的影响。因此要力求成熟，提高质量。

（二）你的大作，看来花了不少力量。但如依上述要求来看，有些地方还需作进一步研究。比如史料的选择核实和运用方面还有待于去芜存精，严加选择。选用的材料，最好能够和鲁迅的思想乃至鲁迅的著作结合起来。有些材料如《上海机器织布局正式开车》等，似乎和以上要求配合不紧，不能突出的说明鲁迅的思想，是否酌予删除。

有了材料之后，还要对这些材料作科学的分析，力求用正确的观点来阐述这些问题。这位朋友认为尊著第三页，说到鲁迅出生的时代背景，是『整个中国社会，陷入了半殖民地、半封建的深渊』，是『一个动荡不安的悲剧性的历史时代』，这和毛主席所说的：『帝国主义和中国封建主义相结合，把中国变为半殖民地和殖民地的过程，也就是中国人民反抗帝国主义及其走狗的过程』(『毛选』第二卷六〇二页)这一论断是有出入的。又如尊著第九页『慈禧太后归政，光绪帝载湉亲政』的记述，也和历史的真实情况有些出入，因为当时慈禧实际上并没有归政，光绪也并没有真正的亲政。而当时的所谓归政和亲政，只是一种表面现象，不是事情的本质。作为一种历史科学来讲，这种论断，就要力求深刻和准确。

联系到鲁迅来讲：有些材料，如果对读者没有多大教育意义，就可以从略；有些教育意义很大，就应当突出。如尊著第5页，讲到鲁迅的父亲时，说『因为家庭的情况不好，他的父亲的心情也不快，他常饮酒，有时亦发脾气，如遇生气时，会把筷丢掉，或把碗摔碎……』这些话，记得是周建人先生为反对欧阳凡海的某种观点时所发表的材料，如果把它断章取义地引在这里，就会对读者没有多大帮助。再如讲到鲁迅的祖父，尊著引周建人先生的话说：他以喜欢『骂人』出名，『见人常常从昏太后、呆皇帝骂起，以致[至]于其他的人们』。在这里，你省略了原文『入狱以后，心境更加不快活了』这两句话，就会使人容易发生误会：清朝的慈禧太后平时那样专制，怎么能够随便让人骂她？其实建老这两句话，是省略不得的，因为一方面鲁迅的祖父在下狱之后骂反动统治者，这是可能的，因为他『心境不快活』，更重要的是那时已经是戊戌政变之后了，所以鲁迅的祖父才能这样来骂慈禧和光绪。如果在此以前，那不是早就触了霉头吗？因此，引用材料时，要非常仔细，多做分析。

另外，尊著24页，说到鲁迅在南京求学期间，亲眼看到『国家几乎完全丧失了独立自主的能力，这些现实的教育，对于……鲁迅走向战斗的进取的新生活，是有很大的教育意义的』，对这一点，也应有恰当的估计。如果说这些『现实』对鲁迅有些教育意义的话，那也只是一种反面教育，恐怕不能说是有很大教育意义的。

还有，关于某些尚有争论的问题，你既然发表自己的看法，就应该充分列举证明和理由。比如关于鲁迅那首『灵台无计逃神矢』诗的写作年代，你断定是一九〇一年，那就不妨多加解释，充分申述，以便提供线索，让人们进一步探索这一问题。

关于我的生年，我记得是一八九八年，即戊戌政变的那一年，既承下问，顺便奉告。以上照转意见，请你参考。我们觉得：要搞好一部学术著作，非花毕生的精力不可，尤其像《鲁迅年谱》这样重要的著作，更应如此。不过你既然已经有了这样好的基础，相信经过不断的努力提高，对鲁迅研究工作，会有很大贡献的。不过以我的能力、体力来说，对《鲁迅年谱》是不敢乱加评议的，还像以前一样，没有再看稿的表示。

此致

敬礼！

许广平

尊稿随信从邮局挂号寄上，请查收为荷。

四、一九六二年十二月八日
（26.1cm×18.1cm）
共一页

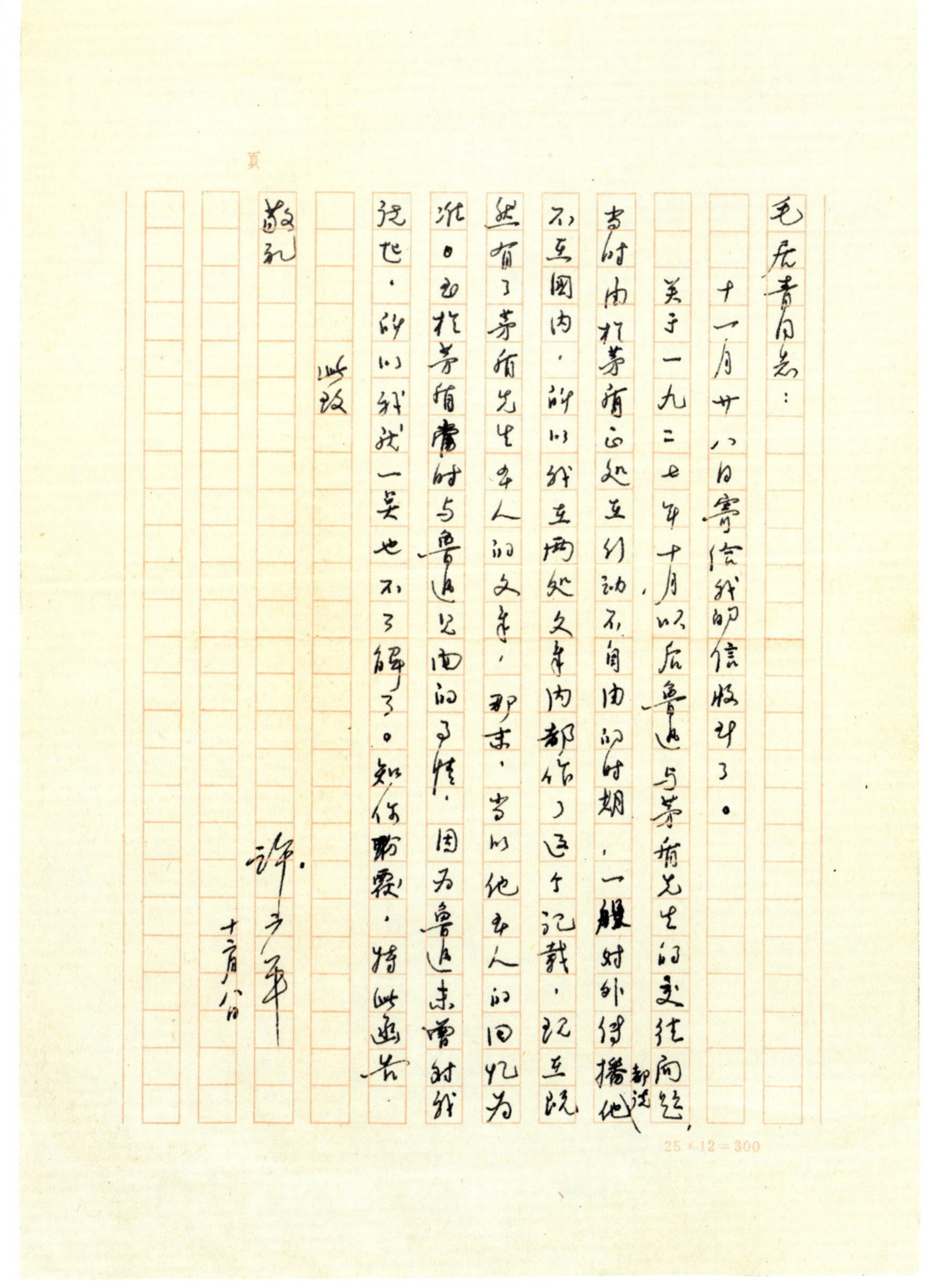

毛启青同志：

十一月廿八日寄我的信收到了。

关于一九二七年十月以后鲁迅与茅盾先生的交往问题，当时由于茅盾正处在行动不自由的时期，一般对外传播他都说不在国内，所以我在两处文章内都作了这个记载，说在既然有了茅盾先生本人的文章，那末，当以他本人的回忆为准。至于茅盾当时与鲁迅见面的事情，因为鲁迅未曾对我说过，所以我就一点也不了解了。知你盼覆，特此函告

此致

敬礼

许广平

十二月八日

25×12=300

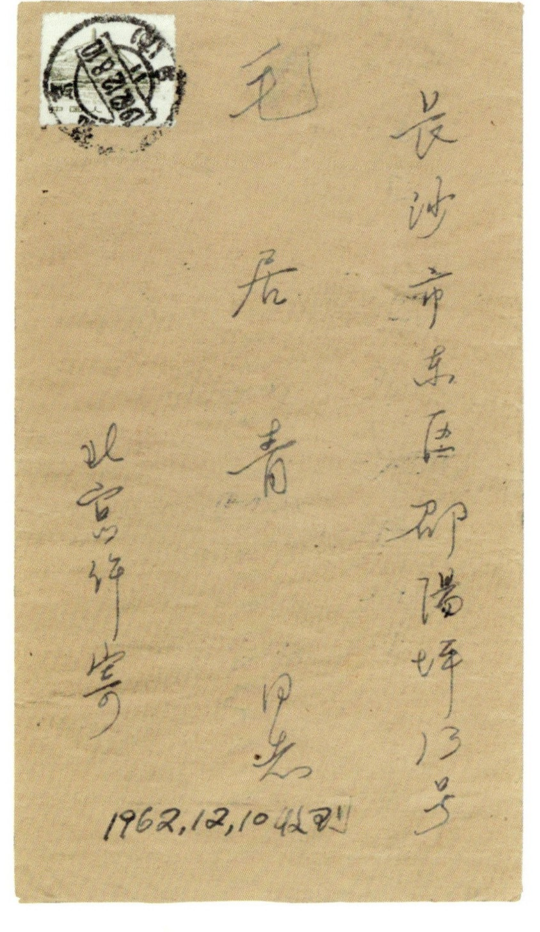

释 文

毛居青同志：

十一月廿八日寄给我的信收到了。

关于一九二七年十月以后鲁迅与茅盾先生的交往问题，当时由于茅盾正处在行动不自由的时期，一般对外传播都说他不在国内，所以我在两处文章内都作了这个记载，现在既然有了茅盾先生本人的文章，那末，当以他本人的回忆为准。至于茅盾当时与鲁迅见面的事情，因为鲁迅未曾对我说起，所以我就一点也不了解了。知你盼复，特此函告。

此致

敬礼

许广平　十二月八日

五、一九六四年五月三日
（26.1cm×18.1cm）
共一页

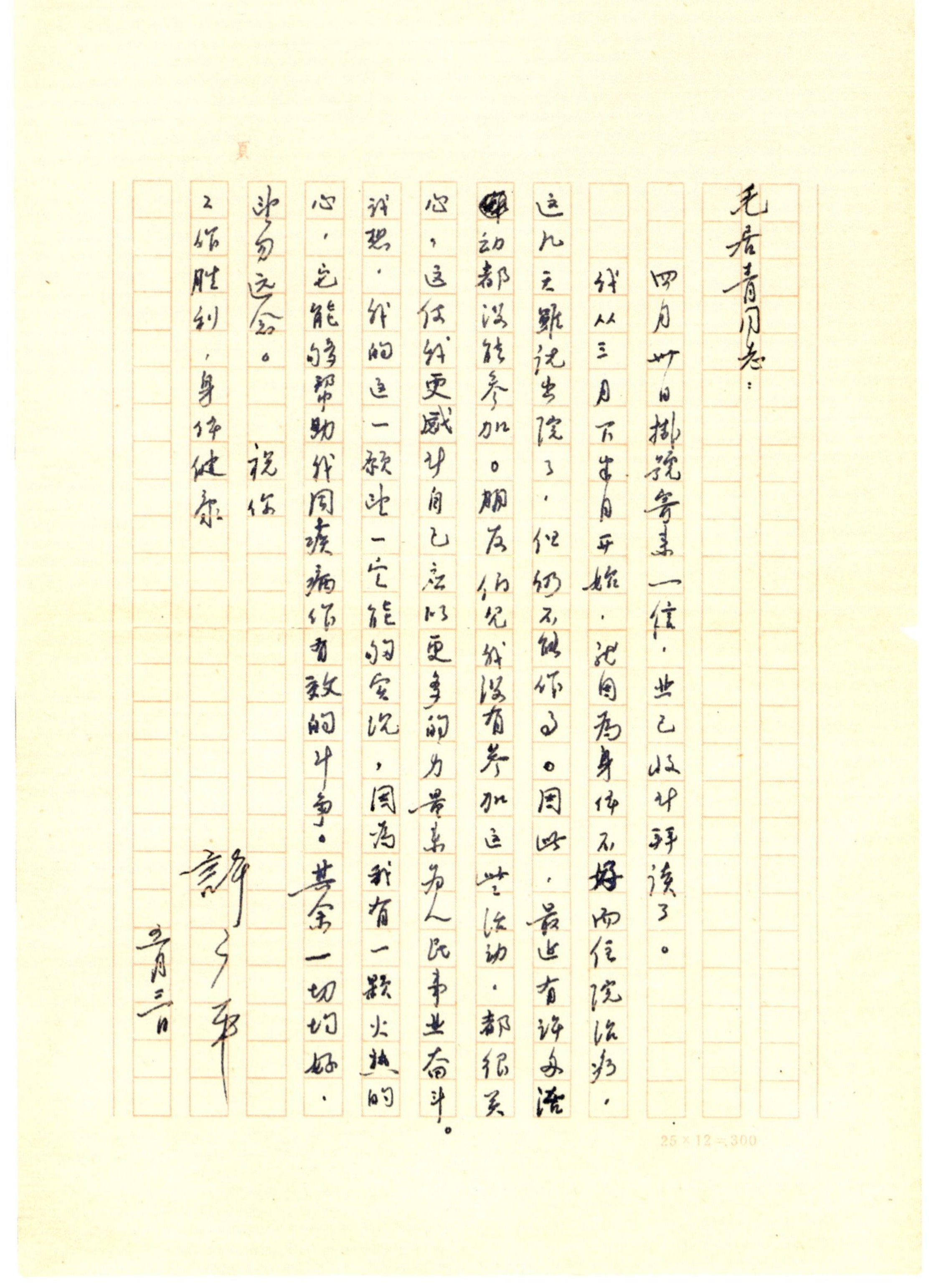

毛君青同志：

四月廿日挂号寄来一信，早已收到拜读了。

我从三月下半月开始，就因为身体不好而住院治疗。这几天虽说出院了，但仍不能作事。因此，最近有许多活动都没能参加。朋友们见我没有参加这些活动，都很关心，这使我更感到自己应以更多的力量来为人民事业奋斗。

我想，我的这一颗心一定能够实现，因为我有一颗火热的心，它能够帮助我同疾病作有效的斗争。其余一切均好。

此颂近安。

祝你

工作胜利，身体健康

许广平

五月三日

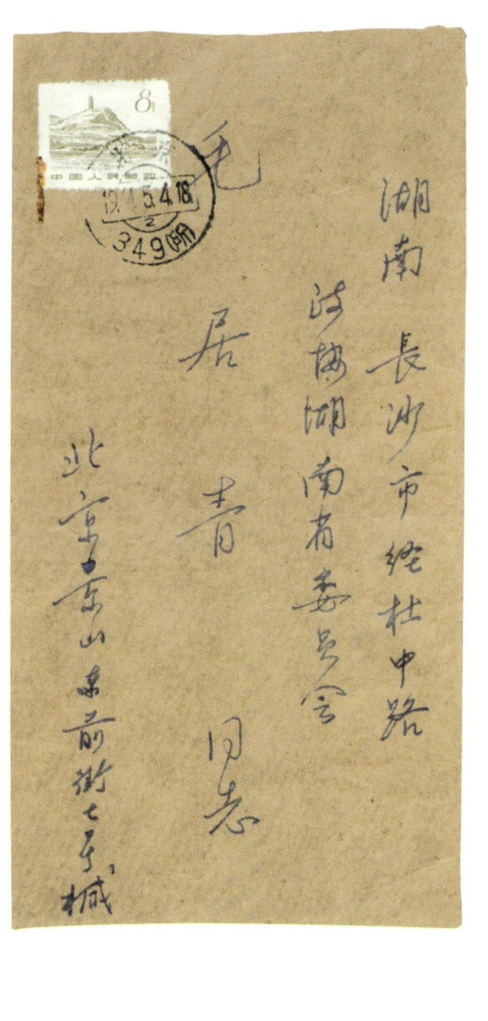

释 文

毛居青同志：

四月卅日挂号寄来一信，业已收到拜读了。

我从三月下半月开始，就因为身体不好而住院治疗，这几天虽说出院了，但仍不能作〔做〕事。因此，最近有许多活动都没能参加。朋友们见我没有参加这些活动，都很关心，这使我更感到自己应以更多的力量来为人民事业奋斗。我想，我的这一愿望一定能够实现，因为我有一颗火热的心，它能够帮助我同疾病作有效的斗争。其余一切均好，望勿远念。祝你工作胜〔顺〕利，身体健康

许广平　五月三日

许广平致江绍原（一通）

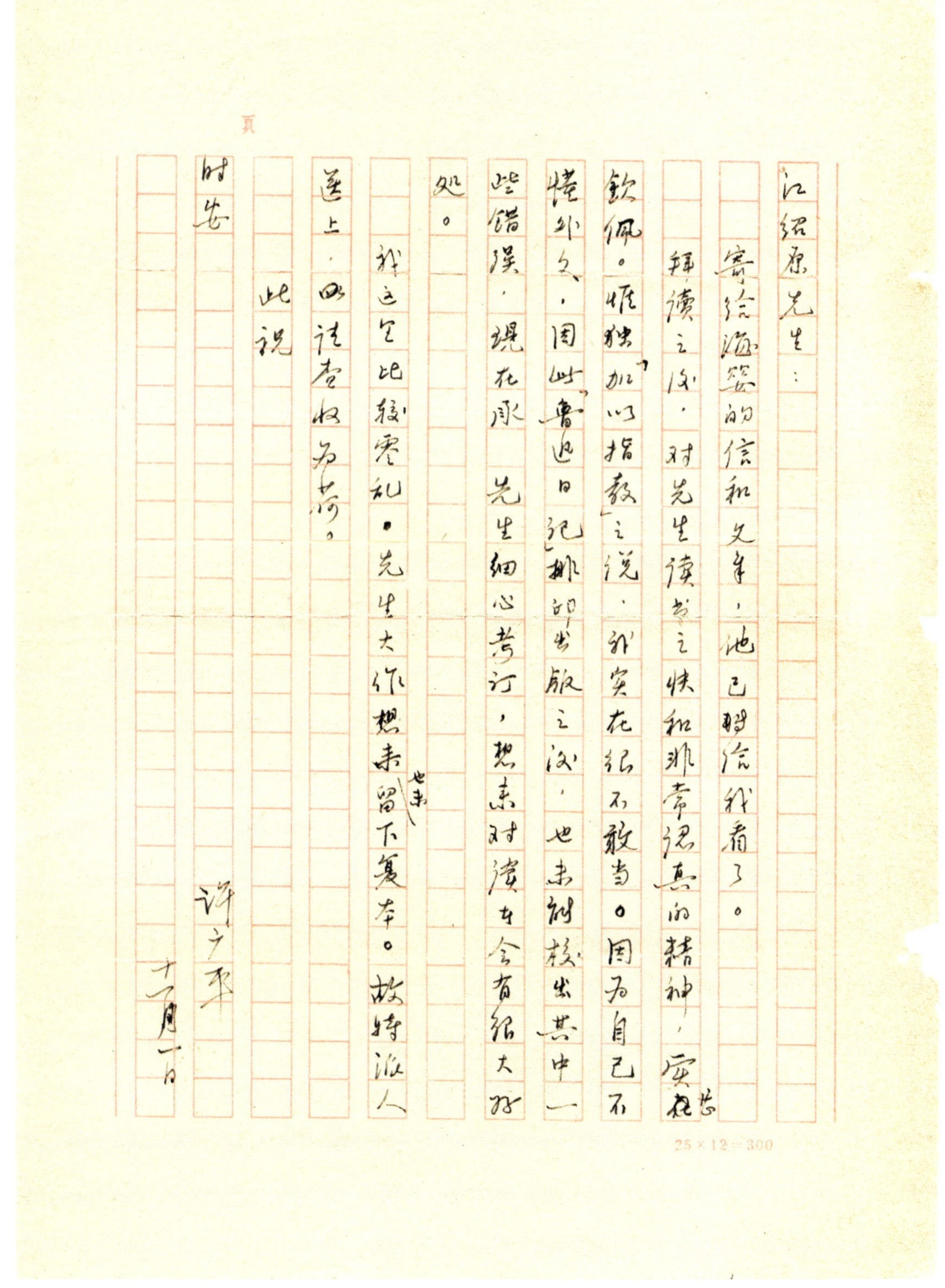

江绍原先生：

寄给海婴的信和文章，他已转给我看了。

拜读之后，对先生读书之快和非常认真的精神，实在钦佩。唯独加以指教之说，我实在绝不敢当。因为自己不懂外文，因此「鲁迅日记」排印出版之后，也未能校出其中一些错误，现在承先生细心考订，想来对读者会有很大好处。

我这里比较零乱。先生大作想也未留下复本。故特派人送上，以请查收为荷。

此致

时安

许广平

十一月一日

一九六一年十一月一日
（26.1cm×18.1cm）
共一页

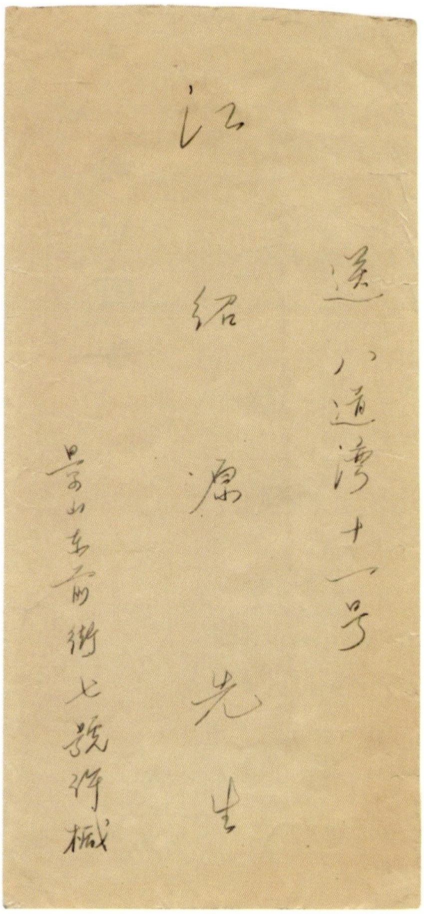

释文

江绍原先生：

寄给海婴的信和文章，他已转给我看了。拜读之后，对先生读书之快和非常认真的精神，实甚钦佩。惟独『加以指教』之说，我实在很不敢当。因为自己不懂外文，因此《鲁迅日记》排印出版之后，也未能校出其中一些错误，现在承 先生细心考订，想来对读者会有很大好处。

我这里比较零乱。先生大作想来也未留下复本。故特派人送上，请查收为荷。

此祝

时安

许广平 十一月一日

许广平致萧三（一通）

萧三同志：

作家协会转来您给我的信，随鲁迅写给您的信，均收到了。谢谢您。鲁迅文献，鲁迅博物馆正在大力搜集保存，我将您转来的这封信也送到那里去了，想来您不反对吧！近年来，鲁迅文献还时有发现，博物馆很希望持有这些东西的同志们割爱。如果您发现有散失的鲁迅文献，也请协助将这些东西集中博物馆保存，是为至幸。

您在来信中提到VUITTEZ和他的画，我因年代久远，加之有关资料都不在手边（都送博物馆），因此一时很难查清，该它暂作一个悬案，以后再设法查考，不知您以为如何。此祝

安健

许广平

一月十日

一九××年一月十日
（25.5cm×18cm）
共一页

释文

萧三同志：

作家协会转来您给我的信暨鲁迅写给您的信，均收到了。谢谢您。鲁迅文献，鲁迅博物馆正在大力搜集保存，我将您转来的这封信也送到那里去了，想来您不反对吧！近年来，鲁迅文献还时有发现，博物馆很希望持有这些东西的同志能够割爱。如果您发现有散失的鲁迅文献，也请协助将这些东西集中博物馆保管，是为至幸。

您在来信中提到VITE（VITZ）和他的画，我因年代久远，加之有关资料都不在手边（都送博物馆），因此一时很难查清。让它暂作一个悬案，以后再设法查考，不知您以为如何。此祝

安健

许广平　一月十日

郑重声明